NOMOSSTUDIUM

Prof. Dr. Raphael Koch, LL.M. (Cambridge), EMBA
Universität Augsburg

RAuN Dr. Cornelius Kruse, LL.M.
Aulinger Rechtsanwälte Notare, Bochum

RAuN Dr. Matthias Wiese
Aderhold Rechtsanwaltsgesellschaft mbH, Dortmund

Vertragsgestaltung

5. Auflage

Die Deutsche Nationalbibliothek verzeichnet diese Publikation in der Deutschen Nationalbibliografie; detaillierte bibliografische Daten sind im Internet über http://dnb.d-nb.de abrufbar.

ISBN 978-3-7560-0248-1 (Print)
ISBN 978-3-7489-3771-5 (ePDF)

5. Auflage 2024
© Nomos Verlagsgesellschaft, Baden-Baden 2024. Gesamtverantwortung für Druck und Herstellung bei der Nomos Verlagsgesellschaft mbH & Co. KG. Alle Rechte, auch die des Nachdrucks von Auszügen, der fotomechanischen Wiedergabe und der Übersetzung, vorbehalten.

Vorwort zur fünften Auflage

Eine kluge und vorausschauende Vertragsgestaltung kann eine stabilisierende Wirkung in unsicheren Zeiten entfalten. Dieser Befund hat sich seit dem Erscheinen der vierten Auflage mehr denn je bestätigt und uns veranlasst, eine fünfte Auflage dieses Lehrbuchs herauszubringen. Der methodische Ansatz, die Ziele und die Zielgruppen bleiben unverändert. Die praxisorientierte Einführung in die Vertragsgestaltung (Teil 2) baut auf der Methodik und Struktur der Vertragsgestaltung, -verhandlung und -technik (Teil 1) auf. Dadurch soll der Leser theoretisch fundiert und mit stetem Praxisbezug auf die berufliche Tätigkeit vorbereitet werden. Dies entspricht der immer stärker werdenden Integration der anwaltlichen Perspektive in die juristische Ausbildung.

Die aktuellen Entwicklungen in Gesetzgebung, Rechtsprechung und Literatur wurden eingearbeitet. Neben den notwendigen Aktualisierungen haben wir inhaltliche Neuerungen in unser Werk aufgenommen, die von der Gestaltungspraxis zu berücksichtigen sind. Besonders hervorzuheben ist der neue Abschnitt über die Vertragsgestaltung im IT-Recht.

Änderungen sind eingetreten bei den Herausgebern und Autoren. Von der ersten bis zur vierten Auflage haben *Lutz Aderhold* und *Karlheinz Lenkaitis* die praxisorientierte Einführung in die Vertragsgestaltung bearbeitet. Sie haben freilich nicht nur diese Teile geschrieben und immer weiter verfeinert, sondern das Werk auch mit aus der Taufe gehoben. Ganz maßgeblich waren sie an der Konzeption beteiligt. Ihnen sei dafür ganz herzlich gedankt!

Die Neuauflage ist auf dem Stand vom 1.10.2023. Wir freuen uns auch zur fünften Auflage über Kritik, Anregungen und Hinweise zur Verbesserung, die uns unter

    Prof. Dr. *Raphael Koch*, LL.M. (Cambridge), EMBA
    Juristische Fakultät der Universität Augsburg
    Universitätsstraße 24, 86159 Augsburg
    raphael.koch@jura.uni-augsburg.de
    Dr. *Cornelius Kruse*, LL.M., AULINGER Rechtsanwälte
    Josef-Neuberger-Str. 4, 44787 Bochum
    cornelius.kruse@aulinger.eu
    Dr. *Matthias Wiese*, Aderhold Rechtsanwaltsgesellschaft mbH
    Westfalendamm 87, 44141 Dortmund
    m.wiese@aderhold-legal.de
    erreichen.

Augsburg/Bochum/Dortmund, im Oktober 2023

Raphael Koch   *Cornelius Kruse*   *Matthias Wiese*

Aus dem Vorwort zur ersten Auflage

Die Perspektive der anwaltlichen Beratung hat in die universitäre Juristenausbildung Eingang erhalten und gewinnt weiter an Gewicht. Das Gesetz zur Reform der Juristenausbildung vom 11.7.2002 (in Kraft getreten am 1.7.2003) fordert eine verstärkte und wiederholte Konfrontation der Studierenden mit der anwaltlichen Perspektive.

Zur anwaltlichen Beratung gehört wesentlich die Gestaltung von Verträgen. Das war Anlass, sowohl eine Lehrveranstaltung mit den Inhalten der Vertragsgestaltung an der Westfälischen Wilhelms-Universität Münster, eingebettet in den Schwerpunktbereich „Rechtgestaltung und Streitbeilegung" anzubieten als auch ein Lehrbuch zu entwickeln, das die Erkenntnisse aus Wissenschaft und Praxis verbindet. Diese Verbindung wird nicht nur in den Tätigkeitsfeldern der Autoren deutlich, sondern auch an der Aufteilung des Buchs. Teil 1, verfasst von *Koch*, behandelt die Methodik und Struktur der Vertragsgestaltung und Teil 2, verfasst von *Aderhold* und *Lenkaitis*, führt in die Praxis der Vertragsgestaltung ein.

Der Vorteil dieses Werks liegt damit in der Verbindung beider Ansätze, weil Vertragsgestaltung einerseits praktische Rechtsanwendung darstellt, andererseits Vertragsgestaltung ohne wissenschaftliche Reflexion nicht anspruchsvoll betrieben werden kann. Vertragsgestaltung baut auf einer selbstständigen Methodik sowie dem Erfahrungswissen der Praxis auf. Erfahrungswissen kann nicht durch die Lektüre eines Lehrbuchs vermittelt werden. Dies bleibt der eigenen beruflichen Praxis vorbehalten. Gleichwohl kann das Buch dazu beitragen, auf die berufliche Praxis als Vertragsgestalter vorzubereiten. Abgerundet wird das Werk durch die Vermittlung der Grundlagen der Vertragsverhandlung und der Grundkonzepte der Vertragstechnik.

Eine Erweiterung des materiellen Lehrstoffs ist mit der Vorlage des Buchs nicht beabsichtigt. Die Erweiterung besteht vielmehr in der Verdeutlichung der Perspektive des gestaltenden Beraters. Kenntnisse der zugrunde liegenden rechtlichen Fragen werden damit nicht vorausgesetzt; es erfolgt insoweit jeweils eine Einführung in das zu erörternde materielle Recht.

Zielgruppe des Buchs sind zum einen die Studierenden in den Anfangssemestern und in den Schwerpunktbereichen, die Vorlesungen zur Vertragsgestaltung besuchen oder sich ohne Vorlesungsanleitung die Grundzüge im Selbststudium erarbeiten möchten. Zum anderen soll das Buch dem Praktikanten, Referendar oder jungen Anwalt als Hilfsmittel dienen.

Inhalt

Vorwort zur fünften Auflage — 5

Aus dem Vorwort zur ersten Auflage — 6

Teil 1: Methodik und Struktur der Vertragsgestaltung

§ 1 Einleitung — 19
    I. Vertragsgestaltung in der universitären Lehre — 21
    II. Anliegen und Inhalt der Darstellung — 22

§ 2 Vertragsgestaltung und Vertragsgestalter — 24
    I. Gegenstand der Vertragsgestaltung — 24
        1. Entwurf und Umsetzung von Verträgen — 24
        2. Prüfung von Verträgen — 24
        3. Prüfung der Rechtslage in einem bestehenden Vertragsverhältnis — 25
        4. Rechtsgeschäftsgestaltung — 25
        5. Abgrenzung zum Vertragscontrolling — 26
    II. Vertragsgestaltung im Vergleich zur richterlichen Tätigkeit — 26
        1. Rechtskenntnis und -anwendung als gemeinsamer Ausgangspunkt — 26
        2. Besondere Charakteristika der Vertragsgestaltung — 27
            a) Zukunftsgerichtete Perspektive — 27
            b) Zweckprogramm — 27
            c) Sachverhalts- und Sachzielermittlung — 28
    III. Berufsbilder des Vertragsgestalters — 28
        1. Anwaltliche Vertragsgestaltung — 29
        2. Prozessführung — 29
        3. Notarielle Vertragsgestaltung — 29
        4. Vertragsgestaltung durch den Unternehmensjuristen — 30

§ 3 Leitlinien der Vertragsgestaltung — 31
    I. Zweckorientierung und Interessenwahrnehmung — 31
    II. Informationspflicht — 31
    III. Rechtskenntnis und -anwendung — 32
    IV. Gebot des sichersten Wegs — 33
    V. Zukunftstauglichkeit — 35
    VI. Wirtschaftliches Verständnis und Denken — 36
    VII. Belehrung und Beratung — 38
        1. Belehrung — 38
        2. Beratung — 38
        3. Stadien — 39

§ 4 Methodische Vorgehensweise — 40
    I. Informationsermittlung — 40
        1. Ermittlung des Sachverhalts — 40
            a) Zielfokussierung — 41
            b) Rechtliche Rahmenbedingungen — 41
            c) Soziale und wirtschaftliche Hintergründe — 42

		d) Sachverhaltsumgestaltung	42
	2.	Ermittlung der Sachziele	42
		a) Unterscheidung von Sach- und Rechtsziel	42
		b) Konkretisierung des Sachziels	43
		c) Hintergründe	44
	3.	Art und Weise der Informationsermittlung	44
		a) Mandantengespräch	45
		aa) Die Kunst des Zuhörens	45
		bb) Bewertung und gezieltes Nachfragen	46
		cc) Struktur	47
		dd) Verständlichkeit	47
		b) Weitere Informationsquellen	48
II.	Formulierung der Rechtsziele		48
III.	Ermittlung des Gestaltungsbedarfs		49
	1.	Vergleich von Ist- und Soll-Zustand	49
	2.	Umfassende Prüfung der Rechtslage	51
	3.	Zweckmäßigkeit	51
IV.	Erarbeitung von Gestaltungsoptionen		52
	1.	Ermittlung der dem Rechtsziel entsprechenden Gestaltungsoptionen	52
	2.	Vertragskonzipierung	53
		a) Unterscheidung zwischen Erfüllungs- und Risikoplanung	53
		b) Erfüllungsplanung	54
		aa) Regelungen zur Verwirklichung der Sachziele	54
		bb) Auflösung von Zielkonflikten	55
		cc) Gestaltungsfreiheit	56
		dd) Gesetzliche Vorgaben	57
		c) Risikoplanung	57
		aa) Konfliktgefahren	57
		bb) Sicherungs- und Sanktionsmechanismen zur Konfliktvermeidung und -lösung	57
		cc) Geltendmachung der Nichterfüllung	58
		dd) Konfliktlösungsmechanismen	58
	3.	Vorsorge gegen Unsicherheiten	60
	4.	Vertragstypen und -muster	60
		a) Entwicklung von Vertragstypen	60
		b) Umgang mit Vertragstypen	61
		c) Regelungstypen	62
		d) Vertragsmuster	62
V.	Kriterien zur Auswahl einer Gestaltung		64
	1.	Primär- und Sekundärziele	64
	2.	Rechtssicherheit	64

§ 5 Der Weg zum Vertrag — 66

I.	Der erste Vertragsentwurf		66
II.	Vertragsverhandlungen		67
	1.	Möglichkeit und Notwendigkeit	67
	2.	Die Rolle des Vertragsgestalters in Verhandlungen	67
	3.	Die Vertragsverhandlung im Einzelnen	68
		a) Verhandlungsplanung und -struktur	68

	b) Verhandlungsstil und -atmosphäre	68
	c) Verhandlungstypen	69
	d) Verhandlungsmacht	69
	e) Verhandlungsspielraum	70
	f) Verhandlungsstrategien	70
	aa) Grundkonzepte	70
	bb) Insbesondere: Das Harvard-Konzept	71
	(1) Trennung von Sach- und Beziehungsebene	71
	(2) Verhandlung ausgerichtet an Interessen anstelle von Positionen	71
	(3) Entwicklung einer Lösung zum beiderseitigen Vorteil	72
	(4) Anwendung objektiver Entscheidungskriterien	72
	(5) Entwicklung der besten Alternative zur Übereinkunft	72
	g) Instrumente der Einflussnahme	73
	aa) „Fuß-in-die-Tür"-Technik	73
	bb) „Tür-ins-Gesicht"-Technik	74
III.	Gesamtschau	75
§ 6	**Vertragstechnik**	**76**
I.	Vertragssprache	76
II.	Vertragsinhalt	76
III.	Vertragsstruktur	78
IV.	Vertragsaufbau	78
V.	Vertragsabschluss	80

Teil 2: Einführung in die Praxis der Vertragsgestaltung

§ 7	**Vertragsgestaltung im Kaufrecht/Arbeitsschritte für die Vertragsgestaltung im Allgemeinen**	**81**
I.	Überblick	81
II.	Kauf einer beweglichen Sache	81
	1. Vorbereitende Überlegungen	82
	a) Ist der Sachverhalt hinreichend klar?	82
	b) Ist die Gestaltungsaufgabe eindeutig fixiert?	82
	c) Wie ist die Interessenlage der Vertragsbeteiligten?	82
	2. Entwicklung der Gestaltung	83
	a) Einordnung der vertragsrechtlich zu regelnden Themen	83
	b) Die Stoffsammlung	83
	aa) Zwingender Inhalt von Verträgen	83
	bb) Empfehlenswerter Inhalt von Verträgen	84
	cc) Allgemeine Vertragsklauseln	84
	dd) Die Präambel bzw. Vorbemerkung	85
	ee) Die Vollständigkeit	85
	c) Der materiellrechtliche Inhalt	86
	aa) Unproblematische Regelungen	86
	bb) Übernahme gesetzlicher Regelungen	86
	cc) Ausgestaltung problematischer Themenbereiche	86
	d) Die Gliederung des Vertrags	86

		e) Die Formulierung des Vertrags	87
		f) Checkliste: Arbeitsschritte der Vertragsgestaltung	87
		g) Checkliste: Überlegungen zu den Vertragsthemen	88
	3.	Die Person des Vertragsgestalters	88
		a) Der Interessenvertreter des Käufers	89
		b) Der Interessenvertreter des Verkäufers	89
		c) Der Rechtsberater für beide Parteien	89
	4.	Hilfsmittel für die Ermittlung der Gegenleistung (2. Variante)	89
	5.	Die Grenzen der Vertragsgestaltung	90
		a) §§ 134, 138 BGB	91
		b) § 242 BGB	91
		c) §§ 305 – 310 BGB (Allgemeine Geschäftsbedingungen)	91
	6.	Musterlösung: ausformulierter Kaufvertrag über die Veräußerung eines gebrauchten Kraftfahrzeugs	92
	7.	Lösung der 3. Variante	93
		a) AGB-rechtliche Regelungen der §§ 305 ff. BGB	93
		b) Verbrauchsgüterkauf	93
	8.	Der Ausschluss einer Mängelhaftung im Verbrauchsgüterkauf (Lösung der 4. Variante).	94
		a) § 476 Abs. 1 S. 2 Nr. 1 BGB	94
		b) § 476 Abs. 1 S. 2 Nr. 2 BGB	94
		c) Lösung der Variante 4	95
III.	Kauf einer Immobilie		95
	1.	Einführende Hinweise	95
	2.	Basiswissen zu Immobilienverträgen	96
		a) Zum Grundbuch	96
		b) Zur Finanzierung	97
		c) Das Grundbuch als Sicherungsmittel	97
	3.	Vorbereitende Überlegungen	98
	4.	Entwicklung der Gestaltung	99
		a) Erstellung des Vertragsentwurfs	99
		aa) Heranziehung von Formularbüchern	99
		bb) Struktur von Grundstückskaufverträgen	99
		b) Zur Zusatzüberlegung	100
		aa) Vertragsgestaltung und Steuerrecht	100
		bb) Die Einkunftsarten des EStG	100
		cc) Vorsicht bei steuermotivierten Verträgen	101
		dd) Steuerliche Auswirkungen des Immobilienerwerbs	101
		c) Zur Sachverhaltsalternative	102
		aa) Zur Rechtsnatur des Bauträgervertrags	102
		bb) Die Baubeschreibung	103
		cc) Das Wohnungseigentum, die Teilungserklärung und die Abgeschlossenheitsbescheinigung	103
		dd) Die Makler- und Bauträgerverordnung	105
		ee) Ergebnis	105
IV.	Kauf einer Anwaltspraxis		106
	1.	Zu den „internen" Vereinbarungen	106

Inhalt

	2. Entwicklung der Gestaltung	106
	a) Praxiskaufvertrag	106
	aa) Der Verkäufer der Anwaltspraxis	106
	bb) Zum Gegenstand des Praxiskaufvertrags	107
	cc) Die Forderungen des verstorbenen Rechtsanwalts	108
	dd) Die Dauerschuldverhältnisse	108
	ee) Der sachenrechtliche Bestimmtheitsgrundsatz	109
	b) Exkurs: Ermittlung eines angemessenen Kaufpreises/Unternehmenswertes	109
	c) Gestaltungsmöglichkeiten beim Praxiskauf einer Rechtsanwalts-GmbH	110
	aa) share deal oder asset deal	110
	bb) Die due diligence	112
	cc) Zum Ablauf eines Unternehmenskaufs/Transaktionsverfahrens	113
	dd) Wahl des Kaufmodells	114
§ 8	**Vertragsgestaltung im Schenkungsrecht**	**115**
	I. Überblick	115
	II. Schenkungen unter Eheleuten	115
	1. Einführende Hinweise	115
	2. Vorbereitende Überlegungen	116
	3. Exkurs: Die unbenannten („ehebedingten") Zuwendungen	116
	4. Die rechtlichen Rahmenbedingungen	117
	a) Anfechtungsrecht	117
	b) Steuerrecht	117
	5. Entwicklung der Gestaltung	118
	a) Erstellung des Vertragsentwurfs	118
	b) Lösungsvorschlag	118
	6. Exkurs: Erbschaft- und Schenkungssteuerrecht	118
§ 9	**Vertragsgestaltung im Mietrecht**	**120**
	I. Überblick	120
	II. Mietvertrag über Wohnraum	120
	1. Vorbereitende Überlegungen	120
	2. Entwicklung der Gestaltung	121
	a) Mietsicherheit und Mietanpassungsklausel	121
	b) Erstellung des Vertragsentwurfs	121
	III. Mietvertrag über Büroräume in einer noch zu errichtenden Immobilie	122
	1. Anwalt in eigener Sache	122
	2. Entwicklung der Gestaltung	123
	a) Mietgegenstand	123
	b) Mietzins	123
	c) Laufzeit	124
	d) Fertigstellungsrisiko und Fertigstellungsfrist	124
	e) Betriebskosten/Nebenkosten	124
	f) Sonstige Regelungen	124
	g) Erstellung des Vertragsentwurfs	125

§ 10 Vertragsgestaltung im Dienst- und Arbeitsvertragsrecht — 126
  I. Überblick — 126
  II. Der Geschäftsführeranstellungsvertrag — 126
   1. Einführende Hinweise — 126
   2. Vorbereitende Überlegungen — 127
   3. Entwicklung der Gestaltung — 127
    a) Erstellung des Vertragsentwurfs — 127
     aa) Die Vertretung der Gesellschaft — 127
     bb) Die Aufgaben des Geschäftsführers — 128
     cc) Die Vergütung des Geschäftsführers — 128
      (1) Die Festvergütung — 128
      (2) Die variable Vergütung — 129
      (3) Sonstige Nebenleistungen, insbesondere Versicherungen — 129
     dd) Die Dauer des Anstellungsvertrags — 129
     ee) Das Wettbewerbsverbot — 130
    b) Die Gliederung des Anstellungsvertrags — 130
    c) Zur Sachverhaltsvariante — 131
  III. Der Dienstvertrag (für freie Mitarbeiter) — 132
   1. Einführende Hinweise — 132
   2. Vorbereitende Überlegungen — 133
   3. Entwicklung der Gestaltung — 133
    a) Erstellung des Vertragsentwurfs — 133
    b) Zur Sachverhaltsvariante — 134

§ 11 Vertragsgestaltung im Werkvertragsrecht — 136
  I. Überblick — 136
  II. Der Bauvertrag nach BGB — 137
   1. Vorbereitende Überlegungen — 137
   2. Entwicklung der Gestaltung — 139
    a) Schlüsselfertig-Vertrag — 139
    b) Bauvertrag mit Einzelvergaben — 141
    c) Zahlungsabwicklung — 142
    d) Gewährleistung — 143
    e) Absicherung der Vertragsparteien — 144
     aa) Termingerechte Fertigstellung — 144
     bb) Vermögensverfall des Bauunternehmers — 145
     cc) Vermögensverfall des Bestellers — 145
   3. Gliederung Bauvertrag — 147

§ 12 Vertragsgestaltung im IT-Recht — 149
  I. Überblick — 149
  II. Der Softwareerstellungsvertrag — 150
   1. Einführende Hinweise — 150
   2. Entwicklung der Gestaltung — 151
    a) Präambel — 152
    b) Hauptleistungspflichten — 152
     aa) Planungsphase — 152
     bb) Umsetzungsphase — 153
     cc) Änderungsverlangen — 153

	dd) Rechtseinräumung		154
	ee) Überlassung des Quellcodes		155
c)	Nebenleistungspflichten		155
d)	Gewährleistung und Haftung		155
e)	Beendigung		156
f)	Schlussbestimmungen		156
3.	Erstellung eines Vertragsentwurfs		157

§ 13 Vertragsgestaltung im Maklerrecht 158
    I. Überblick 158
    II. Der Maklervertrag 158
        1. Einführende Hinweise 158
        2. Vorbereitende Überlegungen 159
        3. Erstellung des Vertragsentwurfs 160

§ 14 Vertragsgestaltung im Leasingrecht 162
    I. Überblick 162
    II. Der Leasingvertrag über Mobilien 162
        1. Einführende Hinweise 163
            a) Leasing als Alternative zum Kauf 163
            b) Die steuerrechtliche Behandlung des Leasings 163
            c) Das sale and lease back-Verfahren 164
        2. Vorbereitende Überlegungen 164
        3. Erstellung einer Gliederung für den Vertragsentwurf 164
            a) Der konkrete Vertragstext 164
            b) Allgemeine Leasingbedingungen 165

§ 15 Vertragsgestaltung im Franchising 166
    I. Überblick 166
    II. Franchising oder Filialisierung 166
        1. Einführende Hinweise 166
        2. Die Beratungssituation 167
            a) Zur Managementkapazität 167
            b) Zur Finanzierung 167
                aa) Eigenkapital 168
                bb) Mezzaninkapital 168
                cc) Fremdkapital 168
            c) Exkurs: Die Kreditvergabe 168
                aa) Die Sicherheiten 169
                bb) Basel II 169
                cc) Bonität und Rating 170
        3. Franchising als Alternative zur Filialisierung 170
        4. Das Franchise-System 171
            a) Der Merkmalskatalog 171
            b) Die Gliederung eines Franchisevertrags 172

§ 16 Vertragsgestaltung im Sachenrecht 173
    I. Überblick 173

II. Miteigentum, Vormerkung, Hypothek, Grundschuld, Sicherungsübereignung, Dienstbarkeit ... 173
   1. Vorbereitende Überlegungen ... 174
   2. Entwicklung der Gestaltung ... 174
      a) Rechtsverhältnis zwischen Steffi und Mark (Miteigentümergemeinschaft/Grundstücksgesellschaft) ... 175
         aa) Regelungsmöglichkeiten ... 175
         bb) Bruchteilsgemeinschaft/Miteigentum ... 176
            (1) Gleiche Anteile und gemeinschaftliche Verwaltung ... 176
            (2) Verfügungsmöglichkeit und Vorkaufsrecht ... 177
            (3) Lasten- und Kostentragung ... 177
            (4) Aufhebung der Gemeinschaft ... 177
            (5) Ergebnis ... 178
      b) Rechtsverhältnis zum Verkäufer des Hausgrundstücks (Vormerkung) ... 178
         aa) Risiken durch Vorbelastungen ... 179
            (1) Grundpfandrechte und deren Ablösung ... 179
            (2) Grundbuchkosten ... 180
         bb) Risiken durch nachvertragliche Umstände ... 180
            (1) Sicherung durch Eintragung einer Vormerkung ... 180
            (2) Praktische Abwicklung des Grundstückskaufvertrags ... 181
            (3) Ergebnis ... 181
      c) Rechtsverhältnis zum Nachbarn (Grunddienstbarkeit) ... 182
         aa) Interessenlage ... 182
         bb) Grenzen schuldrechtlicher Bindung ... 183
         cc) Grunddienstbarkeit ... 183
            (1) Unterschiede zwischen „allgemeiner" Grunddienstbarkeit und beschränkter persönlicher Dienstbarkeit ... 183
            (2) Auswahl und Entwicklung der Gestaltung ... 184
            (3) Ergebnis ... 186
      d) Rechtsverhältnisse zur Bank (Grundpfandrechte, Sicherungsübereignung) ... 186
         aa) Sicherungsgrundschuld ... 186
            (1) Vergleich mit Hypothek ... 187
            (2) Differenzierung der Rechtsverhältnisse ... 188
            (3) Risiken nach Übertragung der Sicherungsgrundschuld und ihre Vermeidung ... 188
            (4) Ausgestaltung des Sicherungsvertrags ... 189
         bb) Sicherungsübereignung ... 189
         cc) Ergebnis ... 191
   3. Zusammenhang der verschiedenen Regelungen ... 192
III. Erbbaurecht ... 194
   1. Vorbereitende Überlegungen ... 194
   2. Entwicklung der Gestaltung ... 195
      a) Mietvertrag ... 195
         aa) Sicherung der Dauerhaftigkeit ... 195
         bb) Sicherung vor Vermögensverfall des Vermieters ... 195
         cc) Besicherung im Rahmen der Finanzierung ... 196

dd) Ergebnis		196
b) Erbbaurecht		196
aa) Wesen und Vorteile des Erbbaurechts		196
bb) Ergebnis		198

§ 17 Vertragsgestaltung im Vereinsrecht 199
I. Überblick 199
II. Vereinsgründung 199
   1. Vorbereitende Überlegungen 200
   2. Entwicklung der Gestaltung 200
      a) Rechtliche Struktur des Vereins 200
         aa) Abgrenzung des Idealvereins von einem wirtschaftlichen Verein 200
         bb) Persönliche Haftung 201
         cc) Gründung 202
         dd) Eintragung 202
         ee) Vereinsname 202
         ff) Mitgliederwechsel 202
         gg) Finanzierung 203
         hh) Gemeinnützigkeit 203
         ii) Bildung des Vorstands und Aufgabenverteilung 203
         jj) Satzungsänderungen 204
         kk) Ergebnis 204
      b) Realisierbarkeit der Vereinsziele 204
      c) Gründungsvorbereitungen 205
      d) Gründungsversammlung 206
      e) Gründungsprotokoll 207
      f) Vereinssatzung 208

§ 18 Vertragsgestaltung im Gesellschaftsrecht 209
I. Überblick 209
II. Die Gründung einer Anwaltsgesellschaft 209
   1. Vorbereitende Überlegungen 209
   2. Erstellung der Themenliste 210
      a) Zur Grundstruktur von Gesellschaftsverträgen 210
         aa) Vertragliche Grundlagen 210
         bb) Innere Ordnung und Vertretung der Gesellschaft 210
         cc) Strukturänderungen der Gesellschaft 210
         dd) Allgemeine Bestimmungen/Sonderregelungen 211
      b) Themenliste/Aufbauschema für Gesellschaftsverträge 211
      c) Beantwortung der Ausgangsfrage 211
   3. Weiterführung des Falls 212
      a) Einführende Hinweise 212
      b) Exkurs: Anwaltliche Vergütungssysteme 212
      c) Die Gliederung des Gesellschaftsvertrags einer Anwalts-GbR 213
      d) Der Gesellschaftsvertrag einer Anwalts-GmbH 214
         aa) Die gesetzlichen Vorgaben 214
         bb) Die wesentlichen Merkmale einer Rechtsanwalts-GmbH 215
      e) Die Partnerschaftsgesellschaft 215

III. Die Gründung einer gewerblich tätigen Gesellschaft ... 216
    1. Einführende Hinweise ... 216
    2. Grundsatzüberlegungen ... 217
       a) Die Gründung einer neuen Gesellschaft ... 217
       b) Die Rechtsformwahl ... 218
       c) Thematische Schwerpunkte bei der Gestaltung von Gesellschaftsverträgen ... 219
          aa) Vertretungsbefugnis des Geschäftsführers/der Geschäftsführer ... 219
          bb) Kompetenzabgrenzung zwischen Geschäftsführung und Gesellschafterversammlung ... 219
          cc) Gewinnverteilung/Entnahmen ... 220
          dd) Beschlussmehrheiten ... 220
          ee) Fehlerhaftigkeit von Gesellschafterbeschlüssen ... 221
          ff) Abfindungsregelungen ... 221
          gg) Wettbewerbsvereinbarungen ... 222
          hh) Schiedsgerichtsvereinbarung ... 222
    3. Die konkrete Entscheidung ... 222
       a) Personengesellschaften und Kapitalgesellschaften ... 222
       b) Wahl der GmbH & Co. KG ... 223
    4. Die juristische Umsetzung der Geschäftsidee ... 223
       a) Die Gründung der GmbH & Co. KG ... 223
       b) Die Beteiligung der Kinder ... 225
       c) Exkurs: Zum Handelsregister und zum Gesellschaftsregister ... 226
       d) Der Kauf des Patents ... 227
       e) Die Überlassung des Patents an die NewCo zur Nutzung ... 227
       f) Der Werkvertrag über die Herstellung der Snackautomaten ... 228
       g) Abschluss weiterer notwendiger Verträge ... 228
    5. Abschlussüberlegung ... 228

§ 19 Vertragsgestaltung im Recht der Eheverträge ... 230
  I. Überblick ... 230
  II. Der Ehevertrag junger Eheleute ... 230
    1. Einführende Hinweise ... 231
    2. Vorbereitende Überlegungen ... 231
       a) Rechtslage vor der Heirat ... 231
       b) Rechtslage nach der Heirat ... 232
          aa) Das Familienrecht ... 232
          bb) Das Erbrecht ... 232
       c) Gestaltungsüberlegungen ... 232
          aa) Zum Güterstand ... 233
          bb) Zum Versorgungsausgleich ... 233
          cc) Zum nachehelichen Unterhalt ... 234
          dd) Zum Erbrecht ... 234
    3. Erstellung des Ehevertragsentwurfs ... 234

§ 20 Vertragsgestaltung im Erbrecht ... 237
  I. Überblick ... 237

II.	Das erbrechtliche Beratungsgespräch	237
	1. Einführende Hinweise	237
	a) Zur Privaterbfolge	238
	b) Die Testierfreiheit	238
	c) Die Familienerbfolge	238
	d) Die unabdingbaren Rechtsinstitute des Erbrechts	238
	aa) Das Prinzip der Gesamtrechtsnachfolge (Universalsukzession)	238
	bb) Der erbrechtliche Formen- und Typenzwang	239
	cc) Das Pflichtteilsrecht	239
	2. Vorbereitende Überlegungen	239
	3. Der erbrechtliche Fragenkatalog	239
	a) Klärung der persönlichen Verhältnisse des potenziellen Erblassers	239
	aa) Persönliche Daten	240
	bb) Status des potenziellen Erblassers	240
	cc) Struktur des aktuellen und möglicherweise zu vererbenden Vermögens	240
	dd) Liquides und sonstiges Vermögen	240
	b) Die gesetzliche Erbfolge	240
	c) Bindung des Erblassers an frühere, anderweitige letztwillige Verfügungen	241
	d) Gestaltungsziel des Erblassers	241
	e) Berücksichtigung steuerlicher Faktoren	241
III.	Das gemeinschaftliche Testament	243
	1. Einführende Hinweise	243
	a) Gesetzliche Instrumente der Testamentsgestaltung	243
	b) Formen letztwilliger Verfügungen	243
	c) Einzeltestament, Ehegattentestament, Erbvertrag	243
	d) Einheitslösung oder Trennungslösung	244
	2. Vorbereitende Überlegungen	244
	3. Entwicklung der Gestaltung	245
	a) Strukturen der einzelnen Testamentselemente	245
	b) Der Textvorschlag	246
	4. Exkurs: Kosten eines notariellen Testaments/eines notariellen Erbvertrags	247
IV.	Das Unternehmertestament	248
	1. Einführende Hinweise	248
	2. Vorbereitende Überlegungen	248
	a) Notwendigkeit des Unternehmertestaments	249
	b) Begrenzter Empfehlungskatalog	249
	c) Zu berücksichtigende Störfaktoren	249
	d) Herausarbeiten von Zielen und Zielkonflikten	250
	3. Umsetzungsmaßnahmen	250
	a) Frühzeitige begleitende Vorsorge	250
	b) Vorsorgemaßnahmen	250
	c) Keine Selbstbindung des Unternehmers	250
	d) Testamentsvollstreckung	250
	e) Drittbestimmung des Unternehmensnachfolgers	250

		4.	Entwicklung der Gestaltung	251
		a)	Erbeinsetzung	251
		b)	Wertmäßiger Ausgleich	252

§ 21 Vertragsgestaltung mit AGB — 253
- I. Überblick — 253
- II. Entwurf von AGB für ein Dienstleistungsunternehmen — 254
  - 1. Vorbereitende Überlegungen — 255
  - 2. Entwicklung der AGB — 255
    - a) Bestehen eines Regelungsbedürfnisses — 255
      - aa) Bestimmung des Vertragstyps — 256
      - bb) Ermittlung eines Regelungsbedarfs — 256
      - cc) Disponibilität der gesetzlichen Regelung — 257
      - dd) Ergebnis im Beispielsfall — 257
    - b) Realisierbarkeit der Regelungsziele — 258
      - aa) Anwendungsbereich und Prüfungsumfang der AGB-Kontrolle — 258
      - bb) Inhaltskontrolle — 258
        - (1) Regelungsziel Nr. 2 — 258
        - (2) Regelungsziel Nr. 3 — 259
        - (3) Regelungsziel Nr. 4 — 260
        - (4) Regelungsziel Nr. 5 — 262
        - (5) Regelungsziel Nr. 6 — 263
        - (6) Gesamtergebnis der Inhaltskontrolle — 264
    - c) Formulierung der Regelungsziele — 265
    - d) Ausgestaltung der Einbeziehung — 265
      - aa) Hinweis auf die AGB — 266
      - bb) Möglichkeit der Kenntnisnahme — 266
      - cc) Einbeziehung im kaufmännischen Geschäftsverkehr — 266
      - dd) Ergebnis — 267

Schrifttum (Stand August 2023) — 269

Stichwortverzeichnis — 279

Bearbeiterverzeichnis

Es haben bearbeitet

§§ 1 bis 6: Raphael Koch
§§ 7 bis 10, 13 bis 15, 18 bis 20: Cornelius Kruse
§§ 11, 12, 16, 17, 21: Matthias Wiese

Teil 1:
Methodik und Struktur der Vertragsgestaltung

„Jener (*der streitende Advokat*) ist beglückt durch den Triumph eines Sieges; dieser (*der beratende Anwalt*), wenn seine scheinbar unterkühlte Gedankenarbeit einen Vorschlag, einen Briefentwurf, eine Vertragsfassung, ein Gutachten zustande bringt, deren Inhalte unangreifbar sind oder die zukünftige Linie des Handelns verändern oder die auch nur den komplizierten Stoff harmonisieren und in verständlicher und übersichtlicher Form präsentieren."[1]

§ 1 Einleitung

Aus dem Studium sind es angehende Juristen gewohnt, streitige Fälle zu bearbeiten. Ein Anspruch oder eine Mehrheit von Ansprüchen, die Ableitung subjektiver Rechte oder die Rechtslage ist aufgrund eines feststehenden Sachverhalts zu prüfen.[2] Gelernt und angewandt wird als juristische Methodenlehre vor allem die Subsumtion, d.h. die Anwendung der Gesetze auf den Lebenssachverhalt.[3] Die Tätigkeit des Richters, der die ihm vorgelegten Fälle entscheidet, entspricht dieser Arbeitsweise und wird allgemein als Dezisionsjurisprudenz[4] bezeichnet.

Unter Vertragsgestaltung (Kautelarjurisprudenz)[5] versteht man demgegenüber die rechtliche Beratung. Es handelt sich um „eine zeit- und zukunftsgerechte Gestaltung von privaten Lebensverhältnissen mit den Mitteln und in den Grenzen des Rechts".[6] Anders als die Streitentscheidung ist die Vertragsgestaltung zukunftsorientiert, ein schöpferischer und kreativer Prozess. Es handelt sich um lebendes Recht, welches „*paper law*" in „*law in action*" verwandelt, indem es eine Brücke zwischen der Rechtsordnung und dem sozialen Leben baut.[7]

Die Vertragsgestaltung dient der Umsetzung der (wirtschaftlichen) Sachziele des Mandanten, indem ein Lebenssachverhalt rechtlich (vertraglich) abgesichert, verändert, herbeigeführt oder verhindert wird.[8] Zugleich erfüllt sie eine streitvermeidende Funkti-

---

1 *Franzen*, Anwaltskunst, S. 241 f.
2 *Medicus/Petersen*, BR, Rn. 1 ff.; kritisch zur Anspruchsmethode *Großfeld*, JZ 1992, 22 (25).
3 *Langenfeld*, Vertragsgestaltung, Kap. 2 Rn. 1; *Zawar* JuS 1992, 134; ausführlich *Haft*, Rhetorik, S. 75 ff. und S. 153 ff.; *Larenz/Canaris*, Methodenlehre, S. 99 ff.
4 *Neuner*, BGB AT, § 39 Rn. 5; *Rehbinder*, Vertragsgestaltung, S. 1.
5 Der Begriff Kautelarjurisprudenz entstammt dem römischen Recht. Kautel (*cautela*) bedeutet Vorbehalt, Absicherung, insbesondere im Vertrag. Heute wird der Begriff weiter verstanden und umfasst neben der Gestaltung von Rechtsbeziehungen durch Verwendung vorformulierter Vereinbarungen allgemein die vertragsgestaltende Tätigkeit; siehe *Groh*, in: Weber, Rechtswörterbuch, Stichwort „Kautelarjurisprudenz". Zur Kautelarjurisprudenz im römischen Recht siehe *Flume* DNotZ 1969, Sonderheft zum 18. Deutschen Notartag, 30 ff.
6 Grundlegend *Rehbinder*, AcP 174 (1974), 265, 266; siehe auch *Medicus/Petersen*, BGB AT, Rn. 465 ff.
7 *Rehbinder*, AcP 174 (1974), 265, 301 f.; *Bockemühl*, DNotZ 1967, 532 (534); siehe auch *Haverkate*, JuS 1996, 478 (482).
8 *Schmittat*, Vertragsgestaltung, Rn. 17; siehe auch *Moes*, Vertragsgestaltung, Rn. 7 ff., der Verträge in diesem Zusammenhang ganz allgemein als Transaktionen einordnet.

on, die gegenüber einer Streitlösung durch ein gerichtliches Verfahren Vorteile bietet.[9] In einem streitigen Verfahren werden in der Regel Emotionen ausgelöst, die nicht nur bestehende persönliche Beziehungen, sondern auch Geschäftsbeziehungen belasten können. Schließlich ist eine kluge Vertragsgestaltung unter ökonomischen Gesichtspunkten sinnvoll, denn durch sie können zeit- und kostenintensive Rechtsstreitigkeiten vermieden werden.[10]

4 ▶ **„Das Paradoxon des *Protagoras*"**[11]

Die Vorzüge einer klugen Vertragsgestaltung werden an dem Paradoxon des Protagoras deutlich. Der griechische Rechtsgelehrte *Protagoras* unterrichtete einen armen, jedoch talentierten Schüler ohne Honorar. Als Ausgleich vereinbarten sie, dass der Student, wenn er seine Studien abgeschlossen und seinen ersten Fall gewonnen haben werde, an *Protagoras* einen bestimmten Betrag werde zahlen müssen. Der Student schloss seine Studien ab, übernahm aber keinen Rechtsfall. Nach einiger Zeit verklagte *Protagoras* seinen Schüler wegen des nicht bezahlten Betrags. Vor Gericht argumentierte der Schüler: Wenn ich den Fall gewinne (weil er im Zeitpunkt des Urteils noch keinen Fall gewonnen hatte), muss ich *per definitionem* nicht zahlen (denn: Abweisung der Klage auf Zahlung). Wenn ich den Fall verliere, habe ich meinen ersten Fall noch nicht gewonnen, und ich habe vereinbart, *Protagoras* nicht zu bezahlen, bevor ich nicht meinen ersten Fall gewonnen habe. Ob ich den Fall gewinne oder verliere, ich muss in keinem Fall zahlen. *Protagoras* argumentierte: Wenn mein Schüler den Fall verliert, muss er *per definitionem* zahlen (denn um diese Frage geht es in diesem Prozess). Wenn er den Prozess gewinnt, hat er seinen ersten Fall gewonnen und muss ebenfalls an mich zahlen. Ob ich den Fall gewinne oder verliere, in jedem Fall bekomme ich mein Geld. Wer ist im Recht?

Sowohl die Argumente des Schülers als auch von *Protagoras* leuchten auf den ersten Blick ein. Die Situation erscheint paradox. Wahrscheinlich würde der Richter dem Schüler Recht geben. Zurzeit hat der Schüler noch keinen Fall gewonnen. Erst wenn dieser Fall abgeschlossen ist, hat er dadurch seinen ersten Fall gewonnen. In einem weiteren Prozess würde *Protagoras* seinen Anspruch geltend machen können.[12] Freilich kann man insoweit wiederum fragen, ob es sich als Rechtsmissbrauch darstellt, dass *Protagoras* über den von ihm initiierten Prozess die Voraussetzungen für seinen Anspruch schafft. Vielleicht ist die Vereinbarung dahin gehend auszulegen, dass der Schüler einen Mandanten vertreten muss und für diesen einen Fall gewinnen muss, es hingegen nicht ausreicht, in eigener Sache tätig gewesen zu sein.

Der Streit hätte sich durch eine vorausschauende Vertragsgestaltung vermeiden lassen. Die Parteien hätten eine genaue Vereinbarung über die Rechtsfolgen treffen können, etwa darüber, ob ein erfolgreicher Prozess in eigener Sache ausreichend ist, um die Voraussetzungen des Anspruchs zu begründen. In dem Vertrag hätte darüber hinaus geregelt werden können, ob der Schüler verpflichtet ist, Fälle zu übernehmen. *Protagoras* hätte, wenn der Schüler die Übernahme von Fällen trotzdem ablehnt, einen Anspruch aus Vertragsverletzung geltend machen können.[13] Gegebenenfalls hätte verabredet werden können, dass der Schüler nach einem gewissen Zeitraum einen bestimmten Betrag selbst dann zahlen muss, wenn er keine

---

9 *Medicus/Petersen*, BGB AT, Rn. 457 ff. (auch zu den Grenzen der Streitvermeidung etwa bei deliktischen Handlungen); *Zankl*, Vertragssachen, Rn. 2.
10 *Schwarzmann*, JuS 1972, 79 (80). Ein Prozess kann ebenfalls der zukünftigen Streitvermeidung dienen, indem Rechtsfragen durch den BGH geklärt werden. Ein solches Anliegen verfolgen etwa sog. Musterprozesse; *Medicus/Petersen*, BGB AT, Rn. 458.
11 Aus *Smullyan*, Wie heißt dieses Buch?, S. 164 (Rätsel Nr. 250).
12 Die Rechtskraft des ersten Urteils würde einer erneuten Klage nicht entgegenstehen, weil die erste Klage „als zurzeit unbegründet" abzuweisen wäre; siehe dazu *Musielak*, in: Musielak/Voit, § 322 Rn. 29 und 51.
13 *Zawar*, JuS 1992, 134 (135).

Fälle übernimmt. Eine präzise Vereinbarung hätte somit dazu beitragen können, dass beide Parteien ihre Ziele erreichen. ◄

I. Vertragsgestaltung in der universitären Lehre

Von den in der Ausbildung befindlichen Juristen wurde die Rechtsgestaltung früher kaum einmal verlangt.[14] Vorlesungen, Seminare oder Übungen erläuterten die Falllösungstechnik oder vermittelten rechtsdogmatisches und geschichtliches Wissen. Eine Aneignung der für eine Vertragsgestaltung erforderlichen Fähigkeiten erfolgte erst mit Berufseinstieg. Nun ist gegen ein „*learning by doing*" und die Anleitung durch einen erfahrenen Rechtsanwalt nichts einzuwenden. Gleichwohl sollte die Vorbereitung auf die Herausforderungen des Berufslebens Bestandteil der universitären Lehre sein. Die Vertragsgestaltung spielt in der Praxis eine bedeutende Rolle. Insbesondere im Wirtschaftsrecht tätige Juristen beschäftigen sich täglich mit der Aufgabe, schwierige Sachverhalte einer interessengerechten Lösung durch Vertragsgestaltung zuzuführen. Studierende müssen daher jedenfalls die Grundlagen der Vertragsgestaltung kennen und sich die Fähigkeit zu konstruktiv-gestalterischen Überlegungen aneignen. Dabei kann es nicht darum gehen, die praktische Art und Weise des Arbeitens als Anwalt (*Wie* arbeitet ein Anwalt?) zu erlernen – dies bleibt richtigerweise dem Referendariat und der Phase des Berufsbeginns überlassen. Eine Eingewöhnungs- und Lernzeit im Referendariat und im Anwaltsberuf soll und kann durch eine anwaltsorientierte universitäre Ausbildung nicht ersetzt werden. Vielmehr müssen im Studium die Grundlagen, die Methodik und die Struktur (*Warum* arbeitet ein Anwalt so?) – wissenschaftlich aufgearbeitet und untermauert – vermittelt werden. Die Universität ist der Ort für die Vermittlung einer reflektierten Denkweise und Arbeitsmethodik.[15]

So verstanden bedeutet die universitäre Lehre der Vertragsgestaltung nicht den Verzicht auf Wissenschaftlichkeit,[16] der sie verpflichtet ist. Die anwaltliche Perspektive ist als Bestandteil der Rechts*wissenschaft* zu begreifen und mit wissenschaftlichem Anspruch zu vermitteln. Die Vertrags- bzw. Rechtsgestaltung muss immanenter Bestandteil sein, ihre Lehre muss sich an den Maßstäben der rechtswissenschaftlichen Lehre ausrichten und somit positives Wissen mit methodischen Grundsätzen, der Schaffung und Befolgung einer inneren Systematik sowie einer kritischen Grundhaltung vereinen.[17]

Die rechtsberatende Praxis hat folgerichtig Eingang in das DRiG und die Juristenausbildungsgesetze der Länder gefunden.[18] § 5a Abs. 3 S. 1 Hs. 2 DRiG verlangt in den Inhalten des Studiums neben der rechtsprechenden und verwaltenden Praxis die Berücksichtigung der rechtsberatenden Praxis einschließlich der hierfür erforderlichen Schlüsselqualifikationen. In einem (nicht abschließenden und nur hinsichtlich seiner Zielvorgabe verbindlichen) Katalog werden Verhandlungsmanagement, Gesprächsfüh-

---

14 *Medicus/Petersen*, BGB AT, Rn. 460; *Rehbinder*, AcP 174 (1974), 265 ff.; *Rittershaus/Teichmann*, in: FS Spiegelberger, S. 1457, 1458.
15 *Rehbinder*, AcP 174 (1974), 265, 275; *Rittershaus/Teichmann*, in: FS Spiegelberger, S. 1457, 1461; *Zawar*, JuS 1994, 545 (546).
16 *Haverkate*, JuS 1996, 478 (482); *Rittershaus/Teichmann*, in: FS Spiegelberger, S. 1457 ff.
17 *Berger*, BRAK-Mitt. 2005, 169 ff.; siehe auch *Zawar* JuS 1994, 545 (546); siehe bereits das Plädoyer für die Kautelarjurisprudenz als Bestandteil der Juristenausbildung von *Schollen*, DNotZ 1977, Sonderheft zum 20. Deutschen Notartag, 28 ff.
18 Die Änderungen sind durch das Gesetz zur Reform der Juristenausbildung vom 11.7.2002 beschlossen worden und am 1.7.2003 in Kraft getreten; BGBl. I 2002, S. 2592.

Teil 1: Methodik und Struktur der Vertragsgestaltung

rung, Rhetorik, Streitschlichtung, Mediation, Vernehmungslehre und Kommunikationsfähigkeit als Schlüsselqualifikationen genannt. Ziel der Änderung ist es, die Studierenden im Laufe des Studiums wiederholt und nachdrücklich mit der anwaltlichen Perspektive und Vorgehensweise zu konfrontieren.[19] Die rechtsberatende Praxis soll Teil der staatlichen und universitären Prüfungen sein (§ 5d Abs. 1 S. 1 Hs. 1 DRiG). Die Universitäten haben auf die Notwendigkeit der Vermittlung vertragsgestalterischer Fähigkeiten reagiert. Veranstaltungen mit dem Schwerpunkt der Vertrags- bzw. Rechtsgestaltung gehören mittlerweile zum Standardlehrangebot.

II. Anliegen und Inhalt der Darstellung

8   Die Gestaltung von Recht, insbesondere durch Verträge, ist Gegenstand dieses Buchs. Im Vordergrund steht nicht die Vermittlung des materiellen Rechts, sondern darauf aufbauend die Methodik und das Instrumentarium der Vertragsgestaltung. Die Probleme, mit denen sich der Kautelarjurist auseinanderzusetzen hat, sind andere als diejenigen, die sich dem Richter oder dem forensisch tätigen Anwalt stellen.[20] Aus den Besonderheiten ergibt sich die Notwendigkeit einer eigenständigen Methodik,[21] die in diesem Buch erläutert werden soll. Die Ausführungen gelten im Grundsatz gleichermaßen für die gestaltende Tätigkeit der Rechtsanwälte, Unternehmensjuristen und Notare. Unterschiede ergeben sich, weil Rechtsanwalt und Unternehmensjurist als Interessenvertreter agieren, während der Notar als unparteiischer Betreuer der Beteiligten handelt.

9   Die Darstellung gliedert sich konzeptionell in zwei Teile. In Teil 1 werden die Methodik und Struktur der Vertragsgestaltung behandelt. In Teil 2 werden einzelne Gestaltungssituationen analysiert und Gestaltungsvorschläge unterbreitet. Dabei werden schwerpunktmäßig die in der Rechtspraxis gängigen Vertragstypen besprochen. Anhand der Beispiele werden die notwendigen Kenntnisse vermittelt, um solche typischen Sachverhaltskonstellationen kunstgerecht zu regeln. Konkret geschieht dies anhand von Situationen, die das (fiktive) junge Paar Steffi Klug und Mark Pfiffig aus Münster erlebt. Insoweit wird das Paar auf ihrem Weg durch das Leben begleitet und beraten. Dabei wird immer wieder auf Teil 1 Bezug genommen, um die dort gewonnenen Erkenntnisse in der Problemlösung anzuwenden. Ziel ist es, junge Juristen methodisch zu befähigen, interessengerechte Verträge zu entwerfen und gegebenenfalls zu verhandeln. Die Musterfälle werden durch eine allgemeine Einführung eingeleitet. Sie verfolgt den Zweck, dem jungen Juristen den Hintergrund der Aufgabenstellung zu verdeutlichen. Es erfolgt, soweit das notwendig erscheint, ein Überblick über das entsprechende materielle Recht. Überdies wird zu einzelnen Problemen im Wege eines Exkurses Stellung genommen. Auf ausformulierte Vertragsmuster wird in der Regel verzichtet. Hierfür kann auf die Formularbücher verwiesen werden. Mit ihnen richtig umzugehen, soll der junge Jurist lernen und nach Lektüre dieses Buchs nach Möglichkeit beherrschen. Lediglich einige wenige Vertragstexte werden exemplarisch vorgestellt. Häufig genügt es, einzelne Formulierungen vorzuschlagen, um den Umgang mit der richtigen Vertrags-

---

19 BT-Drs. 14/7176, S. 10.
20 Zwischen Dezisions- und Kautelarjurisprudenz kommt es gleichwohl zu Wechselwirkungen. Die Entscheidung streitiger Fälle erfordert die Auslegung von Verträgen, der Gestalter von Verträgen muss bereits die unter Umständen später notwendige Auslegung des Vertrags bedenken.
21 Grundlegend *Rehbinder*, AcP 174 (1974), 265, 285; siehe auch *Rittershaus/Teichmann*, Vertragsgestaltung, Rn. 107 ff.

sprache zu erlernen. Schließlich werden einige Verträge in Gliederungsform skizziert, um einen Überblick über die vertragsrechtlich zu regelnden Themen zu geben.

Teilweise (vor allem in Teil 2) werden Rechtsmaterien behandelt, die dem Studierenden der unteren oder mittleren Semester nicht bekannt sein müssen. Sie wurden zur exemplarischen Anleitung ausgewählt, weil sich an ihnen die Methode des Vertragsjuristen und die sachgerechte Anwendung seines Instrumentariums besonders veranschaulichen lassen. Der Leser möge sich nicht entmutigen lassen, sofern er eine Aufgabenstellung nicht sogleich materiellrechtlich „lösen" kann. Er sollte sich nach Lektüre des Sachverhalts anhand des Gesetzestexts, der jeweiligen Einführung in das materielle Recht und eines Kommentars oder Lehrbuchs einen Überblick über die Materie verschaffen – der Lerneffekt wird so am größten sein.

§ 2 Vertragsgestaltung und Vertragsgestalter

I. Gegenstand der Vertragsgestaltung

1 Unter dem Begriff der Vertragsgestaltung vereinen sich verschiedene Tätigkeiten, die wiederum vielfach ineinander übergehen. Sie dürfen daher keineswegs als jeweils abgeschlossene Materien betrachtet werden.

1. Entwurf und Umsetzung von Verträgen

2 Der Vertragsschluss als Ausübung der Privatautonomie ist wesentlicher und erforderlicher Bestandteil unserer Rechtsordnung. Er wird notwendig – und damit vorhergehend sein Entwurf –, wenn eine Rechtsposition abgesichert oder verändert, ein Anspruch herbeigeführt oder verhindert werden soll.[1] Der Vertragsgestalter schafft im Rahmen der Vertragsfreiheit ein privates Regelungssystem für die Parteien.[2]

▶ **Beispiel:**
Die Parteien eines Grundstückskaufvertrags können vereinbaren, dass der Käufer eines Grundstücks verpflichtet ist, die Erschließungsbeiträge auch für die Maßnahmen zu tragen, die bis zum Tage des Vertragsschlusses bautechnisch begonnen sind.[3] Sie weichen damit von der gesetzlichen Rechtsfolge ab, nach der der Verkäufer diese Beiträge zu tragen hat. Die Möglichkeit einer solchen Vereinbarung ist explizit in § 436 Abs. 1 BGB erwähnt. Eine Vereinbarung, dass der Käufer vorleistungspflichtig ist, bedeutet gleichsam eine vertragliche Gestaltung abweichend von der gesetzlichen Regel des § 320 Abs. 1 S. 1 BGB (Leistung Zug-um-Zug). ◀

3 Dem Entwurf eines Vertrags folgt in der Regel das Ver- und Aushandeln der Vereinbarungen, der Abschluss sowie die Durchführung und Kontrolle des Vertrags.

2. Prüfung von Verträgen

4 Ein Anwalt kann eingeschaltet werden, um einen ausgehandelten Vertragsentwurf zu prüfen. Eine besondere Schwierigkeit liegt darin, dass der Anwalt im Entwurfsstadium nicht beteiligt war, so dass er keine Kenntnis von der Entstehung der Vereinbarung und den zugrunde liegenden Kompromissen besitzt. Er kann den Vertrag nicht lediglich über dessen Lektüre beurteilen, sondern muss den Sachverhalt und die Ziele ermitteln. Der Anwalt sollte zunächst selbst untersuchen, welche Regelungen zur Erreichung des Sachziels des Mandanten erforderlich sind. Kommt er sodann zu dem Ergebnis, dass die Interessen des Mandanten in dem Vertragswerk nicht vollständig berücksichtigt sind, muss er nach den Gründen fragen. Es kann sich um einen Kompromiss handeln, bei dem die Interessen der anderen Vertragspartei zu berücksichtigen waren. Davon abgesehen hat der Anwalt selbstverständlich zu prüfen, ob der Vertrag vollständig ist und keine inneren Widersprüche aufweist. Insgesamt weist die anwaltliche Vertragsprüfung somit Anforderungen auf, die einer sonstigen Vertragsgestaltung im

---

1 *Schmittat*, Vertragsgestaltung, Rn. 1.
2 Insgesamt ist zu berücksichtigen, dass die Verträge des täglichen Lebens ohne Einschaltung eines Anwalts oder Notars geschlossen werden; dies gilt auch für die Verträge, die (häufig zu Beweiszwecken) schriftlich abgeschlossen werden. Die Vertragsgestaltung durch einen Anwalt oder Notar erfolgt daher – abgesehen von der Einschaltung des Notars in den gesetzlich vorgesehenen Fällen – insbesondere in komplexen Situationen; siehe dazu *Ritterhaus/Teichmann*, in: FS Spiegelberger, S. 1457, 1461.
3 Der Berater hat von sich aus auf diese Problematik hinzuweisen; BGH NJW 1994, 2283 f. (für den Notar); siehe auch OLG Hamm RNotZ 2013, 49 (51 f.).

Sinne einer Vertragskonzipierung vergleichbar sind; keinesfalls handelt es sich lediglich um eine „Richtigkeitsprüfung".[4]

3. Prüfung der Rechtslage in einem bestehenden Vertragsverhältnis

Neben dieser gestalterischen Tätigkeit kann der Anwalt mit der Prüfung der Rechtslage beauftragt sein.

▶ **Beispiel:**

Für ein laufendes Vertragsverhältnis soll geklärt werden, ob ein Rücktritt ausgeübt oder eine einvernehmliche Aufhebung des Vertrags erreicht werden kann. Insoweit kann sich für den Mandanten die Frage stellen, ob er von einem Vertrag zurücktreten sollte, obwohl er Schadensersatz geltend machen möchte. Eine Kumulierung von Rücktritt und Schadensersatz ist möglich (§ 325 BGB). Der Mandant ist somit darauf hinzuweisen, dass ein Rücktritt ihm nicht seine Schadensersatzansprüche nimmt. Der Schadensersatz ist in diesem Fall nach der Differenzmethode zu berechnen. Dem Mandanten ist aber auch Folgendes zu verdeutlichen: Tritt er zurück und fordert seine eigene Leistung nach Rücktrittsrecht zurück, kann er dem Schuldner seine Sache nicht „aufzwingen". Bei bestimmten Geschäften kann es für ihn wirtschaftlich zweckmäßig sein, nicht zurückzutreten, sondern stattdessen Schadensersatz statt der Leistung zu verlangen (§ 281 BGB) und seinen Schaden nach der Surrogationsmethode zu berechnen. Der Gläubiger kann seine Gegenleistung, die er noch nicht erbracht hat, erbringen (oder auf die Rückforderung der Gegenleistung verzichten) und Ersatz wegen der ausgebliebenen Leistung des Schuldners und etwaiger Folgeschäden verlangen.[5] Diese Möglichkeit kann vorteilhaft sein, wenn er gerade ein Interesse daran hatte, seine Sache „loszuwerden", etwa weil die Unterhaltskosten hoch sind. Auf die Optionen und Folgen nebst Vor- und Nachteilen ist der Mandant hinzuweisen. Dabei ist auch zu erörtern, ob eine einvernehmliche Aufhebung des Vertrags vorteilhaft und zu erreichen wäre.[6] ◀

4. Rechtsgeschäftsgestaltung

Die Vertragsgestaltung im engeren Sinne bezieht sich auf das zweiseitige Rechtsgeschäft. Gestaltungsbedarf kann allerdings ebenso bei individuellen oder kollektiven Rechtsgeschäften bestehen,[7] zB bei einem Testament, Erlass einer Satzung, Entwurf von Allgemeinen Geschäftsbedingungen[8] (die später einmal Vertragsbestandteil werden sollen, siehe § 305 Abs. 2 BGB), einer Kündigung oder einer Anfechtung.

▶ **Beispiel: Entwurf Allgemeiner Geschäftsbedingungen**

Ein Verkäufer kann ein Interesse daran haben, dass das Eigentum an seiner Ware nicht bereits mit der Übergabe auf den Erwerber übergeht, sondern erst bei vollständiger Kauf-

---

4 *Schmittat*, Vertragsgestaltung, Rn. 68; *Zankl*, Vertragssachen, Rn. 29.
5 *Grüneberg*, in: Grüneberg, § 281 Rn. 18 ff.; im Einzelnen sind die dem Gläubiger zur Verfügung stehenden Möglichkeiten umstritten; siehe dazu *Emmerich*, in: MünchKommBGB, vor § 281 Rn. 24 ff.; *Ernst*, in: MünchKommBGB, § 325 Rn. 5 ff.; *Arnold*, ZGS 2003, 427 ff.
6 *Teichmann*, JuS 2001, 870 (871).
7 Im Verhältnis zu dem Begriff der Vertragsgestaltung ist die Rechtsgeschäftsgestaltung der Oberbegriff. Gleichwohl wird im Folgenden der Begriff der Vertragsgestaltung im Sinne eines *pars pro toto* verwandt. Die Begrifflichkeit hat sich zum einen etabliert, zum anderen bezeichnet sie den wichtigsten Teilbereich der Rechtsgestaltung. Die Probleme der Rechtsgestaltung zeigen sich ganz besonders anhand von Verträgen; *Teichmann*, JuS 2001, 870 (871); *Zawar*, JuS 1992, 134; zum Verständnis des Begriffs der Vertragsgestaltung im weiteren Sinne siehe *Rehbinder*, AcP 174 (1974), 265, 266 f.; *Schwarzmann*, JuS 1972, 79 (80); siehe auch *Flume*, DNotZ 1969, Sonderheft zum 18. Deutschen Notartag, 30, 32: Begriff der Vertragsfreiheit als *pars pro toto* für die Freiheit der Rechtsgestaltung.
8 Zur Rechtsgestaltung durch AGB: § 20 Rn. 8 ff.; ferner (noch auf Grundlage des AGBG) *Coester-Waltjen*, Jura 1999, 104 ff.; siehe auch das Fallbeispiel von *Schrader* JuS 2010, 326 (330 ff.).

preiszahlung. In jedem Einzelfall ausdrücklich einen Eigentumsvorbehalt zu vereinbaren, erscheint nicht effizient. Dem Verkäufer ist daher daran gelegen, ein „Standardregelwerk" zu erhalten, welches er seinen Lieferungen zugrunde legt. Ihm ist somit die Verwendung Allgemeiner Lieferbedingungen zu empfehlen, die zwischen Verkäufer und Käufer jeweils das „Recht" bestimmen. Es handelt sich um die Erarbeitung eines Regelwerks für eine Vielzahl von Fällen. ◂

5. Abgrenzung zum Vertragscontrolling

7   Nicht im engeren Sinne zur Vertragsgestaltung gehört das Vertragscontrolling. Unter Controlling versteht man in der Betriebswirtschaftslehre eine Unternehmenssteuerung, welche durch die Koordination von Planung, Kontrolle sowie Informationsversorgung die Führungsfähigkeit von Organisationen zu verbessern hilft.[9] Daraus abgeleitet bedeutet Vertragscontrolling, dass nach Vertragsabschluss alle Wirksamkeitsvoraussetzungen bis zum letzten Ablauf einer Gewährleistungsfrist zu kontrollieren sind.[10] Es wird somit eine Übersicht angelegt, in der die Wirksamkeitsvoraussetzungen sowie die aus dem Vertrag folgenden Rechte und Pflichten aufgenommen werden. Anhand dieser Übersicht erfolgt eine Überwachung, eventuell die Vornahme von Aufforderungen, Mahnungen oder Rügen. Das Vertragscontrolling soll die ordnungsgemäße Vertragsdurchführung sicherstellen bzw. einen Überblick verschaffen, ob die mit dem Vertrag verfolgten Ziele erreicht werden.

II. Vertragsgestaltung im Vergleich zur richterlichen Tätigkeit

8   Die Kennzeichen der Vertragsgestaltung werden deutlich, wenn man sie mit dem Prozess der richterlichen Streitentscheidung vergleicht.

1. Rechtskenntnis und -anwendung als gemeinsamer Ausgangspunkt

9   Sowohl die Vertragsgestaltung als auch die richterliche Streitentscheidung erfordern die Kenntnis und Durchdringung der (materiellen und prozessualen) Rechtslage. Die materielle Rechtslage ist Ausgangspunkt der Überlegungen des Vertragsgestalters, denn nur auf deren Basis kann die Notwendigkeit vertraglicher Regelungen sowie die sachgerechte und auf den Einzelfall bezogene Anwendung der Gestaltungsinstrumente bewertet werden.

▸ **Beispiel:**

Soll eine Forderung nebst Sicherungsgrundschuld übertragen werden, kann dies nur erfolgen, wenn man weiß, dass die Grundschuld aufgrund der fehlenden Akzessorietät nicht durch Abtretung der Forderung (§ 1153 Abs. 1 und § 401 BGB gelten nicht), sondern durch Abtretung der Grundschuld selbst übertragen wird.[11] Übertragen werden muss daher die Forderung durch Abtretung gem. § 398 S. 1 BGB, die Abtretung der Grundschuld erfolgt im Falle einer Buchgrundschuld durch Einigung und Eintragung in das Grundbuch (§§ 1154 Abs. 3, 873 Abs. 1 iVm § 1192 Abs. 1 BGB), im Falle einer Briefgrundschuld durch schriftliche Übertragungserklärung und Übergabe des Grundschuldbriefs (§ 1154 Abs. 1 iVm § 1192 Abs. 1 BGB). ◂

---

9   *Horváth/Gleich/Seiter*, Controlling, S. 24 ff. (siehe S. 13 ff. zur Schwierigkeit der Definition).
10 *Heussen/Pischel*, in: *Heussen/Pischel*, Handbuch Vertragsverhandlung, Teil 2 Kap. 2.5 Rn. 1 ff.
11 *Staudinger*, in: Hk-BGB, § 1191 Rn. 14; *Baur/Stürner*, Sachenrecht, § 45 Rn. 54 ff.; im Einzelnen zur Abtretung der Grundschuld *Clemente*, Sicherungsgrundschuld, Rn. 178 ff.

▶ **Beispiel:**

Die Erarbeitung von AGB kann nur gelingen, wenn man beachtet, inwieweit eine Abweichung von gesetzlichen Regelungen formularmäßig erfolgen darf. Dazu bedarf es der Kenntnis der §§ 307 ff. BGB und der sie konkretisierenden Rechtsprechung. ◀

2. Besondere Charakteristika der Vertragsgestaltung

a) Zukunftsgerichtete Perspektive

Der Richter beurteilt im Rahmen der Streitentscheidung einen abgeschlossenen, in der Vergangenheit liegenden Sachverhalt, den er nicht mehr beeinflussen kann. Seine Beurteilung ist rückwärts gerichtet, auch wenn die Folgen seiner Entscheidung in der Zukunft wirken.[12] Diese Situation kann verglichen werden mit dem Lauf eines Films des Lebens, der an einem bestimmten Augenblick angehalten wird. Der Richter entscheidet über dieses Standbild. Er stellt die Rechtsfolgen des in der Vergangenheit liegenden Sachverhalts autoritativ fest, indem er das Recht anwendet (*da mihi factum, dabo tibi ius*).[13]

10

Für den Vertragsgestalter ist der Sachverhalt lediglich Ausgangspunkt. Die Vertragsgestaltung schaut nach vorne, weil sie gerade in der Zukunft wirken soll. Sie enthält eine Prognose über künftige Entwicklungen und muss Konfliktpotenzial bedenken.[14] Insoweit sollte der Vertragsgestalter die möglicherweise entstehenden Rechtsprobleme antizipieren und sie vorsorglich regeln. In Anlehnung an *Flume* kann die Kautelarjurisprudenz mit der typischen Arbeit eines Arztes verglichen werden: Der Anwalt ermittelt Regelungsziele und den Sachverhalt, stellt eine „Diagnose" und leitet zur Vermeidung von „Krankheiten" gemeinsam mit dem Mandanten vorsorgende Maßnahmen ein.[15]

11

▶ **Beispiel:**

Nach dem Kauf eines land- oder forstwirtschaftlichen Grundstücks kann zwischen den Parteien Streit über die Zahlungspflicht auftreten. Der Richter hat den Streit anhand des Vertrags und der gesetzlichen Bestimmungen zu entscheiden. Dabei muss er prüfen, ob der Vertrag den besonderen gesetzlichen Wirksamkeitsvoraussetzungen entspricht. Die rechtsgeschäftliche Veräußerung eines land- oder forstwirtschaftlichen Grundstücks und der schuldrechtliche Vertrag hierüber bedürfen der Genehmigung nach dem Grundstücksverkehrsgesetz (§§ 1, 2 GrdstVG). Der Anwalt oder Notar muss im Rahmen der Vertragsgestaltung ebenfalls die besonderen Erfordernisse berücksichtigen. Daneben muss er gegebenenfalls in der Zukunft liegende Umstände regeln, an die keiner der Parteien bislang gedacht hat. So kann es sich empfehlen, eine Regelung darüber zu treffen, wer im Innenverhältnis haftet, wenn sich in der Zukunft Bodenverunreinigungen zeigen. Die Perspektive des Vertragsgestalters ist weiter; er muss zusätzlich diejenigen Aspekte beachten, die zurzeit zwischen den Parteien noch nicht aktuell geworden sind. ◀

b) Zweckprogramm

In der Regel gibt es für den Vertragsgestalter nicht *die* richtige Antwort, sondern alternative Antworten, deren Vor- und Nachteile abzuwägen und dem Mandanten zu verdeutlichen sind. Erforderlich ist ein Denken in Gestaltungsoptionen. Schließlich

12

---

12 *Rehbinder*, Vertragsgestaltung, S. 1; *Kanzleiter*, NJW 1995, 905.
13 *Rehbinder*, Vertragsgestaltung, S. 1; *Odersky*, DNotZ 1989, Sonderheft zum 23. Deutschen Notartag, 45, 46; *Zawar*, JuS 1992, 134.
14 *Rehbinder*, AcP 174 (1974), 265, 288; *Jerschke*, DNotZ 1989, Sonderheft zum 23. Deutschen Notartag, 21, 31.
15 *Flume*, DNotZ 1969, Sonderheft zum 18. Deutschen Notartag, 30, 33: „Diagnose und Therapie".

arbeitet der Vertragsgestalter ergebnisorientiert, indem er mit den rechtlichen Regeln und in ihren Grenzen versucht, das Sachziel des Mandanten zu verwirklichen.

13 *Luhmann* hat die Handlungen von Personen Entscheidungsprogrammen zugeordnet, wobei er zwischen dem sog. Konditional- und dem sog. Zweckprogramm unterscheidet.[16] Diese Differenzierung kann auf das Handeln von Richter und Vertragsgestalter übertragen werden. Das Handeln des Richters gleicht dem Ablauf eines Konditionalprogramms („Wenn-Dann-Schema"). Sind die Voraussetzungen eines Tatbestands erfüllt, entscheidet er auf die angeordnete Rechtsfolge. Im Gegensatz dazu folgt der Vertragsgestalter einem Zweckprogramm. Es wird ein bestimmtes Ziel von dem Mandanten (in Zusammenarbeit mit dem Berater) definiert, welches durch Handlungen erreicht werden soll. Dabei können viele Wege zum Ziel führen, manche direkt, manche über Umwege. Das Ergebnis dieses Zweckprogramms ist damit nicht – wie etwa bei einem Konditionalprogramm – logische Konsequenz von Voraussetzungen.[17]

c) Sachverhalts- und Sachzielermittlung

14 Der Zivilrichter legt der Rechtsfindung entsprechend dem Verhandlungsgrundsatz den von den Parteien vorgetragenen Tatsachenstoff zugrunde.[18] Unter Umständen versucht er durch eine Beweiserhebung den streitigen Tatsachenvortrag zu klären, wenn zumindest eine Partei dies beantragt.[19] Dem Vertragsgestalter werden die notwendigen Informationen nicht „mundgerecht serviert", sondern er muss sie von seinem (juristisch regelmäßig nicht ausgebildeten) Mandanten erfragen.

15 Der Richter entscheidet über einen bestimmten Antrag (§ 253 Abs. 2 Nr. 2 ZPO). Er ist nicht befugt, einer Partei etwas zuzusprechen, was sie nicht beantragt hat (§ 308 Abs. 1 S. 1 ZPO). Der Vertragsgestalter muss zunächst das Sachziel des Mandanten erfragen oder mit ihm gemeinsam konkretisieren.

III. Berufsbilder des Vertragsgestalters

16 Als Gestalter von Verträgen werden Notare und Anwälte tätig,[20] wobei bei letzteren wiederum differenziert werden kann zwischen dem Anwalt, der einen Mandanten im Einzelfall berät, und dem Syndikusanwalt, der generell für ein Unternehmen Verträge ausarbeitet und verhandelt.[21] Die Rolle des Vertragsgestalters bestimmt in der Regel seine genaue Aufgabe und somit den Inhalt des Gestaltungsvorschlags.

---

16 *Luhmann*, Rechtssystem, S. 24 ff.
17 Zur Übertragung der Entscheidungsprogramme auf die Arbeit von Richter und Anwalt ausführlich *Rittershaus/Teichmann*, Vertragsgestaltung, Rn. 154 ff.; *Teichmann*, JuS 2001, 973 ff.
18 BVerfG NJW 1995, 40; BGH NJW 1998, 156 (159); ausführlich dazu *Rauscher*, in: MünchKommZPO, Einl. Rn. 353 ff.; *Saenger*, in: Hk-ZPO, Einf. Rn. 66 ff.
19 BVerfG NJW 1994, 1210 (1211); ausnahmsweise auch von Amts wegen, siehe etwa § 142 Abs. 1 ZPO.
20 Die Einordnung stellt eine funktionale Differenzierung dar; *Rittershaus/Teichmann*, in: FS Spiegelberger, S. 1457, 1460. Auch der Richter kann eine Funktion als Gestalter wahrnehmen etwa bei dem Entwurf eines gerichtlichen Vergleichsvorschlags (siehe § 794 Abs. 1 Nr. 1 und § 278 Abs. 6 S. 1 Var. 2 ZPO), wenn er „wie ein Notar" tätig wird. Der forensisch tätige Anwalt arbeitet wie ein Richter, wobei er neben der Begutachtung des Sachverhalts Zweckmäßigkeitserwägungen anstellt. Der Vertragsgestalter prüft, um die Grundlage seiner Beratung zu ermitteln, zunächst die Rechtslage und wird somit „wie ein Richter" tätig.
21 Außen vor gelassen werden hier die Besonderheiten der Arbeit des Verwaltungsbeamten, die sich daraus ergeben, dass er in Ausübung hoheitlicher Gewalt an die Verfassung, insbesondere die Grundrechte gebunden ist; siehe *Langenfeld*, Vertragsgestaltung, Kap. 2 Rn. 3.

§ 2 Vertragsgestaltung und Vertragsgestalter

1. Anwaltliche Vertragsgestaltung

Der Anwalt wird insbesondere als Gestalter von Verträgen tätig, wenn diese komplexe und komplizierte Regelungsinhalte betreffen und sich eine potenzielle Vertragspartei deshalb für den Rat eines Fachmanns entscheidet. Häufig sind Fälle betroffen, in denen der Anwalt im Vorfeld einer notariellen Beurkundung Verträge vorbereiten und aushandeln soll. Im Gegensatz zum Notar, der gem. § 14 Abs. 1 S. 2 BNotO zur Unparteilichkeit verpflichtet ist, wird der Anwalt im Interesse seines Mandanten tätig (§ 1 Abs. 3 BORA). Neben der Erfüllung der Wünsche des eigenen Mandanten[22] muss er gleichwohl die Akzeptanzfähigkeit der Gestaltung für den Vertragspartner beachten, weil nur mit dessen Einverständnis der Vertrag zustande kommt.[23] Nicht selten muss er vergleichbar einem Notar unparteiisch sein, weil er für mehrere Parteien einen Vertrag ausarbeitet, zB bei der Gestaltung eines Gesellschaftsvertrags.[24]

17

2. Prozessführung

Der Anwalt kann im Rahmen der Prozessführung mit der Vertragsgestaltung in Berührung kommen, etwa wenn es um die Gestaltung von gerichtlichen Vergleichen geht. Bei außergerichtlichen Vergleichen, durch die ein Prozess verhindert wird, kommt dem Anwalt häufig die Rolle des Vertragsgestalters zu. Im Gegensatz zu herkömmlichen Verträgen ist indes nicht eine in die Zukunft gerichtete Gestaltung maßgeblich, sondern eine abschließende Entscheidung vergangener Sachverhalte.[25] Selbstverständlich kann der Streit einen Gestaltungsbedarf für die Zukunft aufzeigen. Um einen weiteren Konflikt mit dem Geschäftspartner vorsorglich zu vermeiden, bedarf es einer gestalterischen Lösung.

18

3. Notarielle Vertragsgestaltung

Der Notar wird in der Regel dort tätig, wo das Gesetz aus Gründen der Belehrung und Beratung die notarielle Beurkundung vorschreibt.[26] Es ist insbesondere der Gesetzgeber, der dem Notar Mandanten akquiriert.[27] Weil Verträge, die der notariellen Beurkundung bedürfen, oftmals durch Anwälte vorbereitet werden, kann seine Tätigkeit auf die rechtliche Überprüfung von Verträgen und die Beurkundung begrenzt sein. Aufgrund der Mitwirkung des Notars an der Bildung des rechtsgeschäftlichen Willens bestehen zwar Gestaltungsmöglichkeiten,[28] jedoch sind sie beschränkt. Bei der Wahrnehmung seiner Aufgaben ist der Notar zur Neutralität verpflichtet, und zwar unabhängig davon, ob er von beiden Parteien oder nur einer Partei beauftragt wurde (§§ 1, 14 Abs. 1 S. 2 BNotO). Er muss darauf achten, unerfahrene und ungewandte Beteiligte nicht zu benachteiligen (§ 17 Abs. 1 S. 2 BeurkG). Ähnlich einem Anwalt wird der Notar tätig, wenn es sich nicht nur um gestaltende, sondern um eine weiter-

19

---

22 Zu Weisungen des Mandanten (aus berufsethischer Sicht) siehe *Heussen*, NJW 2014, 1786 ff.
23 *Rittershaus/Teichmann*, in: FS Spiegelberger, S. 1457, 1462; *Schmittat*, Vertragsgestaltung, Rn. 53; *Kamanabrou/Wietfeld*, Vertragsgestaltung, § 1 Rn. 17; zur Beeinflussung eines Gestaltungsvorschlags durch die Frage, wessen Interessen der Vertragsgestalter wahrzunehmen hat, siehe § 3 Rn. 2.
24 *Langenfeld*, Vertragsgestaltung, Kap. 2 Rn. 3.
25 *Rittershaus/Teichmann*, in: FS Spiegelberger, S. 1457, 1460; *dies.*, Vertragsgestaltung, Rn. 32.
26 *Reithmann*, in: Reithmann/Albrecht, Handbuch, Rn. 155: Sicherung der Rechtsbelehrung als wichtigste Aufgabe der Beurkundung.
27 *Rittershaus/Teichmann*, in: FS Spiegelberger, S. 1457, 1461.
28 *Schollen*, DNotZ 1969, Sonderheft zum 18. Deutschen Notartag, 51 ff.

gehende planende Beratung handelt (siehe § 24 BNotO).[29] Der Notar berät zugleich über wirtschaftliche und steuerliche Fragen.

4. Vertragsgestaltung durch den Unternehmensjuristen

20   Die Arbeit des Syndikusanwalts ist weitgehend auf Verträge innerhalb des Unternehmens und Verträge des Unternehmens mit Dritten begrenzt. Dabei muss er verschiedene Blickwinkel einnehmen. Verhandelt er mit externen Unternehmen, ist er vergleichbar einem Rechtsanwalt dem Interesse des eigenen Unternehmens verpflichtet, während er sich bei Verträgen innerhalb des Unternehmensverbands ähnlich einem Notar unparteiisch verhält. Hinsichtlich seiner Stellung ergibt sich ein wesentlicher Unterschied daraus, dass der Syndikusanwalt wirtschaftlich und persönlich abhängig vom Arbeitgeber ist. Er kann das Mandat daher auch nicht niederlegen, sondern muss kündigen.

---

29 *Reithmann*, in: Reithmann/Albrecht, Handbuch, Rn. 13 ff. und 171 ff.

§ 3 Leitlinien der Vertragsgestaltung

Eine Methodik der Vertragsgestaltung muss sich an Leitlinien orientieren, die sich aus den Pflichten des Vertragsgestalters ergeben. Für den Notar gründen die Pflichten explizit in § 17 Abs. 1 S. 1 BeurkG, während sie für den anwaltlichen Vertragsgestalter aus dem Anwaltsvertrag folgen.[1] Im Einzelnen hängt es von den gesamten Umständen, insbesondere dem Begehren des Mandanten sowie dem Inhalt des erteilten Mandats ab, was konkret geboten ist.[2] Konkretisiert werden die Pflichten durch die Haftungsrechtsprechung des BGH. In seinem eigenen Interesse (Haftungsvermeidung) wird sich der Anwalt an ihr orientieren.

I. Zweckorientierung und Interessenwahrnehmung

Der Anwalt ist Interessenvertreter des Mandanten. Dessen Bedürfnisse müssen bei der Gestaltung optimal wahrgenommen werden.[3] Oberste Leitlinie für die Vertragsgestaltung sind somit die Interessen des Mandanten und die gewünschte Zweckverwirklichung. Allerdings sind bei einem Vertrag die legitimen Interessen des Vertragspartners zu berücksichtigen. Vertrag kommt von „vertragen" und dem Vertragsabschluss folgt die Durchführung des Vertrags. Es geht dabei nicht um einen neutralen oder gerechten Vertrag.[4] Der Vertragsanwalt ist anders als der Notar gerade kein unabhängiger Mittler. Dennoch muss der Vertrag für die andere Seite angemessen oder jedenfalls zustimmungsfähig sein. Die Notwendigkeit vertraglicher Einigung setzt häufig die Bereitschaft zu Kompromissen voraus. Des Weiteren wird durch die angemessene Berücksichtigung der Interessen der Gegenseite die Durchführung des Vertrags gefördert. Versuche, aus dem Vertrag auszusteigen oder ihn nachzuverhandeln, werden unterbleiben. Das Risiko einer Nichterfüllung wird gemindert und ein Rechtsstreit vermieden.

II. Informationspflicht

Am Anfang der Vertragsgestaltung müssen der Ausgangssachverhalt und das Sachziel des Mandanten ermittelt werden. Die Ermittlung des Sachverhalts stellt eine Grundpflicht des Vertragsgestalters dar.[5] Für den Notar ergibt sich diese Pflicht explizit aus § 17 Abs. 1 BeurkG, für den Rechtsanwalt aus dem durch den Anwaltsvertrag übernommenen Mandat.

Die Ermittlung von Informationen bezieht sich auf alle gegenwärtigen und zukünftigen tatsächlichen Umstände, die für das Anliegen und das Ziel des Mandanten relevant sind.[6] Die Informationsgewinnung ist kein Prozess, der am Anfang der Beratung einmalig stattfindet und damit abgeschlossen ist. Es handelt sich vielmehr um eine stetige Aufgabe des Vertragsjuristen, die während des gesamten Verlaufs der Vertragsgestaltung existiert.[7] Ferner kann sich ein Sachverhalt vom ersten Gespräch bis zum

---

1 Siehe nur *Jungk*, in: Borgmann/Jungk/Schwaiger, Anwaltshaftung, Kap. IV Rn. 1 ff.
2 BGH NJW 2002, 1413.
3 BGH NJW 1998, 900 (901); OLG Rostock NJOZ 2009, 2627 (2628).
4 Zum Wert eines „gerechten" Vertrags *Rehbinder*, Vertragsgestaltung, S. 5; zur Gerechtigkeitsgewähr bei Verträgen *Medicus/Petersen*, BGB AT, Rn. 472 ff.
5 BGH WM 2019, 736 f.; NJW 1996, 2929 (2931 f.); *Fahrendorf*, in: Fahrendorf/Mennemeyer, Haftung des Rechtsanwalts, Kap. 2 Rn. 71 ff.
6 *Kamanabrou/Wietfeld*, Vertragsgestaltung, § 1 Rn. 15.
7 Zur Vermeidung einer haftungsrechtlichen Inanspruchnahme empfiehlt es sich daher, die Beratungsleistungen fortlaufend in den eigenen Akten zu dokumentieren; siehe dazu *Moes*, Vertragsgestaltung, Rn. 141.

Gestaltungszeitpunkt ändern. Der Vertragsgestalter hat Vorkehrungen zu treffen, um Änderungen zu erfahren.

5 Handelt es sich erkennbar um lückenhafte Informationen, muss der Anwalt nachfragen.[8] Mandanten tragen häufig einen unvollständigen oder in Einzelheiten nicht zutreffenden Sachverhalt vor, so dass der Anwalt aktive Sachverhaltsaufklärung betreiben muss, sei es durch eindringliche Befragung des Mandanten oder anderweitige Einholung von Informationen.[9]

III. Rechtskenntnis und -anwendung

6 Die rechtliche Prüfung und Bearbeitung ist eine Kernpflicht der anwaltlichen Aufgaben. Die Rechtsprechung verlangt Rechtskenntnisse, die von einem gewissenhaften und erfahrenen Durchschnittsanwalt zu erwarten sind.[10] Entgegen einer früheren Entscheidung des OLG Hamm bedeutet dies nicht Kenntnis „zumindest des BGB, bis ins Detail"[11], sondern eine mandatsbezogene Rechtskenntnis, die gegebenenfalls unter Sammlung und Sichtung des einschlägigen Materials erworben werden muss. Die zur Bearbeitung des Mandats erforderlichen aktuellen Rechtsnormen und unter Umständen bevorstehenden Gesetzesänderungen muss der Anwalt ermitteln und berücksichtigen.[12]

7 Der Vertragsgestalter richtet seine Tätigkeit an der höchstrichterlichen Rechtsprechung aus.[13] Diese hat richtungsweisende Bedeutung für die Entwicklung und Anwendung des Rechts. Für die Beständigkeit der Gestaltung und für eine eventuelle Durchsetzung in einem gerichtlichen Verfahren ist die Ausrichtung an der Rechtsprechung entscheidend. Insoweit muss sich der Vertragsgestalter in die Rolle eines Richters hineinversetzen, denn in einem späteren Rechtsstreit wird er ihn überzeugen müssen. Der Anwalt hat die Entwicklung der höchstrichterlichen Rechtsprechung sowohl anhand der amtlichen Sammlungen als auch der einschlägigen Fachzeitschriften zu verfolgen.[14]

8 Kenntnis der Instanzrechtsprechung und des Schrifttums wird nur in eingeschränktem Umfang verlangt. Dies ist zum einen der Fall, wenn eine höchstrichterliche Rechtsprechung noch nicht existiert oder ein Rechtsgebiet ersichtlich in der Entwicklung begriffen und eine Änderung der höchstrichterlichen Rechtsprechung zu erwarten ist, zum anderen, wenn Untergerichte in letztinstanzlicher Zuständigkeit entscheiden.

9 Der Vertragsgestalter kann auf den Fortbestand einer höchstrichterlichen Rechtsprechung grundsätzlich vertrauen, insbesondere wenn es sich um gefestigte Rechtspre-

---

8 BGH NJW 2006, 501; 1994, 1472 (1474); *Fahrendorf*, in: Fahrendorf/Mennemeyer, Haftung des Rechtsanwalts, Kap. 2 Rn. 74, 88.
9 *Rittershaus/Teichmann*, in: FS Spiegelberger, S. 1457, 1463.
10 BGH NJW 2002, 1117 (1118); *Henssler*, JZ 1994, 178 (179).
11 OLG Hamm VersR 1981, 936.
12 *Fahrendorf*, in: Fahrendorf/Mennemeyer, Haftung des Rechtsanwalts, Kap. 2 Rn. 112; *Vill*, in: Fischer/Vill/Fischer/Pape/Chab, Anwaltshaftung, § 2 Rn. 57 ff. Die Rechtsprechung gewährt – insbesondere im Hinblick auf neue oder geänderte Rechtsnormen – zur Verschaffung der Rechtskenntnisse einen „realistischen Toleranzzeitraum"; BGH NJW 2001, 675 (678); siehe dazu *Vollkommer/Greger/Heinemann*, Anwaltshaftungsrecht, § 11 Rn. 9 ff.; Der Anwalt kann auch verpflichtet sein, sich Kenntnis des ausländischen Rechts zu verschaffen, wenn er ein Mandat vorbehaltlos annimmt; *Fahrendorf*, NJW 2006, 1911 (1912).
13 BGH WM 2009, 324 (325); NJW 2001, 675 (678); 1993, 2045 (2046); *Rehbinder*, AcP 174 (1974), 265, 291.
14 BGH WM 2009, 90 f.; NJW 2001, 675 (678); siehe auch BGHZ 85, 252 (259 ff.) = NJW 1983, 820 (822). Im Hinblick auf neue Entwicklungen wird ihm ein Zeitraum von vier bis sechs Wochen zur Kenntniserlangung zugebilligt; BGH NJW 2001, 675 (678).

chung handelt.[15] Jedoch darf sich der Anwalt auf ihre Fortdauer nicht blind verlassen. Die Rechtsprechung verlangt, dass er die Auswirkungen neuer Gesetze auf eine zu dem alten Rechtszustand ergangene Rechtsprechung zu erwägen hat. Zeichnet sich eine Änderung der Rechtslage oder der Rechtsprechung ab (etwa durch abweichende Rechtsansichten der Instanzgerichte oder *obiter dicta*), hat er dies nach rechtlicher Prüfung dem Mandanten aufzuzeigen, sich daraus ergebende Unsicherheiten und Risiken darzulegen und in angemessener Weise zu berücksichtigen. Ist die Rechtslage zweifelhaft, weil sich eine gefestigte Rechtsprechung noch nicht gebildet hat, muss der Anwalt gegenüber seinem Mandanten Zweifel und Bedenken, zu denen die Rechtslage Anlass gibt, darlegen und erörtern sowie die weiteren Schritte von der nach dieser Belehrung zu treffenden Entscheidung des Mandanten abhängig machen. Ist Rechtsprechung zu einer bestimmten Frage nicht ersichtlich, muss der Vertragsgestalter sie mithilfe des Handwerkszeugs des Juristen, dh der rechtswissenschaftlichen Auslegungsmethoden, beantworten.[16] Dabei hat er eine Prognose der zu erwartenden Ansicht des zuständigen obersten Gerichts aufzustellen.[17]

IV. Gebot des sichersten Wegs

Ausweislich der ständigen Rechtsprechung des BGH muss der Anwalt kraft des Anwaltsvertrags bei der Wahrnehmung der Interessen seines Mandanten den sichersten Weg wählen.[18] Dies bedeutet, dass er Schädigungen seines Auftraggebers vermeidet, auch wenn deren Möglichkeit nur von einem Rechtskundigen vorausgesehen werden kann. Kommen mehrere Maßnahmen in Betracht, muss er dem Mandanten den relativ sichersten und am wenigsten gefährlichen Weg aufzeigen.[19] Gibt die rechtliche Beurteilung Anlass zu ernstlich begründeten Zweifeln, muss er den Mandanten darauf hinweisen, dass sich ein zur Entscheidung berufenes Gericht einer für seinen Mandanten ungünstigen Beurteilung der Rechtslage anschließen könnte. Über verbleibende Risiken hat der Anwalt aufzuklären, so dass der Mandant eine sachgerechte Entscheidung treffen kann.[20]

10

Eine Gestaltung frei von jedem Risiko kann der Anwalt nicht leisten. Der Anwalt muss jedenfalls Hilfs- und Vorsorgemaßnahmen für eine dem Mandanten ungünstige Wendung der tatsächlichen oder rechtlichen Situation treffen.[21] Besteht der Mandant auf eine risikoreiche Variante, steht es ihm frei, diese zu wählen. Eine Abweichung vom sichersten Weg kann der Mandant etwa wünschen, wenn er zu dem Vertragspartner langjährige Beziehungen pflegt und das Bestehen auf Sicherheiten von der anderen Seite als Vertrauensentzug gewertet würde. Nach entsprechender Aufklärung darf der Anwalt daher ganz bewusst risikoreiche Verträge für den Mandanten entwerfen und

11

---

15 BGH WM 2009, 90 f.; NJW 1993, 3323 (3325).
16 BGH WM 2016, 2091 (2092) (Rn. 9): „Ungewöhnliche Fallgestaltungen [...] hat er auf der Grundlage eigener, juristisch begründeter Überlegungen zu bearbeiten".
17 BGHZ 97, 372 (376) = NJW 1986, 2043 (2044); *Schröder*, Der sichere Weg bei der Vertragsgestaltung, S. 118 ff.; *Kamanabrou/Wietfeld*, Vertragsgestaltung, § 1 Rn. 32 ff.
18 RGZ 151, 259 (264); BGH NJW 2000, 3560 (3561); 1988, 1079 (1080); OLG Jena BeckRS 2017, 123751 (Rn. 30); siehe dazu *Jungk*, in: Borgmann/Jungk/Schwaiger, Anwaltshaftung, Kap. IV Rn. 131 ff.; *Fahrendorf*, in: Fahrendorf/Mennemeyer, Haftung des Rechtsanwalts, Kap. 2 Rn. 195 ff.; *Vill*, in: Fischer/Vill/Fischer/Pape/Chab, Anwaltshaftung, § 2 Rn. 114 ff.; *Henssler* JZ 1994, 178 (182).
19 BGH NJW-RR 1991, 1241 (1242); siehe auch *Fahrendorf*, NJW 2006, 1911 (1913 f.).
20 BGH NJW 2011, 2138 (2141); 1996, 2648 (2649); 1988, 1079 (1080).
21 *Fahrendorf*, in: Fahrendorf/Mennemeyer, Haftung des Rechtsanwalts, Kap. 2 Rn. 202 ff.

umsetzen.²² Der Anwalt ist gehalten, seine Bedenken und die Belehrung und Beratung nachweisbar festzuhalten.

12 Das Gebot des sichersten Wegs enthält das Erfordernis der Rechtssicherheit. Der Vertrag muss sich in den Grenzen des rechtlich Zulässigen halten.²³ Ein Vertragsentwurf, der von der anderen Seite zwar akzeptiert wird, dessen wesentlicher Inhalt aber nichtig ist (unter Umständen mit der Folge der Gesamtnichtigkeit nach § 139 BGB),²⁴ liegt nicht im Interesse des Mandanten.

▶ **Beispiele:**

Ein Rechtsgeschäft, das gegen die guten Sitten verstößt, ist nichtig (§ 138 Abs. 1 BGB) – es kommt daher als Gestaltungsoption nicht in Frage. Das Gleiche gilt für eine Gestaltung, die aufgrund des Verstoßes gegen ein gesetzliches Verbot nichtig ist (§ 134 BGB). Ein Haftungsausschluss des Verkäufers kann sich nicht auf arglistig verschwiegene Mängel erstrecken, § 444 Var. 1 BGB. Bei der Verwendung von Allgemeinen Geschäftsbedingungen sind die Schranken der §§ 305 ff. BGB zu beachten. Eine unwirksame Klausel lässt zwar in der Regel die Wirksamkeit des Vertrags im Übrigen unberührt (§ 306 Abs. 1 BGB), führt aber zur Unwirksamkeit der Klausel im Ganzen; eine geltungserhaltende Reduktion scheidet aus.²⁵ ◀

13 Sowohl bei Verträgen als auch bei einseitigen Erklärungen muss der Vertragsgestalter eine klare und eindeutige (juristische) Ausdrucksweise wählen (für den Notar siehe explizit § 17 Abs. 1 S. 1 BeurkG). Auslegungsproblemen und Missverständnissen gilt es vorzubeugen. Dazu gehört die Verwendung der richtigen Begrifflichkeiten einschließlich der einschlägigen Fachausdrücke.²⁶ Der Rechtsanwalt verletzt die anwaltliche Sorgfaltspflicht, wenn er durch Verwendung eines unzutreffenden Fachausdrucks das Risiko eines Missverständnisses hervorruft.

▶ **Beispiel:**

Die Beendigung eines Mietverhältnisses oder eines mietähnlichen Verhältnisses erfolgt durch Kündigung und nicht durch Rücktritt, so dass der Berater die Terminologie entsprechend verwenden muss.²⁷ Im Sinne der Klarheit sollte angegeben werden, ob es sich um eine fristlose (außerordentliche) oder fristgerechte (ordentliche) Kündigung handelt. Im Falle einer außerordentlichen Kündigung kann das Gebot des sichersten Wegs hilfsweise eine ordentliche Kündigung beinhalten.²⁸ ◀

14 Die Notwendigkeit einer klaren Ausdrucksweise und der Verwendung der Fachterminologie zeigt sich ganz besonders bei letztwilligen Verfügungen. Das vom Erblasser Gewollte muss anhand des schriftlich fixierten Willens sicher ermittelt werden können.

---

22 BGHZ 171, 261 (264) = NJW 2007, 2485 (2486); *Rehbinder*, Vertragsgestaltung, S. 36; *Kamanabrou/Wietfeld*, Vertragsgestaltung, § 1 Rn. 35.
23 *Medicus/Petersen*, BGB AT, Rn. 465 ff.; *Paulus/Zenker*, JuS 2001, 1 ff.; *Weber*, JuS 1989, 818 (819).
24 Über eine salvatorische Klausel kann eine Teilwirksamkeit gesichert werden; siehe dazu *Busche*, in: MünchKommBGB, § 139 Rn. 8 und 12 f.; zur Verwendung einer salvatorischen Klausel im Rahmen der Vertragsgestaltung siehe § 4 Rn. 87.
25 *Grüneberg*, in: Grüneberg, § 306 Rn. 6.
26 Zu damit verbundenen Problemen, zum Gebot der Verständlichkeit und den Möglichkeiten Recht sprachlich und fachlich verständlich zu machen siehe *Duve* DNotZ 1981, Sonderheft zum 21. Deutschen Notartag, 26 ff.
27 BGH NJW 1996, 2648 (2650); *Heermann*, in: MünchKommBGB, § 675 Rn. 32.
28 *Vill*, in: Fischer/Vill/Fischer/Pape/Chab, Anwaltshaftung, § 2 Rn. 118, 127.

V. Zukunftstauglichkeit

Eine vertragliche Gestaltung muss nicht nur im Zeitpunkt des Abschlusses rechtswirksam, sondern auch zukunftstauglich sein. Zukunftstauglichkeit bedeutet zum einen, dass sie dem Maßstab der Rechtsprechung in Zukunft standhält. Die Wertvorstellungen in der Gesellschaft können sich ändern. Dies kann sich auf die Wirksamkeit oder die Auslegung von Verträgen auswirken. Über die Generalklauseln der §§ 138, 242 BGB fließen die Wertvorstellungen in die Rechtsanwendung durch den Richter ein.

15

▶ **Beispiel:**

Bereits bei der Gründung einer Gesellschaft können die Gesellschafter eine Bestimmung über die Abfindung eines ausscheidenden Gesellschafters in den Gesellschaftsvertrag aufnehmen. Der wirtschaftliche Grund für eine solche Vereinbarung liegt darin, dass der Gesellschafter ohne eine gesellschaftsvertragliche Regelung den wahren Wert seines Anteils als Abfindung beanspruchen könnte. Die Abfindung eines Gesellschafters bestimmt sich in diesem Fall nach § 728 Abs. 1 S. 1 BGB (§ 738 Abs. 1 S. 2 BGB a.F.). Diese Vorschrift gilt über §§ 105 Abs. 3, 161 Abs. 2 HGB für die OHG und KG. Ferner wird sie analog auf die Einziehung von GmbH-Anteilen angewandt.[29] Nach allgemeiner Auffassung bedeutet dies nicht eine Bemessung nach dem Liquidationswert, sondern nach dem wirklichen wirtschaftlichen Wert des fortgeführten Unternehmens unter Berücksichtigung der stillen Reserven und des *good will* (sog. Verkehrswert).[30] Eine Abfindung in diesem Umfang würde die Gesellschaft aufgrund des Liquiditätsabflusses erheblich belasten, so dass in der Praxis die gesetzliche Regelung abbedungen wird.

Früher wurde regelmäßig eine sog. Buchwertklausel in den Gesellschaftsvertrag aufgenommen,[31] wonach der ausscheidende Gesellschafter als Abfindung lediglich den auf der Grundlage der Handelsbilanz ermittelten buchmäßigen Kapitalanteil zuzüglich des anteiligen Gewinns des laufenden Geschäftsjahrs sowie anteiliger offener Rücklagen und Gewinnvorträge und abzüglich eines anteiligen Verlustvortrags erhält.[32] Eine Beteiligung am Firmenwert und an den stillen Reserven erfolgte nicht.

Die Rechtsprechung hatte diese Praxis bis zum Jahre 1978 gebilligt, in der Folge ihre Rechtsauffassung jedoch geändert. Zunächst erklärte der BGH in einem Urteil aus dem Jahre 1978, eine Buchwertklausel verstoße gegen die guten Sitten und sei daher nichtig (§ 138 Abs. 1 BGB).[33] Daher würde die gesetzliche Regelung des § 738 Abs. 1 S. 2 BGB a.F. eingreifen, so dass eine Abfindung zum Verkehrswert erfolge. Im Jahr 1993 änderte der BGH seine Rechtsprechung.[34] Zeige sich nachträglich ein unangemessenes Verhältnis von vereinbarter Abfindung und tatsächlichem Beteiligungswert, führe dies zwar nicht zur Unwirksamkeit der vertraglichen Vereinbarung, doch sei die Abfindung durch ergänzende Vertragsauslegung nach den Grundsätzen von Treu und Glauben und angemessener Abwägung der Interessen der Gesellschaft und des ausscheidenden Gesellschafters und unter Berücksichtigung aller Umstände des konkreten Falls entsprechend den veränderten Verhältnissen neu zu ermitteln.

---

29 *Kersting*, in: Noack/Servatius/Haas, § 34 Rn. 22; *Ulmer/Habersack*, in: Habersack/Casper/Löbbe, § 34 Rn. 72 ff.
30 BGHZ 17, 130 (136) = NJW 1955, 1025 (1027); *Schäfer*, in: MünchKommBGB, § 738 Rn. 32 ff.; *Dauner-Lieb*, ZHR 158 (1994), 271, 272; *Großfeld/Egger/Tönnes*, Unternehmensbewertung, Rn. 130, 258.
31 Beispiele dafür finden sich etwa in BGH NJW 1993, 2101; 1989, 3272 f.; 1985, 192 f.; siehe auch *Saenger*, in: Hk-BGB, § 738 Rn. 6; *Sprau*, in: Grüneberg, § 738 Rn. 7; *Dauner-Lieb*, ZHR 158 (1994), 271, 273.
32 BGHZ 116, 359 (368) = NJW 1992, 892 (894); *Schäfer*, in: MünchKommBGB, § 738 Rn. 64. Daneben finden sich in Gesellschaftsverträgen auch sog. Nennwertklauseln oder sog. Substanzwertklauseln; zu typischen Vertragsklauseln *Habermeier*, in: Staudinger, § 738 Rn. 30 ff.; *Schäfer*, in: MünchKommBGB, § 738 Rn. 61 ff.
33 BGH NJW 1979, 104.
34 BGHZ 123, 281 = NJW 1993, 3193.

Die in der Vergangenheit erfolgte Änderung der Rechtsprechung zeigt die Schwierigkeiten, mit denen sich der Vertragsgestalter konfrontiert sieht. In der Entscheidung aus dem Jahre 1993 entschied der BGH über eine Abfindungsvereinbarung, die die Gesellschafter im Jahre 1942 vereinbart hatten. Wie sollten die Gesellschafter zu diesem Zeitpunkt vorhersehen, wie die Rechtsprechung 51 Jahre später einmal entscheiden würde?[35] Heute stellt sich in gleicher Weise die Herausforderung, eine Abfindungsvereinbarung zu erarbeiten, deren Wirksamkeit gegebenenfalls in Zukunft von der Rechtsprechung anerkannt wird.[36] Letztlich muss ein Kompromiss gefunden werden, der einerseits aus der Sicht der Gesellschafter als angemessen zu betrachten ist, andererseits in ferner Zukunft als rechtlich wirksam bewertet wird. Nach dem aktuellen Stand der Diskussion wird dies wohl eine Abfindung sein müssen, die an den wirklichen Wert der Beteiligung anknüpft und eine prozentuale Kürzung von maximal 50 % vorsieht.[37] Zwar würde nach der Rechtsprechung eine nachträglich unwirksame Beschränkung nicht zur Nichtigkeit führen, sondern im Wege der ergänzenden Vertragsauslegung würde der wirkliche Wille der Beteiligten (§ 157 BGB) unter Berücksichtigung von Treu und Glauben (§ 242 BGB) ermittelt. Es würde also nicht der gerade noch zulässige Mindestbetrag festgesetzt, sondern ein angemessener Betrag zwischen Buchwert und wirklichem Wert. Mit anderen Worten könnte man die Festlegung auf diesem Weg den Gerichten überlassen. Möchte man die Unsicherheit der Festlegung durch das Gericht vermeiden, bedarf es einer sorgfältig entwickelten Vereinbarung. ◄

16 Zum anderen muss die Gestaltung in tatsächlicher Hinsicht zukunftstauglich sein. Sie hat mögliche tatsächliche Entwicklungen und Interessenkonflikte zu berücksichtigen. Insoweit bedarf es der Phantasie des Vertragsgestalters, dem seine Erfahrungen aus der Praxis helfen, die typischen Probleme zu identifizieren.[38] Typische Fallgestaltungen mit typischen Interessenlagen tauchen immer wieder auf und erfordern vielfach – jedenfalls als Basis – gleiche Instrumente und Regelungen.[39]

VI. Wirtschaftliches Verständnis und Denken

17 Hinter den Zielen des Mandanten werden regelmäßig wirtschaftliche Interessen stehen. Aus diesem Grund setzt die Vertragsgestaltung wirtschaftliches sowie steuerliches Verständnis voraus.

▶ **Beispiel:**

Die Verhandlung und Gestaltung eines Unternehmenskaufvertrags setzt voraus, dass die bilanziellen Zusammenhänge verstanden werden. Ein Kaufpreis für ein Unternehmen kann nur ermittelt werden, wenn die Bilanz „gelesen" werden kann.[40] Die Vereinbarung eines va-

---

35 Ausführlich zu den Problemen *Kanzleiter*, NJW 1995, 905 (907); siehe auch *Schmittat*, RNotZ 2012, 85 (92 f.).
36 Hinsichtlich Abfindungsbeschränkungen bei der GmbH gilt die Besonderheit, dass § 242 Abs. 2 S. 1 AktG zur Wahrung der Rechtssicherheit analog Anwendung findet. Demnach kann eine nichtige Regelung (Beschluss) geheilt werden, wenn die Nichtigkeit nicht innerhalb von drei Jahren nach Eintragung geltend gemacht wird; BGHZ 144, 365 (367 f.) = NJW 2000, 2819 (2820); BGHZ 116, 359 (368) = NJW 1992, 892 (894); siehe dazu *Kersting*, in: Noack/Servatius/Haas, § 34 Rn. 31.
37 *Ulmer/Schäfer*, ZGR 1995, 134 (153); *Mecklenbrauck*, BB 2000, 2001 (2005); zu den unterschiedlichen Optionen *Kanzleiter*, NJW 1995, 905 (907).
38 Dies gilt gerade für neuartige Vertragsformen, bei denen es der Praxis an Vorlagen und gerichtlichen Leitlinien fehlt; beispielhaft zur Gestaltung agiler Softwareentwicklungsverträge *von Schenck*, MMR 2019, 139 ff.
39 *Jerschke*, DNotZ 1989, Sonderheft zum 23. Deutschen Notartag, 21: „Die Wirklichkeit als Muster"; *Kanzleiter* NJW 1995, 905 (906); *Schmittat*, RNotZ 2012, 85 (92 f.).
40 Es gibt nicht *den* richtigen Preis für ein Unternehmen. Der Kaufpreis ist letztlich eine Frage der Einigung (und häufig des Kompromisses). Doch kann eine Wertfindung aufgrund bestimmter Bewertungsmethoden stattfinden, auch wenn es sich immer um eine „subjektive Bewertung" handelt; *Rempp*, in: Hölters, Handbuch Unternehmenskauf, Kap. 1 Rn. 1.152 ff.

riablen Kaufpreises (oder eines Teils dessen) kann die endgültige Bestimmung des Kaufpreises etwa auf Grundlage einer Abrechnungsbilanz erfordern.[41] Der Kaufpreis kann von der Geschäftsentwicklung des Unternehmens in der Zukunft abhängig gemacht werden (sog. *Earn-out*). Die Orientierung des Kaufpreises kann am Umsatz, am EBIT (*Earnings before Interest and Taxes*) oder am EBITDA (*Earnings before Interest, Taxes, Depreciation and Amortisation*) ausgerichtet sein. Neben wirtschaftlichen Kenntnissen setzt die Verhandlung und Vereinbarung solcher Klauseln die Kenntnis ihrer Gefahren voraus, weil die Entwicklung stark vom Käufer bzw. dem von ihm eingesetzten Management abhängig ist und sich daraus erhebliche Manipulationsgefahren ergeben. ◂

Ein gut ausgehandelter Vertrag kann sich als wertlos erweisen, wenn der Mandant seine Leistung erbracht hat, der andere Vertragspartner jedoch in Zahlungsschwierigkeiten gerät und den vereinbarten Preis nicht zahlen kann. Insoweit müssen Verträge eine Sicherung für den Mandanten beinhalten, zB Leistung Zug-um-Zug oder Absicherung der Gegenleistung durch eine Bankbürgschaft oder andere Sicherheiten.

▶ **Beispiel:**

Wird ein Darlehen für einen Hausbau gewährt, sollte die Rückzahlungsverpflichtung über eine Grundschuld (§ 1191 BGB) abgesichert werden. ◂

▶ **Beispiel:**

Bei einem Unternehmenskaufvertrag kann es aus der Sicht des Käufers notwendig sein, einen bestimmten Anteil des Kaufpreises zur Absicherung von Gewährleistungsansprüchen einzubehalten. In einem solchen Fall kann eine Kaufpreisstundung vereinbart werden. Allerdings kann dies dem Sicherungsbedürfnis des Verkäufers widersprechen, so dass, um beide Interessen zu befriedigen, die Hinterlegung auf einem Treuhandkonto (*escrow*) oder einem gemeinsamen Konto, über das Käufer und Verkäufer nur gemeinsam verfügen können (sog. Und-Konto), erfolgt.[42] Zu beachten ist, dass sich daraus neuer Gestaltungsbedarf entwickelt, etwa die Frage der Verzinsung. ◂

Der Anwalt schuldet keine umfassende Wirtschaftsberatung, es sei denn, er übernimmt sie gesondert. Der Berater ist dafür verantwortlich, dass der Mandant die dem Vertragsgestalter mitgeteilten (wirtschaftlichen) Sachziele erreicht. Dazu gehört die Aufklärung über wirtschaftliche Risiken. Im Grundsatz keine Sorge trägt der Vertragsgestalter dafür, dass der Mandant sinnvolle wirtschaftliche Ziele anstrebt oder insgesamt wirtschaftlich handelt.[43]

Wirtschaftliches Verständnis bedeutet, dem Mandanten im Hinblick auf seine Ziele positiv gegenüber zu treten. Sein Blick ist am Anfang auf das Mögliche zu richten. Ein reiner Bedenkenträger wird den (wirtschaftlich denkenden) Mandanten eher verschrecken denn überzeugen. Daher ist davon abzuraten, dem Mandanten zunächst zu erläutern, dass die Umsetzung kaum möglich erscheint bzw. eigentlich nur Risiken bestehen. „Ich will nicht wissen, warum es nicht geht, sondern wie es geht!",[44] dürfte die Losung des Mandanten lauten.

---

41 *Schulz*, in: Hölters, Handbuch Unternehmenskauf, Kap. 9 Rn. 9.221, 9.246 ff.
42 *Holzapfel/Pöllath/Bergjan/Engelhardt*, Unternehmenskauf in Recht und Praxis, Rn. 860.
43 *Fahrendorf*, in: Fahrendorf/Mennemeyer, Haftung des Rechtsanwalts, Kap. 2 Rn. 41 ff.; *Vill*, in: Fischer/Vill/Fischer/Pape/Chab, Anwaltshaftung, § 2 Rn. 108 ff.; 321.
44 *Rittershaus*, JuS 1998, 302 (304).

VII. Belehrung und Beratung

21 Wesentliche Bestandteile der Aufgabe des Vertragsgestalters sind die Belehrung und die Beratung.[45] Sie sind Hilfsmittel für den Mandanten, weil die rechtlichen Überlegungen des Anwalts darin Ausdruck finden. Soweit nicht der Mandant eindeutig zu erkennen gibt, dass er des Rats nur in einer bestimmten Richtung bedarf, müssen sie umfassend und erschöpfend erfolgen.[46] Eine genaue Abgrenzung der Teilbereiche ist schwierig und nicht immer möglich, weil sie in der Praxis ineinander übergreifen. Bildlich gesprochen ergibt sich folgende grobe Einteilung: Die Belehrung dient als „Vorsichtszeichen", die Beratung als „Wegbeschreibung".

1. Belehrung

22 Die Belehrung bezeichnet die rechtliche Aufklärung der Beteiligten über das betreffende Rechtsgeschäft.[47] Dies geschieht im Hinblick auf seine Voraussetzungen, Rechtsfolgen, Abhängigkeiten und Gefahren. Bezugspunkt der Belehrung ist ein vorgegebener (rechtlicher) Sachverhalt. Im Einzelnen kann zwischen erklärender und warnender Belehrung sowie Belehrung zum Umfeld differenziert werden. Erklärende Belehrung ist etwa die Beseitigung rechtlicher Fehlvorstellungen oder der Hinweis darauf, dass das Eigentum an einem Grundstück noch nicht mit der Kaufpreiszahlung übergeht. Warnende Belehrung bezeichnet die Aufklärung darüber, dass der Verkäufer das Eigentum noch einer anderen Person verschaffen kann und deswegen aus Käufersicht eine Auflassungsvormerkung eingetragen werden sollte. Eine Belehrung zum Umfeld kann der Hinweis sein, dass vor Durchführung des Geschäfts erst andere Vorgänge abgearbeitet werden müssen, wie die Erteilung eines Erbscheins.[48]

2. Beratung

23 Unter Beratung versteht man das Aufzeigen und die Bewertung bestimmter Optionen vor dem Hintergrund des gegebenen Regelungsziels.[49] Die Aufgabe der Beratung ist das Suchen nach Möglichkeiten und Alternativen. Sie schließt die Belehrung ein, denn eine Beratung wird Voraussetzungen, Rechtsfolgen und Gefahren nennen müssen. Insbesondere wenn mehrere Gestaltungsoptionen in Betracht kommen, bedeutet die Beratung das Aufzeigen und die Gewichtung von Vor- und Nachteilen, Chancen und Risiken, um dem Mandanten eine Entscheidungsgrundlage zu bieten.

24 Die Beratung soll eine eigenverantwortliche und sachgerechte Entscheidung des Mandanten über Art, Inhalt und Umfang der Verfolgung seiner Rechte und Interessen ermöglichen.[50] Die Beratung dient als Hilfestellung zum Abschluss eines aus Sicht des Mandanten günstigen Vertrags. Da die Beratenen die rechtlichen Strukturen und Probleme häufig nicht (vollständig) überblicken können, wird eine Beratung in der Regel

---

45 Die Beratung wird auch als vertraglich geschuldete Primärpflicht bezeichnet, die Belehrung als Nebenpflicht; *Vill*, in: Fischer/Vill/Fischer/Pape/Chab, Anwaltshaftung, § 2 Rn. 93.
46 BGH NJW-RR 2007, 569 (570); NJW 1998, 900 (901); 1993, 1320 (1322); 1992, 1159 (1160); *Heermann*, in: MünchKommBGB, § 675 Rn. 29; *Ehlers*, DB 2009, 2475. Auch nach Art und Umfang des Mandats kann eine eingeschränkte Belehrung ausreichend sein etwa bei besonderer Eilbedürftigkeit oder einem Aufwand, der außer Verhältnis zum Streitgegenstand steht; BGHZ 171, 261 (263) = NJW 2007, 2485 (2486).
47 *Rittershaus/Teichmann*, Vertragsgestaltung, Rn. 193; ausführlich *Reithmann*, in: Reithmann/Albrecht, Handbuch, Rn. 133 ff.
48 *Schmittat*, Vertragsgestaltung, Rn. 63.
49 *Rittershaus/Teichmann*, Vertragsgestaltung, Rn. 193; *Schmittat*, Vertragsgestaltung, Rn. 63.
50 BGH WM 2010, 815 (816); NJW-RR 2000, 791 (792); NJW 1996, 2648 (2649).

auf den Willen des Beratenen nicht ohne Einfluss bleiben. Die Rolle des Vertragsgestalters bedeutet Beratung, nicht Entscheidung. Dies kann eine entsprechende Zurückhaltung des Beraters bedingen. Freilich kann die Beratung weitergehend beinhalten, eine Empfehlung auszusprechen, insbesondere wenn gewichtige Gründe für die eine und gegen eine andere Option sprechen. Die Suche nach Rat im Sinne einer Empfehlung wird zum Teil die Motivation eines Laien sein, einen Fachmann aufzusuchen.

3. Stadien

Belehrung und Beratung können zu jedem Zeitpunkt der Gestaltung relevant sein. Bereits im Rahmen der Sachverhaltsermittlung können Belehrungen erfolgen, die zu einer Veränderung des Sachverhalts führen. Rechtliche Fehlvorstellungen können zu falschen Annahmen des Mandanten führen, die berücksichtigt und korrigiert werden müssen. 25

▶ **Beispiel:**

Der Mandant nimmt an, Eigentümer eines Grundstücks zu sein, obwohl lediglich der Kaufvertrag abgeschlossen wurde (§§ 433, 311b Abs. 1 S. 1 BGB), aber weder Auflassung noch Eintragung in das Grundbuch (§§ 925 Abs. 1 S. 1, 873 Abs. 1 BGB) erfolgt sind. ◀

Darüber hinaus kann die Beratung das Sachziel des Mandanten beeinflussen.[51] Der Mandant wird eine bestimmte Zielvorstellung haben, wenn er sich an den Berater wendet. In dem Prozess der Beratung wird diese Vorstellung möglicherweise verändert, wenn sich zeigt, dass das Regelungsziel bestimmte negative Folgen hat (siehe § 17 Abs. 1 S. 1 und Abs. 2 S. 1 BeurkG). Schließlich findet eine Belehrung statt, wenn der Vertrag entworfen worden ist. Die Vertragssprache muss dem Mandanten „übersetzt" werden, so dass er die technische (rechtliche) Sprache des Vertrags verstehen und die Gestaltung nachvollziehen kann.[52] 26

---

[51] Siehe auch *Keim*, Beurkundungsverfahren, Teil C Rn. 47 ff., der den Zusammenhang von Belehrung und Beratung einerseits und Sachverhaltserforschung und Gestaltung andererseits betont.
[52] *Schmittat*, Vertragsgestaltung, Rn. 65.

§ 4 Methodische Vorgehensweise

1   Im Folgenden werden die wesentlichen zur Vertragsgestaltung notwendigen methodischen Elemente dargestellt.[1] Die Darstellung darf nicht im Sinne einer strikten Reihenfolge verstanden werden. Regelmäßig werden Gedanken zu Gestaltungsoptionen vor einer ersten Ermittlung des Sachziels nicht möglich sein, so dass sich teilweise ein logischer Aufbau – einer inneren Ordnung folgend – ergibt.[2] Insgesamt stehen die Arbeitsschritte aber in einer Wechselbeziehung und müssen gegebenenfalls mehrmals absolviert werden, weil sich im Beratungsprozess neue Aspekte ergeben. Die Entwicklung des Vertrags vom Rohentwurf zur Endfassung ist ein dynamischer Prozess, der fortlaufende Überarbeitung und Kontrolle bedeutet.[3]

2   So stehen die Ermittlung des Sachverhalts und der Sachziele in einem untrennbaren Zusammenhang, denn der Wille des Mandanten kann nicht ohne Aufklärung des Sachverhalts konkretisiert werden. Eine erste Belehrung und Beratung kann den Willen des Mandanten wiederum beeinflussen, wodurch eine neue Definition der Sachziele erforderlich wird. Im Rahmen der Ermittlung der Regelungsziele kann der erste Gestaltungsentwurf konzipiert werden. Schließlich ist zu berücksichtigen, dass sich die Ausarbeitung einer konkreten Gestaltung als wenig effizient erweisen kann, wenn sie ohne Berücksichtigung der Interessen der anderen Vertragspartner erfolgt. Unter Umständen stellt sich heraus, dass die Erreichung des Sachziels des Mandanten am Widerstand der anderen Partei scheitern wird und das Sachziel somit zu modifizieren ist. Daher sind Gespräche mit der Gegenseite gegebenenfalls in einem frühen Stadium, jedenfalls vor der Erarbeitung der Gestaltung, zu führen.

I. Informationsermittlung

3   Die Informationsermittlung erfasst die tatsächlichen Zielvorstellungen und Erwartungen der Beteiligten, ihre Interessenlage, den Ausgangssachverhalt, sozusagen das „Umfeld" der Gestaltung, also alle diejenigen Umstände, deren Kenntnis zur Verwirklichung des Vertragszwecks (einschließlich der Störfallvorsorge) erforderlich ist.[4]

1. Ermittlung des Sachverhalts

4   Die tatsächlichen Voraussetzungen bilden das „Fundament" der Gestaltung.[5] Baut die Gestaltung auf falschen Annahmen auf, kann sie rechtlich exzellent sein, wird das Sachziel des Mandanten aber dennoch verfehlen. Nicht ausgeschlossen werden kann,

---

1   Zu den notwendigen Schritten grundlegend *Rehbinder*, AcP 174 (1974), 265, 286 ff.; siehe auch *Macneil* 48 Southern California Law Review (1975), 627, 641 ff., der vier Schritte nennt („*ascertaining the facts, negotiation, drafting, and application of legal knowledge*") und somit Belehrung und Beratung nicht gesondert bezeichnet; zur Belehrung und Beratung als besondere Phase der Vertragsgestaltung *Brambring* JuS 1985, 380 (383).
2   *Rehbinder*, Vertragsgestaltung, S. 18.
3   Anschaulich *Schollen*, DNotZ 1977, Sonderheft zum 20. Deutschen Notartag, 28, 35: „Der Blick wandert hin und her"; *Rehbinder*, Vertragsgestaltung, S. 6: „iteratives Verfahren"; *Kamanabrou/Wietfeld*, Vertragsgestaltung, § 1 Rn. 20; *Brambring*, JuS 1985, 380 (383).
4   *Kamanabrou/Wietfeld*, Vertragsgestaltung, § 1 Rn. 15; *Langenfeld*, Vertragsgestaltung, Kap. 3 Rn. 15; *Schmittat*, Vertragsgestaltung, Rn. 29; *Weber*, JuS 1989, 636 (640).
5   *Fahrendorf*, in: Fahrendorf/Mennemeyer, Haftung des Rechtsanwalts, Kap. 2 Rn. 74; siehe auch *Hellwig*, in: Hommelhoff/Müller-Graff/Ulmer, Die Praxis der rechtsberatenden Berufe, S. 59, 62: die Arbeit am Sachverhalt mache 80 % der Arbeit des gesellschaftsrechtlich beratenden Anwalts aus.

dass eine tatsächliche Unsicherheit verbleibt. Die Beratung ist dann dementsprechend zu kennzeichnen.

a) Zielfokussierung

Der Erfolg der Informationsgewinnung hängt neben dem Inhalt und der Struktur der Fragen von der Art und Weise der Gesprächsführung und der Atmosphäre ab. Die Gesprächsleitung übernimmt der Vertragsgestalter, um den Prozess der Informationsgewinnung zielgerichtet zu steuern.[6] Vor dem Hintergrund des Regelungsziels sind die notwendigen Informationen herauszufiltern. Insoweit besteht zwischen Sachverhaltsermittlung und Regelungsziel die bereits erwähnte Wechselwirkung. Zu berücksichtigen ist, dass eine vorläufige rechtliche Bewertung des Ausgangssachverhalts eine Veränderung der Sachziele zur Folge haben kann. Dies wiederum kann dazu führen, den Fokus im Rahmen der Sachverhaltsermittlung auf andere Aspekte zu lenken.

Es kann von Vorteil sein, zu einem frühen Zeitpunkt den Mandanten nach dem Standpunkt des künftigen Vertragspartners zu fragen, um abschätzen zu können, an welchen Stellen sich Einigungsprobleme ergeben können. Zudem kann sich aus diesen Informationen besonderer Bedarf für die Erfüllungs- oder Risikoplanung ergeben, etwa im Hinblick auf Regeln zur Leistungszeit oder finanzielle Absicherungen gegen eine Schlechtleistung. Schließlich sind die Informationen für die anschließenden Vertragsverhandlungen wertvoll. Kenntnis über Kompromissbereitschaft oder die mit Priorität verfolgten Ziele des Vertragspartners können die Durchsetzung der eigenen Interessen erleichtern.

b) Rechtliche Rahmenbedingungen

Der Berater muss die rechtlichen Rahmenbedingungen ermitteln. Dabei handelt es sich nicht um Sachverhaltsermittlung im engeren Sinne, sondern bereits um Rechtsanwendung,[7] die auf den ermittelten Tatsachen beruht. Vorsicht ist geboten, wenn der Beratene selbst „Tatsachen" vorträgt, die auf rechtlichen Wertungen beruhen, wie zB die Darstellung eines Eigentumserwerbs eines Grundstücks, obwohl das dingliche Erfüllungsgeschäft noch aussteht. Der Berater muss nach den zugrunde liegenden Tatsachen fragen, die Rechtstatsache[8] somit überprüfen (zB durch Einsichtnahme in das Grundbuch) und über rechtliche Fehlvorstellungen belehren.[9]

▶ **Beispiel:**

Trägt der Mandant vor, ein „per Boten" zugestelltes Kündigungsschreiben sei ihm zu einem bestimmten Zeitpunkt zugegangen, darf der Anwalt diese Angabe nicht ohne Weiteres seinem Vorgehen zugrunde legen, sondern muss sich selbst Klarheit darüber verschaffen, ob der Zugang wie angegeben erfolgte.[10] ◀

Der Vertragsgestalter sollte sich von dem Mandanten gegebenenfalls Unterlagen (Kopien) aushändigen lassen, etwa bei der Beratung einer Gesellschaft den Gesellschaftsvertrag.

---

6 *Schmittat*, Vertragsgestaltung, Rn. 29.
7 *Kamanabrou/Wietfeld*, Vertragsgestaltung, § 1 Rn. 15; aA wohl *Moes*, Vertragsgestaltung, Rn. 4.
8 Rechtstatsachen sind Rechtsbegriffe, -verhältnisse oder -folgen, die in den konkreten Tatsachen selbst oder in deren Subsumtion unter eine Rechtsvorschrift begründet liegen; *Saenger*, in: Hk-ZPO, § 284 Rn. 11.
9 BGH DNotZ 2018, 74 (75); WM 2018, 494 (495); NJW 1987, 1266 (1267) (zur Haftung des Notars); *Jerschke*, DNotZ 1989, Sonderheft zum 23. Deutschen Notartag, 21, 24 f.; siehe dazu auch § 3 Rn. 28.
10 BGH WM 2019, 736 (737).

c) Soziale und wirtschaftliche Hintergründe

9 Inwieweit die sozialen und wirtschaftlichen Hintergründe zu ermitteln sind, hängt ganz von dem Mandantenbegehren ab. Bei der Gestaltung eines einmaligen Leistungsaustauschs werden sie regelmäßig nicht bedeutsam sein (abgesehen von der Zahlungsfähigkeit), bei der Gestaltung eines Gesellschaftsvertrags dagegen schon.

d) Sachverhaltsumgestaltung

10 Der Anwalt muss den Sachverhalt zur Kenntnis nehmen und das Gestaltungsziel vor Augen haben. Dabei kann es notwendig sein, zunächst einmal eine „Umgestaltung" des Sachverhalts vorzunehmen, um daraufhin die eigentlich gewollte Gestaltung zu verwirklichen. Dabei handelt es sich natürlich nicht um eine Veränderung der Wirklichkeit, sondern um eine erste Gestaltung. Wichtig ist die Erkenntnis, dass ein Sachverhalt für die Zukunft nicht unveränderlich feststeht. Ermittelt wird die Ausgangssituation, um darauf aufbauend eine Gestaltung zu empfehlen, die aus mehreren Schritten und Verträgen bestehen kann.[11]

2. Ermittlung der Sachziele

11 Der Mandant verlangt keine Gestaltung um der Gestaltung willen, sondern um bestimmte Ziele zu erreichen.[12] Er weiß (in der Regel), welches Ziel er verfolgt, doch fehlt ihm aufgrund der rechtlichen Komplexität die Kenntnis für eine angemessene Umsetzung. Die Umsetzung ist Aufgabe des Beraters.[13] Die Ausgangsfrage des Beraters lautet damit: „Was will der Mandant?".[14]

a) Unterscheidung von Sach- und Rechtsziel

12 Grundlegend ist die Differenzierung zwischen Sachziel und Rechtsziel.[15] Das Sachziel bezeichnet das (nicht juristische, sondern wirtschaftliche) Anliegen des Mandanten, weshalb er sich an den Anwalt wendet. Es kann wirtschaftlicher, sozialer oder persönlicher Natur sein. Das Anliegen wird bei nicht mit juristischem Wissen versehenen Mandanten kaum als rechtliches Ziel angegeben werden, sondern durch eine tatsächliche Umschreibung. Die Verwirklichung des Rechtsziels bedeutet für den Mandanten die Verwirklichung des Sachziels. Mit anderen Worten: Für die Erreichung des Sachziels muss ein rechtlicher Weg gefunden werden, der zu einem bestimmten rechtlichen Zustand führt (Rechtsziel).

▶ **Beispiel:**
Der Mandant möchte seinen PKW verkaufen. Dabei ist sein Wunsch, dass er nach dem Verkauf „nichts mehr mit dem Wagen zu tun hat". Insbesondere möchte er sich nicht mit dem Käufer darüber streiten, ob der PKW einen Mangel aufweist. Dafür gestattet er dem Käufer, den Zustand des PKW umfassend zu prüfen. Damit ist das tatsächliche Ziel des Mandanten, sein Sachziel, beschrieben. Das Rechtsziel (Ausschluss der Sachmängelhaftung) und den Weg dorthin bestimmt der Berater. ◀

---

11 *Kamanabrou/Wietfeld*, Vertragsgestaltung, § 1 Rn. 16; *Schmittat*, Vertragsgestaltung, Rn. 12 ff.
12 *Rittershaus/Teichmann*, Vertragsgestaltung, Rn. 241.
13 BGH NJW 2007, 2485 (2486); 1993, 3323 (3324); 1991, 2079 (2080); *Vill*, in: Fischer/Vill/Fischer/Pape/Chab, Anwaltshaftung, § 2 Rn. 35 ff.
14 *Singbartl/Zintl*, JuS 2015, 15 ff. mit einem Beispiel für eine kautelarjuristische Klausur.
15 *Rittershaus/Teichmann*, Vertragsgestaltung, Rn. 232 ff.

▶ **Beispiel:**

Das Sachziel kann darin liegen, eine Haftung abzuwehren (nicht zahlen zu müssen). Rechtsziel wäre etwa: keine Schadensersatzpflicht.[16] ◀

b) Konkretisierung des Sachziels

Die Ermittlung des Sachziels bedeutet die Ermittlung des Willens des Beratenen. Auf den ersten Blick scheint die Ermittlung des Willens einfach zu sein, weil sich der Mandant aufgrund eines bestimmten Anliegens an den Vertragsjuristen wendet. Doch der Wille des Mandanten mag zwar ein bestimmtes Ziel umfassen, sozusagen das Hauptziel, aber um die Details oder Nebenfragen hat er sich häufig noch keine Gedanken gemacht. Die Bildung des Willens erfolgt im Gespräch mit dem Berater, der über das Aufzeigen von Varianten den Willen beeinflusst. Dies ist erforderlich, wenn das Sachziel lediglich sehr grob formuliert ist, etwa weil der Mandant mit der gegenwärtigen Sach- und Rechtslage unzufrieden ist und diese ändern möchte, indessen keine weiteren Vorstellungen hat. Es kann sich desgleichen zeigen, dass sich das Sachziel nicht erreichen lässt, weil es sich nicht mit den gesetzlichen Vorgaben vereinbaren lässt. In diesem Fall hat der Berater Wege aufzuzeigen, die sich in den rechtlichen Grenzen halten und wirtschaftlich mit dem ursprünglichen Sachziel vergleichbar sind.

Das Sachziel sollte zunächst einmal – soweit möglich – frei von Rechtsbegriffen formuliert werden, obwohl dies manchmal deswegen schwierig ist, weil juristische Terminologie in der Alltagssprache verwendet wird (bspw. „kaufen").[17] Nur so kann ein „freier Blick" auf das Sachziel des Mandanten erreicht werden. Über die genaue Herausarbeitung des Sachziels kann in einem nächsten Schritt die Formulierung des Rechtsziels erfolgen.

Nennt der Mandant nur ein Rechtsziel, muss der Anwalt erst recht nachfragen, welches Sachziel damit erreicht werden soll. Der Vertragsgestalter muss somit einen Schritt zurückgehen, um zunächst das Sachziel zu ermitteln und nach dessen Analyse das Rechtsziel festzulegen. Wertungen des Mandanten hat der Anwalt zu überprüfen, bevor er sie der Rechtsgestaltung zugrunde legt.[18] Möglicherweise nennt der Mandant ein Rechtsziel in der irrigen Vorstellung, ein bestimmtes Sachziel damit erreichen zu können.

▶ **Beispiel:**

Der Mandant möchte seiner Bank ein Pfandrecht an einer Maschine einräumen, um damit einen Kredit zu sichern. In diesem Fall ist er darauf hinzuweisen, dass für die Bestellung des Pfandrechts unter anderem erforderlich ist, dem Gläubiger die Sache zu übergeben (§ 1205 Abs. 1 S. 1 BGB; Ausnahme nach Abs. 2 nur durch Abtretung eines Herausgabeanspruchs aus einem Besitzmittlungsverhältnis). In der Regel wird der Mandant im Besitz der Maschine bleiben wollen, um diese zu nutzen und durch ihren Einsatz Umsatz und Gewinn zu generieren, der letztlich zur Tilgung des Kredits verwendet wird. Der Kreditgeber wird – jedenfalls bei umfangreichen Kreditbeträgen – auf eine dingliche Sicherheit drängen, sich mit einer persönlichen Haftung, wie einer Bürgschaft, also nicht zufriedengeben. Diesem Sachziel kann durch eine Sicherungsübereignung (§§ 929 S. 1, 930 BGB) entsprochen werden, welche sich funktionell als „besitzloses Pfandrecht" darstellt.[19] Der Anwalt muss ferner

---

16 *Teichmann*, JuS 2001, 973 (977).
17 *Rittershaus/Teichmann*, Vertragsgestaltung, Rn. 229.
18 Siehe im Einzelnen Rn. 37 ff.
19 Ausführlich zur Sicherungsübereignung *Baur/Stürner*, Sachenrecht, § 57 Rn. 1 ff.

darauf hinweisen, dass ein schuldrechtlicher Sicherungsvertrag abzuschließen ist, der die Interessen des Mandanten berücksichtigt, unter anderem die Berechtigung des Sicherungsnehmers, die Sache nur im Sicherungsfall zu verwerten.[20] ◂

▶ **Beispiel:**

Das Anliegen des Mandanten besteht darin, einen Gesellschaftsvertrag für die ABC-OHG aufzusetzen, wobei „Gesamtvertretungsbefugnis" für A und B in den Gesellschaftsvertrag aufgenommen werden soll. Der Mandant geht dabei davon aus, dass damit A und B die gesamte Vertretung der Gesellschaft jeweils alleine ausüben können und C von der Vertretung ausgeschlossen ist. Insoweit ist der Mandant darüber aufzuklären, dass Gesamtvertretung nach der Legaldefinition in § 124 Abs. 2 HGB bedeutet, dass alle oder mehrere Gesellschafter nur in Gemeinschaft zur Vertretung der Gesellschaft ermächtigt sein sollen. Gesamtvertretung bedeutet somit eine Beschränkung für A und B. Weiter ist der Mandant darauf hinzuweisen, dass der Ausschluss der Vertretungsmacht von C durch eine alleinige Anordnung der Gesamtvertretungsbefugnis nicht deutlich wird. Es liegt nämlich nahe, dass die Formulierung „A und B haben Gesamtvertretungsmacht" keinen konkludenten Ausschluss der Vertretungsmacht von C bedeutet. Zwar wird dies für die Regelung „A und B haben Vertretungsmacht" von der herrschenden Meinung im Schrifttum angenommen,[21] allerdings ist dort keine Beschränkung für A und B vorgesehen, so dass die Beispiele durchaus verschieden bewertet werden können. Aus diesen Gründen muss der Berater nach dem tatsächlichen Ziel des Mandanten fragen und sollte ihm empfehlen (Gebot des sichersten Wegs), die Vertretungsmacht des C ausdrücklich auszuschließen (§ 124 Abs. 1 Hs. 2 HGB). In Bezug auf A und B ist keine Regelung im Gesellschaftsvertrag notwendig, denn diese haben nach der gesetzlichen Regelung des § 124 Abs. 1 Hs. 1 HGB jeweils Einzelvertretungsmacht. ◂

c) Hintergründe

16 Die Hintergründe des Sachziels sind zu ermitteln,[22] weil sich aus ihnen die Notwendigkeit einer bestimmten Ausgestaltung oder der Bedarf für eine bestimmte Risikovorsorge ergeben kann.

▶ **Beispiel:**

Der Erwerb eines Grundstücks mag als rechtliche Umsetzung von dem Mandanten nur gewünscht sein, wenn eine Baugenehmigung erteilt wird. Somit ist im Kaufvertrag bspw. ein Rücktrittsvorbehalt zu ergänzen, um das Sachziel des Mandanten zu erreichen. ◂

17 Das Sachziel kann unmittelbar einleuchten und ein Eingehen auf die Hintergründe entbehrlich sein. Dies wird bei verkehrstypischen Massengeschäften der Fall sein,[23] etwa bei der Bitte um Entwurf eines Kaufvertrags für einen Gebrauchtwagen oder einem Mietvertrag zur Vermietung eines Ein-Raum-Appartements. Abgesehen von eindeutigen Fällen ist Vorsicht geboten.

3. Art und Weise der Informationsermittlung

18 Die Art und Weise, der Inhalt und der Umfang der Informationsermittlung richten sich nach den konkreten Umständen des Einzelfalls. Dazu zählen Mandatsinhalt und

---

20 Siehe § 16 Rn. 69 ff.
21 Benennung einiger Gesellschafter als vertretungsberechtigt bedeutet regelmäßig Ausschluss der übrigen (§§ 133, 157 BGB); siehe *Roth*, in: Hopt, § 125 Rn. 12; *K. Schmidt/Drescher*, in: MünchKommHGB, § 125 Rn. 16.
22 *Teichmann*, JuS 2001, 973 (977).
23 *Schmittat*, Vertragsgestaltung, Rn. 18; *ders.* RNotZ 2012, 85.

a) Mandantengespräch

Der kautelarjuristisch tätige Anwalt wird sich mithilfe eines Gesprächs mit seinem Mandanten Kenntnis der Ausgangssituation verschaffen. Der Mandant ist die wichtigste Informationsquelle des Vertragsjuristen.[26] Die Art und Weise der Informationsermittlung hängt aus diesem Grund von den Eigenschaften des Mandanten ab. *Heussen*[27] unterscheidet drei Typen von Mandanten: den „Profi", der auf Nachfragen sofort reagiert, Informationen unmittelbar zur Verfügung stellt und Auskünfte richtig erteilt; den „Amateur", dessen Verhalten in Bezug auf die Informationsmitteilung von unterschiedlicher Qualität ist, weil er Informationen mitunter sofort liefert, andere hingegen gar nicht; den „Spieler", der sehr unzuverlässig ist, weil er benötigte Informationen nicht gibt, obgleich er sie angekündigt hat, und Zeugen nennt, die nichts wissen. Insbesondere der Umgang mit dem „Amateur" und „Spieler" kann sich als schwierig erweisen. Wirkt der Mandant nicht in ausreichendem Maße an der Information des Anwalts mit, muss der Anwalt ihn deutlich auf die Folgen hinweisen, weil sich der Anwalt andernfalls haftbar machen kann.[28]

Um die notwendigen Informationen in dem Gespräch mit dem Mandanten zu erlangen, bedarf es rhetorischer Fähigkeiten, kluger Gesprächsführung und sachgerechter Fragetechnik. Der Erfolg der Informationsgewinnung hängt im großen Umfang von der Kunst ab, die richtigen Fragen in der richtigen Art und Weise zu stellen. Die idealtypische Situation, in der der Mandant dem Vertragsjuristen den Lebenssachverhalt samt Sachziel von sich aus vollständig mitteilt, gibt es wohl kaum. Der kluge Vertragsjurist zeichnet sich dadurch aus, dass er zuhört und gezielt nachfragt. Die Schilderung des Mandanten wird von dem Vertragsjuristen gelenkt.[29]

aa) Die Kunst des Zuhörens

Die Informationsgewinnung fängt mit dem Zuhören an. Der Vertragsjurist bittet zunächst um die Schilderung von Sachverhalt und Sachziel. Aus der Schilderung des Mandanten ergibt sich ein grobes Bild der Ausgangslage. Eine freie Schilderung des Mandanten kann ausschweifend und -schmückend erfolgen. Weil es sich für den Mandanten häufig um eine persönliche oder emotionale Angelegenheit handelt, wird er Beweggründe oder persönliche Hintergründe mitteilen.

Fraglich ist, wie der Vertragsjurist auf eine zu ausführliche und nicht zielgerichtete Schilderung des Mandanten reagieren sollte. Mitunter kann der Hinweis an den Mandanten, dies sei nicht von Relevanz, dazu führen, dass er in der Folge bestimmte Dinge nicht mehr berichtet, weil er der Auffassung ist, sie seien belanglos. Der Vertragsge-

---

24 Siehe im Einzelnen Rn. 55 ff.
25 *Rehbinder*, Vertragsgestaltung, S. 11; *Schmittat*, RNotZ 2012, 85 (86).
26 *Rittershaus/Teichmann*, Vertragsgestaltung, Rn. 186.
27 *Heussen*, Anwalt und Mandant, S. 46 ff.
28 BGH NJW 1993, 2676 (2677); siehe auch BGH NJW 2002, 1117 (1120 f.).
29 *Däubler*, Verhandeln, Rn. 107; *Schmittat*, Vertragsgestaltung, Rn. 36; *Jerschke*, DNotZ 1989, Sonderheft zum 23. Deutschen Notartag, 21, 25; siehe auch *Schollen*, DNotZ 1969, Sonderheft zum 18. Deutschen Notartag, 51, 63 ff.

stalter sollte behutsam vorgehen. Der Mandant darf nicht das Gefühl haben, seine Ausführungen seien vollständig irrelevant. Er muss den Mandanten in die richtigen Bahnen lenken und ihn dazu bringen, die relevanten Informationen vorzutragen, ohne ihm gleichzeitig das Wort abzuschneiden.

bb) Bewertung und gezieltes Nachfragen

23 Aus den Schilderungen des Mandanten sind die relevanten Informationen herauszufiltern. Nach weiteren relevanten Informationen, die der Mandant von sich aus nicht geschildert hat, ist zu fragen. Die offenen Ausführungen des Mandanten werden von dem Vertragsjuristen verarbeitet und im Hinblick auf eine zukünftige Gestaltung bewertet. Die rechtliche Einordnung ermöglicht es, zielgerichtet Fragen zu stellen. Damit verbunden ist die Analyse, ob die Konkretisierung eines Umstands notwendig ist. Bestimmte Gestaltungen werden in die nähere Auswahl genommen und andere Optionen ausgeschieden. Gegebenenfalls muss sich der Vertragsgestalter von dem Rechtsziel, welches der Mandant formuliert hat, lösen und in eine andere Richtung nachfragen.[30]

24 Mehrmaliges Nachfragen ist für eine komplexe Beratungssituation typisch.[31] Keineswegs ist es auf Versäumnisse des Vertragsjuristen in der ersten „Fragerunde" zurückzuführen, wenn sich weiterer Informationsbedarf ergibt. Gerade der junge Vertragsgestalter muss den Mut zur Nachfrage entwickeln. Die Vertragsgestaltung ist ein kontinuierlicher und dynamischer Prozess. Die Informationslage befindet sich in der Regel „in Bewegung", sie wird ständig überprüft und gegebenenfalls erweitert. Nach dem ersten Gespräch mit dem Mandanten kann auf einen vorläufigen Sachverhalt geschlossen werden. Rechtliche Überlegungen, dh ein erster Problemaufriss oder eine Grundkonzeption, werden unter Umständen weiteren Informationsbedarf ergeben. Die zunächst erörterten Lösungen mögen Regelungen erfordern, die zunächst nicht bedacht worden sind. Im Laufe der Zeit mögen sich auch andere Gestaltungen als vorzugswürdig erweisen, womit sich bestimmte Schwerpunkte verändern. Schließlich kann sich weiterer Informationsbedarf daraus ergeben, dass der geschilderte Sachverhalt technische oder wirtschaftliche Grund- oder sogar Detailkenntnisse verlangt, über die der (junge) Vertragsgestalter nicht verfügt. Die schrittweise Informationsgewinnung spiegelt die schrittweise rechtliche Konzipierung wider.

25 Die Detailtiefe der Informationsermittlung orientiert sich im Einzelnen an der genauen Gestaltungssituation. Handelt es sich um einen Vertrag mit einmaligem Leistungsaustausch, kann der Informationsbedarf relativ eingeschränkt sein. Eine komplexe Gestaltungssituation wird vor allem im Hinblick auf die Zukunft mehr Informationen erfordern. Sollen Regelungen für eine Gesellschaft entworfen werden, müssen unter Umständen verschiedene Szenarien der Zukunft beachtet werden. Umstände, die außerhalb der Gesellschaftsverhältnisse liegen, können relevant sein, zB die finanzielle oder familiäre Situation.[32]

26 Bestimmte Gefahren, wie zB wirtschaftliche Gefahren, sind ohne ausdrücklichen Hinweis abzuwenden.[33] Dafür notwendige Informationen sind in jedem Fall zu ermitteln. Der Vertragsgestalter muss sich in die Lage des Mandanten oder der weiteren Beteilig-

---

30 *Rittershaus/Teichmann*, Vertragsgestaltung, Rn. 187.
31 *Rehbinder*, Vertragsgestaltung, S. 7.
32 *Schmittat*, Vertragsgestaltung, Rn. 35.
33 BGH NJW 2018, 2476 f.; 1993, 2045; *Vollkommer/Greger/Heinemann*, Anwaltshaftungsrecht, § 12 Rn. 6.

ten versetzen, seine oder ihre Perspektive einnehmen und die Informationsermittlung auf Zusammenhänge lenken, die der Mandant nicht bedacht hatte.

cc) Struktur

Während die Beteiligten ihnen als wichtig erscheinende Punkte zuerst „rüberbringen" möchten, ist der Vertragsgestalter an der Einhaltung einer bestimmten Ordnung interessiert. Das Gespräch und dementsprechend die Fragen werden gegliedert: „Eins nach dem anderen!"[34] Die Einhaltung einer bestimmten Struktur fördert die Effizienz des Informationsgewinnungsprozesses, weil der Vertragsjurist die notwendigen Informationen erhält und dem Mandanten durch ein strukturiertes Vorgehen Sicherheit vermittelt wird.[35] Als Ordnungsstruktur bietet sich bspw. die gewöhnliche Struktur eines Vertrags an.[36] Kann das Anliegen nicht sogleich einem typischen Vertrag zugeordnet werden, sind die Fragen des Vertragsjuristen eher allgemein gehalten, weil der Fragende selbst noch sucht. Es kann durchaus angezeigt sein, nach einem Ausgangsgespräch eine rechtliche Analyse vorzunehmen, um Lösungshypothesen zu erarbeiten, deren Umsetzungsmöglichkeiten abgeklopft werden. Als Leitlinie gilt insgesamt: Der Vertragsjurist geht vom Allgemeinen zum Besonderen, klärt zunächst Grundlegendes und Eckdaten, bevor er sich den Details zuwendet.[37]

27

Die Sammlung der Informationen kann effizient gestaltet werden, indem mit Checklisten gearbeitet wird, auf denen die noch klärungsbedürftigen oder abzuarbeitenden Punkte aufgelistet sind und die entsprechend abgehakt werden. Solche Checklisten können in Zukunft für andere Projekte genutzt werden, wobei immer darauf zu achten ist, dass eine Anpassung an den Einzelfall erfolgt. Um einen Überblick darüber zu erhalten, welche Informationen in der Regel in einer bestimmten Situation relevant werden, kann ein Blick in Vertragsmuster hilfreich sein. Typische Konfliktsituationen sind dort beschrieben, so dass der Berater Anhaltspunkte findet, welche Punkte jedenfalls über eine gezielte Nachfrage zu klären sind.[38] Der Abgleich mit einem Vertragsmuster oder einer Checkliste darf nicht als hinreichende Auseinandersetzung mit dem Sachverhalt gesehen werden. Vielmehr ist eine eigenständige Analyse der tatsächlichen Lage erforderlich, um der Gefahr zu begegnen, den Sachverhalt in ein Muster zu „zwängen".

28

dd) Verständlichkeit

Um die notwendigen Informationen zu erhalten, muss sich der Vertragsgestalter in einer für den Mandanten verständlichen Art und Weise ausdrücken.[39] Erste Lösungsansätze, Hindernisse und die wesentlichen Zusammenhänge muss er dem Mandanten in dessen Begriffswelt übertragen, damit dieser den Kern versteht und präzise Antworten geben kann. Eine bildhafte Ausdrucksweise kann angezeigt sein, um sicherzustel-

29

---

34 Siehe zur Vernehmung auch *Bender/Nack/Treuer*, Tatsachenfeststellung, Rn. 758 ff.
35 *Langenfeld*, Vertragsgestaltung, Kap. 3 Rn. 9 (zum Aufbau des Vertrags); zur Überlegenheit des Strukturdenkens siehe *Haft*, Rhetorik, S. 25 ff.
36 Siehe zum typischen Aufbau eines Vertrags § 6 Rn. 18 ff.
37 *Schmittat*, Vertragsgestaltung, Rn. 32 ff.
38 Zu Vertragsmustern und Checklisten siehe im Einzelnen Rn. 99 ff.
39 *Rehbinder*, Vertragsgestaltung, S. 11; *Jerschke*, DNotZ 1989, Sonderheft zum 23. Deutschen Notartag, 21, 27; zu den Verständnisbarrieren im Kommunikationsprozess *Däubler*, Verhandeln, Rn. 102 ff.

len, dass der Mandant den Sinngehalt einer Regelung versteht.[40] Der Berater muss sich auf seinen Gesprächspartner einstellen und eine entsprechende Sprachebene wählen.

b) Weitere Informationsquellen

30 Über das Gespräch mit dem Mandanten hinaus kann eine Ortsbesichtigung oder die Einsichtnahme in öffentliche Register (Grundbuch und Handelsregister) erforderlich sein. Der Notar muss sich nach § 21 Abs. 1 S. 1 BeurkG über den Grundbuchinhalt unterrichten, wenn ein Geschäft im Grundbuch eingetragene oder einzutragende Rechte zum Gegenstand hat. In Einzelfällen kann es angezeigt sein, eine Bonitätsauskunft über die Verhältnisse des Gegners zu erhalten oder Marktanalysen in Auftrag zu geben.[41] Schließlich kann es sinnvoll sein, mit Einverständnis des Mandanten das Gespräch mit der Gegenpartei zu suchen, um etwaige Interessen, die bei der Vertragsgestaltung zu berücksichtigen sind, oder eine Kompromissbereitschaft auszuloten.[42] Mit Zustimmung des Mandanten (nach einer Aufklärung über den Kostenumfang) kann die Einschaltung eines Dritten, etwa eines Wirtschaftsprüfers oder Gutachters als Sachverständigen, erfolgen.

II. Formulierung der Rechtsziele

31 Die Ermittlung und Formulierung der Rechtsziele leistet der Berater im Wege einer Überleitung der Sachziele in rechtliche Kategorien.[43] Dem tatsächlichen Ziel des Mandanten entspricht in rechtlicher Hinsicht etwa ein Anspruch oder ein absolutes Recht. Unter Umständen kann ein Sachziel über mehrere Rechtsziele zu erreichen sein. In diesem Fall sind sämtliche Rechtsziele festzuhalten, um dem Mandanten eine Auswahl anhand der Vor- und Nachteile zu ermöglichen.

▶ **Beispiel:**

Das Sachziel des Mandanten, der an einem Ort ein Unternehmen mit Verkaufsräumen betreibt, mag die Expansion sein. Diese kann erreicht werden über die Gründung von Tochterunternehmen, die Errichtung einer selbstständigen oder unselbstständigen Niederlassung oder die Installierung eines Franchisesystems. Als Rechtsziele sind daher zunächst sämtliche Optionen festzuhalten, in den weiteren Schritten erfolgt die Erarbeitung entsprechender Gestaltungsmöglichkeiten. ◀

32 Es besteht eine Pflicht zur Nachfrage, wenn der Notar konkrete Anhaltspunkte dafür hat, dass einer der Beteiligten ein rechtliches Ergebnis herbeiführen möchte, das in dem vorbereiteten Urkundenentwurf noch keine Berücksichtigung gefunden hat.[44] Rechtszielen, die der Mandant formuliert hat, ist mit Vorsicht gegenüber zu treten. Die Überprüfung der Tauglichkeit ist und bleibt die Aufgabe des Anwalts. Der Anwalt selbst muss die rechtlichen Ziele ermitteln, die notwendig sind, damit der Mandant seine Sachziele erreichen kann.

▶ **Beispiel:**

Der Mandant möchte ein Grundstück erwerben und bittet den Anwalt um den Entwurf eines „einfachen" Kaufvertrags. Der Anwalt muss das Sachziel hinter dem Erwerbsziel

---

[40] *Schmittat*, Vertragsgestaltung, Rn. 37 ff. mit Beispielen.
[41] *Rehbinder*, Vertragsgestaltung, S. 14.
[42] Siehe bereits § 3 Rn. 2.
[43] *Rittershaus/Teichmann*, Vertragsgestaltung, Rn. 239 und 259.
[44] BGH NJW 2011, 1355 (1357) Rn. 17.

hinterfragen. Die Aufforderung, einen Grundstückskaufvertrag zu entwerfen, ist als Grundlage nicht ausreichend. Vielmehr müssen die Rahmenbedingungen und Sachziele abgeklärt werden, insbesondere Problembereiche aufgedeckt werden, die im Rahmen der Störfallvorsorge zu berücksichtigen sind. Möchte der Erwerber auf dem Grundstück bauen, kann der Vertrag, wenn sich der Verkäufer darauf einlässt, einen Rücktrittsvorbehalt vorsehen, für den Fall, dass die Baugenehmigung nicht erteilt wird.[45] Sowohl die wirtschaftlichen als auch die rechtlichen Rahmenbedingungen sind abzufragen. ◂

III. Ermittlung des Gestaltungsbedarfs

Nach der Ermittlung von Regelungsziel und Sachverhalt muss der Regelungsbedarf festgestellt werden. Der Vertragsgestalter muss untersuchen, welche rechtlichen Schritte erforderlich sind, um die Rechtsziele des Mandanten zu erreichen.[46] Die sorgfältige rechtliche Prüfung „nach jeder Richtung"[47] ist die originäre Aufgabe des Anwalts. Sie ist die Basis der beratenden Tätigkeit, denn erst darauf aufbauend kann das Vorgehen zweckgerichtet erfolgen.[48]

33

Zudem muss geklärt werden, welche Regelungen – neben den *essentialia negotii* – in den Vertrag aufgenommen werden sollen. Der Berater muss sich nicht in Details einer Regelung einarbeiten, wenn der Mandant eine derartige Regelung überhaupt nicht möchte.

34

▶ **Beispiel:**

Vor der Ausarbeitung eines Gesellschaftsvertrags klärt der Berater, welche Bereiche, abgesehen von den notwendigen Bestandteilen, die Gesellschafter regeln möchten. Der Vertragsgestalter wird sich etwa mit den Einzelheiten einer Einziehungsklausel erst befassen, wenn die Gesellschafter eine derartige Klausel grundsätzlich aufnehmen möchten. Eine umfassende Beratung kann freilich erfordern, dass der Berater auf die Vor- und Nachteile einer solchen Klausel ohne gezielte Nachfrage seitens des Mandanten hinweist. ◂

1. Vergleich von Ist- und Soll-Zustand

Die rechtliche Ausgangssituation wird ermittelt, indem Ist- und Soll-Zustand verglichen werden. Der Vergleich zwischen bestehender Rechtslage und den Rechtszielen erfolgt durch eine gewöhnliche – aus dem Studium bekannte – materiellrechtliche Prüfung. Daraus kann sich ergeben, dass eine vertragliche Regelung nicht erforderlich ist, weil der Ist- dem Soll-Zustand entspricht (und die Partei sich dessen nicht bewusst war). Der Anwalt muss den Mandanten darüber belehren und darf nicht eine „Gestaltung" entwerfen, die lediglich die bestehende materiellrechtliche Rechtslage wiederholt.[49] Entspricht die Gesetzeslage nicht dem Rechtsziel, besteht Gestaltungsbedarf.

35

---

45 Siehe bereits Rn. 22. Selbstverständlich kann es der Wunsch des Mandanten sein, das Grundstück in jedem Fall zu kaufen und das Risiko der Nichterteilung der Baugenehmigung zu tragen. In diesem Fall muss der Anwalt auf das Risiko hinweisen und den Hinweis – zu späteren Beweiszwecken – festhalten.
46 Methodisch anders geht *Kamanabrou/Wietfeld*, Vertragsgestaltung, § 1 Rn. 20 ff. vor, die vor die Prüfung der rechtlichen Rahmenbedingungen die Erstellung eines Rohentwurfs stellt.
47 BGH WM 2016, 2091 (2092); NJW 1993, 1779.
48 Von zunehmender Bedeutung ist in diesem Kontext auch die technische Unterstützung durch neuartige Möglichkeiten der Informationstechnologie, welche die anwaltliche Arbeit bei Recherche und Subsumtion erleichtern können. Diese „digitale Assistenz" birgt jedoch auch Risiken; dazu *Fries* NJW 2016, 2860 (2863).
49 Etwas anderes kann sich ergeben, wenn zwar Ist- und Soll-Zustand übereinstimmen, für eine Gestaltung jedoch Zweckmäßigkeitserwägungen sprechen; siehe dazu Rn. 51 ff.

▶ **Beispiel:**

Eine Witwe möchte, dass im Todesfall ihre einzige Tochter ihr Vermögen erhält (Sachziel). Der Anwalt möge ein entsprechendes Testament aufsetzen. Rechtsziel ist somit, dass die Tochter Alleinerbin wird (Rechtsziel). Eine Gestaltung ist nicht erforderlich, wenn der Ist-Zustand (materielle Rechtslage) dem Soll-Zustand (Rechtsziel) entspricht.

Die Tochter ist als einziger Abkömmling gesetzlicher Erbe der ersten Ordnung, § 1924 Abs. 1 BGB, und damit Alleinerbin. Etwaige zur Zeit des Erbfalls lebende Kinder der Tochter würden durch die Tochter von der Erbfolge ausgeschlossen, § 1924 Abs. 3 BGB. Da die Tochter gesetzlicher Erbe der ersten Ordnung ist, schließt sie gesetzliche Erben der ferneren Ordnungen aus, § 1930 BGB. Weil die Mandantin verwitwet ist, ist kein gesetzliches Erbrecht des Ehegatten (§ 1931 BGB) zu berücksichtigen. Daher ist ein entsprechender Gestaltungsbedarf nicht gegeben.

Der Anwalt hat die Witwe darauf hinzuweisen, verbunden mit einer Aufklärung darüber, dass sich ein Regelungsbedarf im Falle der Wiederheirat ergeben kann. Es greift nämlich § 1931 BGB ein, wenn zur Zeit des Erbfalls der Ehegatte noch lebt (§ 1923 Abs. 1 BGB).[50] Im Falle der Testamentserrichtung wäre § 2079 BGB zu beachten. Aus Zweckmäßigkeitserwägungen kann somit ein Gestaltungsbedarf bestehen.[51] ◀

▶ **Beispiel:**

Die im gesetzlichen Güterstand lebenden Ehegatten bitten den Notar um den Entwurf einer Vereinbarung, wonach sie künftig nicht mehr wechselseitig für ihre Schulden haften. Sie hätten daher an die Vereinbarung einer Gütertrennung gedacht. Auf Nachfrage erklärt die Ehefrau, sie habe vor allem Interesse an einer solchen Vereinbarung, weil ihr Mann eingetragener Kaufmann sei und sie nicht für dessen geschäftliche Verbindlichkeiten haften wolle.

Der Notar hat darauf hinzuweisen, dass die Ehegatten im Güterstand der Zugewinngemeinschaft (§ 1363 Abs. 1 BGB) grundsätzlich nicht für die Verbindlichkeiten des anderen Ehegatten haften. Das Handeln eines Ehegatten bedeutet Rechtsfolgen nur für diesen.[52] Anderes kann sich zwar aus den Geschäften zur Deckung des Lebensbedarfs ergeben (§ 1357 BGB). Obwohl der Wortlaut der Vorschrift sehr weit gefasst ist, umfasst er jedenfalls nicht die zu der unternehmerischen Tätigkeit des Ehemanns gehörenden Geschäfte. Der Ist-Zustand (keine Inanspruchnahme der Ehefrau für geschäftliche Verbindlichkeiten des Ehemanns) entspricht daher insoweit dem Soll-Zustand, so dass ein Gestaltungsbedarf nicht besteht.[53] Im Hinblick auf private Schulden ist zu beachten, dass die Rechtsfolge des § 1357 BGB zu den Wirkungen der Ehe im Allgemeinen gehört, dh unabhängig von dem gesetzlichen Güterstand eingreift. Die Vereinbarung der Gütertrennung durch Ehevertrag (§§ 1408 Abs. 1, 1410, 1414 BGB) würde daher an der Geltung des § 1357 BGB nichts ändern. Ein Ausschluss seiner Wirkungen ist nach § 1357 Abs. 2 BGB möglich. Gegenüber Dritten entfaltet der Ausschluss nur Wirkung, wenn der Ausschluss im Güterrechtsregister eingetragen oder dem Dritten bekannt ist (§ 1412 Abs. 1 BGB). Der Notar hat nachzufragen, ob ein solcher Ausschluss gewünscht ist und dementsprechend zu belehren und zu beraten. ◀

---

50 Darüber hinaus ist dann über das Pflichtteilsrecht aufzuklären (§§ 2303 ff. BGB) und die damit einhergehenden gesetzlichen Schranken der Testierfreiheit; siehe dazu *Weidlich*, in: Grüneberg, § 2303 Rn. 1, § 1937 Rn. 5 ff.
51 Im Einzelnen zur Gestaltung aus Zweckmäßigkeitserwägungen siehe Rn. 51 ff.
52 *Siede*, in: Grüneberg, § 1363 Rn. 3; *Kemper*, in: Hk-BGB, § 1363 Rn. 3.
53 Zu weitergehenden Fragen, die sich in dem geschilderten Sachverhalt stellen können: *Brambring*, JuS 1985, 380 (382).

2. Umfassende Prüfung der Rechtslage

Erfolgt keine Beschränkung des Mandats, muss der Anwalt die Ausgangslage umfassend prüfen.

▶ **Beispiel:**

Möchte ein Mandant die für ihn nachteiligen Folgen eines Vertrags vermeiden und konkretisiert das Ganze dahin gehend, dass er vom Vertrag zurücktreten wolle, weil er übervorteilt worden sei, muss der Anwalt zunächst prüfen, ob der Vertrag überhaupt wirksam ist. Durch eine solche Prüfung kann sich herausstellen, dass der Soll-Zustand dem Ist-Zustand entspricht, weil der Vertrag (zB wegen Verstoßes gegen die guten Sitten, § 138 Abs. 1 BGB) nichtig ist. Ein Rücktritt vom Vertrag müsste nicht erklärt werden. Pflicht des Anwalts kann es sein, darauf hinzuweisen, dass die Rechtsauffassung des Anwalts von einem Dritten, insbesondere dem Gericht, nicht geteilt werden mag. Unter dem Gesichtspunkt des „sichersten Wegs" kann es erforderlich sein, (zusätzlich) einen Rücktritt zu erklären oder einen Vergleich zu schließen. Insoweit dient die Gestaltung dazu, aus einer „unsicheren" eine „sichere" Rechtslage zu machen. Ist der Vertrag wirksam, darf sich der Anwalt wiederum nicht darauf beschränken, die Rücktrittsmöglichkeiten zu prüfen, sondern muss entsprechend dem Sachziel des Mandanten eine Anfechtung in Betracht ziehen. ◀

Eine umfassende Prüfung der Rechtslage verlangt, dass der Anwalt die Verträge berücksichtigt, die der Mandant abgeschlossen hat, wenngleich die sich daraus ergebenden Ansprüche noch nicht durchgesetzt worden sind. Die Prüfung der Rechtslage kann ergeben, dass nicht eine Gestaltung erforderlich ist, sondern die (gerichtliche) Durchsetzung der bestehenden Ansprüche. Möglicherweise erfordert die Rechtslage die Ausübung einer vertraglich eingeräumten Option. Die Prüfung durch den Anwalt ist nicht auf ein Rechtsgebiet beschränkt. Seine Tätigkeit orientiert sich an dem Sachverhalt und den Sachzielen, nicht an der gesetzlichen Anordnung.

▶ **Beispiel:**

Die Beratung im Hinblick auf einen Grundstückskaufvertrag und eine anschließende Bebauung mit einem Einfamilienhaus erfordert nicht nur zivilrechtliche Überlegungen, sondern auch die Klärung der Frage, ob das Vorhaben die Anforderungen des öffentlichen Rechts erfüllt, etwa die Genehmigungsvoraussetzungen vorliegen bzw. die Voraussetzungen geschaffen werden können.[54] ◀

3. Zweckmäßigkeit

Zur vollständigen Analyse der (rechtlichen) Ausgangslage muss der Vertragsgestalter Zweckmäßigkeitsüberlegungen anstellen. Eine Gestaltung kann aus Zweckmäßigkeitsgründen geboten sein, obwohl der Soll-Zustand dem Ist-Zustand entspricht. Die vollständige Überprüfung der Sach- und Rechtslage erfordert Überlegungen zur Darlegungs- und Beweislast.[55] Aus tatsächlichen Gründen kann es notwendig sein, den Inhalt eines formfreien Vertrags schriftlich zu fixieren und zu unterzeichnen, um gegebenenfalls vor Gericht einen Beweis antreten zu können.[56]

---

54 *Kamanabrou/Wietfeld*, Vertragsgestaltung, § 1 Rn. 25.
55 *Rittershaus/Teichmann*, Vertragsgestaltung, Rn. 251 f.
56 Auf eine schriftliche Vereinbarung sollte vor allem die Partei Wert legen, die in einem zukünftigen Prozess die Darlegungs- und Beweislast tragen würde; zur Beweislast *Saenger*, in: Hk-ZPO, § 286 Rn. 52 ff.

▶ **Beispiel:**
Die Parteien schließen einen Kaufvertrag über einen Gebrauchtwagen (§ 433 BGB). Mündlich haben sie sich darüber geeinigt, dass der Käufer den Pkw in dem Zustand erwirbt, in dem er sich befindet. Die Haftung für Sachmängel ist ausgeschlossen.[57] Da Rechtsgeschäfte grundsätzlich formlos wirksam sind und für den Kaufvertrag über einen Pkw nicht ausnahmsweise die Einhaltung einer Form vorgeschrieben ist, haben die Parteien einen wirksamen Kaufvertrag geschlossen. Für den Verkäufer empfiehlt sich aus Beweisgründen ein schriftlicher Kaufvertrag, so dass er in einem Streitfall den Ausschluss der Sachmängelgewährleistung beweisen kann. ◀

39 Ebenfalls kann es zweckmäßig sein, ein einseitiges Rechtsgeschäft oder eine einseitige geschäftsähnliche Handlung schriftlich zu erklären und unter Umständen zu dem Mittel des Einschreibens mit Rückschein zu greifen, um die Erklärung und ihren Zugang im Bestreitensfalle zu beweisen. Die tatsächliche Gestaltung sorgt somit für Rechtssicherheit und Durchsetzbarkeit.

40 Umgekehrt können Zweckmäßigkeitserwägungen dazu führen, von einer Gestaltung aus tatsächlichen Gründen abzuraten, obwohl rechtlich gesehen Gestaltungsbedarf besteht. Die Fixierung eines vertraglichen Anspruchs auf Zahlung einer bestimmten Geldsumme ist nicht angezeigt, wenn der Schuldner zahlungsunfähig ist. Das Sachziel ist nicht zu erreichen, weil es tatsächlich nicht durchsetzbar sein wird. Um unnötige Kosten zu vermeiden, ist von dem Entwurf einer Vereinbarung abzusehen.[58]

IV. Erarbeitung von Gestaltungsoptionen

41 Nach Erarbeitung des Gestaltungsbedarfs erfolgt eine Skizzierung der Gestaltungsoptionen. Der Umfang einer Vertragskonzeption richtet sich nach verschiedenen Faktoren. Zum einen ist relevant, ob die beabsichtigte Gestaltung einem gesetzlich geregelten Vertrag entspricht, zum anderen, ob die Parteien besondere Wünsche haben. Entspricht der beabsichtigte Vertrag einem einfachen Kaufvertrag, geht es eher darum, die einzelnen Pflichten zu bestimmen, etwa den Kaufpreis, Leistungszeiten und -orte, gegebenenfalls (vom Gesetz abweichende) Rechtsfolgen einer Nicht- oder Schlechterfüllung bzw. einer nicht rechtzeitigen Erfüllung. Demgegenüber wird bei einem typengemischten Vertrag oder einem Vertrag *sui generis* der Gestaltungsbedarf größer sein. Mitbestimmend ist auch, ob dem Vertragsgegenstand ein sehr komplexer Sachverhalt zugrunde liegt, der mehrere Gestaltungsschritte erfordert.

1. Ermittlung der dem Rechtsziel entsprechenden Gestaltungsoptionen

42 Auszugehen ist von den formulierten Rechtszielen. Der Berater hat die Optionen aufzuzeigen, die geeignet sind, das Rechtsziel zu erreichen. Dabei muss der Berater eine gedankliche Offenheit mitbringen und darf nicht voreilig bestimmte Gestaltungen ausschließen.[59] In einem ersten Schritt sind somit alle Lösungsansätze zu sammeln, die zu der erstrebten Rechtsfolge führen.

---

57 Beim Verbrauchsgüterkauf wäre eine solche Vereinbarung nach § 476 Abs. 1 S. 1 BGB nicht möglich.
58 *Zankl*, Vertragssachen, Rn. 279; *Teichmann*, JuS 2001, 973 (978).
59 *Rittershaus/Teichmann*, in: FS Spiegelberger, S. 1457, 1459: „Die voreilige Festlegung auf Anspruchsgrundlagen oder Gestaltungsvarianten liefert dem Mandanten Steine statt Brot (...)".

§ 4 Methodische Vorgehensweise

▶ **Beispiel:**

Ein Mandant hat gegen seine Kunden Forderungen, die erst in drei Monaten fällig werden. Er benötigt sofortige Liquidität, wofür er auf 10 % der Forderungen verzichten würde. Rechtsziel des Mandanten ist somit ein sofort fälliger Anspruch auf Zahlung. Als Gestaltungsoptionen kommen in Betracht: Änderungsverträge mit den Kunden,[60] die sofort, aber lediglich 90 % zahlen; echtes oder unechtes Factoring,[61] so dass er den Gegenwert der Forderungen abzüglich eines bestimmten Prozentsatzes sofort erhält. ◀

2. Vertragskonzipierung

Ergibt die Prüfung, dass die Rechtsfolge der Gestaltung dem Rechtsziel entspricht, ist in einem nächsten Schritt zu prüfen, ob die tatsächlichen Voraussetzungen für die Gestaltung gegeben sind. Liegt ein Merkmal nicht vor, ist zu überlegen, ob sein Vorliegen über eine vorgeschaltete tatsächliche oder rechtliche Veränderung des Sachverhalts (Gestaltung) herbeigeführt werden kann. Der Vertragsgestalter muss somit eine materiellrechtliche Prüfung vornehmen, es erfolgt eine hypothetische Rechtsanwendung.[62] In die nähere Auswahl gelangen nur die rechtlich zulässigen Gestaltungen. Liegen alle Tatbestandsvoraussetzungen vor bzw. können diese (durch Gestaltung) geschaffen werden, ist die Gestaltung geeignet.

43

a) Unterscheidung zwischen Erfüllungs- und Risikoplanung

Im Hinblick auf die Detailarbeit der Vertragskonzipierung wird im Allgemeinen zwischen der sog. Erfüllungsplanung und der sog. Risikoplanung unterschieden.[63] Unter Erfüllungsplanung wird die Verwirklichung der Sachziele der Parteien verstanden, etwa die Herstellung eines Werks als Gegenleistung für die Zahlung der Vergütung. Risikoplanung bedeutet die Vermeidung von Verlusten (Kosten) bei nicht ordnungsgemäßer Erfüllung (Risikovermeidungsziele). Um festzustellen, welcher Bereich der Vertragsplanung betroffen ist, bieten sich Kontrollfragen an. Die Kontrollfrage für die Erfüllungsplanung lautet: „Wird das Geplante mit hoher Wahrscheinlichkeit ausgeführt werden müssen, falls der Vertrag erfolgreich abgewickelt werden soll?"[64] Bei Bejahung dieser Frage handelt es sich um Erfüllungsplanung. Zur Erfüllungsplanung zählt damit die Vermeidung von Nachteilen, die sich unmittelbar aus dem Vertrag, auch bei ordnungsgemäßer Erfüllung, ergeben, etwa Haftungsfolgen oder Steuerbelastungen. Als Kontrollfrage für die Risikoplanung kann dienen: „Wird der Vertrag voraussichtlich erfolgreich abgewickelt werden, ohne dass es eines Rückgriffs auf die in Frage stehende – geregelte – Materie bedarf?" Bei Bejahung dieser Frage handelt es sich um Risikoplanung. Gemeint sind damit nur Risiken der nicht ordnungsgemäßen Erfüllung. Eine Regelung der Risikoplanung wird somit erst relevant, wenn ein Problem in der

44

---

60 Siehe dazu (auch zur Abgrenzung zur Novation) *Schulze*, in: Hk-BGB, § 311 Rn. 3 ff.; *Medicus/Lorenz*, Schuldrecht AT, § 25 Rn. 15 f.
61 Siehe dazu (auch zur Unterscheidung von echtem und unechtem Factoring) *Schulze*, in: Hk-BGB, § 398 Rn. 26; *Medicus/Lorenz*, Schuldrecht BT, § 58 Rn. 17 f.
62 *Kamanabrou/Wietfeld*, Vertragsgestaltung, § 1 Rn. 26; *Schmittat*, Vertragsgestaltung, Rn. 41; *Teichmann*, JuS 2001, 973 (979).
63 *Rehbinder*, Vertragsgestaltung, S. 4 f.; im Anschluss an *Macneil* 48 Southern California Law Review (1975), 627, 639: „*Performance Planning and Risk Planning*".
64 *Rehbinder*, Vertragsgestaltung, S. 4.

Vertragsdurchführung auftritt.[65] Risikoplanung ist damit nicht mit der Vermeidung von Unsicherheit gleichzusetzen, weil Letzteres Bestandteil der Erfüllungsplanung ist.

45 *Rittershaus/Teichmann*[66] fassen den Begriff der Erfüllungsplanung enger und dementsprechend den Begriff der Risikoplanung weiter. Auf der Stufe der Erfüllungsplanung sollen Nachteile und ihre gestalterische Vermeidung noch keine Rolle spielen, sondern es werden lediglich diejenigen Gestaltungsmöglichkeiten ausgesondert, die nicht zur Verwirklichung des Rechtsziels führen können. Erst auf der Stufe der Risikoplanung seien die besonderen Voraussetzungen der Gestaltung zu untersuchen und damit die „Risiken und Nebenwirkungen". Gegen eine solche Einteilung spricht, dass die Erfüllungsplanung nur unter Berücksichtigung der Nachteile erfolgen kann. Außerdem kann die Erfüllung eines Sachziels bedeuten, Nachteile zu vermeiden, mithin nicht auf einen positiven Erfolg, sondern auf die Vermeidung des Negativen gerichtet sein.[67]

46 Die Grenzen der Unterscheidung zwischen Erfüllungs- und Risikoplanung sind nicht immer scharf zu erkennen. Eine Regelung kann sowohl für die Erfüllungsplanung als auch die Risikoplanung bedeutsam sein. Die Sicherung der ordnungsgemäßen Erfüllung des Vertrags geschieht unter anderem durch die genaue Festlegung der Leistungspflichten. Die Folgen der Nichteinhaltung der Leistungspflichten betreffen bereits den Aspekt der Risikoplanung. Rechtsfolgen, die an eine nicht ordnungsgemäße Erfüllung geknüpft werden, halten zur Vertragserfüllung an.

▶ **Beispiel:**

Zur Erfüllungsplanung gehört die Vereinbarung eines verbindlichen Liefertermins. Relevant wird dieser Punkt überdies bei der Risikoplanung, weil sich aus der Nichtlieferung zum vereinbarten Termin der Anspruch auf Zahlung von Verzugszinsen ergeben kann (§§ 288 Abs. 1 S. 1, 286 Abs. 1 S. 1 und Abs. 2 Nr. 1 BGB). ◀

▶ **Beispiel:**

Die Vereinbarung einer Vertragsstrafe verfolgt den doppelten Zweck, die Erfüllung der Hauptverbindlichkeit als „Druckmittel" zu sichern und dem Gläubiger im Verletzungsfall die Möglichkeit einer erleichterten Schadloshaltung ohne Einzelnachweis zu eröffnen.[68] Die Vereinbarung spricht von ihrem Zweck die Erfüllungs- und Risikoplanung an. ◀

b) Erfüllungsplanung

47 Nachdem die Gestaltungsoptionen herausgefiltert worden sind, deren Rechtsfolge dem Rechtsziel entspricht, erfolgt die konkrete Prüfung, ob die Voraussetzungen der jeweiligen Gestaltung vorliegen bzw. geschaffen werden können.

aa) Regelungen zur Verwirklichung der Sachziele

48 Im Rahmen der Erfüllungsplanung müssen Regelungen getroffen werden, die bei ungestörtem Verlauf zur Verwirklichung der Sachziele des Mandanten führen. Dazu gehört die Frage, inwieweit sich die sekundären Sachziele erreichen lassen.

---

65 So ebenfalls *Schmittat*, Vertragsgestaltung, Rn. 83 und 89 (mit den Bezeichnungen „Unbedingte Regelungen" und „Eventualregelungen"); *Kamanabrou/Wietfeld*, Vertragsgestaltung, § 1 Rn. 6 ff. (mit den Begriffen „Zweckverwirklichung" und „Störfallvorsorge").
66 *Rittershaus/Teichmann*, Vertragsgestaltung, Rn. 261 ff.
67 *Kamanabrou/Wietfeld*, Vertragsgestaltung, § 1 Rn. 7.
68 BGHZ 105, 24 (27) = NJW 1988, 2536; OLG Frankfurt aM NJW-RR 2016, 1070 (1071); *Grüneberg*, in: Grüneberg, § 339 Rn. 1.

▸ **Beispiel:**

Eine beschränkt persönliche Dienstbarkeit (§ 1090 Abs. 1 BGB) ist nicht vererblich (§ 1090 Abs. 2 iVm § 1061 S. 1 BGB). Beinhaltet das Regelungsziel des Mandanten gerade die Nutzungsmöglichkeit über die Lebenszeit des Berechtigten hinaus, muss eine andere Gestaltung gewählt werden, da die Regelung des § 1061 S. 1 BGB nicht abdingbar ist.[69] Zum anderen muss die Frage beachtet werden, innerhalb welches zeitlichen Rahmens die Gestaltung wirken soll. Möglicherweise ist der Vertrag nur auf Zeit abzuschließen oder es sind Kündigungsmöglichkeiten vorzusehen. ◂

Die Sicherung der Erfüllung seitens des Vertragspartners ist das Hauptziel des Mandanten. Somit muss vorgesorgt werden, dass der Vertragspartner zur Erfüllung angehalten ist. Erreicht werden kann dies zum einen durch eine genaue Beschreibung der Pflichten, zum anderen über positive oder negative Anreize.

49

▸ **Beispiel:**

Festgelegt werden kann etwa die genaue Lieferzeit. Ein positiver Anreiz kann geschaffen werden durch eine Vorleistungspflicht der anderen Seite, die die Gegenleistung eine Woche danach erhält. Um jedenfalls selbst nicht vorleisten zu müssen, ist es ausreichend, auf einer Leistung Zug-um-Zug zu bestehen (§ 320 BGB) und insoweit keiner anderweitigen Vereinbarung zuzustimmen. Ist der Mandant auf eine besonders schnelle Lieferung angewiesen, kann eine Staffelung des Kaufpreises nach dem Lieferdatum erfolgen. Erfolgt die Lieferung innerhalb von drei Tagen, erhöht sich die Gegenleistung um einen gewissen Anteil (positiver Anreiz; darin kann auch ein negativer Anreiz gesehen werden, wenn man die Sichtweise einnimmt, dass sich die Gegenleistung nach drei Tagen mindert). Ein negativer Anreiz (Sanktion) kann in einer Vertragsstrafe (§ 339 BGB) bei einer nicht ordnungsgemäßen Erfüllung bestehen. Insoweit können die Parteien abweichend von § 339 S. 1 BGB eine verschuldensunabhängige Verwirkung der Strafe durch Individualvertrag vereinbaren.[70] Das Setzen von negativen Anreizen dient gleichzeitig der Absicherung bei nicht ordnungsgemäßer Erfüllung – es zeigt sich das bereits angesprochene Ineinandergreifen von Erfüllungs- und Risikoplanung. ◂

bb) Auflösung von Zielkonflikten

Die Erarbeitung von Gestaltungsoptionen kann aufzeigen, dass sich mehrere Sachziele des Mandanten nicht vereinbaren lassen. Der Anwalt hat den Mandanten im Rahmen der Belehrung und Beratung darauf hinzuweisen und nach Wunsch des Mandanten Gestaltungsoptionen aufzuzeigen, die verdeutlichen, inwieweit zur Verwirklichung eines Sachziels Abstriche zulasten eines anderen gemacht werden müssen. Es ist hilfreich, eine Liste der Ziele mit Prioritäten zu erstellen.[71] Dabei kann es dem Mandanten darauf ankommen, möglichst viele Sachziele zu erreichen, so dass die Gestaltung zu wählen ist, mit der sich quantitativ viele Ziele erreichen lassen. Der Mandant kann aber auch ein bestimmtes Sachziel in den Mittelpunkt stellen (Primärziel), dem er die anderen Sachziele unterordnet. Letztlich ist eine Gewichtung anhand der Interessen des Mandanten vorzunehmen. In einfachen Situationen kann sich die Aufstellung einer Interessenmatrix anbieten, um einen Überblick zu erhalten, durch welche Gestaltung welche Ziele erreicht werden.[72] Die Schwierigkeit der Gewichtung einzelner Sachziele

50

---

69 *Herrler*, in: Grüneberg, § 1061 Rn. 1.
70 BGH NJW-RR 1997, 686 (688); BGHZ 82, 398 (402) = NJW 1982, 759 (760); *Gottwald*, in: MünchKommBGB, § 339 Rn. 36; *Grüneberg*, in: Grüneberg, § 339 Rn. 15; aA *Rieble*, in: Staudinger, § 339 Rn. 397.
71 *Kanzleiter*, NJW 1995, 905 (906 f.).
72 *Rehbinder*, Vertragsgestaltung, S. 35; *Kamanabrou/Wietfeld*, Vertragsgestaltung, § 1 Rn. 56 ff.

lässt sich damit nicht überwinden. Sie liegt in der Verantwortung des Mandanten. Der Vertragsgestalter muss die Wirksamkeit der in Betracht kommenden Gestaltungen sicherstellen, die Vor- und Nachteile anhand festgelegter Kriterien aufzeigen und dadurch dem Mandanten eine vollständige Entscheidungsgrundlage zur Verfügung stellen.[73] Ferner ist der Mandant darüber zu belehren, inwieweit sich mehrere parallele Vereinbarungen nicht in Einklang bringen lassen.

▶ **Beispiel:**

Der Eigentümer einer Eigentumswohnung fragt den Anwalt um Beratung in Bezug auf die Vermietung des Wohnraums. Er habe in der Vergangenheit immer Ärger mit ehemaligen Mietern gehabt, vor allem weil die geleistete Barkaution (das an den Vermieter zur Sicherheit geleistete Bargeld) nicht ausgereicht habe. Er bittet darum, eine Bürgschaftsvereinbarung zu entwerfen, die Dritte neben der Barkaution des Mieters übernehmen sollen. Der Anwalt wird den Mandanten darauf hinweisen müssen, dass die Mietsicherheit bei Mietverhältnissen über Wohnraum auf das Dreifache der vereinbarten reinen monatlichen Miete (ohne Betriebskostenpauschale oder -vorauszahlung) begrenzt ist (§ 551 Abs. 1 BGB). Bei einer Doppelsicherung darf deren Summe diesen Betrag insgesamt nicht übersteigen.[74] Zwar ist die Rechtsfolge einer überhöhten Sicherung nicht die Nichtigkeit der gesamten Sicherheitsleistungen, sondern nur die Teilnichtigkeit der das zulässige Maß überschreitenden Vereinbarung.[75] Der Vermieter ist damit weiterhin gesichert, weil er Mietsicherheit bis zur gesetzlich zulässigen Höhe verlangen kann. Lediglich einem Verlangen des Vermieters nach weiterer Sicherheitsleistung braucht der Mieter nicht nachzukommen. Allerdings kann sich für den Vermieter gleichwohl eine missliche Situation ergeben. Ist die Bürgschaft des Dritten bis zur gesetzlich zulässigen Höhe übergeben, kann sich der Mieter auf die Nichtigkeit der Vereinbarung zur Leistung einer darüber hinausgehenden Barkaution berufen. Der Vermieter muss im Sicherungsfalle den Dritten in Anspruch nehmen, obwohl eine Barkaution seinen Interessen eher gedient hätte. Über diese Zusammenhänge ist der Vermieter aufzuklären und zu belehren. ◀

cc) Gestaltungsfreiheit

51 Die Gestaltung muss sich im Rahmen der Gestaltungsfreiheit halten. Vom Gesetz abweichende Regelungen können getroffen werden, wenn es sich um dispositives oder halbzwingendes Recht handelt. Das Recht kann dadurch an die individuellen Bedürfnisse des Einzelfalls angepasst werden. In Bezug auf die Frage, bis zu welchen Grenzen eine vom Gesetz abweichende Regelung im Einzelfall zulässig ist, findet der Vertragsgestalter Antworten in der Rechtsprechung, die sich mit vergleichbaren Regelungen beschäftigt hat. Dies entbindet den Vertragsgestalter indes nicht von einer eigenständigen Prüfung.

52 Schranken der Gestaltung bilden der Typenzwang (sog. *numerus clausus* der Sachenrechte) und die Typenfixierung des Sachenrechts.[76] Die Parteien können frei entscheiden, ob sie dingliche Rechte begründen wollen (sog. Abschlussfreiheit) – vorgegeben ist hingegen, welchen Inhalt sie haben können.

---

73 *Schröder*, Der sichere Weg bei der Vertragsgestaltung, S. 137 ff.
74 BGHZ 107, 210 (213) = NJW 1989, 1853; OLG Hamburg NZM 2001, 375; *Weidenkaff*, in: Grüneberg, § 551 Rn. 9.
75 BGH NJW 2004, 3045 (3046) (der Senat lehnt es ausdrücklich ab, eine Gesamtnichtigkeit aufgrund eines Summierungseffekts anzunehmen); *Bieber*, in: MünchKommBGB, § 551 Rn. 11.
76 *Baur/Stürner*, Sachenrecht, § 1 Rn. 7.

dd) Gesetzliche Vorgaben

Der Vertragsgestalter muss beachten, welche zwingenden Voraussetzungen die Rechtsordnung an eine Gestaltung stellt. Damit sind nicht inhaltliche Zwänge gemeint, sondern die Vorgaben an die äußere Form oder ihre Durchführung, wie etwa Formvorschriften[77] oder – vor allem im Verbraucherrecht – Informations-, Hinweis- und Unterrichtungspflichten.[78]

c) Risikoplanung

In einem nächsten Schritt erfolgt die Risikoplanung. Eine mögliche negative Entwicklung wird gerne außen vor gelassen, denn die sich bietenden Chancen stehen bei der Gestaltung des Vertrags im Vordergrund. Der Vertragsgestalter darf aber nicht darauf vertrauen, dass die andere Vertragspartei ihre Pflichten erfüllen wird.

aa) Konfliktgefahren

Bei der Risikoplanung muss der Vertragsgestalter vor allem an diejenigen Fälle denken, die ihm der Mandant nicht mitgeteilt hat. Der Vertragsgestalter muss über das hinausgehen, was ihm als (positives) Ziel von dem Mandanten mitgeteilt wurde und einen negativen Verlauf in seine Überlegungen einbeziehen.[79]

In einem Vertrag sind jedenfalls diejenigen potenziellen Konflikte zu lösen, die bei nahezu jedem Vertrag auftreten können (sog. allgemeine Konfliktgefahren). In Anlehnung an *Zankl* können zu den allgemeinen Konfliktgefahren gezählt werden: Nichterfüllung, Schlechterfüllung, nicht rechtzeitige Erfüllung, Böswilligkeit, Äquivalenzstörungen, Einwirkung Dritter, Insolvenz oder der Tod eines Beteiligten.[80] Daneben sind jeweils die spezifischen Konfliktpotenziale zu regeln. Dies betrifft die einem Vertragstypus besonders anhaftenden Gefahren, etwa bei einem Grundstückskaufvertrag die Tragung der öffentlichen Lasten oder bei einer höchstpersönlichen Dienstleistung der Umgang mit Krankheit.[81]

bb) Sicherungs- und Sanktionsmechanismen zur Konfliktvermeidung und -lösung

Der Vertragsgestalter muss zwei Aspekte im Blick haben: zum einen die Gefahr, dass die andere Partei nicht vertragsgemäß erfüllen wird, zum anderen die Möglichkeit, dass sich dem Vertrag zugrunde gelegte Sachverhaltsumstände ändern. Beiden Aspekten ist mit entsprechenden „Sicherungen" zu begegnen. Im Hinblick auf eine Nichterfüllung des Vertrags sind bspw. Gewährleistungen, Garantien, eine Bürgschaft oder eine Schuldmitübernahme vorzusehen. Einer möglichen Änderung der Sachverhaltsumstände kann dadurch Rechnung getragen werden, dass für bestimmte Szenarien bereits Rechtsfolgen festgelegt werden. Methodisch sind zunächst die Punkte herauszuarbeiten, die in der Zukunft zu Konflikten führen können und daher geregelt werden müssen. An dieser Stelle können Vertragsmuster eine gute Hilfestellung bieten, um we-

---

77 Siehe dazu *Paulus/Zenker*, JuS 2001, 1 (6).
78 Zu den möglichen Rechtsquellen zwingenden Rechts mit ausgewählten Beispielen siehe *Moes*, Vertragsgestaltung, Rn. 108 ff.
79 *Kanzleiter*, NJW 1995, 905 (906); zu den Problemen des Anwalts, dem Mandanten die Notwendigkeit der Regelungen zu möglichen Vertragsstörungen klar zu machen, siehe *Zankl*, Vertragssachen, Rn. 295 ff.
80 *Zankl*, Vertragssachen, Rn. 301 ff.
81 *Zankl*, Vertragssachen, Rn. 337 ff.

sentliche Punkte nicht zu übersehen.⁸² Von dem Vertragsgestalter ist zu erwarten, dass er jedenfalls diejenigen Aspekte berücksichtigt, die in vergleichbaren Konstellationen typischerweise auftreten. Es ist nämlich zu konstatieren, dass typische Fallgestaltungen mit typischen Interessenlagen wiederkehren.⁸³

▶ **Beispiel:**

Bei einem Vertrag über einen Hausbau ist Vorsorge für die Mängelgewährleistung zu treffen.⁸⁴ ◀

58 Insgesamt ist bei Forderungen nach Instrumenten zur Risikoplanung zu beachten, dass das wirtschaftlich Sinnvolle verlangt wird. Übertriebene Forderungen können den Vertragsschluss gefährden.

▶ **Beispiel:**

Im Rahmen der Vertragsverhandlungen mit einer deutschen Großbank erscheint es nicht angemessen, auf eine Mietkaution in Form einer Bankbürgschaft hinzuwirken, während dies bei der Vermietung an ein *Start-up*-Unternehmen zum anwaltlichen Pflichtenkreis zählen dürfte. ◀

cc) Geltendmachung der Nichterfüllung

59 Zur Risikoplanung gehört neben der Regelung, welche Rechtsfolgen etwa eine Schlechterfüllung auslöst, die Bestimmung, wie Mängel oder Schadensersatzansprüche geltend gemacht werden müssen.

▶ **Beispiel:**

Das BGB enthält Regelungen zu Leistungsstörungen (§§ 280 ff. BGB). Abweichende Vereinbarungen oder ergänzende Modifikationen sind notwendig, soweit die Parteien das dispositive Regime nicht als angemessene Risikoverteilung ansehen. Für einen Schadensersatzanspruch statt der Leistung (§ 281 Abs. 1 BGB) können die Parteien durch Individualvereinbarung das Erfordernis einer Nachfristsetzung beseitigen. Alternativ können sie die Anforderungen an die Nachfristsetzung konkretisieren, indem sie etwa vereinbaren, dass sie schriftlich erfolgen muss. ◀

dd) Konfliktlösungsmechanismen

60 Weil Streit darüber entstehen kann, ob eine ordnungsgemäße Erfüllung vorliegt oder welche Ansprüche nunmehr gegenseitig bestehen, ist der Umgang mit Konflikten, die aus behaupteter nicht ordnungsgemäßer Erfüllung entstehen, zu regeln. Die Parteien können die Streitigkeiten vor einem staatlichen Gericht austragen, wofür es keiner besonderen Vereinbarung bedarf. Sie können allerdings eine Gerichtsstandsvereinbarung vorsehen, um ein bestimmtes Gericht zur Entscheidung über einen Streit zu berufen, soweit dies im Einzelfall zulässig ist (§§ 38, 40 ZPO).⁸⁵ Davon abgesehen können sie alternative Streitlösungsmechanismen vereinbaren. Dazu zählen die Mediation (*alternative dispute resolution*),⁸⁶ ein schiedsrichterliches Verfahren oder ein Schiedsgutachten. Die Vereinbarung alternativer Streitlösungsmechanismen gehört bei komplexen

---

82 Zu dem Umgang mit Vertragsmustern siehe im Einzelnen Rn. 99 ff.
83 Grundlegend *Jerschke*, DNotZ 1989, Sonderheft zum 23. Deutschen Notartag, 21 ff.
84 *Kanzleiter*, NJW 1995, 905 (906).
85 Siehe zu den Voraussetzungen und Rechtsfolgen einer Gerichtsstandsvereinbarung *Bendtsen*, in: Hk-ZPO, § 38 Rn. 5 ff., § 40 Rn. 1 ff.
86 Zur Mediation *Haft*, Verhandlung, S. 243 ff.; *Duve/Eidenmüller/Hacke*, Mediation, S. 79 ff.

und internationalen Verträgen, zB bei M&A-Transaktionen, zum Standardinhalt der Verträge.

Mediation bedeutet die Begleitung der Vergleichsverhandlungen der Parteien durch einen neutralen Dritten (Mediator). Die Parteien handeln dabei eigenverantwortlich und freiwillig, der Mediator hat keine Entscheidungskompetenz. Eine Mediation bietet sich an, wenn Geschäftspartner das Interesse an einer weiteren Zusammenarbeit verfolgen und somit eine Deeskalation sowie eine einvernehmliche Lösung bevorzugen. Flexibilität und Vertraulichkeit sind weitere Vorteile der Mediation. Potenzielle Nachteile sind die Unverbindlichkeit der Verhandlungen und der Zeitverlust, falls die Mediation nicht erfolgreich beendet werden kann. Zur Formulierung einer Mediationsklausel kann auf die Mediationsordnung einer Organisation, wie zB des Deutschen Instituts für Schiedsgerichtsbarkeit eV (DIS), zurückgegriffen werden. Um die Mediation zu fördern und einen vorhersehbaren rechtlichen Rahmen zu gewährleisten, hat die Europäische Union die Mediationsrichtlinie verabschiedet.[87] Ziel der Richtlinie ist die Herstellung eines ausgewogenen Verhältnisses zwischen Mediation und Gerichtsverfahren. Die Richtlinie erfasst grenzüberschreitende Streitigkeiten in Zivil- und Handelssachen (Art. 1 Abs. 2), wobei im Rahmen der Umsetzung nationale Sachverhalte „mitgeregelt" werden können. Die Umsetzung erfolgt durch das Gesetz zur Förderung der Mediation und anderer Verfahren der außergerichtlichen Konfliktbeilegung.[88] Die am 1.9.2017 in Kraft getretene „Verordnung über die Aus- und Fortbildung von zertifizierten Mediatoren"[89] soll dabei den Mediationsberuf regulieren, indem sie bestimmt, welche Anforderungen zu erfüllen sind, um die Bezeichnung „zertifizierter Mediator" führen zu dürfen.[90]

Einem schiedsrichterlichen Verfahren (§§ 1025 ff. ZPO) kann jeder vermögensrechtliche Anspruch unterworfen werden (§ 1030 Abs. 1 S. 1 ZPO), darüber hinaus nichtvermögensrechtliche Ansprüche, wenn sie vergleichsfähig sind (§ 1030 Abs. 1 S. 2 ZPO).[91] Der Schiedsspruch hat die Wirkungen eines rechtskräftigen gerichtlichen Urteils (§ 1055 ZPO). Vorteile eines Schiedsverfahrens liegen in der Expertise der Schiedsrichter, der Vertraulichkeit, Schnelligkeit (nur eine Instanz) und Flexibilität, im Rahmen von internationalen Verfahren in der internationalen Vollstreckbarkeit und der freien Wahl von Ort und Sprache (§§ 1043 Abs. 1 S. 1, 1045 Abs. 1 S. 1 ZPO). Nachteilig kann sich auswirken, dass Schiedsrichter sich als Interessenvertreter einer Partei fühlen und somit die Gefahr der Parteilichkeit besteht oder dass die Entscheidung mangels Präzedenzfällen nicht vorhersehbar ist.

Während das schiedsrichterliche Verfahren der Entscheidung der gesamten Streitigkeit dient, beurteilt der Schiedsgutachter einen einzelnen Gesichtspunkt. Das Schiedsgutachten bindet die Parteien. Es ist allein im Hinblick auf offenbare Unrichtigkeiten überprüfbar (§ 319 Abs. 1 S. 1 BGB analog).

---

[87] Richtlinie 2008/52/EG des europäischen Parlaments und des Rates vom 21. 5. 2008 über bestimmte Aspekte der Mediation in Zivil- und Handelssachen (Europäische Mediationsrichtlinie – Mediations-RL), ABl. Nr. L 136 vom 24. 5. 2008, S. 3 ff.
[88] BGBl. I 2012, S. 1577; siehe zum Gesetzesentwurf und zur Beschlussempfehlung des Rechtsausschusses *Henssler/Deckenbrock*, DB 2012, 159 ff.; zum Inhalt ausführlich *Horstmeier*, Mediationsgesetz, S. 33 ff.
[89] BGBl. I 2016, 1994; diese Verordnung basiert auf der Ermächtigung des § 6 Mediationsgesetz.
[90] Kritisch zur Verordnung: *Eidenmüller*, NJW-aktuell 46/2016, 15.
[91] Zur Vergleichsfähigkeit *Saenger*, in: Hk-ZPO, § 1030 Rn. 5.

3. Vorsorge gegen Unsicherheiten

64 Um die Wirksamkeit des Vertrags im Ganzen nicht zu gefährden, wenn die Rechtsprechung eine Vereinbarung für unwirksam erklären sollte (§ 139 BGB: im Zweifel Nichtigkeit des ganzen Rechtsgeschäfts), empfiehlt sich die Aufnahme einer salvatorischen Klausel. Sie kann in Form einer Erhaltungs- oder Ersetzungsklausel verwendet werden. Eine Erhaltungsklausel bedeutet, dass das Rechtsgeschäft ohne die nichtige Regelung wirksam sein soll. Der BGH beschränkt die Wirkung einer solchen Standardklausel lediglich auf eine Umkehr der Beweislast im Rahmen der Abwägung nach § 139 BGB. Sie wird darüber demjenigen zugewiesen, der sich auf die Gesamtnichtigkeit des Vertrags beruft.[92] Ersetzungsklauseln legen fest, welche Regelung an die Stelle der unwirksamen Vereinbarung tritt. Im Einzelnen kann die Ersetzungsklausel entweder eine Ersatzvereinbarung beinhalten, deren Geltung im Streitfall festgestellt werden muss, oder sie kann vorsehen, dass die Lücke durch Auslegung, Neuverhandlung oder Bestimmung einer Partei oder eines Dritten geschlossen wird.[93] Die Bestimmung durch eine Partei oder einen Dritten muss (im Zweifel) die Grenze des billigen Ermessens wahren (§§ 315, 317 BGB).

65 Vergleichbar einer salvatorischen Klausel für rechtliche Unsicherheiten ist eine Anpassungsklausel für tatsächliche Veränderungen. Die Tatsachengrundlage, auf der die Gestaltung beruht, unterliegt in der Zukunft Veränderungen, und zwar nicht nur solchen, die durch die Gestaltung intendiert sind. Das Gesetz sieht als Reaktion auf schwerwiegende Veränderungen das Institut der Störung der Geschäftsgrundlage (§ 313 BGB) vor. Allerdings kann es dem Parteiinteresse entsprechen, bereits bei kleineren Veränderungen eine Anpassung vorzunehmen. Für diese Situation empfiehlt sich die Aufnahme einer sog. Anpassungsklausel.[94] Sie kann eine automatische Anpassung, die Bestimmung durch eine Partei oder einen Dritten sowie eine Festsetzung im Wege der Neuverhandlung beinhalten. Eine automatische Anpassung sehen die sog. Preisanpassungsklauseln vor, wobei die Grenzen des Preisklauselgesetzes zu beachten sind.[95]

4. Vertragstypen und -muster

a) Entwicklung von Vertragstypen

66 Die Rechtswirklichkeit zeichnet sich durch eine Fülle unterschiedlicher Sachverhalte und entsprechender Verträge aus. Aus diesem Grund kann es keine Anleitung zur Gestaltung *des* Vertrags geben, sondern es können nur Grundsätze und Instrumente aufgezeigt werden, die die Gestaltung *eines* Vertrags erleichtern. Gewiss zeigt die Lebenswirklichkeit, dass bestimmte Konstellationen immer wieder auftreten. Aus den wiederkehrenden Lebenssachverhalten samt Gestaltungszielen ergeben sich wiederkehrende Gestaltungsaufgaben, die jeweils typische Merkmale aufweisen.

---

92 BGHZ 184, 209 Rn. 30 = NJW 2010, 1364; BGH NJW 2007, 3202 (3203); 2003, 347.
93 *Kamanabrou/Wietfeld*, Vertragsgestaltung, § 1 Rn. 51; *Schmittat*, Vertragsgestaltung, Rn. 180.
94 Zum Anpassungsbedarf und zur Wirksamkeit ausführlich *Kamanabrou/Wietfeld*, Anpassungsklauseln, S. 5 ff. Die Vereinbarung von Anpassungsklauseln wird man noch zur Erfüllungsplanung zählen können, weil sie solche Veränderungen betreffen, mit denen im Grundsatz zu rechnen ist. Lediglich die genaue Veränderung ist im Zeitpunkt des Vertragsabschlusses noch nicht absehbar. Anders ist es hingegen, wenn es sich um außergewöhnliche Umstände handelt, die mit der Vertragsabwicklung an sich nicht in Verbindung stehen, wie etwa Naturkatastrophen. Die Reaktion auf solche Umstände gehört eher zur Risikoplanung; *Kamanabrou/Wietfeld*, Vertragsgestaltung, § 1 Rn. 52.
95 Siehe dazu *Hilber*, BB 2011, 2691 ff.

Vor diesem Hintergrund haben sich in der Kautelarpraxis bestimmte Vertragstypen entwickelt. Ein Vertragstypus zeichnet sich durch eine Vielzahl von Merkmalen aus.[96] Die Zuordnung setzt lediglich voraus, dass ein Sachverhalt nach seinen wesentlichen und charakterisierenden Merkmalen (Gesamterscheinungsbild) einem Vertragstypus entspricht.[97] Die Vertragstypen der Praxis bauen, wo dies möglich ist, auf dem Gesetz auf und konkretisieren es.

▶ **Beispiel:**

Vertragstypus „Kauf eines gebrauchten Pkw", der auf den §§ 433 ff. BGB aufbaut. ◀

Überdies entwickelte die Kautelarpraxis Vertragstypen, für die keine explizite Regelung im Gesetz vorgesehen ist oder für die aufgrund der starken Abweichungen vom gesetzlichen Regelfall eine Zuordnung zu einem gesetzlich vorgegebenen Typus nicht möglich ist (sog. verkehrstypische Verträge).

▶ **Beispiele:**

Die Vertragstypen „Pferdeeinstellvertrag", „Pensionsvertrag" (jeweils Typenkombinationsvertrag)[98], „Abonnement eines Börsendiensts", „Bewachung eines Geldtransports" (jeweils Typenverschmelzungsvertrag)[99] oder Tiersorgevertrag[100] finden keine explizite Entsprechung im Gesetz. ◀

b) Umgang mit Vertragstypen

Der Vertragsgestalter findet in den Vertragstypen – anders als im abstrakten Gesetz – eine Ordnung der Lebenssachverhalte nach Fallgruppen, weil sie die strikte Einteilung nach dem Gesetz überwinden, indem sie sich an der Lebenswirklichkeit ausrichten.[101] Für die Vertragsgestaltung bedeutet diese Orientierung eine große und mitunter unverzichtbare Hilfe, weil eine rechtliche Lösung nicht ein jedes Mal von Grund auf neu erarbeitet werden muss, sondern auf die entwickelten Inhalte zurückgegriffen werden kann. Sie können zu einer rationalen und effizienten Arbeitsweise beitragen. Die Arbeit mit dem Gesetz allein wäre dagegen sehr zeitaufwendig, vor allem sofern eine Gestaltung verschiedene Rechtsbereiche tangiert. Um dem Einzelfall gerecht zu werden, ist immer eine Anpassung des Vertragstypus' an die Wirklichkeit vorzunehmen, vor allem ist eine Offenheit für aktuelle Entwicklungen zu wahren.

Lassen sich Lebenssachverhalt und Sachziele einem bestimmten Vertragstyp zuordnen, wird sich die Gestaltungsplanung nicht vorrangig damit beschäftigen, welche Grund-

---

96 *Rittershaus/Teichmann*, Vertragsgestaltung, Rn. 306; ausführlich zum Typus *Larenz/Canaris*, Methodenlehre, S. 37 ff.
97 Insbesondere *Langenfeld* hat die Überlegungen zur Vertragsgestaltung auf dem Boden der Lehre von den Vertragstypen vorangetrieben. *Langenfeld* geht in zwei Schritten vor. In einem ersten Schritt werden Sachverhaltstypen als Fallgruppen gebildet. In einem zweiten Schritt erfolgt eine Konkretisierung, indem aus den Fallgruppen Vertragstypen entwickelt werden. Die Vertragstypenbildung erfolgt somit durch eine Betrachtung der Wirklichkeit („Die Wirklichkeit als Muster") unter rechtlichen Aspekten; ausführlich *Langenfeld*, JuS 1998, 33 (34 ff.); *ders.*, Vertragsgestaltung, Kap. 2 Rn. 9 ff.; siehe auch *Rehbinder*, Vertragsgestaltung, S. 49 ff.; das Konzept *Langenfelds* positiv beurteilend *Rawert* NJW 1998, 2125 (mit Bedenken, ob man insoweit von einer Methodenlehre sprechen könne); zur „Wirklichkeit als Muster" *Jerschke*, DNotZ 1989, Sonderheft zum 23. Deutschen Notartag, 21.
98 *Grüneberg*, in: Grüneberg, vor § 311 Rn. 21; *Häublein*, NJW 2009, 2982; *Medicus/Lorenz*, Schuldrecht BT, § 57 Rn. 2.
99 BGHZ 70, 356 (359 ff.) = NJW 1978, 997 (998); *Grüneberg*, in: Grüneberg, vor § 311 Rn. 23; *Schünemann*, NJW 2003, 1689 (1690 f.).
100 Siehe dazu mit beispielhafter Aufgabenstellung *Eiden*, JuS 2014, 496 ff.
101 *Schmittat*, Vertragsgestaltung, Rn. 253.

struktur der Vertrag enthalten muss, sondern es geht um die Einzelheiten, dh die Anpassung an die Wünsche des Mandanten. Ein typischer Sachverhalt wird eine typische Struktur des Vertrags zur Folge haben.

▶ **Beispiel:**
Soll ein Vertrag zum Verkauf eines Gebrauchtwagens entworfen werden, geht es nicht um die Art oder Struktur des Vertrags an sich, sondern etwa darum, ob die Gewährleistung ganz oder teilweise ausgeschlossen wird oder ob der Verkäufer für bestimmte Eigenschaften eine Garantie (über welchen Zeitraum?) übernimmt. ◀

71 Komplizierter wird die Gestaltung, wenn keine eindeutige Zuordnung zu einem Vertragstypus gegeben ist. In diesem Fall ist zunächst die Struktur des Vertrags für den Einzelfall zu erarbeiten, unter Umständen durch eine Kombination von Vertragstypen.

c) Regelungstypen

72 Neben den Vertragstypen finden sich in der Praxis sog. „Regelungstypen", die als Einzelbausteine eine Detaillösung bereitstellen. Sie können in bestimmte Verträge eingefügt werden, etwa der Regelungstyp „Gesellschaftsvertragliche Abfindungsklauseln für den Fall des Ausscheidens eines Gesellschafters".[102] Die Bildung und die Verwendung der Regelungstypen folgen den Vorgaben der Vertragstypenlehre.

d) Vertragsmuster

73 Die Lehre von den Vertragstypen findet ihren Ausdruck in Vertragsmustern. Die Vertragsmuster sind aus dem Bemühen der Vertragspraxis entstanden, die gesetzlichen Muster auf die individuellen Bedürfnisse der Praxis zuzuschneiden. Sie geben in der Regel den Erkenntnisstand des Berufsstands wieder.[103]

74 Vertragsmuster können in verschiedenen Stadien der Vertragsgestaltung eine Hilfe bedeuten. Sie können dazu beitragen, regelungsbedürftige Punkte nicht zu übersehen. Sie dienen als Merkposten („Checklistenfunktion").[104] Ein Übersehen dessen, was in jedem Vertragsmuster angesprochen ist, wird von der Rechtsprechung als Beratungsfehler behandelt.[105] Sie erleichtern die konkrete Ausarbeitung und Formulierung des Vertragsentwurfs, weil sie eine Struktur und standardisierte Klauseln vorgeben. Über Anmerkungen und Erläuterungen verdeutlichen sie den Grund für die Regelungen und zeigen auf, inwieweit zwingendes Recht zu beachten oder eine abweichende Vereinbarung möglich ist. Durch die Aufnahme von Regelungen, die von dem dispositiven Gesetzesrecht abweichen, zeigt die Vertragspraxis dem Anwender auf, an welchen Stellen sie das dispositive Recht als nicht sachgerecht erachtet und stattdessen eine abweichende Vorschrift bevorzugt.[106] Weil die Regelungen den Erkenntnisstand des Berufsstands wiedergeben, werden sie der anderen Partei bekannt sein und können die

---

102 *Langenfeld*, Vertragsgestaltung, Kap. 2 Rn. 24; *Schmittat*, Vertragsgestaltung, Rn. 250 f.
103 *Teichmann*, JuS 2001, 973 (979); *Westermann*, AcP 175 (1975), 375, 376.
104 Generell zu den Werkzeugen für die Vertragserstellung und zum Nutzen von Checklisten *Heussen/Pischel*, in: *Heussen/Pischel*, Handbuch Vertragsverhandlung, Teil 2 Kap. 2.2 Rn. 18 ff.; *Schmittat*, Vertragsgestaltung, Rn. 29.
105 BGH NJW 2008, 1321 (1323); 1994, 2283 (2284).
106 *Rittershaus/Teichmann*, Vertragsgestaltung, Rn. 310; *Hommelhoff/Hillers*, Jura 1983, 592 (593).

§ 4 Methodische Vorgehensweise

Konsensfähigkeit erhöhen.[107] Schließlich kann sich die Strukturierung einer Verhandlung an der Struktur eines Vertragstypus orientieren.

Insgesamt führt die Arbeit mit den Vertragsmustern somit zu einer Steigerung der Effizienz und trägt zur Zeitersparnis bei. Gerade im Zuge der fortschreitenden Digitalisierung des Vertragswesens wird solchen standardisierten Gestaltungsmitteln eine gewichtigere Rolle zukommen, um die Grundlage für neue Konzepte wie „Smart Contracts" zu schaffen.[108] Freilich darf keine unreflektierte Übernahme erfolgen. Das Vertragsmuster muss auf die Gestaltung zugeschnitten werden und nicht umgekehrt.[109] Eine unreflektierte Übernahme kann vor allem dadurch verhindert werden, dass der Berater zunächst die seines Erachtens regelungsbedürftigen Punkte zusammenstellt, ohne vorher einen Blick in ein Muster geworfen zu haben.

75

Sammlungen von Vertragsmustern finden sich unter anderem in folgenden Werken:

76

- *Fingerhut*: Vertrags- und Formularbuch, 13. Aufl. 2020.
- *Hauschild/Kallrath/Wachter*: Notarhandbuch Gesellschafts- und Unternehmensrecht, 3. Aufl. 2022.
- Heidelberger Musterverträge, etwa *Reiserer*: Der GmbH-Geschäftsführer-Vertrag, Heidelberger Musterverträge, Heft 36, 17. Aufl. 2018; *Wetekamp*: Wohnraummietvertrag, Heidelberger Musterverträge, Heft 102, 4. Aufl. 2011.
- *Hoffmann-Becking/Gebele*: Beck´sches Formularbuch Bürgerliches, Handels- und Wirtschaftsrecht, 14. Aufl. 2022.
- *Hopt/Merkt*: Vertrags- und Formularbuch zum Handels-, Gesellschafts- und Bankrecht, 5. Aufl. 2022.
- *Krauß*: Immobilienkaufverträge in der Praxis, 9. Aufl. 2020.
- *Krauß*: Vermögensnachfolge in der Praxis, 6. Aufl. 2022.
- *Limmer/Hertel/Frenz/Mayer*: Würzburger Notarhandbuch, 6. Aufl. 2021.
- Münchener Vertragshandbuch: Bd. 1, Gesellschaftsrecht, hrsg. von *Böhm/Burmeister*, 8. Aufl. 2018; Bd. 2, Wirtschaftsrecht I, hrsg. von *Rieder/Schütze/Weipert*, 8. Aufl. 2020; Bd. 3, Wirtschaftsrecht II, hrsg. von *Rieder/Schütze/Weipert*, 8. Aufl. 2021; Bd. 4, Wirtschaftsrecht III, hrsg. von *Schütze/Weipert/Rieder*, 8. Aufl. 2018; Bd. 5, Bürgerliches Recht I, hrsg. von *Herrler*, 8. Aufl. 2020; Bd. 6, Bürgerliches Recht II, hrsg. von *Herrler*, 8. Aufl. 2020.
- *Walz*: Beck´sches Formularbuch Zivil-, Wirtschafts- und Unternehmensrecht, Deutsch-Englisch, 5. Aufl. 2021.
- *Wurm/Wagner/Zartmann*: Das Rechtsformularbuch, 17. Aufl. 2015.

Checklisten und Formulierungsvorschläge finden sich ebenfalls in den zahlreichen Anwaltshandbüchern, etwa in *Heussen/Pischel*: Handbuch Vertragsverhandlung und Vertragsmanagement, 5. Aufl. 2021.

77

---

107 *Keim*, Beurkundungsverfahren, Teil D Rn. 88 ff.; *Schmittat*, Vertragsgestaltung, Rn. 60; *Weber*, JuS 1989, 818 (822).
108 Dazu *Eschenbruch/Gerstberger*, NZBau 2018, 3 (8) am Beispiel von Verträgen im Planungs-, Bau- und Immobilienbereich. Allgemein zu Smart Contracts siehe *Podmogilnij/Timmermann*, AnwBl 2019, 436 (441 ff.).
109 *Kamanabrou/Wietfeld*, Vertragsgestaltung, § 1 Rn. 24; zur Arbeit mit Vertragsmustern und Checklisten und den Vor- und Nachteilen *Rittershaus/Teichmann*, Vertragsgestaltung, Rn. 298a ff.; *Vorbrugg*, AnwBl 1996, 251 (253); *Weber*, JuS 1987, 559 (562); *ders*. JuS 1989, 818 (822 f.).

V. Kriterien zur Auswahl einer Gestaltung

78 Bieten sich mehrere Optionen zur Erreichung des Sachziels an, ist die Auswahl einer konkreten Gestaltung erforderlich. Da die Entscheidung dem Mandanten obliegt,[110] müssen die verschiedenen Wege jeweils mit Vor- und Nachteilen sowie Chancen und Risiken aufgezeigt werden, so dass dem Mandanten eine sachgerechte Entscheidung ermöglicht wird. Der Mandant kann seine Entscheidung frei treffen, er muss sich nicht für den objektiv besten Weg entscheiden. Er benötigt nicht notwendigerweise eine vollständige rechtliche Analyse, sondern die Hinweise, die ihm im Hinblick auf die aktuelle Situation und sein konkretes Anliegen die notwendige Entscheidungsgrundlage liefern. Erscheint eine Alternative deutlich vorteilhafter als die andere, hat der Anwalt darauf hinzuweisen und eine entsprechende Empfehlung zu erteilen.[111] Die ausgewählten Gestaltungen müssen optimiert werden, dh es müssen Nebeneffekte berücksichtigt und gegebenenfalls neutralisiert werden. Der Anwalt muss seine Beratung an nachvollziehbaren Gestaltungsprinzipien ausrichten, wobei deren Gewichtung im Einzelfall von dem Auftrag des Mandanten abhängt.

1. Primär- und Sekundärziele

79 Die Auswahl der Gestaltung richtet sich vorrangig nach dem primären Sachziel.[112] Wenn es unterschiedliche Gestaltungsoptionen gibt, kann die Wahl durch die bestmögliche Berücksichtigung der Sekundärziele erfolgen. Über die konkrete Ausgestaltung können die Sekundärziele berücksichtigt werden, indem etwa bestimmte Klauseln aufgenommen werden. Letztlich muss das Primärziel vollständig erreicht und eine Maximierung der Sekundärziele angestrebt werden. Die Sekundärziele sind insbesondere bedeutend bei der Risikovorsorge und dem Vertragscontrolling.

2. Rechtssicherheit

80 Ein weiteres Kriterium für die Gestaltung ist die Erlangung von Rechtssicherheit für die Zukunft, wobei zu berücksichtigen ist, dass nicht in allen Konstellationen eine unbedingte Sicherheit gewährleistet werden kann. Eine Prognose der Zukunft unterliegt Ungenauigkeiten, weil sich tatsächliche Umstände oder die Entwicklung der Rechtsprechung unvorhersehbar ändern können.[113]

81 Nicht jeder Punkt, der in Zukunft einmal auftreten wird, kann konkret geregelt werden – die Zukunft ist zu vielgestaltig. Es ist kaum möglich, für alle künftigen Entwicklungen Vorsorge zu tragen, manche sind *ex ante* unvorhersehbar. Der Versuch, jedes noch so unwahrscheinliche Detail zu regeln, wird zu einem sehr unübersichtlichen Vertrag führen. Aus diesen Gründen kann es vorzugswürdig sein, allgemeine Regelungen, aus denen die Grundwertungen der Vereinbarung hervorgehen und die im Rahmen der Auslegung fruchtbar gemacht werden können, einer detaillierten Regelung vorzuziehen.[114] Im anglo-amerikanischen Rechtskreis, der vor allem im Wirtschaftsrecht

---

110 Zu illegalen Weisungen des Mandanten siehe *Heussen*, NJW 2014, 1786 (1789).
111 BGHZ 171, 261 (264) = NJW 2007, 2485 (2486); *Rehbinder*, Vertragsgestaltung, S. 20.
112 *Rehbinder*, AcP 174 (1974), 265, 288.
113 Zur Zukunftstauglichkeit siehe § 3 Rn. 17 ff.
114 *Schröder*, Der sichere Weg bei der Vertragsgestaltung, S. 330 ff.; *Teichmann*, JuS 2001, 973 (980). Der Vertragsgestalter hat den Mandanten über die entsprechenden Risiken zu belehren. Aus Beweisgründen sollte der Berater seine Risikobelehrung in beweisbarer Form festhalten.

auch auf die deutsche Praxis abfärbt, ist es freilich gängig, bestimmte Formulierungen zu Beginn des Vertrags zu definieren.

▶ **Beispiel:**

Unbestimmte Formulierungen (Generalklauseln), die eine Wertung in dem Zeitpunkt der Anwendung erfordern, sind etwa: „im Falle besonderer Härte", „angemessen", „der Billigkeit entsprechend".[115] Diese Begriffe können zu Beginn des Vertrags abstrakt beschrieben werden, um eine gewisse Anwendungssicherheit zu erreichen. ◀

---

115 *Kanzleiter*, NJW 1995, 905 (910).

§ 5 Der Weg zum Vertrag

1   Die Konzeption soll schließlich in den Vertragsschluss münden. Die Strukturierung und Formulierung des Vertrags ist kein Vorgang, der erst am Ende der Vertragsgestaltung eingreift, sondern ein laufender Prozess.[1]

I. Der erste Vertragsentwurf

2   Entscheidende Bedeutung kommt der Formulierung des ersten Vertragsentwurfs zu (sog. *wording*). Der Entwurfsverfasser hat den Vorteil, selbst die Fäden in der Hand zu halten und den Ausgangspunkt der Verhandlungen zu setzen.[2] Der Entwurfsverfasser wird in der Regel in den Verhandlungen durch den Vertrag führen und erhält somit die Gesprächsführung. Die Vertragsverhandlungen orientieren sich an dem ersten Vertragsentwurf bzw. erfolgen an dem *Mark-up* des Vertrags (mit Änderungswünschen versehene Version des Vertrags). Derjenige, der den ersten Entwurf liefert, bestimmt zunächst die Regelungsgegenstände, er kann seine Interessen und Positionen abstecken und nimmt dadurch maßgeblich Einfluss auf die folgenden Verhandlungen. Ein Nachteil kann darin liegen, seine Position als Erster offenbaren zu müssen. Dadurch legt man sich in einem gewissen Maße fest, weil die andere Vertragspartei die Position als Maximalforderung betrachtet und Verhandlungsspielraum sieht.

3   Die Erstellung des ersten Vertragsentwurfs bedeutet Verantwortung und verlangt Umsichtigkeit. Es muss abgewogen werden, wie einseitig der Entwurf ausfallen darf, ob Maximalforderungen aufgenommen werden oder eher ein Kompromiss formuliert wird. Ein einseitiger Entwurf gibt einerseits maximalen Spielraum in den Verhandlungen. Er kann andererseits zu einem Vertrauensbruch und genereller Abneigung auf der Gegenseite führen, was wiederum aufgrund der „negativen" Atmosphäre schwierige Verhandlungen und gegebenenfalls ein Scheitern der Verhandlungen in einem frühen Stadium bedeuten kann. Ein realistischer Vertragsentwurf wird im gewissen Maße die Interessen der Gegenseite berücksichtigen.[3] Der Grundsatz der intellektuellen Redlichkeit ist zu beachten. Vertragsmuster können eine Orientierung über den „Marktstandard" für Regelungen geben.[4]

4   Die Bedeutung des ersten Entwurfs ergibt sich zudem aus psychologischen Gesichtspunkten. Die Gegenseite, die den ersten Vertragsentwurf zur Prüfung übermittelt bekommt, ist in der Situation, Änderungsvorschläge machen zu müssen. Sie kann daher schnell als die Partei wahrgenommen werden, die immer etwas auszusetzen hat.[5]

---

1   Ausführlich zur Vorbereitung des Vertragsschlusses *Heussen/Pischel*, in: *Heussen/Pischel*, Handbuch Vertragsverhandlung, Teil 2 Kap. 2.1 Rn. 183 ff. Eine alphabetisch geordnete Begriffserläuterung zu den Elementen der Vertragsverhandlung findet sich bei *Jung/Krebs*, Vertragsverhandlung, S. 31 ff.
2   Zu den damit verbundenen Vor- aber auch Nachteilen *Zankl*, Vertragssachen, Rn. 233 ff.; siehe auch *Ponschab/Schweizer/Genius-Devime*, Kooperation, S. 269 ff.
3   *Rehbinder*, Vertragsgestaltung, S. 10 f.
4   Siehe § 4 Rn. 99 ff.
5   Zu dem Phänomen, nicht als ständiger „Nein"-Sager auftreten zu wollen, siehe Rn. 36 f.

II. Vertragsverhandlungen

1. Möglichkeit und Notwendigkeit

Vertragsverhandlungen dienen dazu, wirtschaftliche Vorstellungen umzusetzen. Voraussetzung dafür ist, dass ein Spielraum zur Verhandlung besteht. In Alltagssituationen ist das Führen von Verhandlungen häufig nicht mehr vorgesehen.

▶ **Beispiel:**
Der Einzelhandelskaufmann bietet einen Gegenstand zu bestimmten Konditionen an. Der Verbraucher hat lediglich die Wahl, ob er das so festgelegte Angebot annimmt oder nicht („*take it or leave it*"). Ein Einwirken auf die Bedingungen ist ihm in der Regel nicht möglich. Im Gegenteil wird der Kaufmann häufig dem Vertrag seine Allgemeinen Geschäftsbedingungen zugrunde legen. Um eine Benachteiligung des Vertragspartners zu verhindern, sieht das Gesetz in §§ 305 ff. BGB Grenzen für die Verwendung Allgemeiner Geschäftsbedingungen vor. Zusätzlich enthält das Gesetz bei einem Vertrag zwischen einem Unternehmer und einem Verbraucher bestimmte Schutzmechanismen zugunsten des Verbrauchers (§§ 474 ff. BGB), und zwar unabhängig davon, ob es sich um Allgemeine Geschäftsbedingungen handelt. ◀

Doch gibt es genug Situationen, in denen ein Verhandlungsspielraum besteht. Im wirtschaftlichen Verkehr ist das Führen von Verhandlungen ganz üblich. Im nicht-unternehmerischen Verkehr finden Verhandlungen über die Hauptleistungspflichten oder die Gewährleistung statt.

▶ **Beispiel:**
(Privater) Kauf eines Grundstücks oder eines Kraftfahrzeugs: Verhandlungen über den Preis und die Gewährleistung. ◀

Handelt es sich mithin um ein nicht standardisiertes Geschäft und besteht keine einseitige Machtposition, finden Vertragsverhandlungen statt. Verträge sind in der Regel Ausdruck eines Kompromisses, eines gegenseitigen Nachgebens. Die Privatautonomie und rechtsgeschäftliche Selbstbestimmung verlangen die Zustimmung der anderen Partei.[6]

2. Die Rolle des Vertragsgestalters in Verhandlungen

Die Rolle des Vertragsgestalters in den Vertragsverhandlungen richtet sich nach dem Mandat. In Vorbereitung der Vertragsverhandlungen und des Vertragsschlusses muss der Anwalt Entwürfe fertigen und die Verhandlungen (in Zusammenarbeit mit dem Vertreter der anderen Seite) strukturieren.[7] Danach kann es seine Aufgabe sein, die Verhandlungen zu führen. Die Entscheidung über das Verhandlungsergebnis trifft letztendlich der Prinzipal. Die Rolle des Vertragsgestalters kann, vor allem in der Endphase von Verhandlungen, diejenige des Beraters sein. In festgefahrenen Situationen kann es sachdienlich sein, die Prinzipale verhandeln zu lassen, so dass dem Vertragsgestalter

---

6 Die Parteien sind bis zum endgültigen Vertragsschluss grundsätzlich in ihrer Entschließung frei. Allerdings gewährt die Rechtsprechung einen Schadensersatzanspruch nach § 280 Abs. 1 iVm §§ 241 Abs. 2, 311 Abs. 2 BGB, wenn eine Partei ohne triftigen Grund die Verhandlungen abbricht, nachdem sie in zurechenbarer Weise Vertrauen auf das Zustandekommen des Vertrags erweckt hat; BGH NJW 2013, 928 (929); 2006, 1963 (1964); 2001, 2713 (2714); 1996, 1884 (1885); 1980, 1683 ff.; OLG Stuttgart WM 2007, 1743; *Emmerich*, in: MünchKommBGB § 311 Rn. 193, Rn. 193 ff.; *Wertenbruch* ZIP 2004, 1525 f.
7 *Rehbinder*, Vertragsgestaltung, S. 77; zur Vorbereitung der Verhandlungen *Heussen/Pischel*, in: *Heussen/Pischel*, Handbuch Vertragsverhandlung, Teil 2 Kap. 2.3 Rn. 105 ff.; *Zankl*, Vertragssachen, Rn. 226 ff.

lediglich die rechtliche Umsetzung verbleibt. Anders wiederum ist die Aufgabe des Notars zu beurteilen, der die Interessen beider Seiten zu berücksichtigen hat. Er tritt als Mittler auf und wird versuchen, die Parteien auf dem Weg zu einem Kompromiss zu begleiten.[8]

3. Die Vertragsverhandlung im Einzelnen

9   Grundvoraussetzung für einen Vertragsschluss ist es, dass sich die Interessen der Parteien treffen können, dh der Wille zum Vertragsabschluss generell vorhanden ist. Darüber hinaus bedeuten Vertragsverhandlungen jedoch einen komplexen Prozess, dessen Erfolg von zahlreichen Faktoren abhängt.

a) Verhandlungsplanung und -struktur

10 Die Verhandlungen sollten einem gewissen Schema, dh einem vorher festgelegten Ablaufplan, folgen. Dazu gehören die Festlegung des Verhandlungsführers und die Information der anderen Seite darüber. In komplexen Verhandlungen können Experten für bestimmte Fachgebiete benannt werden, die bei der Behandlung des entsprechenden Themas die Wortführung übernehmen. Schließlich wird man einen Zeitplan für die Verhandlungsrunden festlegen sowie den Verhandlungsort bestimmen. In einem detaillierten Plan sollte festgehalten werden, welche Themen wann behandelt werden, wobei sich die Reihenfolge regelmäßig aus dem Aufbau des Vertragsentwurfs ergeben wird. Auch innerhalb der einzelnen Verhandlungspunkte sollten die Parteien eine gewisse Struktur einhalten. Einer Informationsphase werden in der Regel eine Argumentationsphase sowie eine Entscheidungsphase folgen.[9]

b) Verhandlungsstil und -atmosphäre

11 Der Verhandlungsstil ist für das Ergebnis der Verhandlungen von nicht zu unterschätzender Bedeutung. Ihm wird teilweise eine größere Bedeutung zugeschrieben als dem Inhalt der vorgetragenen Argumente. Daher sollten sich die Beteiligten um einen ergebnisorientierten Verhandlungsstil bemühen, der die eigenen Interessen verdeutlicht, die Interessen der Gegenseite zur Kenntnis und ernst nimmt, argumentativ vorträgt und offen für Sachargumente ist, Überschneidungen und Einigungsmöglichkeiten herausarbeitet, Vertrauen rechtfertigt, Respekt und Fairness demonstriert sowie unfaire Verhandlungspraktiken unterlässt und abwehrt.[10]

12 Zu einem angemessenen Verhandlungsstil gehört es, der anderen Partei zuzuhören. Ausführungen der anderen Partei zu ignorieren oder mit der Bemerkung „zurück zur Sache" zu übergehen, trägt nicht zu einer erfolgreichen Verhandlung bei. Vielmehr sollte signalisiert werden, dass der Vortrag der anderen Seite zur Kenntnis genommen und bedacht wird. Sind die Ausführungen nicht gleich verständlich, kann eine Klärung

---

8   *Kamanabrou/Wietfeld*, Vertragsgestaltung, § 1 Rn. 62; *Rehbinder*, AcP 174 (1974), 265, 297.
9   *Däubler*, Verhandeln, Rn. 160 ff.; siehe auch *Williams*, Legal Negotiation, S. 70 ff., der vier Stadien unterscheidet: (1) *Orientation and Positioning*, (2) *Argumentation*, (3) *Emergence and Crisis*, (4) *Agreement or Final Breakdown*; siehe dazu *Gottwald*, in: *Gottwald/Haft*, Verhandeln, S. 65, 67. Bezüglich der Verhandlung insgesamt unterscheidet *Haft*, Verhandlung, S. 123 ff., grundsätzlich sechs Phasen: (1) Eröffnungsphase, (2) Rahmenphase, (3) Themenphase, (4) Informationsphase, (5) Argumentations- und Entscheidungsphase, (6) Schlussphase.
10 In Anlehnung an *Heussen/Pischel*, in: *Heussen/Pischel*, Handbuch Vertragsverhandlung, Teil 2 Kap. 2.3 Rn. 62 ff.

erbeten werden, indem man wiederholt und gleichzeitig nachfragt („*Habe ich Sie richtig verstanden, dass …?*").

c) Verhandlungstypen

Der Ablauf der Verhandlungen hängt stark von den beteiligten Personen ab. In der sozialpsychologischen Forschung werden kooperative, individualistische und kompetitive Verhandlungstypen unterschieden.[11] Der kooperative Verhandlungstyp versucht, sowohl sein eigenes als auch das Verhandlungsergebnis der Gegenseite zu maximieren. Ein individualistisch orientierter Verhandlungstyp möchte sein Ergebnis maximieren, unabhängig davon, welche Auswirkungen sich für die Gegenseite ergeben. Der kompetitive Verhandlungstyp versucht, sein Verhandlungsergebnis zulasten der anderen Seite zu maximieren. Das Verhandlungsergebnis, welches die Verhandlungstypen erreichen können, hängt ganz davon ab, an welchem Typus sich die Gegenseite orientiert. In der Spieltheorie wird anhand des sog. *Gefangenen-Dilemmas* untersucht, welche Auswirkungen es hat, wenn verschiedene Typen aufeinandertreffen und inwieweit Verhandlungsorientierungen sich im Laufe der Zeit als Reaktion auf die Orientierung der Gegenseite ändern.[12]

13

d) Verhandlungsmacht

Verhandlungen können stark geprägt sein durch die Verhandlungspositionen, vor allem durch die Verhandlungsmacht einer Partei. Eine überlegene Verhandlungsposition kann sich aus der Markt- und Wettbewerbssituation oder der Abhängigkeit einer Partei von dem Vertragsschluss ergeben. Besteht ein Gefälle, wird die Partei mit Verhandlungsmacht versuchen, aus ihrer Position Nutzen zu ziehen. Die andere Partei wird zunehmend zu Zugeständnissen bereit sein müssen. Allerdings hat die Partei in der ungünstigeren Position die Möglichkeit, einen Vertragsabschluss (unter den für sie negativen Bedingungen) abzulehnen. Mit einem „Nein" kann sie die Verhandlungen beenden. Dieser Möglichkeit muss sich die verhandlungsstärkere Partei bewusst sein.

14

Schließlich ist zu beachten, dass Umstände, die über den Vertrag hinausgehen, dazu führen können, behutsam mit der Verhandlungsmacht umzugehen. Der Mandant wird an einer ordnungsgemäßen Durchführung des Vertrags durch die andere Partei interessiert sein. Dies wird der anderen Partei leichter fallen, wenn sie aus ihrer Sicht einen fairen Vertrag geschlossen hat. Die langfristige Gestaltung vertrauensvoller Geschäftsbeziehungen kann für den Mandanten von hohem (wirtschaftlichem) Wert sein. Häufig werden Vertragsverhandlungen zwischen Parteien notwendig, die schon Geschäftsbeziehungen pflegen und über den konkreten Vertrag hinaus in anderen Bereichen zusammenarbeiten wollen.[13] Man begegnet sich häufig zweimal im Leben – eine wohl nicht zu unterschätzende Lebensweisheit, die auch in der Vertragsgestaltung ihre Berechtigung hat.

15

---

11 *Bierbrauer*, in: Gottwald/Haft, Verhandeln, S. 34, 40; *Kamanabrou/Wietfeld*, Vertragsgestaltung, § 2 Rn. 4; *Haft*, Verhandlung, S. 166 ff.; ähnlich *Ponschab/Schweizer/Genius-Devime*, Kooperation, S. 89 ff.
12 Siehe zum *Gefangenen-Dilemma-Spiel* kurz *Bierbrauer*, in: Gottwald/Haft, Verhandeln, S. 34, 41 ff.; *Kamanabrou/Wietfeld*, Vertragsgestaltung, § 2 Rn. 5 ff.
13 *Kamanabrou/Wietfeld*, Vertragsgestaltung, § 1 Rn. 63.

e) Verhandlungsspielraum

16 Bereits bei der Erfassung der Sachziele ist zu berücksichtigen, dass diese in einem Rangverhältnis stehen. Der Durchsetzung einzelner Sachziele können die Interessen der anderen Seite entgegenstehen. Um eine Einigung zu erreichen, werden daher Kompromisse notwendig sein. Es sollte daher im Vorfeld der Verhandlungen intern mit dem Mandanten festgelegt werden, an welchen Stellen Verhandlungsspielraum besteht und umgekehrt, bei welchen Punkten ein Entgegenkommen nicht möglich ist. Letztlich führt dies zu einer Abwägung, ab welchem Punkt kein Vertragsschluss besser ist als eine Einigung mit zu weitgehenden Kompromissen. Neben der Konkretisierung des eigenen Spielraums sollte der Spielraum der anderen Seite – jedenfalls in Grenzen – antizipiert werden.

f) Verhandlungsstrategien

17 Aus der Erörterung der Verhandlungsposition und des Verhandlungsspielraums folgt die Festlegung der Verhandlungsstrategie. Aufgrund der bestehenden Interessen der Gegenseite wird der Berater nicht alle eigenen Positionen durchsetzen können. Aus diesem Grunde ist vor den Verhandlungen die eigene Strategie festzulegen. Eine Verhandlungsstrategie wird verfolgt, um seine eigenen, jedenfalls die wesentlichen Ziele zu erreichen. Aus diesem Grunde empfiehlt es sich, gewisse Gesichtspunkte vor einer Verhandlung festzulegen, um nicht auf dem „falschen Fuß" erwischt zu werden, etwa die Festlegung von Maximal- oder Minimalgrenzen, die Unterscheidung von wesentlichen und unwesentlichen Punkten (wobei letztere als „Zugeständnis" eingesetzt werden können, um im Gegenzug wesentliche Punkte durchzusetzen).[14] Die wesentlichen Ziele der Verhandlung müssen vorher definiert werden und eine Alternativplanung sollte erfolgt sein.[15]

18 Eine umfängliche Darstellung von Verhandlungsstrategien kann an dieser Stelle nicht erfolgen. Sie würde über das Anliegen dieses Werks hinausgehen und bleibt anderen Darstellungen vorbehalten.[16] Lediglich eine kurze Darstellung soll den Sinn für den Nutzen von Verhandlungsstrategien und ihre Probleme schärfen.

aa) Grundkonzepte

19 In der Regel werden drei Verhandlungsstrategien unterschieden: die maximalistische Strategie, die Strategie der Fairness und die integrative Strategie.[17]

20 Unter der maximalistischen Strategie wird mehr verlangt als man tatsächlich glaubt, erreichen zu können. Dadurch soll ein weiter Spielraum für Zugeständnisse geschaffen werden, um ein gutes Ergebnis in dem Fall zu erreichen, in welchem man sich mit dem Verhandlungspartner in der Mitte trifft. Schwierig werden die Verhandlungen, wenn die andere Seite ebenfalls eine solche Taktik verfolgt und die Ausgangspositionen für eine Einigung zu weit auseinanderliegen. Auf Dauer kann eine solche Strategie dazu führen, dass die Gegenseite ihren Verhandlungspartner nicht mehr ernst nimmt.

---

14 *Rittershaus/Teichmann*, Vertragsgestaltung, Rn. 71.
15 *Heussen/Pischel*, in: *Heussen/Pischel*, Handbuch Vertragsverhandlung, Teil 2 Kap. 2.3 Rn. 120.
16 Siehe etwa *Gottwald*, in: *Gottwald/Haft*, Verhandeln, S. 65 ff.; *Heussen/Pischel*, in: *Heussen/Pischel*, Handbuch Vertragsverhandlung, Teil 2 Kap. 2.3 Rn. 1 ff.; *Ponschab/Schweizer/Genius-Devime*, Kooperation, S. 93 ff.
17 Im Einzelnen dazu *Gottwald*, in: *Gottwald/Haft*, Verhandeln, S. 65, 69 f.; *Jandt/Gillette*, Konfliktmanagement, S. 9 ff., 184; *Kamanabrou*, Vertragsgestaltung, § 2 Rn. 24 ff.

Verfolgt jemand eine Strategie der Fairness, möchte er ein für beide Seiten angemessenes und faires Verhandlungsergebnis. Konzessionen werden nur gemacht, wenn die andere Seite gleichfalls dazu bereit ist. Die Strategie der Fairness vermeidet ein Scheitern der Verhandlungen, weil die Interessen der Gegenseite mit in den Blick genommen werden. Indessen besteht die Gefahr „über den Tisch gezogen zu werden", wenn die Gegenseite kompetitiv agiert.

21

Die integrative Strategie möchte einen Konflikt um Positionen (Positionsgerangel) vermeiden und sucht Lösungsmöglichkeiten, die den Gewinn beider Seiten maximieren (sog. *Win-Win-Negotiating*). Ziel ist somit das optimale Ergebnis für beide Seiten, dh eine Befriedigung der beiderseitigen Interessen. Diese Strategie versagt, wenn eine Partei ihr Ziel nur zulasten der anderen Partei erreichen kann.

22

bb) Insbesondere: Das Harvard-Konzept

Als Klassiker der Verhandlungstechnik hat sich das Harvard-Konzept[18] etabliert. Es stellt die Methode des sachbezogenen Verhandelns in den Mittelpunkt und bedeutet eine Erweiterung der integrativen Strategie. Streitfragen sollen nach ihrer Bedeutung und ihrem Sachgehalt entschieden werden und nicht in einem Prozess des Feilschens um das, was jede Seite zu wollen oder nicht zu wollen behauptet.[19] Das Harvard-Konzept baut auf fünf Prinzipien auf: (1) Trennung von Sach- und Beziehungsebene, (2) Verhandlung ausgerichtet an Interessen anstelle von Positionen, (3) Entwicklung einer Lösung zum beiderseitigen Vorteil, (4) Anwendung objektiver Entscheidungskriterien und (5) Entwicklung der besten Alternative zur Übereinkunft.

23

(1) Trennung von Sach- und Beziehungsebene

In den Vertragsverhandlungen werden die Parteien widersprechende Interessen haben, die sie auch zum Ausdruck bringen. Der Widerspruch einer Partei gegen den Vorschlag der anderen richtet sich gegen den Vorschlag in der Sache, nicht gegen die Person. Die Kritik darf daher nicht als Kritik an der Person oder gar als Angriff gegen diese verstanden werden. Eine erfolgreiche Vertragsverhandlung – verstanden in dem Sinne, dass es zu einem Vertragsschluss kommt – setzt voraus, dass die Parteien verbindlich im Ton und hart in der Sache agieren.[20]

24

(2) Verhandlung ausgerichtet an Interessen anstelle von Positionen

Die Verhandlungspartner sollen sich auf ihre Interessen, nicht auf Positionen konzentrieren.[21] Ein Beharren auf einer bestimmten Position (und damit oft auf einem bestimmten Lösungsweg) führt häufig zu einer verfahrenen Situation, weil sich die Positionen nicht miteinander vereinbaren lassen. Hingegen können die dahinter stehenden Interessen gleichzeitig befriedigt werden, und gerade um die Verwirklichung der Interessen (der Sachziele) der Parteien geht es. Voraussetzung dafür ist, dass die Parteien ihre Interessen gegenseitig offenbaren und würdigen. Natürlich bedeutet die

25

---

18 *Fisher/Ury/Patton*, Das Harvard-Konzept; die amerikanische Originalausgabe erschien im Jahr 1981 unter dem Titel „*Getting to Yes*". Es geht zurück auf ein Projekt einer Forschergruppe der Harvard-Universität (*Harvard Negotiation Project*), in dem Verhandlungsmethoden untersucht wurden.
19 *Fisher/Ury/Patton*, Das Harvard-Konzept, S. 22 f.
20 *Fisher/Ury/Patton*, Das Harvard-Konzept, S. 37 ff., 45 ff. und 92 ff.; *Däubler*, Verhandeln, Rn. 131; *Rittershaus/Teichmann*, Vertragsgestaltung, Rn. 70.
21 *Fisher/Ury/Patton*, Das Harvard-Konzept, S. 38 und 75 ff.

Konzentration auf Interessen nicht die Lösung eines jeden Konflikts, denn bei sich widersprechenden Interessen der Parteien ist eine vollständige Befriedigung beider Parteien nicht zu erreichen. Doch jedenfalls können sich die Verhandlungspartner auf diejenigen Punkte konzentrieren, in denen ein Interessengegensatz zu überwinden ist, und müssen nicht um Positionen verhandeln, denen kein solcher Gegensatz zugrunde liegt.

▶ **Beispiel:**[22]

In einer Bibliothek arbeiten zwei Personen. Die eine möchte ein Fenster öffnen, weil sie frische Luft brauche. Die andere möchte das Fenster geschlossen halten, weil sie ansonsten in der Zugluft sitze. Ihre Positionen sind entgegengesetzt. Es kommt eine Bibliothekarin herein, die den Streit mitbekommt. Sie öffnet schließlich ein Fenster im Nebenraum. Dadurch kommt frische Luft herein, ohne dass es zieht. Der Blick auf die hinter den Positionen stehenden Interessen ermöglicht diese Lösung. ◀

(3) Entwicklung einer Lösung zum beiderseitigen Vorteil

26 Eine Verhandlungslösung, die beiden Parteien zum Vorteil reicht („*win-win*-Lösung"), stellt das optimale Verhandlungsergebnis dar.[23] Dementsprechend sollte nach einer Lösung gesucht werden, die die Entscheidung für beide Parteien erleichtert, weil sie ihnen jeweils Vorteile bietet. Dazu kann es beitragen, wenn sich die Verhandlungspartner von Positionen lösen und stattdessen auf die Verfolgung ihrer Interessen konzentrieren.[24] Freilich wird es Konstellationen geben, in denen die Verbesserung des eigenen Ergebnisses nur durch eine Verschlechterung des Ergebnisses der anderen Partei erreicht werden kann. Insoweit stößt eine *win-win*-Lösung an ihre Grenzen.

(4) Anwendung objektiver Entscheidungskriterien

27 Die Anwendung objektiver Entscheidungskriterien ist hilfreich, wenn sich die Interessen der Parteien widersprechen. Dabei werden gemeinsam mit dem Verhandlungspartner allgemeingültige Normen oder Verfahren festgelegt, die in der Folge zur Entscheidungsfindung dienen, dh auf den „Fall" der Parteien angewandt werden.[25]

(5) Entwicklung der besten Alternative zur Übereinkunft

28 Die Verhandlungspartner gehen in die Verhandlungen mit dem Ziel einer Einigung. Gleichwohl muss eine Einigung, dh eine Zustimmung zum Verhandlungsergebnis, nicht immer das beste Resultat sein. Für beide Seiten wird es eine Grenze geben, bis zu der das Verhandlungsergebnis für sie einen Vorteil darstellt. Die Parteien sollten sich daher fragen, was die beste Möglichkeit für sie wäre, wenn es nicht zu einer Verhandlungsübereinkunft kommt.[26] Ist die Alternative besser als das Verhandlungsergebnis, sollte sie diesem nicht zustimmen. Kein Vertragsschluss kann für eine Partei besser sein als ein schlechter Vertragsschluss. Diese beste Alternative sollte man dem Verhandlungspartner verdeutlichen, und zwar nicht als Drohung, sondern als sachliches Argument.[27]

---

22 Nach *Fisher/Ury/Patton*, Das Harvard-Konzept, S. 75.
23 *Fisher/Ury/Patton*, Das Harvard-Konzept, S. 38, 40 und 95 ff.
24 Siehe Rn. 27.
25 *Fisher/Ury/Patton*, Das Harvard-Konzept, S. 39 und 131 ff.
26 *Fisher/Ury/Patton*, Das Harvard-Konzept, S. 147 ff. Dabei handelt es sich nicht um eine Verhandlungsmethode im klassischen Sinn, sondern eher um eine Absicherung gegen unvorteilhafte Abschlüsse.
27 *Heussen/Pischel*, in: *Heussen/Pischel*, Handbuch Vertragsverhandlung, Teil 2 Kap. 2.3 Rn. 42.

g) Instrumente der Einflussnahme

In der Sozialpsychologie werden eine Reihe von Verhandlungsmechanismen als Manipulationstechniken eingeordnet. Dies bedeutet, dass bestimmte menschliche Verhaltensweisen bewusst ausgenutzt werden, um die Zustimmung anderer zu erhalten.[28] Die Techniken beruhen auf psychologischen Prinzipien, die entscheidenden Einfluss auf das menschliche Verhalten haben. *Cialdini*, der insoweit von Instrumenten oder „Waffen" der Einflussnahme spricht, unterscheidet insoweit sechs psychologische Prinzipien: Reziprozität, Konsistenz, soziale Bewährtheit, Sympathie, Autorität und Knappheit.[29] Exemplarisch sollen hier zwei Muster vorgestellt werden.

29

aa) „Fuß-in-die-Tür"-Technik

Die „Fuß-in-die-Tür"-Technik, die auf dem psychologischen Prinzip der Konsistenz beruht, zeichnet sich dadurch aus, dass dem Verhandlungspartner zunächst ein kleines Zugeständnis abgerungen wird, um darauf aufbauend ein weitergehendes Ziel zu erreichen.[30] Entscheidend dafür ist, dass ein Zusammenhang zwischen dem ersten Zugeständnis und dem tatsächlichen Ziel besteht. Nur dadurch wird die Voraussetzung geschaffen, dass sich der Verhandlungspartner zu seinem ersten Zugeständnis scheinbar in Widerspruch setzen würde, wenn er das zweite Anliegen ablehnt. Vereinfacht gesagt soll sich der Verhandlungspartner in einer Situation befinden, in der die Logik vorgibt: „Wer A sagt, muss auch B sagen." Diese Technik kann erfolgreich sein, weil Menschen in ihren Handlungen gerne als beständig und widerspruchsfrei erscheinen möchten (Konsistenz).[31] Der Verhandlungspartner wäre bei einem „Nein" in der Situation, dass er diese Abweichung von seinem ursprünglichen Verhalten als erklärungsbedürftig ansehen würde, obwohl er natürlich nach seinem ersten „Ja" zu einem kleinen Anliegen jedes Recht hätte, das weitergehende Anliegen abzulehnen. Untersuchungen zeigen, dass ein Ziel mit dieser Technik mit einer höheren Wahrscheinlichkeit zu erreichen ist als mit der sofortigen Frage nach dem größeren Anliegen.[32]

30

▶ **Beispiel:**

In einem von *Freedman* und *Fraser* durchgeführten Experiment wurden jeweils kalifornische Hausfrauen von einem angeblichen Mitglied eines Verbraucherverbands angerufen.[33] Dabei wurde der ersten Gruppe von Hausfrauen zunächst ein kleines Anliegen angetragen. Drei Tage später wurden sie mit einem größeren Anliegen konfrontiert. Einer anderen Gruppe von Hausfrauen wurde sofort das größere Anliegen angetragen. Das kleine Anliegen bestand darin, der Verbraucherorganisation telefonisch Informationen darüber zu geben, welche Haushaltsprodukte sie verwenden. Die Informationen sollten einer öffentlichen Informationsbroschüre dienen. Das größere Anliegen, vorgetragen von dem gleichen Anrufer, bestand darin, einer Gruppe von fünf oder sechs Personen Zutritt zu ihrem Haus zu

---

28 Zum Teil wird dies auch als *Machiavellismus* bezeichnet, und zwar in Anlehnung an den italienischen Politiker und Staatsmann *Niccolò Machiavelli*, der in seinem Werk „Il principe" (1513) Handlungsanweisungen über den Gebrauch von Macht und Kontrolle über andere gibt; siehe dazu *Bierbrauer*, in: *Gottwald/Haft*, Verhandeln, S. 34, 45 ff.; *Haft*, Verhandlung, S. 22 ff.; *Heussen/Pischel*, in: *Heussen/Pischel*, Handbuch Vertragsverhandlung, Teil 2 Kap. 2.3 Rn. 43 ff.
29 *Cialdini*, Überzeugen, S. 19 ff.; *Haft*, Verhandlung, S. 22 ff.
30 Grundlegend dazu (in Form eines Experiments) *Freedman/Fraser* 4 Journal of Personality and Social Psychology (1966), 195 ff.; ausführlich ebenfalls *Cialdini*, Überzeugen, S. 93 ff.
31 *Cialdini*, Überzeugen, S. 93 ff.; *Bierbrauer*, in: *Gottwald/Haft*, Verhandeln, S. 34, 50.
32 Siehe die Ergebnisse des Experiments von *Freedman/Fraser*, 4 Journal of Personality and Social Psychology (1966), 195 ff.
33 *Freedman/Fraser*, 4 Journal of Personality and Social Psychology (1966), 195 ff.

gewähren, um die verwendeten Haushaltsprodukte aufzulisten und zu klassifizieren. Für die erste Gruppe handelte es sich dabei um eine Ausweitung der ersten telefonischen Befragung. Für die zweite Gruppe war es der erste Kontakt.

In der ersten Gruppe haben sich über 52,8 % mit dem größeren Anliegen einverstanden erklärt. In der zweiten Gruppe, die sofort mit dem größeren Anliegen konfrontiert worden ist, lag die Bereitschaft bei lediglich 22,2 %. Dieses Ergebnis führen Psychologen darauf zurück, dass die Frauen der ersten Gruppe sich mit den Zielen der Verbraucherorganisation identifiziert hatten und sich bei dem zweiten Anliegen nicht widersprüchlich verhalten wollten. Das größere (und damit eigentliche Anliegen) konnte bei ihnen daher leichter durchgesetzt werden. Die Verbraucherorganisation hatte bei den Frauen der ersten Gruppe den „Fuß in die Tür gesetzt". ◂

31 Gegen die Manipulation kann man sich wehren, indem man bei dem ersten Zugeständnis deutlich macht, dass damit die Grenze der Konzessionsbereitschaft erreicht ist.[34] Darüber hinaus sollte man bei der zweiten Frage nüchtern klären, ob ein weitergehendes Zugeständnis sachlich angemessen ist und dies unabhängig von dem ersten Zugeständnis beurteilen. Man muss sich vergegenwärtigen, dass man eigentlich nicht in der Situation ist, in der man ein „Nein" begründen muss, sondern von der anderen Seite in diese Situation gedrängt werden soll.[35]

bb) „Tür-ins-Gesicht"-Technik

32 Bei der „Tür-ins-Gesicht"-Technik (oder: „Neuverhandeln nach Zurückweisung")[36] wird zunächst mehr verlangt als man eigentlich haben möchte.[37] Nach einem „Nein" der anderen Seite wird das kleinere Anliegen vorgetragen. Dabei setzt man darauf, dass die Gegenseite das kleinere Anliegen als Konzession des Fragenden wahrnimmt und deswegen das Gefühl verspürt, wenigstens dieses Anliegen erfüllen zu müssen, um gleichfalls eine Konzession zu machen (Prinzip der Reziprozität). Die Gegenseite möchte nicht zweimal nacheinander eine Bitte abschlagen, um nicht als „Nein"-Sager zu gelten. Im Vergleich dazu stellt die Konzession nach eigener Empfindung das „kleinere Übel" dar.

▶ **Beispiel:**

Cialdini/Vincent/Lewis/Catalan/Wheeler/Darby[38] führten ein Experiment mit Studenten durch, die von Vertretern der „Bezirksberatungsstelle für Jugendliche" angesprochen und gefragt wurden, ob sie bereit seien, zwei Jahre lang für zwei Stunden in der Woche als Berater für jugendliche Straftäter zur Verfügung zu stehen. Nach einer Ablehnung, die alle Befragten aussprachen, wurden die Studenten gefragt, ob sie bereit seien, eine Gruppe jugendlicher Straftäter bei einem Tagesausflug in den Zoo unentgeltlich zu beaufsichtigen. Zu dieser einmaligen Beaufsichtigung erklärten sich 50 % bereit. In einer Vergleichsgruppe, denen die erste Bitte nicht angetragen worden war, stellten sich lediglich 16,7 % der Studenten zur Verfügung. ◂

---

34 *Bender/Gottwald*, in: Gottwald/Haft, Verhandeln, S. 90, 101.
35 *Cialdini*, Überzeugen, S. 143 ff.
36 *Cialdini*, Überzeugen, S. 72.
37 Ausführlich dazu *Cialdini*, Überzeugen, S. 72 ff.; *Bierbrauer*, in: Gottwald/Haft, Verhandeln, S. 34, 51 f.; ähnlich *Haft*, Verhandlung, S. 23.
38 *Cialdini/Vincent/Lewis/Catalan/Wheeler/Darby*, 31 Journal of Personality and Social Psychology (1975), 206, 207 ff. (mit weiteren Experimenten, die ihre These stützen); siehe dazu auch *Cialdini*, Überzeugen, S. 73 f.

III. Gesamtschau

In den Vertragsverhandlungen ist zu beachten, welche Auswirkungen eine Änderung einer Vereinbarung auf eine andere Vereinbarung hat. Die einzelnen Vereinbarungen können mit Stellschrauben verglichen werden. Wird eine Stellschraube verändert, ist in der Regel auch die Neujustierung einer anderen erforderlich. Nur so kann die Stimmigkeit des Vertrags gewährleistet werden. Daher muss eine ganzheitliche Betrachtung des Vertrags erfolgen. Wichtig ist eine solche Betrachtungsweise vor allem, wenn sich die Parteien auf bestimmte Punkte nicht einigen können und es zu einem „dead lock" kommt. Insoweit bietet es sich an, diese Vertragspunkte nicht einzeln zu verhandeln, sondern im Paket mit anderen Regelungsbereichen, so dass insgesamt ein Kompromiss gefunden werden kann. Die Konzession bei einem Vertragspunkt kann durch einen Erfolg bei einem anderen Bestandteil ausgeglichen werden.[39]

▶ **Beispiel:**

Der Verkäufer eines Unternehmens wird einem Kaufvertrag, der keinen Haftungshöchstbetrag enthält, eher zustimmen, wenn seine Haftung – in den Grenzen des gesetzlich Möglichen – auf Fälle von grober Fahrlässigkeit und Vorsatz beschränkt ist. Für den Käufer wiederum wird die Beschränkung der Haftung auf grobe Fahrlässigkeit und Vorsatz eher hinzunehmen sein, wenn dafür eine in der Höhe unbeschränkte Haftung eingreift. ◀

---

[39] *Rehbinder*, AcP 174 (1974), 265, 297.

§ 6 Vertragstechnik

I. Vertragssprache

1 Der Vertrag muss die gegenseitigen Rechte und Pflichten genau und eindeutig bestimmen. Er soll keine Ansammlung juristischer Termini sein, auch wenn Klarheit teilweise die Verwendung der juristischen Fachausdrücke verlangt.[1] Trotz der Verwendung der notwendigen Fachbegriffe sollte es sich um einen verständlichen Text handeln. Dazu gehört ein klarer und sachlicher Stil. Schachtelsätze sind zu vermeiden. Die präzise Formulierung der Rechte und Pflichten beugt Auslegungsstreitigkeiten vor. Die Pflicht zur klaren und eindeutigen Formulierung ergibt sich für den beurkundenden Notar aus § 17 Abs. 1 S. 1 BeurkG und gilt entsprechend für den Anwalt.

2 Der Vertrag sollte in einer Sprache abgefasst sein, derer die Vertragsparteien mächtig sind. Für das Verständnis ideal ist die Abfassung in der Muttersprache. Bei grenzüberschreitenden Verträgen sollte sich die Vertragssprache nach dem anzuwendenden Recht richten.[2] Dennoch kommt es häufig vor, dass Verträge, selbst wenn sie deutschem Sachrecht unterliegen, nicht in deutscher, sondern in englischer Sprache verfasst sind.[3] Daraus ergibt sich die Problematik, dass Bezeichnungen unklar sind, weil eben nicht die deutsche Fachterminologie verwendet wird, sondern eine Übersetzung. Dadurch können Auslegungsprobleme entstehen. Dies kann verhindert werden, indem zumindest die deutsche Terminologie in Klammern gesetzt wird. Weitergehend bietet sich an, eine deutschsprachige Version anzufertigen, die als verbindliche Version gilt. Mehrsprachige Verträge sollten generell eine Regelung enthalten, welche Fassung als verbindlich vereinbart wird. Die Auslegung hat sich an dieser Fassung zu orientieren.[4]

II. Vertragsinhalt

3 Der Inhalt des Vertrags hängt in seinen Einzelheiten von den rechtlichen Gestaltungsnotwendigkeiten ab. Gleichwohl können einige generelle Aussagen getroffen werden. Ein Vertrag enthält die sog. *essentialia negotii*, dh Angaben zu den Parteien sowie die Beschreibung der Leistung und Gegenleistung.

▶ **Beispiel:**

Aus § 433 BGB ergibt sich, dass in dem Vertrag jedenfalls Verkäufer und Käufer sowie Kaufgegenstand und Kaufpreis zu nennen sind. ◀

4 Sodann können diese Mindestinhalte konkretisiert bzw. Vereinbarungen zur Abweichung von der gesetzlichen Lage aufgenommen werden.[5]

▶ **Beispiel:**

Ist eine Leistungszeit nicht bestimmt, kann der Gläubiger sie nach § 271 Abs. 1 BGB sofort verlangen und der Schuldner sie sofort bewirken. Die Parteien können vorsehen, dass die Leistung erst eine Woche nach Vertragsschluss erfolgen soll. ◀

---

1 *Kamanabrou/Wietfeld*, Vertragsgestaltung, § 1 Rn. 66; *Rehbinder*, Vertragsgestaltung, S. 102; zur Schwierigkeit eines Kompromisses zwischen Fachsprache und Verständlichkeit für den Nichtjuristen *Däubler*, Verhandeln, Rn. 254 ff.
2 *Kamanabrou/Wietfeld*, Vertragsgestaltung, § 1 Rn. 66; *Vill*, in: Fischer/Vill/Fischer/Pape/Chab, Anwaltshaftung, § 2 Rn. 341 f.; *Zankl*, Vertragssachen, Rn. 878.
3 *Triebel*, RIW 1998, 1 ff.; ausführlich zu den Problemen *Maier-Reimer*, NJW 2010, 2545 ff.
4 *Zankl*, Vertragssachen, Rn. 879 ff.
5 *Heussen/Pischel*, in: *Heussen/Pischel*, Handbuch Vertragsverhandlung, Teil 2 Kap. 2.2 Rn. 102 ff.

Vorgaben zum Inhalt eines Vertrags ergeben sich in der Regel aus den zugrunde liegenden Rechtsnormen.

▶ **Beispiele:**

Ein Gesellschaftsvertrag einer GmbH muss nach § 3 Abs. 1 GmbHG und die Satzung einer AG nach § 23 Abs. 2 AktG bestimmte Angaben enthalten. ◀

Eine Regelung im Vertrag ist nur erforderlich, soweit ein Gestaltungsbedarf besteht, weil durch Vertrag von der gesetzlich vorgegebenen Lage abgewichen werden soll oder sonstige Zweckmäßigkeitsgesichtspunkte für eine Regelung sprechen.[6] In den Vertrag müssen daher im Grundsatz nur solche Vereinbarungen aufgenommen werden, welche die gesetzlichen Vorschriften konkretisieren, modifizieren oder ausschließen.

Soweit von der gesetzlichen Lage abgewichen werden soll, ist dies durch den Ausschluss des Gesetzesrechts bzw. durch eine abweichende vertragliche Vereinbarung zu kennzeichnen. Eine Nennung der Vorschrift, von der abgewichen werden soll, ist lediglich notwendig, wenn insoweit Zweifel bestehen können.[7] Schließlich können Regelungen aufgenommen werden, die im Gesetz nicht vorgesehen sind, etwa besondere Rücktrittsrechte. Der Vertragsumfang sollte insgesamt angemessen sein, letztlich also so ausführlich wie nötig und so kurz wie möglich.

Einer Wiederholung des geltenden Gesetzesrechts bedarf es nicht. Der Vertrag baut auf dem Gesetz auf und kann dessen Regelungen voraussetzen. Trotzdem finden sich in Verträgen häufig nicht als solche gekennzeichnete Gesetzeszitate. Die Wiedergabe des Gesetzes erfolgt, weil aus dem Vertrag selbst die wesentlichen Rechte und Pflichten der Parteien hervorgehen sollen (sog. Informationsfunktion des Vertrags).[8] Dies führt jedoch dazu, dass einzelne Vorschriften aus dem Gesamtzusammenhang des Gesetzes gerissen werden und sich im Streitfall die Frage stellen kann, ob dies mit Absicht erfolgt ist und dementsprechend auch die Auslegung ohne Bezug zu den anderen gesetzlichen Vorschriften vorzunehmen ist.[9] Die Wiederholung fördert weder die Verständlichkeit noch die Übersichtlichkeit. Das Gesetz bedient sich der Fachsprache und ist daher für juristische Laien nicht immer verständlich. Die Übersichtlichkeit leidet, weil der Vertrag sehr umfangreich wird und die Parteien die wesentlichen vom Gesetz abweichenden Vereinbarungen nicht auf den ersten Blick erkennen können. Schließlich ist das Gesetzeszitat eine Quelle für Unsicherheiten. Eine sinngemäße Wiedergabe des Gesetzes kann im Streitfall die Frage aufwerfen, ob die dadurch erfolgte minimale inhaltliche Abweichung bewusst erfolgt ist. Daher sollte auf eine Wiederholung des Gesetzesrechts im Grundsatz verzichtet werden.[10] Im anglo-amerikanischen Rechtskreis herrscht allerdings die Tendenz zu allumfassenden Verträgen. Dieser Tendenz kann sich die deutsche Praxis in internationalen Mandaten auch nicht entziehen.

▶ **Beispiel:**

Die Parteien schließen einen Kaufvertrag über einen gebrauchten Pkw. In dem Vertrag sind die Parteien zu bezeichnen und die genaue Beschreibung des Kaufgegenstands (Pkw mit genauer Bezeichnung, dh unter Angabe des Typs, der Erstzulassung, des amtlichen Kennzeichens, der Fahrzeug-Ident.-Nr.) und der Gegenleistung (Kaufpreis) hat zu erfolgen.

---

6 Siehe § 4 Rn. 41 ff.
7 *Langenfeld*, Vertragsgestaltung, Kap. 3 Rn. 25; *Schmittat*, Vertragsgestaltung, Rn. 81.
8 *Schmittat*, Vertragsgestaltung, Rn. 81.
9 *Langenfeld*, Vertragsgestaltung, Kap. 3 Rn. 25.
10 Einschränkend – mit Verweis auf die Informationsfunktion – *Schmittat*, Vertragsgestaltung, Rn. 81.

Übernimmt der Verkäufer die gesetzliche Sachmängelgewährleistungshaftung, ist die Wiedergabe der §§ 434, 437 ff. BGB nicht sachgerecht. Diese ergibt sich, wenn keine andere Vereinbarung getroffen wird, aus dem Gesetz. Einigen sich die Parteien hingegen darauf, dass der Verkäufer für Sachmängel nicht haftet, ist diese Abweichung vom Gesetz festzuhalten: „Der Käufer erwirbt den Pkw unter Ausschluss der Haftung für Sachmängel."[11] ◄

III. Vertragsstruktur

9 Das Gesetz sieht keine bestimmte Reihenfolge für die Inhalte des Vertrags vor. Ungeachtet dessen sollte der Vertrag einer logischen Struktur und inneren Systematik folgen. Das Vertragswerk muss in sich geschlossen und verständlich sein,[12] auch und gerade für unbeteiligte Dritte, wie etwa einen Richter, der gegebenenfalls über Streitigkeiten aus dem Vertrag zu entscheiden hat. Aus diesem Grunde empfiehlt sich eine Aufteilung in Sachgruppen und die entsprechende Bildung von aussagekräftigen Überschriften, welche die Übersichtlichkeit fördern.[13] Regelungspunkte, die zusammengehören, sollten in dem Vertrag zusammen behandelt werden. Der Vertrag muss konsistent sein und darf keine sich widersprechenden Formulierungen enthalten.

10 Der Aufteilung in Sachgruppen und der Bildung von Überschriften entspricht in formaler Hinsicht eine stringente Gliederung nach einem einheitlich verfolgten Schema. In dem Vertrag sind zunächst die wesentlichen und grundlegenden Bestandteile zu nennen. Der Aufbau erfolgt vom Allgemeinen zum Besonderen.[14] Er sollte sich, soweit dies möglich ist, an den gesetzlichen Bestimmungen und dem Vertragstyp orientieren.

▶ **Beispiel:**

Im Rahmen eines Kaufvertrags werden in der Regel zunächst die Beschreibung von Leistung und Gegenleistung erfolgen, bevor auf das Sachmängelregime eingegangen wird. ◄

▶ **Beispiel:**

Der Gesellschaftsvertrag einer GmbH oder AG wird sich an dem System des GmbH- bzw. Aktienrechts und insbesondere an den Bestimmungen über den Mindestinhalt (§ 3 GmbHG, § 23 AktG) ausrichten. ◄

11 Die Logik gebietet es, das schuldrechtliche Geschäft vor dem dinglichen Erfüllungsgeschäft abzuhandeln, wenn beide in einem Vertragswerk aufgenommen werden.[15]

IV. Vertragsaufbau

12 Aus der groben Struktur des Vertrags ergibt sich der Aufbau des Vertrags, wobei Anpassungen im Einzelfall immer möglich und teilweise erforderlich sind. Im Hinblick auf den äußeren Aufbau eines Vertrags besteht eine gewisse Übung der beteiligten Notare und sonstigen Vertragsgestalter, der als „Mantel" bezeichnet werden kann.[16] Der Vertrag sollte mit einer Überschrift beginnen, die eine Vorstellung von dem Vertragstyp

---

11 Eine solche Regelung ist beim Verbrauchsgüterkauf nicht möglich (§ 476 Abs. 1 S. 1 BGB).
12 *Schmittat*, Vertragsgestaltung, Rn. 72; *ders.* RNotZ 2012, 85 (88); *Weber*, JuS 1989, 818 (821).
13 *Kamanabrou/Wietfeld*, Vertragsgestaltung, § 1 Rn. 67; *Zankl*, Vertragssachen, Rn. 933 f. Bei umfangreichen Verträgen kann ein vorangestelltes Inhaltsverzeichnis die Übersichtlichkeit zusätzlich fördern; *Weber*, JuS 1989, 636 (642).
14 *Langenfeld*, Vertragsgestaltung, Kap. 3 Rn. 4.
15 *Kamanabrou/Wietfeld*, Vertragsgestaltung, § 1 Rn. 69; *Langenfeld*, Vertragsgestaltung, Kap. 3 Rn. 2.
16 *Kamanabrou/Wietfeld*, Vertragsgestaltung, § 1 Rn. 67; *Rehbinder*, Vertragsgestaltung, S. 97; *Weber*, JuS 1989, 636 (641) (mit dem Hinweis auf Unterschiede zwischen den verschiedenen Bundesländern bzw. Regionen).

und seinem Inhalt vermittelt. Im Anschluss daran erfolgt eine eindeutige Bezeichnung der Parteien.

▶ **Beispiel:**

Zur Bestimmtheit gehört bei Kaufleuten oder Gesellschaften die genaue Wiedergabe der Firma mit Rechtsformzusatz (siehe etwa §§ 17, 19 HGB, § 4 GmbHG, § 4 AktG). Wichtig ist dies etwa, wenn an dem Rechtsgeschäft eine Einheit aus einem Konzernverbund beteiligt ist und deutlich gemacht werden muss, welche Gesellschaft genau Vertragspartei ist. ◀

Im Fall der Vertretung sind die zugrunde liegenden Verhältnisse (etwa organschaftliche oder rechtsgeschäftliche Vertretungsmacht; Einzel- oder Gesamtvertretungsberechtigung) zu nennen. Unter Umständen kann sich danach ein Vorspann oder eine Präambel anbieten, die der Einführung in den Lebenssachverhalt, die Ausgangslage sowie die tatsächlichen oder rechtlichen Umstände dient. Dadurch wird der Vertrag insbesondere für einen Unbeteiligten besser verständlich. Die Präambel kann im Rahmen der Auslegung einzelner Vertragsklauseln herangezogen werden. Somit erfüllt eine Präambel eine wichtige Funktion und ist nicht lediglich als inhaltsleere „Lyrik" anzusehen.[17] Eine separate Aufnahme von Definitionen bietet sich lediglich in umfangreichen Vertragswerken an, in denen relativ häufig die gleichen Begriffe verwendet werden. Systematisch handelt es sich dabei um eine aus dem Aufbau des BGB bekannte Klammertechnik.

Es folgen die Haupt- und Nebenleistungspflichten sowie die Regelungen zu den Leistungsstörungen. Im Rahmen der Leistungspflichten sind die Modalitäten der Leistung zu nennen, bspw. Zeit und Ort der Leistung.[18] Darüber hinaus sind die Vereinbarungen über Sicherungsmittel aufzunehmen, etwa über einen Eigentumsvorbehalt. Für die Reihenfolge von Haupt- und Nebenleistungspflichten sowie der entsprechenden Gewährleistungsregeln kann keine allgemeine Empfehlung gegeben werden. Es kann sich anbieten, zunächst abschließend den Pflichtenkatalog festzuhalten und im Anschluss daran die Folgen von Leistungsstörungen zu regeln, wenn sich die Leistungsstörungen auf verschiedene Pflichten beziehen. Es kann allerdings sachgerecht sein, direkt nach Beschreibung der Hauptleistungspflicht (etwa der Zahlungspflicht) die Folgen der Nichterfüllung zu regeln, wie dies regelmäßig in Grundstückskaufverträgen der Fall ist.[19] Wichtig erscheint lediglich, dass der Vertrag insoweit eine einheitliche Vorgehensweise erkennen lässt. Es folgen Vereinbarungen zur Aufhebung des Vertrags (Kündigungs- und Rücktrittsrechte), bei einem zeitlich befristeten Vertrag die Aufnahme der Regelungen zur Vertragsdauer und vor allem bei einem längerfristigen Vertrag Regelungen über eine Vertragsanpassung.

Als Schlussbestimmungen werden üblicherweise Schriftformklauseln,[20] salvatorische Klauseln, Rechtswahlklauseln und Konfliktlösungsmechanismen aufgenommen (Gerichtsstandsvereinbarungen oder Schiedsvereinbarungen).[21]

---

17 *Ellenberger*, in: Grüneberg, § 133 Rn. 16; *Pilger* BB 2000, 368 ff.; *Zankl*, Vertragssachen, Rn. 628.
18 *Moes*, Vertragsgestaltung, Rn. 206; *Rittershaus/Teichmann*, Vertragsgestaltung, Rn. 500.
19 *Schmittat*, Vertragsgestaltung, Rn. 76; siehe etwa *Otto*, in: Münchener Vertragshandbuch, Bd. 5, Formular I. 2. „Kauf eines Altbaugrundstücks" und Formular I. 3. „Kauf einer Eigentumswohnung".
20 Dazu *Bloching/Ortolf* BB 2011, 2571 ff.
21 *Kamanabrou/Wietfeld*, Vertragsgestaltung, § 1 Rn. 68.

V. Vertragsabschluss

16 Der Vertragsunterzeichnung sollte noch eine Überprüfung des Vertrags vorhergehen. Dabei ist zu überprüfen, ob die Gestaltungen wie gewünscht im Vertrag aufgenommen, die Verhandlungsergebnisse berücksichtigt sind und der Vertrag in sich widerspruchsfrei ist. Dazu gehört es, Begrifflichkeiten über den ganzen Vertrag hinweg einheitlich zu verwenden. Steht der Vertrag in Gänze, sollte er dem Mandanten erläutert werden.

Teil 2:
Einführung in die Praxis der Vertragsgestaltung

§ 7 Vertragsgestaltung im Kaufrecht/ Arbeitsschritte für die Vertragsgestaltung im Allgemeinen

I. Überblick

Das Kaufvertragsrecht spielt bei der Vertragsgestaltung eine große Rolle. Zwar werden die „Kaufverträge des täglichen Lebens" in der Regel nur mündlich geschlossen. Dennoch verbleibt eine Vielzahl von Gestaltungsaufgaben für den Vertragsjuristen. Unter Beachtung der AGB-rechtlichen Vorschriften der §§ 305 ff. BGB gehört die Formulierung von Lieferbedingungen (Einkaufs-/Verkaufsbedingungen) zur Aufgabe vieler Justiziare und Anwälte. Notare beschäftigen sich häufig mit der Ausgestaltung von Immobilienkaufverträgen. Schließlich ist es heute weitgehend den Spezialisten für M&A (Mergers and Acquisitions) überlassen, Unternehmenskaufverträge zu entwerfen und zu verhandeln.

Nachfolgend werden exemplarisch drei Musterfälle zum Kaufvertragsrecht behandelt und gleichzeitig die Arbeitsschritte für das praktische Vorgehen bei der Vertragsgestaltung im Allgemeinen entwickelt. Der erste Fall beschäftigt sich mit dem Kauf beweglicher Sachen. Hier soll die typische Arbeits- und Denkweise eines Vertragsjuristen vorgestellt werden. Der zweite Fall befasst sich mit dem Kauf von Immobilien. Er zeigt ein wichtiges Tätigkeitsfeld für die Notare auf und vermittelt auch Grundkenntnisse des Sachenrechts. Schließlich soll der dritte Musterfall als Beispiel für einen einfachen Unternehmenskaufvertrag behandelt werden. Hierbei wird ein gewisses Grundverständnis für diese Spezialmaterie vermittelt.

II. Kauf einer beweglichen Sache

▶ Gestaltungsaufgabe: PKW

Steffi Klug hat im Sommer das Abitur gemacht. Sie stammt aus Coesfeld und möchte im Wintersemester mit dem Jurastudium in Münster beginnen. Sie will zunächst zu Hause wohnen bleiben und benötigt deshalb einen Pkw für die Fahrt nach Münster. Ein Mitabiturient von Steffi ist bereit, seinen alten Golf, Baujahr 2010, für 6.000 EUR an sie zu verkaufen.

Steffi bittet ihren Freund Mark Pfiffig, Student der Rechtswissenschaft im 7. Semester, den entsprechenden Kaufvertrag zu entwerfen, weil er bereits die Vorlesung „Vertragsgestaltung" gehört hat.

1. Variante (Rn. 40 f.): Wird Mark Pfiffig den Kaufvertragsentwurf anders formulieren, wenn er ebenfalls mit dem Verkäufer gut bekannt ist?

2. Variante (Rn. 42 ff.): Der Verkäufer möchte den alten Golf zu einem „angemessenen" Kaufpreis veräußern. Wie kann ein „angemessener" Kaufpreis gefunden werden?

3. Variante (Rn. 56 ff.): Wird sich der von Mark Pfiffig entworfene Kaufvertrag vom Inhalt eines Musterkaufvertrags unterscheiden, den Steffi Klug erhält, wenn sie das Fahrzeug von einem VW-Vertragshändler in Coesfeld kauft?

4. Variante (Rn. 60 ff.): Steffi ist auch an dem Golf des VW-Vertragshändlers interessiert, da dessen Golf günstiger ist und dennoch qualitativ gleichwertig erscheint. Ein Manko hat der Golf allerdings. Aufgrund kleinerer Abplatzungen der Lackschicht hat sich an der Fahrertür Rost angesetzt und leicht ausgebreitet. Der Vertragshändler möchte indes keine Haftung für diesen Mangel übernehmen. Kann er seine Haftung vertraglich ausschließen? In welcher Form und in welchem Umfang ist der Mangel in den Vertragstext aufzunehmen, damit der Mangel nicht als Haftungsausschluss verstanden wird? ◄

1. Vorbereitende Überlegungen

4   Zu Beginn der vertragsgestaltenden Arbeit stellen sich drei wichtige Fragen, nämlich:

- Ist der Sachverhalt hinreichend klar?
- Ist die Gestaltungsaufgabe eindeutig fixiert?
- Wie sieht die Interessenlage der Vertragsbeteiligten aus?

a) Ist der Sachverhalt hinreichend klar?

5   In Teil 1 wurde die Wichtigkeit der Sachverhaltsermittlung nebst entsprechendem Mut zur Nachfrage hervorgehoben.[1] In der hier beschriebenen Konstellation ist der maßgebende Sachverhalt unter Einbeziehung der drei Varianten eindeutig. Missverständnisse zwischen Auftraggeberin und Vertragsgestalter sind nach dem geschilderten Sachverhalt ausgeschlossen.

b) Ist die Gestaltungsaufgabe eindeutig fixiert?

6   Neben dem Sachverhalt muss auch der Inhalt des Mandats, mithin das Ziel der Beratung, exakt beschrieben sein. Hier hat sich der vertragsgestaltende Jurist zu fragen, ob sein Auftraggeber ihm einen klaren Auftrag erteilt hat. Es muss sicher feststehen, ob er beispielsweise einen Vertrag oder lediglich einen Vorvertrag entwerfen soll, ob es um die Formulierung einer Verschwiegenheits- bzw. Vertraulichkeitsvereinbarung oder um die Formulierung eines *letter of intent* geht. In der Regel ergibt sich aus einem klaren Sachverhalt auch die Gestaltungsaufgabe. Im konkreten Fall geht es um die Formulierung eines Kaufvertragsentwurfs über den Erwerb eines gebrauchten Pkw. Das Gestaltungsziel ist damit eindeutig fixiert.

c) Wie ist die Interessenlage der Vertragsbeteiligten?

7   Bei vielen Vertragsformen liegt die Interessenlage der Vertragsbeteiligten unter wirtschaftlichen Gesichtspunkten auf der Hand. Aus der Sicht der einen oder anderen Partei soll die Gegenleistung hoch oder niedrig sein, soll sichergestellt werden, dass die vereinbarten Leistungen auch tatsächlich erbracht werden und nach Möglichkeit ungesicherte Vorleistungen unterbleiben. Lässt sich bei **Austauschverträgen** die Interessenlage der Parteien also regelmäßig recht einfach herausarbeiten, kann dies zB bei der Gestaltung von **Gesellschaftsverträgen** weitaus schwieriger sein. Hier spielen sehr viele unterschiedliche Überlegungen eine Rolle, die eine oder andere Gestaltung zu wählen. In der Regel sind die Überlegungen komplex. Einzelne Gestaltungen können deshalb nicht undifferenziert als der einen Partei günstig und der anderen ungünstig qualifiziert werden. Bei dem hier beabsichtigten Autokauf ist die Interessenlage einfach. Zunächst

---

[1] Siehe § 4 Rn. 4–10.

hat jeder Verkäufer ein Interesse daran, einen möglichst hohen Kaufpreis zu erhalten, während der Käufer nur einen geringen, sehr günstigen Kaufpreis zahlen möchte. Der Verkäufer möchte dann sicher sein, den vereinbarten Kaufpreis auch tatsächlich zu erhalten. Er möchte nach Möglichkeit keine Haftung für die Freiheit von Mängeln übernehmen. Demgegenüber beabsichtigt der Käufer Eigentum und Besitz am Fahrzeug zu erhalten und eine umfassende Haftung des Verkäufers für die Mangelfreiheit zu begründen.

2. Entwicklung der Gestaltung

Hat der Jurist seine vorbereitenden Überlegungen abgeschlossen, muss er mit der eigentlichen Arbeit beginnen. Nach der Ermittlung des Gestaltungsbedarfs hat er Gestaltungsoptionen zu erarbeiten, die in diesem Beispiel in der Formulierung eines Vertragsentwurfs münden.

a) Einordnung der vertragsrechtlich zu regelnden Themen

Zu fragen ist, ob die in dem Vertrag zu regelnden Themen einem bestimmten Vertragstypus unterfallen oder ob es sich bei dem zu entwerfenden Vertrag um einen völlig eigenständigen Vertrag handelt. Zunächst ist zu klären, ob der zu erarbeitende Vertrag einem BGB-Vertragstypus entspricht, beispielsweise einem Kaufvertrag, einem Mietvertrag oder einem Werkvertrag. Ist dies nicht der Fall, könnte sich ein solcher Vertragstypus aber in der Rechtspraxis herausgebildet haben. Auf Leasingverträge, Factoring- und Franchiseverträge ist beispielsweise hinzuweisen. Scheidet dies aus, wird es sich um einen Vertrag mit „Mischelementen" verschiedener gesetzlicher Vertragstypen handeln oder um einen eigenständigen Vertrag, einen Vertrag sui generis.

b) Die Stoffsammlung

Der Vertragsgestalter wird sich nunmehr der Frage zuwenden, was vertraglich im Einzelnen zu regeln ist.[2] Hier lassen sich drei Kategorien bilden, nämlich:

- Was muss geregelt werden?
- Was sollte geregelt werden?
- Welche typischen, in der Regel vertragsunabhängigen Klauseln runden das Vertragswerk ab?

aa) Zwingender Inhalt von Verträgen

Zum zwingenden Inhalt von Verträgen gehören immer:

- die Aufnahme der Vertragsparteien
- die Beschreibung des Vertragsgegenstandes (Leistung/Gegenleistung).

Die **Vertragsparteien** sind mit größter Sorgfalt zu ermitteln und festzuhalten. Hier sollte jeder Vertragsgestalter wie ein Notar vorgehen und bei natürlichen sowie juristischen Personen sämtliche maßgebenden Daten im Vertragstext zu Beginn angeben. Bei natürlichen Personen gehören hierzu der vollständige Name und der Wohnort, nach Möglichkeit auch das Geburtsdatum. Bei juristischen Personen müssen die korrekte

---

2 Siehe dazu § 4 Rn. 41 ff.

Firmierung, die Firmenanschrift sowie die Vertretungsregelungen aufgeführt werden. Es empfiehlt sich, neueste **Handelsregisterauszüge** einzuholen und auch zu zitieren. Personenhandelsgesellschaften werden im Handelsregister unter „HRA" mit einer bestimmten Nummer eingetragen, während Kapitalgesellschaften unter „HRB" mit einer bestimmten Nummer aufgeführt sind. Die Vertretungsverhältnisse ergeben sich aus den Registerauszügen.

13 Das Erfassen der „richtigen" Vertragspartei ist nicht bloße Förmelei. Häufig kommt es in der Praxis später zu Schwierigkeiten, wenn hier oberflächlich gearbeitet wurde. Ist die Firmierung nicht korrekt angegeben, lässt sich die richtige Partei schon nicht mehr eindeutig bestimmen. Fehlt die Vertretungsangabe oder ist sie unzutreffend, stellt sich die Frage nach einer wirksamen Verpflichtung des jeweiligen Vertragsbeteiligten. Im Prozess oder in der Insolvenz können diese zunächst nur förmlichen Gesichtspunkte große materiellrechtliche Bedeutung gewinnen.

14 Was den **Vertragsgegenstand** angeht, handelt es sich hierbei um die Kernregelung. Hieraus ist zu ersehen, um welche Hauptleistungspflichten es geht. Beim Kaufvertrag sind sie beispielsweise in § 433 BGB beschrieben. Der Verkäufer ist verpflichtet, die Kaufsache dem Käufer zu übergeben und ihm Besitz und Eigentum zu verschaffen. Der Käufer ist zur Zahlung des vereinbarten Kaufpreises verpflichtet.

15 Im Mietrecht geht es um die Überlassung der Mietsache gegen Zahlung der Miete. Beim Werkvertrag hat der Werkunternehmer das verabredete Werk zu erstellen und zu übergeben, während der Besteller den vereinbarten Werklohn zu zahlen hat.

bb) Empfehlenswerter Inhalt von Verträgen

16 Hierin liegt eine wesentliche Aufgabe der Vertragsgestaltung. Ausgehend von dem maßgebenden Sachverhalt muss der Vertragsgestalter all seine Erfahrung und Kenntnisse (und Phantasie) einsetzen, um sinnvolle vertragliche Regelungen zu entwerfen. Dazu gehören beispielsweise im Kauf- und Werkvertragsrecht Regelungen über die Rechtsfolgen bei Vorliegen von Mängeln, die Beschreibung und Konkretisierung von Nebenpflichten sowie die Regelung von Rechtsfolgen bei Pflichtverletzungen. Hier ist an die Vereinbarung von Verzugszinsen, Schadensersatz sowie an die Vereinbarung einer Vertragsstrafe, von Rücktrittsregelungen bzw. Kündigungsrechten usw. zu denken.

17 Bei Dauerschuldverhältnissen müssen Vertragsbeginn und Vertragsende fixiert werden. Bei langfristigen Verträgen ist auch an eine Wertsicherung (Entgeltanpassungsklausel) zu denken.

cc) Allgemeine Vertragsklauseln

18 In der Vertragskasuistik kennen wir die Verwendung typischer, in der Regel vertragstypusunabhängiger Klauseln. Sie runden das Vertragswerk ab und können im Einzelfall durchaus wichtig sein. Beispielhaft ist auf die Vereinbarung von Wettbewerbsverboten oder die Aufnahme einer Schiedsklausel zu verweisen. Zu solchen allgemeinen Vertragsklauseln gehören Regelungen über die Schriftform, die Verschwiegenheit, das Wettbewerbsverbot, Rechtswahlvereinbarungen, Gerichtsstands- oder Schiedsgerichtsklauseln sowie die salvatorische Klausel.

dd) Die Präambel bzw. Vorbemerkung

Ob der Vertrag mit einer **Präambel** beginnen soll oder nicht, beurteilt sich nach der Zweckmäßigkeit. Eine feste Regel gibt es nicht. Handelt es sich um einen gesetzlich oder in der Praxis herausgebildeten Vertragstypus, reicht in der Regel die Aufnahme des entsprechenden „richtigen" Rechtsbegriffs aus, um in den Vertrag einzuführen und dem Leser von Anfang an das „zutreffende" Rechtsverständnis zu vermitteln.

Bei allen wirtschaftlich bedeutsamen und komplexen Verträgen empfiehlt sich die Aufnahme einer Präambel. Häufig werden die Parteien in dieser Präambel „vorgestellt" und ihre geschäftliche Tätigkeit beschrieben. Danach nehmen die Beteiligten auf ihre Verhandlungen Bezug und weisen darauf hin, dass sie sich gemäß den nachstehenden Regelungen verständigt haben. Das mit dem Vertragsschluss von ihnen verfolgte Ziel wird dabei in der Regel auch in der Präambel fixiert.

Auf diese Weise erleichtert die Präambel die nachfolgende Lektüre des komplexen Vertragswerks. Darüber hinaus kann sie für die Auslegung einzelner Klauseln hilfreich sein.[3]

ee) Die Vollständigkeit

Mit diesem Stichwort werden zwei Themen erfasst. Zum einen geht es um die auch im deutschen Rechtskreis relevante Frage, ob der auszuformulierende Vertrag „nach Möglichkeit wie ein Gesetz" vollständig sämtliche Rechte und Pflichten der Parteien regeln soll. Zum anderen betrifft es die in der anglo-amerikanischen Rechtspraxis übliche Vorgehensweise, umfassende Vertragswerke zu erstellen, die dann häufig 100 Seiten und mehr Umfang haben. Dabei werden ua sämtliche wichtige Vertragsbegriffe definiert und diese **Definitionen** an den Beginn des Vertragstexts gestellt.

Bewegen sich die Vertragsparteien im **deutschen Rechtskreis**, ist es sinnvoll, aber auch hinreichend, alle wesentlichen Haupt- und Nebenpflichten der Parteien im Vertrag festzuhalten. Ein Verweis auf gesetzliche Regelungen sollte nur insoweit erfolgen, als bestimmte Rechtsinstitute dort näher ausgestaltet sind oder zur Auslegung herangezogen werden können.

Kommt wenigstens eine Vertragspartei aus dem **anglo-amerikanischen Rechtskreis**, lässt sich ein umfassendes, umfängliches Vertragswerk kaum vermeiden. Die ausländische Partei wird Wert darauf legen, entsprechend dem eigenen Rechtsverständnis ausführliche Regelungen zu sämtlichen denkbaren zukünftigen Entwicklungskonstellationen zu vereinbaren. Die deduktive, abstrakte Denkweise ist diesen Parteien fremd. Will man also mit solchen Partnern Verträge schließen, beispielsweise Unternehmenstransaktionen durchführen, muss man sich hierauf einlassen.

In solchen Fällen ist es schon ein großer Erfolg, wenn es gelingt, den Vertrag dem deutschen Recht und der deutschen Gerichtsbarkeit zu unterstellen. Auf diese Weise lässt sich ein gewisser Ausgleich für die Besonderheiten der anglo-amerikanischen Vertragsgestaltung erzielen.

---

[3] Zur Erläuterungs- und Dokumentationsfunktion der Präambel im Einzelnen *Imbeck*, in: Heussen/Pischel, Handbuch Vertragsverhandlung, Teil 3 Rn. 201 ff.; *Schmittat*, Vertragsgestaltung, Rn. 163.

c) Der materiellrechtliche Inhalt

26 Wie die materiellrechtlichen Regelungen ausgestaltet werden, hängt in erster Linie von den Wünschen des Auftraggebers ab. Nur der Notar hat kraft seines Amtes neutral zu sein (§ 14 Abs. 1 BNotO) und darf keine einseitigen Interessen vertreten. Soweit Notare ständig von bestimmten Personen oder Unternehmen beauftragt werden, zB von einem Bauträger, ist der Grat zwischen der sachgerechten Ausgestaltung eines Vertrags einerseits und der starken Berücksichtigung der Interessen seines Auftraggebers andererseits häufig allerdings schmal.

aa) Unproblematische Regelungen

27 Jeder Vertrag beinhaltet Regelungen, die ganz oder weitestgehend von den Interessen der Beteiligten unbeeinflusst sind. Diese Regelungen sind sachlich neutral und betreffen häufig die nähere Beschreibung des Vertragsgegenstandes. Beispielhaft kann auf die Veräußerung oder den Erwerb von Immobilien verwiesen werden, wenn der Notar hier unter Bezugnahme auf den Grundbuchstand die Eintragungen im Bestandsverzeichnis sowie in den Abteilungen I, II, und III wiedergibt. Ausgehend von einzelnen Belastungen wird er dann später die Löschung alter Grundpfandrechte vorsehen, die zwar noch im Grundbuch eingetragen sind, denen aber keine Schuld mehr zugrunde liegt (die also nicht mehr valutieren).

bb) Übernahme gesetzlicher Regelungen

28 Bei den gesetzlich normierten Vertragstypen hat der Gesetzgeber selbst die widerstreitenden Interessen der Vertragsparteien geregelt. Der vertragsgestaltende Jurist kann sich bei seinen Formulierungen in geeigneten Fällen am Gesetz orientieren und die dortigen Wertungen übernehmen.

cc) Ausgestaltung problematischer Themenbereiche

29 Hierbei handelt es sich um Regelungsgegenstände, die stark von den Interessen der Parteien beeinflusst werden. Zu denken ist beispielsweise an die Regelung der Rechtsfolgen bei Vorliegen von Sach- und/oder Rechtsmängeln oder bei Pflichtverletzungen sowie die Ausgestaltung von Schadensersatzansprüchen und Kündigungsrechten.

d) Die Gliederung des Vertrags

30 Hat sich der Vertragsjurist einen Überblick darüber verschaffen können, welche Themen er im Einzelnen mit welchem Inhalt im Vertrag rechtlich regeln möchte, wird er im Anschluss daran die Gliederung entwerfen. Auch wenn es hier keine zwingenden Vorgaben gibt, bestimmt doch die **Sachgesetzlichkeit** eine gewisse Reihenfolge. An der Spitze des Vertrags stehen die Vertragsparteien und – wenn sinnvoll – im Anschluss daran die Präambel. Es folgen dann alle wichtigen Regelungen, insbesondere die Beschreibung des Vertragsgegenstandes bzw. die Definition der Leistung und Gegenleistung. Alle weiteren Haupt- und Nebenpflichten werden danach definiert und schließlich ihre Rechtsfolgen bei Verletzung geregelt. Zum Abschluss des Vertrags finden sich typischerweise die vertragsunabhängigen allgemeinen Vertragsklauseln über die Schriftform und Geheimhaltung, den Gerichtsstand usw.

e) Die Formulierung des Vertrags

Abschließend wird der Jurist den Vertrag formulieren. Er wählt dabei die juristische Fachsprache. Die Regelungen sollten in kurzen, klaren Sätzen abgefasst werden. Anders als der moderne Gesetzgeber sollte er Bandwurmsätze vermeiden und stattdessen durch eine stringente Untergliederung den Regelungsgehalt verdeutlichen.[4]

Im Einzelfall mag es vorkommen, dass bestimmte Regelungen – mehr oder weniger bewusst – unscharf formuliert werden. Hier soll der Vertragspartner über die Konsequenzen einzelner Regelungen im Unklaren gelassen oder über offene Fragen hinweggegangen werden. Ob ein solches Vorgehen im Ausnahmefall gerechtfertigt sein kann, ist schwer zu beurteilen. In der Regel sollte ein solches Taktieren unterbleiben. Der gut formulierte Vertrag zeichnet sich durch eine klare, einfache und verständliche Sprache aus. Die unterschiedlichen Interessen sollen erkennbar zum Ausdruck kommen.

f) Checkliste: Arbeitsschritte der Vertragsgestaltung

Zumindest für die nicht routinierten Vertragsgestalter empfiehlt es sich, nachfolgende Arbeitsschritte bei der Vertragsgestaltung zu beachten:

▶ **Arbeitsschritte der Vertragsgestaltung**

I. Vorbereitende Überlegungen
1. Ist der maßgebende Sachverhalt hinreichend klar?
2. Ist die Gestaltungsaufgabe eindeutig fixiert?
3. Wie sieht die Interessenlage der Vertragsbeteiligten aus?

II. Vertragsrechtlich zu regelnde Themen
1. Entsprechen die zu regelnden Themen einem bestimmten Vertragstypus?
   a) einem BGB-Vertragstypus (zB Kaufvertrag, Mietvertrag usw)?
   b) einem in der Praxis herausgebildeten Vertragstypus (zB Leasingvertrag, Factoringvertrag, Franchisevertrag usw)?
   c) einem sonstigen Vertrag mit „Mischelementen" oder handelt es sich um einen Vertrag sui generis?
2. Die Stoffsammlung
   a) Was muss geregelt werden (zB Vertragsparteien, Vertragsgegenstand)?
   b) Was sollte geregelt werden (zB Rechtsfolgen bei Vorliegen von Mängeln, Rechtsfolgen von Pflichtverletzungen, Beschreibung/Konkretisierung von Nebenpflichten)?
   c) Verwendung typischer, in der Regel vertragstypusunabhängiger Klauseln (zB Schriftformklausel, Salvatorische Klausel, Schiedsgerichtsvereinbarung oder Schiedsklausel usw).
3. Wie sollten die einzelnen Regelungsgegenstände vertragsrechtlich ausgestaltet werden?
   a) Unproblematische Regelungen:
      Sie sind sachlich neutral (zB Beschreibung des Vertragsgegenstandes, bei Immobilien die Löschung von Belastungen usw).
   b) Übernahme der gesetzlichen Wertungen bei BGB-Vertragstypen?

---

[4] Zur Vertragssprache *Heussen/Pischel*, in: Heussen/Pischel, Handbuch Vertragsverhandlung, Teil 2 Rn. 79 ff.; *Rittershaus/Teichmann*, Anwaltliche Vertragsgestaltung, Rn. 511 ff.; *Schmittat*, Vertragsgestaltung, Rn. 80 ff.

c) Eigene vertragsrechtliche Ausgestaltung der problematischen Themenbereiche? Es handelt sich um Regelungsgegenstände, die stark von der Interessenlage der Parteien beeinflusst werden (zB Rechtsfolgen bei Vorliegen von Sach- und/oder Rechtsmängeln, Rechtsfolgen bei Pflichtverletzungen, Vertragsstrafen usw).
4. Gliederung der in den Vertrag aufzunehmenden Regelungsgegenstände.
5. Formulierung der einzelnen Vertragsklauseln. ◄

g) Checkliste: Überlegungen zu den Vertragsthemen

34 Hier kann folgendes gedankliche Konzept den Überlegungen zugrunde gelegt werden:

▶ **Überlegungen zu den Vertragsthemen**

1. Zwingender Inhalt von Verträgen:
Welche Bestandteile gehören aufgrund **gesetzlicher** Vorgaben oder aufgrund **Sachgesetzlichkeit** unverzichtbar zum Inhalt des zu gestaltenden Vertrags?
Dazu zählen immer:
- die Vertragsparteien
- der Vertragsgegenstand (Leistung/Gegenleistung)

2. Zu empfehlender Inhalt des Vertrags:
Welche Regelungen kommen darüber hinaus als regelmäßig sinnvoller Vertragsinhalt in Betracht? Dazu gehören beispielsweise:
- Ansprüche bei Vorliegen von Sach- und/oder Rechtsmängeln, insbesondere beim Kauf- und Werkvertrag.
- Ansprüche bei Verzug und anderen Pflichtverletzungen (Verzugszinsen, Schadensersatz, Vertragsstrafe, Rücktritt, Kündigung usw).
- Vertragsbeginn/Vertragsende (insbesondere bei Dauerschuldverhältnissen).
- Entgeltanpassungsklauseln (Wertsicherungsklauseln bei langfristigen Verträgen).

3. Allgemeine Vertragsklauseln:
Hierzu zählen insbesondere Regelungen über:
- Verschwiegenheit/Vertraulichkeit
- Wettbewerbsverbot
- Schriftform
- Salvatorische Klausel
- Rechtswahlvereinbarung
- Gerichtsstand oder Schiedsgerichtsvereinbarung ◄

3. Die Person des Vertragsgestalters

35 Es leuchtet unmittelbar ein, dass die inhaltliche Gestaltung vertraglicher Regelungen entscheidend von der Aufgabe und Position des Vertragsgestalters abhängig ist.[5] Der Ausgangsfall und die Variante 1 zeigen, wie stark die Rolle des Vertragsgestalters die inhaltliche Regelung beeinflusst. Lässt man einmal die unproblematischen, vor allem technischen Regelungen bei einem solchen Kaufvertrag über ein gebrauchtes Fahrzeug beiseite, geht es in Anbetracht des feststehenden Kaufpreises von 6.000 EUR nur um

---

5 Siehe § 2 Rn. 22 ff.

die Formulierung der Haftungsklausel für die Freiheit von Sach- und/oder Rechtsmängeln.

a) Der Interessenvertreter des Käufers

In der Ausgangsgestaltung soll Mark als Freund von Steffi den Vertrag formulieren. Er wird also eine Klausel wählen, die Steffi die größtmöglichen Rechte einräumt. Die Formulierung könnte also wie folgt lauten:

▶ „Es gelten die gesetzlichen Regelungen des Kaufvertragsrechts über die Sach- und Rechtsmängelhaftung". ◀

Alternativ könnte die Klausel auch wie folgt lauten:

▶ „Der Verkäufer übernimmt die Haftung für die Freiheit des Kaufgegenstandes von Sach- und/oder Rechtsmängeln." ◀

b) Der Interessenvertreter des Verkäufers

Wäre Mark mit dem Verkäufer befreundet und würde Steffi nicht kennen, so würde er dem Verkäufer folgende Klausel empfehlen:

▶ „Die Käuferin erwirbt den Pkw so, wie sie ihn besichtigt hat, unter Ausschluss jeglicher Haftung des Verkäufers für Sach- und Rechtsmängel. Der Haftungsausschluss gilt nicht, wenn er den Mangel arglistig verschwiegen hat." ◀

Hintergrund der Ausnahmeregelung vom Haftungsausschluss ist die Vorschrift des § 444 BGB. Danach ist ein Haftungsausschluss oder eine Haftungsbeschränkung bei Arglist des Verkäufers nicht wirksam. Dementsprechend würde es ein schlechtes Licht auf den juristischen Berater des Verkäufers werfen, wenn er eine solche zwingende gesetzliche Regelung bei seiner Vertragsgestaltung unberücksichtigt lässt. Insbesondere würde er bei Vertragsverhandlungen an Autorität verlieren und Gefahr laufen, dass er wegen der Wahrnehmung „zu" einseitiger Interessen nicht mehr ernst genommen wird.

c) Der Rechtsberater für beide Parteien

In der 1. Variante ist Mark auch gut mit dem Verkäufer bekannt. Er kann und will es sich deshalb nicht leisten, hier wie ein Anwalt einseitig die Interessen seiner Freundin Steffi wahrzunehmen. Er befindet sich damit praktisch in der Rolle eines Notars. Er hat eine sachgerechte, die Interessen beider Parteien berücksichtigende Regelung zu entwerfen.

Dementsprechend könnte Mark hier folgende Klausel vorschlagen:

▶ „Der Verkäufer haftet für die Freiheit des Pkw von sämtlichen Rechtsmängeln. Der Verkäufer hat der Käuferin ausreichend Gelegenheit gegeben, den Pkw zu besichtigen und Probe zu fahren. Die Käuferin erwirbt den Pkw in dem Zustand, in dem er sich befindet, unter Ausschluss jeglicher Haftung für Sachmängel. Der Verkäufer erklärt, dass ihm verdeckte Sachmängel nicht bekannt sind." ◀

4. Hilfsmittel für die Ermittlung der Gegenleistung (2. Variante)

Sieht der Ausgangsfall einen fest vereinbarten Kaufpreis von 6.000 EUR vor, geht es in der 2. Variante darum, einen „angemessenen" Kaufpreis zu finden. Die Beurteilung solcher Fragen obliegt in aller Regel nicht dem juristischen Berater. Er ist meist außerstande zu beurteilen, welcher Kaufpreis für ein Kraftfahrzeug angemessen ist, welchen Wert eine Immobilie hat oder wie hoch der Unternehmenswert einer Gesellschaft ist.

43 Der Kaufpreis bildet sich in erster Linie durch **Angebot** und **Nachfrage**. Kommt auf diese Weise nicht unmittelbar zwischen den Beteiligten eine Einigung über den Preis zustande, können **Hilfsmittel** herangezogen werden. Hier kann der Vertragsgestalter mithelfen.

44 Was den Wert gebrauchter Kraftfahrzeuge angeht, kann auf die Schwacke-Liste verwiesen werden. Bereits im Internet können hierzu entsprechende Informationen eingeholt werden.

45 Soll der Wert des Fahrzeugs präziser ermittelt werden, insbesondere im Hinblick auf seinen technischen Zustand, kann ein Kfz-Sachverständiger um die Erstellung eines Gutachtens gebeten werden. In Anbetracht der verfügbaren EDV-Programme ist die Erstellung eines solchen Gutachtens nicht teuer.

46 Geht es um den Wert von Immobilien, gibt es die Kaufpreissammlung des Gutachterausschusses. Jeder Interessent kann sich über den Bodenrichtwert (§ 196 BauGB) informieren. Im Einzelfall kann auch ein Grundstücksgutachter oder der Gutachterausschuss der Stadt gebeten werden, ein Wertgutachten für eine Immobilie zu erstellen. Solche Lösungen bieten sich insbesondere dann an, wenn sich die Vertragsgestaltung auf die Zukunft richtet. Erwerben beispielsweise Eheleute oder Partner eine Immobilie zu Miteigentum, können sie im Rahmen des Erwerbsvertrags – oder besser in gesonderter Urkunde wegen der in der Regel gewünschten Vertraulichkeit – eine Vereinbarung darüber treffen, was bei der Trennung mit der Immobilie geschehen soll. Soll ein Partner berechtigt sein, die Miteigentumsquote des anderen zu erwerben, empfiehlt es sich, den Wert der Immobilie zu dem entsprechenden Stichtag durch einen Sachverständigen ermitteln zu lassen. Dieser Sachverständige wird dann als Schiedsgutachter tätig, so dass seine Feststellungen im Rahmen der gesetzlichen und richterlichen Vorgaben (§§ 315 ff. BGB) verbindlich sind.[6]

47 Geht es schließlich um die Ermittlung des Wertes eines Unternehmens, können hier Wirtschaftsprüfer hinzugezogen werden. Sie können eine Unternehmensbewertung auf der Grundlage der Richtlinien des Institutes der deutschen Wirtschaftsprüfer fertigen.[7]

48 Dabei darf nicht verkannt werden, dass auch Gutachter von den Interessen der einen oder anderen Partei beeinflusst werden können und demnach mal optimistisch, mal pessimistisch die Wertschätzung vornehmen. Dessen ungeachtet gibt es naturgemäß Ermessensspielräume, die umso größer ausfallen, je komplexer und individueller der Bewertungsgegenstand ist, wie beispielsweise bei der Unternehmensbewertung.

5. Die Grenzen der Vertragsgestaltung

49 Inhaltlich geht es dabei um die Schranken der Vertragsfreiheit.[8] Lassen sich Verträge vom theoretischen Ansatz her unter Berufung auf die **Privatautonomie** frei gestalten, so ist doch zu berücksichtigen, dass zum Teil die Spezialgesetze selbst, zum Teil aber

---

6 Siehe zu Schiedsgutachten und ihrer Verbindlichkeit *Grüneberg*, in: Grüneberg, § 317 Rn. 3 ff. und § 319 Rn. 3 ff.
7 Grundsätze zur Durchführung von Unternehmensbewertungen, Institut der Wirtschaftsprüfer in Deutschland eV (IDW S 1 idF 2008); *Zwirner/Mugler*, in: Beck'sches Mandatshandbuch Unternehmenskauf, § 4 Rn. 1 ff., speziell 16 ff.
8 Allgemein dazu siehe bereits § 4 Rn. 71 ff.

auch die allgemeinen bürgerlich-rechtlichen Regelungen Schranken aufweisen. Auf die zwingende Vorschrift des Kaufvertragsrechts zur Unwirksamkeit von Haftungsausschlussklauseln bei Arglist wurde bereits hingewiesen (§ 444 BGB). Solche zwingenden Schutzregelungen gibt es an zahlreichen Stellen und müssen vom Vertragsgestalter beachtet werden. Im Handelsvertreterrecht beispielsweise ist die Vorschrift des § 89b HGB über den Handelsvertreterausgleichsanspruch ebenfalls zwingend und nicht vertragsrechtlich gestaltbar.

a) §§ 134, 138 BGB

Vertragliche Regelungen dürfen nicht gegen gesetzliche Verbote verstoßen (§ 134 BGB). Sie müssen gleichzeitig mit den guten Sitten übereinstimmen (§ 138 BGB).

50

Gerade § 138 BGB erfreut sich auch heute noch der Aktualität. Ging es viele Jahre im Bankrecht um die Wirksamkeit von Konsumentenkreditverträgen im Hinblick auf „Wucherzinsen", spielt § 138 BGB heute vor allem im Familienrecht eine besondere Rolle bei der Gestaltung von Eheverträgen. Eheverträge dürfen einen Vertragspartner bereits bei Vertragsschluss nicht unangemessen benachteiligen.[9]

51

b) § 242 BGB

Diese das ganze Zivilrecht beherrschende Generalklausel ist auch bei der Vertragsgestaltung zu beachten. Gerade die Rechtsprechung zieht diese Vorschrift immer heran, um als unerwünscht erkannte Rechtsfolgen zu korrigieren. Dies gilt beispielsweise bei der zu starken Beschränkung von Abfindungsansprüchen durch entsprechende Klauseln in Gesellschaftsverträgen oder bei der zu rigorosen Beschränkung der Ansprüche eines Ehepartners im Trennungs- und Scheidungsfall.[10]

52

c) §§ 305 – 310 BGB (Allgemeine Geschäftsbedingungen)

In der Rechtspraxis spielen die §§ 305 – 310 BGB eine große Rolle. Die Rechtsprechung überprüft die Wirksamkeit/Angemessenheit von Vertragsklauseln anhand dieser gesetzlichen Regelungen. Dies gilt nicht nur im Rechtsverkehr zwischen einem Unternehmer und einem Verbraucher, sondern auch im Verhältnis von Unternehmern untereinander. Über die Generalklausel des § 307 BGB prüft die Rechtsprechung, ob einzelne Klauseln zu einer unangemessenen Benachteiligung des Vertragspartners führen. Hierbei berufen sie sich mittelbar auf die Klauselverbote der §§ 308 und 309 BGB, obgleich sie unmittelbar für den Rechtsverkehr zwischen Unternehmen keine Anwendung finden.[11]

53

Formuliert der Jurist Verträge, die dem AGB-Recht unterfallen, hat er die §§ 305 ff. BGB streng zu beachten. Dabei muss er davon ausgehen, dass die Rechtsprechung sehr schnell zur Annahme vorformulierter Vertragsbedingungen kommt. Bereits die Absicht, einen Vertrag oder eine Vertragsklausel zukünftig weiter zu verwenden, kann ausreichend sein, um die Anwendbarkeit der §§ 305 ff. BGB zu bejahen.

54

---

9 *Siede*, in: Grüneberg, § 1408 Rn. 7 ff.; *Thiele*, in: Staudinger, Vorbem. § 1408 Rn. 13 ff.; *Langenfeld/Milzer*, Handbuch der Eheverträge und Scheidungsvereinbarungen, Kap. 1 Rn. 65 ff.; *Langenfeld* NJW 2011, 966 ff.
10 *Siede*, in: Grüneberg, § 1408 Rn. 16.; *Schäfer*, in: MünchKommBGB, § 738 Rn. 45 ff.; *Gregoritza*, in: Saenger/Aderhold/Lenkaitis/Speckmann, Handels- und Gesellschaftsrecht, Kap. 5 Rn. 730 ff.; *Sprau*, in: Grüneberg, § 738 Rn. 7 f.; *Langenfeld/Milzer*, Handbuch der Eheverträge und Scheidungsvereinbarungen, Kap. 1 Rn. 77 ff.
11 Dazu nur *Dauner-Lieb/Axer* ZIP 2010, 309 ff.; *Lenkaitis/Löwisch* ZIP 2009, 441 ff.

6. Musterlösung: ausformulierter Kaufvertrag über die Veräußerung eines gebrauchten Kraftfahrzeugs

55 Nachstehend wird der Entwurf des Kaufvertrags in ausformulierter Form vorgestellt. Damit soll beispielhaft **eine Musterlösung** vorgestellt werden, um zu Beginn der praktischen Fälle zu demonstrieren, wie ein Vertragstext sprachlich richtig formuliert werden kann.

▶ **Beispiel für die Gestaltung eines Kaufvertrages**

Kaufvertrag über ein gebrauchtes Fahrzeug

Zwischen

Herrn …, wohnhaft …,

nachstehend Verkäufer genannt

und

Frau Steffi Klug, wohnhaft …,

nachstehend Käuferin genannt

wird nachstehender Kaufvertrag geschlossen:

§ 1 Kaufgegenstand

Der Verkäufer verkauft an die Käuferin das in seinem Eigentum stehende Fahrzeug Typ VW Golf, 1. Zulassung im Jahre 2010, amtliches Kennzeichen …, Fahrgestellnummer …, km-Stand …, mit serienmäßigem Zubehör (…).

§ 2 Haftung für Sach- und/oder Rechtsmängel

(Formulierungsvorschlag für den Ausgangsfall)

Der Verkäufer übernimmt für den Kaufgegenstand die Haftung für die Freiheit von Sach- und Rechtsmängeln.

(Formulierungsvorschlag für die 1. Variante)

1. Der Verkäufer verkauft den Kaufgegenstand frei von Rechtsmängeln an die Käuferin.

2. Die Käuferin hat den Kaufgegenstand besichtigt und eine Probefahrt mit dem Fahrzeug durchgeführt. Der Kaufgegenstand wird verkauft wie besichtigt.

3. Der Verkäufer versichert, dass

3.1 ihm verborgene Mängel nicht bekannt sind, insbesondere das Fahrzeug keine Unfallschäden hatte,

3.2 die Angabe über den km-Stand nach seinem besten Wissen zutreffend ist.

§ 3 Kaufpreis und Zahlung

1. Der Kaufpreis beträgt 6.000 EUR.

2. Der Kaufpreis ist fällig bei Übergabe des Fahrzeugs.

3. Der Kaufpreis ist bar zu entrichten.

§ 4 Übereignung

1. Der Verkäufer und die Käuferin sind sich darüber einig, dass mit Unterzeichnung dieses Vertrags und Aushändigung der Autoschlüssel das Eigentum am Kaufgegenstand auf die Käuferin übergeht.

2. Die Käuferin bestätigt, den Kraftfahrzeugbrief und den Kraftfahrzeugschein erhalten zu haben.

§ 5 Abwicklung des Eigentümer- und Halterwechsels

1. Der Verkäufer wird den Wechsel in der Person des Halters unverzüglich der Zulassungsbehörde zum Zwecke der Berichtigung des Fahrzeugregisters mitteilen (§ 13 Abs. 4 S. 1 der Fahrzeug-Zulassungsverordnung).

2. Die Käuferin verpflichtet sich, das Fahrzeug unverzüglich bei der für sie zuständigen Zulassungsbehörde auf sich umzumelden (§ 13 Abs. 4 S. 3 FZV). Sie stellt den Verkäufer von jeder Haftung und allen Ansprüchen Dritter in Bezug auf das Fahrzeug frei, welche die Zeit ab der Übergabe betreffen.

Ort, Zeit

....
(der Verkäufer)   (die Käuferin)[12]

7. Lösung der 3. Variante

Hier wird das Fahrzeug von einem VW-Vertragshändler erworben. Damit verändern sich die rechtlichen Rahmenbedingungen. Folgendes ist im Einzelnen zu berücksichtigen:

a) AGB-rechtliche Regelungen der §§ 305 ff. BGB

Der VW-Vertragshändler wird dem Verkauf die Geltung seiner Geschäftsbedingungen (Verkaufsbedingungen) zugrunde legen. Bei der Gestaltung dieser Verkaufsbedingungen sind die §§ 305 ff. BGB zu beachten, insbesondere die Klauselverbote der §§ 308 und 309 BGB.

b) Verbrauchsgüterkauf

Es handelt sich um einen Verbrauchsgüterkauf nach Maßgabe der §§ 474 ff. BGB. Die hier bestehenden gesetzlichen Vorschriften sind weitgehend grds. zwingender Natur (§ 476 Abs. 1 BGB). Bei dem Erwerb neuer Waren beträgt die Haftung für Mängel mindestens zwei Jahre und bei gebrauchten Waren wenigstens ein Jahr (§ 476 Abs. 2 BGB).

Wichtig ist die Beweislastumkehr für Sachmängel bei Waren innerhalb des ersten Jahres seit Gefahrübergang (§ 477 BGB). Diese Regelung erleichtert dem Käufer innerhalb des Zeitraums eines Jahres die Durchsetzung von Ansprüchen wegen Sachmängeln des gekauften Gegenstandes.[13]

---

12 Zum Muster eines Kaufvertrags für den Erwerb eines gebrauchten Kraftfahrzeugs im Einzelnen: *Schmittat*, Vertragsgestaltung, Rn. 61 und S. 231 ff.; *Meyer-Sparenberg*, in: Beck'sches Formularbuch Bürgerliches, Handels- und Wirtschaftsrecht, Formular III.A.1. Wird der Kaufpreis „unbar" gezahlt, muss die Vertragserfüllung gesichert werden, so dass keine unabgesicherte Vorleistung entsteht.

13 Beachte Besonderheiten beim Kauf von lebenden Tieren (§ 477 Abs. 1 S. 2) oder Waren mit digitalen Elementen (§ 477 Abs. 2).

8. Der Ausschluss einer Mängelhaftung im Verbrauchsgüterkauf (Lösung der 4. Variante).

60 Beim Kauf gebrauchter Waren ist es typisch, dass diese nicht mehr dem neuwertigen Zustand entsprechen und neben dem Verschleiß auch weitere Schäden aufweisen können. Trotzdem kann ein (Ver-)Kauf attraktiv sein, da sich Mängel käufergünstig im Verkaufspreis niederschlagen und die Sache u.U. repariert werden kann. Zwischen Privatpersonen sind entsprechende Regelungen weitgehend unproblematisch. Der Verkäufer wird seine eigene Haftung für Mängel entsprechend regelmäßig ausschließen und die Sache so verkaufen, wie sie durch den Käufer besichtigt werden konnte. Einzige Grenze stellt hier § 444 BGB dar.

61 Problematisch gestaltet sich diese Konstellation allerdings im Rahmen des Verbrauchsgüterkaufs. Auf einen soeben erwähnten Haftungsausschluss kann sich der Unternehmer nämlich nicht berufen (§ 476 Abs. 1 S. 1 BGB). Würde der Unternehmer in Variante 4 der Gestaltungsaufgabe den Rostmangel lediglich durch einen Haftungsausschluss seiner Haftung entziehen, könnte er sich auf einen solchen nicht berufen und würde trotzdem haften. Um die Haftung des Unternehmers zu verhindern, können Unternehmer und Verbraucher eine sog. negative Beschaffenheitsvereinbarung festlegen. Diese Vereinbarung ist jedoch an die strengen Voraussetzungen des § 476 Abs. 1 S. 2 BGB geknüpft, welche im Folgenden skizziert werden.

a) § 476 Abs. 1 S. 2 Nr. 1 BGB

62 Zunächst muss der Verbraucher vor der Abgabe seiner Vertragserklärung eigens davon in Kenntnis gesetzt werden, dass ein bestimmtes Merkmal der Ware von den objektiven Anforderungen abweicht. Hierzu reicht bereits ein mündlicher Hinweis aus. Dabei genügt es aber nicht, wenn der Verkäufer abstrakt die Ware beschreibt oder den Schaden an sich nur benennt. Vielmehr muss der Verkäufer die Abweichung konkret benennen.[14] Des Weiteren muss dem Hinweis die Information entnommen werden können, dass die Sache von der objektiven Beschaffenheit abweicht und der Käufer somit ein Weniger im Vergleich zu dem erhalten wird, was er objektiv erwarten konnte.[15] Der Käufer muss diesen Hinweis rechtzeitig erhalten, um in Kenntnis dieser Abweichung über die Vertragserklärung zu entscheiden.[16]

b) § 476 Abs. 1 S. 2 Nr. 2 BGB

63 Sodann muss die Abweichung im Sinne von Nr. 1 im Vertrag „ausdrücklich und gesondert" vereinbart werden. Auch hier genügt es, wenn die Vereinbarung über den Ausschluss mündlich getroffen wird.[17] Eine konkludente Vereinbarung ist durch den Zusatz „ausdrücklich" ausgeschlossen.[18] Darüber hinaus muss die Vereinbarung hervorgehoben werden, damit der Verbraucher sie bewusst in seine Kaufentscheidung einbeziehen kann. Sie darf und soll gerade nicht in einem Vertragswerk neben anderen Regelungen verloren gehen.[19] Ratsam ist es hierbei, die Beschaffenheitsvereinbarung

---

14 RegE, BT-Drs. 19/27424, 42; *Faust* in: BeckOK BGB, § 476, Rn. 22.
15 *Faust* in: BeckOk BGB, § 476, Rn. 24f.
16 RegE, BT-Drs. 19/27424, 42; *Faust* in: BeckOK BGB, § 476 Rn. 23.
17 *Faust* in: BeckOK BGB, § 476 Rn. 28.
18 RegE, BT-Drs. 19/27424, 42; *Herrler*, DNotZ 2022, 491 (502).
19 RegE, BT-Drs. 19/27424, 42.

von den weiteren Regelungen räumlich zu trennen.[20] Wichtig ist hierbei auch, dass die Zustimmung nicht unmittelbar durch die Vertragserklärung ergeht, sondern im Rahmen einer eigenständigen Erklärung.[21]

c) Lösung der Variante 4

Der Verkäufer wird Steffi vor dem Vertragsschluss darüber – im günstigsten Falle schriftlich – informieren, dass das Auto an der Fahrertür bereits Rost angesetzt hat und dies den Wert des Gebrauchtwagens im Vergleich zu anderen Gebrauchtwagen schmälert. Im Anschluss daran kann Steffi entscheiden, ob sie den Vertragsschluss trotz des Mangels in Betracht zieht oder davon Abstand nehmen möchte. Sodann werden sich Steffi und der Verkäufer mündlich oder im besten Fall in einem separaten Schriftstück darüber einigen, dass die Sache den Mangel aufweist. Kommt es nun zum Vertragsschluss zwischen dem Verkäufer und Steffi, so muss der Verkäufer für den Mangel nicht mehr einstehen.

64

III. Kauf einer Immobilie

▶ Gestaltungsaufgabe: Eigentumswohnung

65

Steffi Klug ist die tägliche Pendelei zwischen Coesfeld und Münster leid. Sie möchte auch mehr das studentische Leben in Münster genießen. Sie sucht deshalb eine Wohnung. Ihr Vater erklärt sich bereit, in Münster eine kleine Eigentumswohnung zu erwerben und sie ihr zur Miete für die Dauer ihres Studiums in Münster zu überlassen. Vater Klug bittet Steffi und ihren Freund Mark, ihm für seine Verhandlungen mit den potenziellen Verkäufern einen Kaufvertragsentwurf für den Erwerb einer solchen Eigentumswohnung zur Verfügung zu stellen.

Zusatzüberlegung (Rn. 90 ff.)

Was muss Vater Klug bedenken, wenn er die erworbene Wohnung seiner Tochter Steffi zu einer „günstigen" Miete überlassen möchte?

Sachverhaltsalternative (Rn. 104 ff.)

Ändern sich die rechtlichen Grundlagen, wenn Vater Klug – statt einer gebrauchten – eine neue Eigentumswohnung von einem Bauträger erwerben möchte? Welchen Einfluss hat dies auf die Vertragsgestaltung?[22] ◀

1. Einführende Hinweise

Der Kaufvertrag über Immobilien bedarf nach § 311b Abs. 1 BGB der notariellen Beurkundung. Entsprechendes gilt für Werkverträge, durch die sich der Unternehmer zur Bebauung und Übereignung eines Grundstücks verpflichtet.[23] Selbiges gilt auch für die vertragliche Verpflichtung, Sondereigentum zu übertragen (§ 4 Abs. 3 WEG).

66

---

20 *Herrler*, DNotZ 2022, 491 (502f.).
21 *Faust* in: BeckOK BGB, § 476, Rn. 30.
22 Zum Kaufvertrag von Immobilien: *Kamanabrou*, Vertragsgestaltung, § 6 Rn. 1 ff.; *Langenfeld*, Vertragsgestaltung, Kap. 6 Rn. 1 ff. zur Vertragsgestaltung im Grundstücksrecht; *Otto*, in: Münchener Vertragshandbuch, Bd. 5, Formular I.3 zum Kauf einer Eigentumswohnung (Bestand); *Hertel*, in: Münchener Vertragshandbuch, Bd. 5, Formular I.30 zum Bauträgervertrag über ein Reihenhaus und Formular I.31 über eine Eigentumswohnung; *Gebele*, in: Beck'sches Formularbuch Bürgerliches, Handels- und Wirtschaftsrecht, Formular III.B.6 zum Kauf einer noch zu errichtenden Eigentumswohnung.
23 *Grüneberg*, in: Grüneberg, § 311b Rn. 15.

67 Die den Vertrag gestaltende Person ist damit rechtlich zwingend der Notar. Allerdings verwenden Wohnungsgesellschaften und Bauträger gern ihre eigenen Muster, so dass der Notar hier zumindest die Vereinbarkeit der Texte mit dem geltenden Recht überprüfen muss und darauf zu achten hat, dass die vertraglichen Regelungen die Interessen beider Parteien angemessen berücksichtigen, sie also nicht einseitig zulasten des Käufers/Bestellers ausfallen.

2. Basiswissen zu Immobilienverträgen

68 Im Vorfeld des Abschlusses von Immobilienverträgen tauchen immer zwei Themenkomplexe auf, nämlich die Frage nach dem **Grundbuchstand** und nach der **Finanzierung**. Damit hat es folgende Bewandtnis:

a) Zum Grundbuch

69 Jeder juristisch sinnvolle Umgang mit Grundstücken setzt die Kenntnis der entsprechenden Grundbucheintragungen voraus. Nur so lassen sich grundstücksbezogene Rechtsgeschäfte richtig und zweckmäßig strukturieren.

70 Grundlage für Grundbucheintragungen sind zunächst die in den Ländern eingerichteten amtlichen Verzeichnisse (**Liegenschaftskataster**), § 2 Abs. 2 GBO. Jedes Grundstück erhält im Grundbuch eine besondere Stelle (**Grundbuchblatt**). Das Grundbuchblatt ist für das Grundstück als das Grundbuch im Sinne des Bürgerlichen Gesetzbuchs anzusehen (§ 3 Abs. 1 S. 2 GBO).

71 Das Grundbuchblatt erfasst vier Kategorien von Eintragungen: Zunächst das sogenannte Bestandsverzeichnis und dann die Abteilungen I, II und III. Während im Bestandsverzeichnis die katastermäßigen Angaben wiedergegeben werden, gibt Abt. I Auskunft über die Eigentumsverhältnisse am Grundstück. In Abt. III werden Hypotheken, Grundschulden und Rentenschulden eingetragen, während in Abt. II alle sonstigen, eintragungsfähigen Lasten und Beschränkungen wiedergegeben werden. Damit sieht das Grundbuch wie folgt aus:

▶ **Beispiel für ein Grundbuchblatt**
Deckblatt
Amtsgericht ...
                    Grundbuch von ... (Gemarkung)
Blatt ...
Bestandsverzeichnis
lfd. Nr. der Grundstücke Gemarkung ... Flur ... Flurstück ..., Wirtschaftsart und Lage, Größe
Abteilung I
Eigentümer, Grundlage der Eintragung
Abteilung II
Lasten und Beschränkungen
Abteilung III
Hypotheken, Grundschulden, Rentenschulden. ◀

72 Gibt demnach der Grundbuchinhalt Auskunft über die bestehenden dinglichen Rechte an Grundstücken, wird sich jeder Notar bei der Befassung mit Grundstücksgeschäften zunächst Kenntnis vom Grundbuchstand verschaffen. Auf diese Weise erfährt er, wer überhaupt die richtigen Gesprächspartner sind (Eigentümer), ob und ggf. in welcher

Höhe Grundpfandrechte bestehen und welche sonstigen Belastungen eingetragen sind, zB Leitungs- und Wegerechte für Grundstücksnachbarn.

b) Zur Finanzierung

Nur in seltenen Fällen erfolgt die Bezahlung des Kaufpreises für Immobilien aus Eigenmitteln (Eigenkapital). In der Regel sind Käufer oder Bauherrn auf die Inanspruchnahme von Fremdkapital/Darlehen angewiesen. Solche Darlehen werden vor allem von Banken und Sparkassen gegen Bestellung geeigneter Sicherheiten gewährt.[24]

Als Sicherheiten insbesondere für Bankkredite kommen sogenannte **Personalsicherheiten** und **Realsicherheiten** in Betracht. Zu den Personalsicherheiten gehören vor allem Bürgschaft, Garantie und die sogenannte Patronatserklärung. Unter Realsicherheiten fallen Hypothek, Grundschuld, Pfandrecht, Sicherungseigentum und Sicherungszession.

Heutzutage werden in aller Regel **Grundschulden** als Sicherheit für die Gewährung von Bankkrediten zum Grundstückserwerb bestellt. Das finanzierende Kreditinstitut legt – nahezu immer – Wert darauf, im Grundbuch an bester Stelle (an erster Rangstelle) abgesichert zu werden. Dementsprechend müssen der Notar sowie die Vertragsbeteiligten prüfen, ob die Grundbuchlage eine solche Situation zulässt bzw. sie herbeigeführt werden kann, beispielsweise durch den sogenannten **Rangrücktritt**. Im Grundbuch eingetragene Berechtigte erklären in einem solchen Fall, dass sie mit ihren Rechten hinter die an sich nachrangige Grundschuld zugunsten eines Kreditinstituts zurücktreten.

c) Das Grundbuch als Sicherungsmittel

Reicht die Bonität des Darlehensnehmers in der Regel nicht aus, um Baukredite ohne Realsicherheit zu gewähren, kommt fast immer nur die Eintragung eines Grundpfandrechts im Grundbuch des zu erwerbenden Grundstücks als Sicherungsmittel in Frage. Möchte der Käufer eine gebrauchte Immobilie erwerben, ist dort häufig noch in Abt. III das den früheren Erwerb finanzierende Kreditinstitut eingetragen. Beim Erwerb von Grundstücken mit Bauverpflichtung des Bauträgers ist häufig dessen Bank im Grundbuch eingetragen, die den Erwerb der durch den Bauträger noch zu veräußernden Grundstücke kreditiert hat.

Damit ergibt sich scheinbar ein **Dilemma**. Kommt als Sicherheit fast immer nur das zu erwerbende Grundstück selbst in Frage, ist dies in aller Regel noch belastet. Damit kann das den neuen Kauf finanzierende Kreditinstitut als Sicherheit „an sich" nicht die Eintragung einer Grundschuld an erster Rangstelle erhalten.

Die **Lösung** sieht in der Praxis wie folgt aus: Der Eigentümer des zu veräußernden Grundstücks erlaubt dem den Kauf finanzierenden Kreditinstitut, in „seinem" Grundbuch eine Grundschuld eintragen zu lassen. Als „Gegenleistung" weist der Erwerber seine finanzierende Bank unwiderruflich an, die Darlehensvaluta unmittelbar an den Verkäufer bzw. an dessen noch im Grundbuch eingetragenes Kreditinstitut auszuzahlen, so dass – ggf. unter weiterem Einsatz von Eigenkapital – die bestehende Grundschuld im Grundbuch gelöscht werden kann. Damit ist auch gewährleistet, dass das neue Kreditinstitut zumindest in Abt. III erstrangig eingetragen werden kann. Früher

---

24 S. auch § 15 Rn. 16ff.

wurde häufig auch das Abtretungsmodell gewählt. Nach der Entscheidung des BGH vom 27.6.2008 kann eine solche Abtretung bei Unwirksamkeit des Darlehensvertrages zu bereicherungsrechtlichen Rückzahlungsansprüchen gegen den Verkäufer führen.[25]

79 Aufgabe des Notars ist es, das Zusammenwirken der Parteien und der hinter ihnen stehenden Kreditinstitute zu regeln. Er wird das im Grundbuch noch eingetragene Kreditinstitut bitten, ihm die Darlehensvaluta zum maßgeblichen Übertragungsstichtag bekannt zu geben und ihm eine entsprechende Löschungsbewilligung treuhänderisch auszuhändigen. Er sorgt für die Bestellung der neuen Grundschuld und fordert die entsprechende kreditgebende Bank auf, die Auszahlung der Darlehensvaluta, soweit für die Kaufpreiszahlung benötigt, direkt an den Verkäufer bzw. seine abzulösende Bank auszuzahlen.

3. Vorbereitende Überlegungen

80 Sachverhalt, Gestaltungsziel und Interessenlage sind bei der im Ausgangsfall geschilderten Konstellation klar. Mark und Steffi sollen einen Kaufvertragsentwurf über den Erwerb einer gebrauchten Eigentumswohnung entwerfen, der von Vater Klug als Grundlage für Gespräche mit potenziellen Verkäufern genutzt werden kann.

81 Die Vereinbarung eines angemessenen Kaufpreises und die Sicherstellung des Eigentumserwerbs sind wichtige Faktoren. Der **Wert** einer Immobilie bestimmt sich nach Angebot und Nachfrage und wird ganz entscheidend auch durch deren **Lage** beeinflusst. Um überhaupt eine gewisse Werteinschätzung zu erhalten, kann die Expertise eines erfahrenen, seriösen Maklers eingeholt werden. Alternativ ist daran zu denken, ein Wertgutachten beim Gutachterausschuss (§ 193 BauGB) oder bei einem öffentlich bestellten und vereidigten Sachverständigen einzuholen. Bei derartigen Wertgutachten ist allerdings zu berücksichtigen, dass sie häufig nicht die aktuellen konkreten Marktverhältnisse widerspiegeln und auch recht teuer sind.

82 Zwischen Kaufvertragsabschluss und Eigentumsumschreibung vergehen beim Immobilienkaufvertrag in der Regel einige Wochen, bei Bauträgerverträgen häufig ein Jahr und mehr Zeit. Schon aus diesem Grunde ist es zwingend notwendig, dass der „unbelastete" Eigentumserwerb des Käufers sichergestellt wird. Dies geschieht durch Eintragung einer sogenannten **Auflassungsvormerkung** zugunsten des Käufers in Abt. II des Grundbuchs gem. § 883 Abs. 1 BGB. Kommt es nach Eintragung dieser Auflassungsvormerkung später zu beeinträchtigenden weiteren Belastungen des Grundstücks, beispielsweise zur Eintragung von Sicherungshypotheken, weil der Verkäufer titulierte Verbindlichkeiten nicht begleicht, kann der Käufer nach Eigentumsumschreibung gem. § 888 Abs. 1 BGB die Löschung der nachrangigen Belastung verlangen und ggf. gerichtlich durchsetzen.

83 Unter Berücksichtigung der wechselseitigen Interessenlage kommt es im Übrigen entscheidend auf die Regelung über die Haftung für die Freiheit von Sach- und Rechtsmängeln an. Bei einem Erwerb gebrauchter Immobilien versteht es sich „an sich" von selbst, dass der Verkäufer hier keine gesetzliche Haftung im Sinne der §§ 434, 435 BGB übernehmen kann. Ähnlich wie beim Erwerb gebrauchter Fahrzeuge wird der Notar die uneingeschränkte Haftung des Verkäufers für die Freiheit von Rechtsmängeln vorsehen. Demgegenüber wird er die Haftung für die Freiheit von Sachmängeln grundsätzlich ausschließen. Üblich ist hier „nur" die Versicherung, dass dem Verkäu-

---

25 *Krauß*, Immobilienkaufverträge, Rn. 2300 ff.; BGH DNotZ 2008, 923.

fer keine bei einer Besichtigung nicht ohne Weiteres erkennbaren (verdeckten bzw. versteckten) Mängel bekannt sind. Über solche Mängel muss der Verkäufer aufklären. Unterlässt er dies, liegt ein Fall der Arglist mit der Folge vor, dass er sich nicht auf den Haftungsausschluss berufen kann (§ 444 BGB).

4. Entwicklung der Gestaltung
a) Erstellung des Vertragsentwurfs

Hier sind die unter Rn. 33 f. dargestellten Arbeitsschritte als Hilfsmittel heranzuziehen. Der Themenkatalog der zu regelnden Fragen ist zu entwickeln. 84

aa) Heranziehung von Formularbüchern

Hat sich der Vertragsgestalter selbst einen Überblick über die zu regelnden Themen verschafft, empfiehlt es sich in aller Regel, bei der weiteren Bearbeitung Formularbücher zur Unterstützung der eigenen Arbeit heranzuziehen. Zum einen kann anhand der dort vorgestellten Musterentwürfe festgestellt werden, ob der selbst erstellte Themenkatalog vollständig ist. Zum anderen können die Muster als Gliederungshilfe dienen und Basis für die Formulierung der einzelnen Regelungen sein. Gute Formularmuster können teilweise auch nach entsprechender Konkretisierung „mehr oder weniger" übernommen werden. 85

bb) Struktur von Grundstückskaufverträgen

In den Formularbüchern finden sich viele gute Muster für Immobilienkaufverträge. Aus diesem Grunde und wegen des Umfangs derartiger Verträge soll hier kein Muster erarbeitet werden. Stattdessen soll die übliche Struktur bzw. der Aufbau entsprechender Grundstückskaufverträge kurz vorgestellt werden. 86

Handelt es sich im Hinblick auf § 311b Abs. 1 BGB immer um eine notarielle Urkunde, findet sich an der Spitze des Vertrags das typische notarielle Deckblatt mit den Orts- und Zeitangaben sowie dem Namen des Notars. Der Notar hält dann fest, welche Personen erschienen sind und wie er sich Kenntnis über ihre Identität verschafft hat. Meistens wird er die entsprechenden Personen in der Urkunde dann mit ihrer Funktionsbezeichnung „abstrakt" angeben, den veräußernden Eigentümer also beispielsweise als Verkäufer oder Veräußerer bezeichnen und Entsprechendes mit der Person des Erwerbers tun, ihn also als Käufer oder Erwerber benennen. 87

Die Urkunde selbst beginnt dann in der Regel mit der Erklärung des Verkäufers/Veräußerers, dass er Eigentümer der im Grundbuch von … verzeichneten Immobilie ist. Dann wird der Notar im Einzelnen die Grundbuchdaten wiedergeben. 88

Der Kaufvertrag ist dann üblicherweise wie folgt gegliedert: 89

▶ **Gliederung eines Kaufvertrages**

§ 1 Kaufgegenstand (hier in der Regel Bezug auf die Grundbuchdaten, die in der Vorbemerkung wiedergegeben werden).
§ 2 Kaufpreis
§ 3 Kaufpreisfälligkeit und Finanzierung
§ 4 Übertragungsstichtag/Besitzübergang
§ 5 Haftung für Sach- und Rechtsmängel

§ 6   Auflassungsvormerkung und Auflassung
§ 7   Genehmigungen, Vorkaufsrechte
§ 8   Kosten, Grunderwerbsteuer
§ 9   Vollmachten (für Mitarbeiter des Notars)
§ 10 Grundbuchanträge
§ 11 Belehrungshinweise des Notars
Urkundenschluss ◀

b) Zur Zusatzüberlegung

90   Hier möchte Vater Klug die von ihm erworbene Wohnung zu einer „günstigen" Miete an seine Tochter Steffi vermieten. Diese Aussage bedeutet, dass er von seiner Tochter nicht die Zahlung der ortsüblichen Miete verlangt. Täte er dies, hätte seine Tochter eine geeignete Wohnung direkt von einem Fremdvermieter anmieten können und der aufwendige, zumindest für einen Laien kompliziert erscheinende „Umweg" über den Eigentumserwerb einer gebrauchten Immobilie hätte vermieden werden können.

91   Für die von Vater Klug getätigte Investition gibt es zwei Motive. Einerseits möchte er seiner Tochter ermöglichen, zu günstigen Mietkonditionen an ihrem Studienort selbst zu wohnen. Zum anderen möchte er durch den Eigentumserwerb für sich Vermögen aufbauen und sich später nach dem Auszug der Tochter eine gute Mieteinnahmequelle sichern.

aa) Vertragsgestaltung und Steuerrecht

92   Verträge zwischen Kaufleuten/Unternehmen haben praktisch immer steuerrechtliche Auswirkungen. Vielfach gilt das aber auch für Verträge zwischen Privaten. Der Einfluss des Steuerrechts auf die gesamte rechtsgeschäftliche Tätigkeit nimmt immer mehr zu. Aus diesem Grunde sind **steuerliche Grundkenntnisse** bei der Vertragsgestaltung sehr hilfreich und in der Regel sogar notwendig, wenn sie gesellschaftsrechtliche Strukturen betreffen (Gründung, Umwandlung und Beendigung von Gesellschaften).

93   Im Vordergrund stehen häufig ertragsteuerliche Fragen. Mit jedem seinem Betrieb unterfallenden Geschäftsabschluss ist der Kaufmann/das Unternehmen bemüht, Gewinn zu erzielen. Gewinne sind zu versteuern entweder nach dem EStG (für Einzelkaufleute und Personengesellschaften) oder nach dem KStG (für Kapitalgesellschaften).

bb) Die Einkunftsarten des EStG

94   Das EStG kennt sieben Einkunftsarten (§ 2 Abs. 1 EStG), nämlich Einkünfte aus Land- und Forstwirtschaft (§ 13 EStG); Einkünfte aus Gewerbebetrieb (§ 15 EStG); Einkünfte aus selbstständiger Arbeit (§ 18 EStG); Einkünfte aus nicht selbstständiger Arbeit (§ 19 EStG); Einkünfte aus Kapitalvermögen (§ 20 EStG); Einkünfte aus Vermietung und Verpachtung (§ 21 EStG) und sonstige Einkünfte (§ 22 EStG).

95   Einkünfte aus Land- und Forstwirtschaft, aus Gewerbebetrieb und aus selbstständiger Tätigkeit werden gemäß § 2 Abs. 2 Nr. 1 EStG als **Gewinneinkunftsarten** bezeichnet. Bei diesen Einkunftsarten ist der **Gewinn** Besteuerungsgegenstand.

Bei den Einkünften aus nichtselbstständiger Arbeit, aus Kapitalvermögen, aus Vermietung und Verpachtung sowie bei den sonstigen Einkünften ist Besteuerungsgegenstand der **Überschuss** der Einnahmen über die Werbungskosten (§ 2 Abs. 2 Nr. 2 EStG).

Die **Einkünfteermittlungsmethode** ist bei den Gewinneinkunftsarten die Gewinnermittlung nach § 4 Abs. 1 EStG durch **Vermögensvergleich**. Verglichen wird die Höhe des Betriebsvermögens am Schluss des Wirtschaftsjahres mit der Höhe des Betriebsvermögens am Schluss des vorangegangenen Wirtschaftsjahres. Bei den sogenannten **Überschusseinkunftsarten** wird der Gewinn als Überschuss der Betriebseinnahmen über die Betriebsausgaben nach § 4 Abs. 3 EStG festgestellt.

Wirtschaftsgüter, die zum Betriebsvermögen eines Kaufmanns/Unternehmens gehören, sind **steuerverstrickt**. Bei der Vertragsgestaltung ist unbedingt zu vermeiden, dass – ungewollt – die Steuerverstrickung aufgelöst wird (zB durch Entnahme des Wirtschaftsgutes aus dem Betriebsvermögen und Überführung in das Privatvermögen) und dadurch Gewinnrealisierung eintritt (zB durch Aufdeckung stiller Reserven). Gehörte also beispielsweise ein auf einem Betriebsgelände stehendes Hausmeisterhaus zum Vermögen der Gesellschaft und wird nicht länger benötigt und deshalb unentgeltlich auf den Alleingesellschafter zur privaten Eigennutzung übertragen, tritt durch eine solche Gestaltung **Gewinnrealisierung** ein. Standen Grundstück und Gebäude in der Bilanz des Unternehmens beispielsweise mit einem Wert von 100.000 EUR „zu Buche" und hat im Zeitpunkt der Übertragung die Immobilie einen Verkehrswert von 300.000 EUR, so hat die Gesellschaft einen zu versteuernden Veräußerungsgewinn in Höhe von 200.000 EUR erzielt.

cc) Vorsicht bei steuermotivierten Verträgen

Auf der Suche nach **Steuervorteilen** sind viele Berater behilflich, unter anderem Steuerberater, Unternehmensberater und Vertreter der Banken. Juristen sollten sich hier eine gesunde **Skepsis** bewahren. In erster Linie kommt es bei Gestaltungen auf wirklich sinnvolle Maßnahmen an, die die Vertragsparteien – zunächst ohne Rücksicht auf Steueroptimierungen – auch wirklich wollen. Erst wenn fest steht, dass beispielsweise Eltern schon zu Lebzeiten Immobilien vollständig – unbelastet – auf ihre Kinder übertragen möchten oder der Firmeninhaber sich bereits zu Lebzeiten von seinem Unternehmen durch Übertragung auf seine Kinder trennen möchte, sind steuergünstige Gestaltungen zu suchen und nach kritischer Prüfung dann auch durchzuführen.

dd) Steuerliche Auswirkungen des Immobilienerwerbs

Vater Klug erwirbt die Eigentumswohnung nicht zur Eigennutzung, sondern zum Zwecke der Vermietung (zunächst an seine Tochter während ihres Studiums, danach an fremde Dritte). Er schafft damit eine Einkunftsquelle aus **Vermietung und Verpachtung** (§ 21 EStG). Dies bedeutet, dass er einen etwaigen Gewinn (Überschuss der Mieteinnahmen über die Mietausgaben) zu versteuern hat, er umgekehrt natürlich auch Verluste aus dem Vermietungsgeschäft steuerlich im Sinne einer Reduzierung seiner Einkommensteuer geltend machen kann.

Zu den Kosten der Vermietung gehören neben den reinen Bewirtschaftungskosten beispielsweise auch die Kosten der Fremdfinanzierung (Bankzinsen) sowie die **Absetzung für Abnutzung**, die sogenannte AfA (§ 7 Abs. 4 und Abs. 5 EStG). Auf der Einnahmenseite erwirtschaftet Vater Klug den Mietzins, der hier unter der ortsüblichen Miete liegen soll. Es stellt sich deshalb die Frage, ob eine verbilligte Vermietung an Angehörige von der Finanzverwaltung „anerkannt" wird und die volle Berücksichtigung der Kosten (Werbungskosten) ermöglicht.

102 § 21 Abs. 2 EStG bestimmt hierzu, dass bei einem Mietzins, der unter 50 % (bis VZ 2020 66 %) der ortsüblichen Marktmiete liegt, die Nutzungsüberlassung in einen entgeltlichen und einen unentgeltlichen Teil aufzuteilen ist. Beträgt dagegen das Entgelt bei auf Dauer angelegter Wohnungsvermietung mindestens 66 % der ortsüblichen Miete, gilt die Wohnungsvermietung insgesamt als entgeltlich. Liegt das Entgelt zwischen 50 und 66 % der ortsüblichen Miete, muss das Vorliegen einer Einkunftserzielungsabsicht geprüft werden.[26] In diesem Fall ist anhand einer Totalüberschussprognose zu entscheiden, ob die Werbungskosten insgesamt oder prozentual abgezogen werden können.

103 Um Steuervorteile voll nutzen zu können, empfiehlt sich also im konkreten Fall die Vereinbarung eines Mietzinses zwischen Vater und Tochter Klug in Höhe von wenigstens 66 % der ortsüblichen Miete. Dann ist sichergestellt, dass die Finanzverwaltung trotz der „günstigen" Miete den Mietvertrag steuerrechtlich wie einen Mietvertrag unter „fremden Dritten" anerkennt.

c) Zur Sachverhaltsalternative

104 Vater Klug erwirbt nunmehr eine von einem Bauträger zu errichtende neue Eigentumswohnung. Hier stellt sich die Frage, welchen Einfluss dieser veränderte Sachverhalt auf die Vertragsgestaltung hat. Es kommt also darauf an zu klären, welche rechtlichen Rahmenbedingungen für diesen Sachverhalt bestehen.

aa) Zur Rechtsnatur des Bauträgervertrags

105 Der Bauträgervertrag zeichnet sich durch zwei Elemente aus: Zum einen enthält er die Verpflichtung des Bauträgers zur Übereignung eines Grundstücks bzw. bei Wohnungseigentum zur Veräußerung eines Miteigentumsanteils an einem Grundstück. Zum anderen enthält er die Verpflichtung zur Herstellung des Objekts gemäß der vom Bauträger bereits entwickelten Planung und Baubeschreibung.[27] Seit dem 1.1.2018 ist der Bauträgervertrag in den §§ 650u und 650v BGB gesetzlich geregelt.

106 Der Bauträgervertrag ist ein typengemischter Vertrag mit kauf- und werkvertraglichen Elementen. Auf die Herstellung des Bauwerks und daraus resultierende Mängel findet Werkvertragsrecht Anwendung, auf den Erwerb und diesbezügliche Mängel Kaufvertragsrecht.[28]

107 Werkvertragsrecht ist nach Auffassung des BGH auch dann anwendbar, wenn das „neu errichtete Objekt" zum Zeitpunkt der Veräußerung bereits vollständig fertiggestellt ist.[29]

108 Anlass für diese Rechtsprechung ist der Umstand, dass die Gewährleistungsvorschriften des Werkvertragsrechts interessengerechter als die des Kaufrechts bei Mängeln des

---

26 *Kulosa*, in: Schmidt, EStG, § 21 Rn. 158 ff.; BFH-Urteil vom 5.11.2002, BStBl 2003 II, 646 sowie BMF-Schreiben vom 8.10.2004, BStBl 2004 I, 933 Rn. 11.
27 *Basty*, Bauträgervertrag, Rn. 7 ff.; *Karczewski*, NZBau 2018, 328.
28 *Scheuch*, in: Hk-BGB § 650u Rn. 1 f.
29 BGH NJW 1985, 151; 2016, 2878 f.; 2005, 1115 f.; 2007, 3275; *Scheuch*, in: Hk-BGB § 650u Rn. 3; aA *Busche*, in: MünchKommBGB, § 650u Rn. 14.

Bauwerks sind. So kannte vor Inkrafttreten des SchuldRModG nur das Werkvertragsrecht einen Nachbesserungsanspruch des Erwerbers. Auch heute bestehen noch Unterschiede in den Gewährleistungsvorschriften der beiden Vertragstypen, die ein Festhalten an der bisherigen Rechtsprechung rechtfertigen. Anders als im Kaufvertragsrecht steht dem Unternehmer ein Wahlrecht hinsichtlich der Nacherfüllung zu (§ 635 Abs. 1 BGB, § 439 Abs. 1 BGB), dem Besteller steht ein Recht zur Selbstvornahme zu (§ 637 BGB).[30]

bb) Die Baubeschreibung

Der Inhalt der Bauverpflichtung richtet sich beim Bauträgervertrag nach den Vertragsbestimmungen, insbesondere nach der in Bezug genommenen beurkundeten **Baubeschreibung** und den mit beurkundeten **Plänen**, § 650j f. BGB.[31]

109

Anders als beim Erwerb einer bereits existenten Immobilie ist der Käufer eines noch zu errichtenden Bauwerks darauf angewiesen, dass die vom Bauträger geschuldete Gegenleistung präzise und umfassend geregelt wird. Nur so kann er beurteilen, ob der vorgesehene Kaufpreis anhand der in der Baubeschreibung im Einzelnen beschriebenen Leistungen auch gerechtfertigt ist. Ob die Ausstattung wirklich einem gehobenen Qualitätsniveau entspricht, kann nur einer präzise abgefassten Baubeschreibung entnommen werden.

110

Der Bauträgervertrag selbst wird nur die Verpflichtung des Bauträgers enthalten, das Bauwerk nach Maßgabe der Baupläne und der Baubeschreibung herzustellen. Kommt eine Änderung der vorher beurkundeten Baubeschreibung bei Sonderwünschen des Käufers in der Regel nicht mehr in Frage, muss er Wert darauf legen, dass diese Sonderwünsche – als Abweichungen von der Baubeschreibung – im konkreten Bauträgervertrag gesondert beurkundet oder als individuelle Anlage mit zum Gegenstand des Vertrags und der Beurkundung gemacht werden.

111

cc) Das Wohnungseigentum, die Teilungserklärung und die Abgeschlossenheitsbescheinigung

Das am 20.3.1951 in Kraft getretene Gesetz über das Wohnungseigentum und das Dauerwohnrecht (WEG) verfolgte das Ziel, die Bautätigkeit nach dem Krieg zu beleben und den Wiederaufbau der zerstörten Städte zu fördern. Das WEG blieb lange Zeit weitgehend unverändert. Erst mit der zum 1.7.2007 in Kraft getretenen Novelle[32] hat der Gesetzgeber maßgebend in das Gesetz eingegriffen und damit auf einige grundlegende Entscheidungen des BGH reagiert. Am 01.12.2020 trat sodann eine weitere Novellierung des WEG in Kraft.[33]

112

Das WEG beruht auf einem „Trick". Abweichend von den Grundsätzen des BGB zur rechtlichen Einheit von Grundstück und Gebäude (§§ 93, 94 BGB) kann nach Maßgabe des WEG an Wohnungen das **Wohnungseigentum** und an nicht zu Wohnzwecken

113

---

30 BGH NJW 2005, 1115 f.; 2016, 2878 f.; *Basty*, Bauträgervertrag, Rn. 12 f. mwN; *Sprau*, in: Grüneberg, § 650u Rn. 6, Rn. 28 ff. BGB BGH NJW 2016, 1572 Tz 26 ff; *Heermann*, in: MünchKommBGB, § 675 Rn. 104.
31 *Karczewski*, NZBau 2018, 328..
32 Gesetz zur Änderung des Wohnungseigentumsgesetzes und anderer Gesetze vom 26.3.2007, BGBl. I 2007, S. 370.
33 Gesetz zur Förderung der Elektromobilität und zur Modernisierung des Wohnungseigentumsgesetzes und zur Änderung von kosten- und grundbuchrechtlichen Vorschriften (WEMoG) vom 16.10.2020. BGBl. I 2020, S. 2187.

dienenden Räumen eines Gebäudes das **Teileigentum** begründet werden. Nach § 1 Abs. 2 WEG ist Wohnungseigentum das Sondereigentum an einer Wohnung in Verbindung mit dem Miteigentumsanteil an dem gemeinschaftlichen Eigentum (zB das Dach oder ein Treppenhaus/Aufzug etc.), zu dem es gehört. Wohnungseigentum ist demnach ein besonders ausgestaltetes Bruchteilseigentum.

114 Entsprechendes gilt für das Teileigentum. Es unterscheidet sich nur insoweit vom Wohnungseigentum, als hier die Räume nicht Wohnzwecken dienen. Infrage kommt Teileigentum also insbesondere für die Praxen von Freiberuflern oder sonstige Büros.

115 **Sondereigentum** lässt sich – vereinfachend – als Einzeleigentum qualifizieren, mit dem der Wohnungs- bzw. Teileigentümer grundsätzlich wie ein Alleineigentümer verfahren kann. Das Sondereigentum gilt dabei jedoch nach § 6 WEG als unselbstständig und kann bspw. ohne den Miteigentumsanteil, zu dem es gehört, weder veräußert noch belastet werden.

116 Das WEG sieht zwei unterschiedliche Arten vor, in denen Wohnungs- und Teileigentum begründet werden kann. Zum einen kann es durch die vertragliche Aufteilung unter mehreren Miteigentümern entstehen (§ 3 WEG) und zum anderen durch die einseitige Teilung des Eigentums durch den Alleineigentümer (§ 8 WEG). Beide Möglichkeiten zeigt § 2 WEG auf.[34] Darüber hinaus ist auch eine Verbindung der beiden Teilungsformen möglich.[35]

117 Im Rahmen der vertraglichen Begründung soll das Sondereigentum nach § 3 Abs. 3 WEG nur eingeräumt werden, wenn die Wohnungen oder die sonstigen Räume in sich abgeschlossen sind. Bei Stellplätzen – die durch die letzte Novellierung nun ebenfalls sonderrechtsfähig sind[36] – und bei außerhalb des Gebäudes liegenden Teilen des Grundstücks ist erforderlich, dass sie durch Maßangaben im Aufteilungsplan bestimmt sind. Diese **Abgeschlossenheitsbescheinigung** erteilt die zuständige Baubehörde auf den eingereichten Plänen.

Hinsichtlich eines außerhalb des Gebäudes liegenden Teils eines Grundstücks ist zu beachten, dass hieran kein selbstständiges Sondereigentum begründet werden kann. Möglich ist lediglich, dass das Sondereigentum der Wohnung oder des nicht zu Wohnzwecken dienenden Raumes auf diese sog. Freiflächen erstreckt wird und die Wohnung oder der nicht zu Wohnzwecken dienende Raum seine Eigenschaft als wirt. Hauptsache nicht verliert (§ 3 Abs. 2 WEG).[37]

118 Die Abgeschlossenheitsbescheinigung ist dem Grundbuchamt vorzulegen (§ 7 Abs. 4 S. 1 Nr. 2 WEG). Dadurch muss das Grundbuchamt bautechnische und baurechtliche Fragen nicht selbst prüfen, und dementsprechend nicht, ob die Voraussetzungen des § 3 Abs. 3 WEG eingehalten werden.[38]

119 Bei der Errichtung von Wohn- und Teileigentum durch einen Bauträger geht es um eine Aufteilung des Grundstücks in Miteigentumsanteile nach § 8 Abs. 1 WEG. Sie erfolgt durch Abgabe einer Erklärung des Eigentümers gegenüber dem Grundbuchamt. Es handelt sich um eine empfangsbedürftige, gegenüber dem Grundbuchamt abzugebende Willenserklärung. Sie ist zwar „an sich" formfrei. Verfahrensrechtlich, also

---

34 *Zimmer*, in: Jennißen, Wohnungseigentumsgesetz, § 2 Rn. 1.
35 *Hügel/Elzer*, Wohnungseigentumsgesetz, § 3 Rn. 1, § 8 Rn. 1.
36 *Hügel/Elzer*, Wohnungseigentumsgesetz, § 3 Rn. 60 ff.
37 *Hügel/Elzer*, Wohnungseigentumsgesetz, § 3 Rn. 68 ff.
38 *Abramenko*, in: Jennißen, Wohnungseigentumsgesetz, § 7 Rn. 45.

zum Zwecke der Eintragung in das Grundbuch, muss sie jedoch durch öffentliche oder öffentlich beglaubigte Urkunde nachgewiesen werden (§ 29 GBO). Die notarielle Beurkundung der **Teilungserklärung** ist demnach zwar nicht notwendig. Sie ist aber zweckmäßig, weil sie nach § 13a BeurkG die Möglichkeit der Bezugnahme bei der späteren Veräußerung der einzelnen Anteile bietet. Aus diesem Grunde wird in der Praxis die Teilungserklärung auch beurkundet.

dd) Die Makler- und Bauträgerverordnung

Gewerbetreibende, die sich als Bauträger betätigen möchten, benötigen hierzu eine gewerberechtliche Erlaubnis nach § 34c GewO. § 34c Abs. 3 GewO sieht eine Ermächtigung zur Regelung des Berufsausübungsrechts vor. Durch Erlass der Makler- und Bauträgerverordnung (MaBV) wurde von dieser Ermächtigung Gebrauch gemacht.[39] 120

Der BGH hat klargestellt, dass die MaBV ausschließlich öffentlich-rechtliche Ge- und Verbote enthält, die sich an den Gewerbetreibenden richten. Sie sind bei der Vertragsgestaltung und Vertragsabwicklung zu beachten. Verstöße zum Nachteil des Kunden führen zur Unwirksamkeit nach § 12 MaBV iVm § 134 BGB.[40] 121

Für die Praxis wichtig ist insbesondere die Vorschrift des § 3 MaBV. Sie enthält ein Sicherungssystem zugunsten des Erwerbers, um die in dieser Vorschrift aufgeführten Gefährdungspotenziale zu vermeiden.[41] 122

Wesentlicher Regelungsinhalt ist vor allem das Erfordernis, dass die öffentlich-rechtlichen Genehmigungen für den Bau vorliegen müssen, der Erwerber lastenfrei Eigentum erwerben kann und er Abschlagszahlungen erst nach Erbringung der in der Verordnung aufgeführten Bauleistungen vorzunehmen hat.[42] 123

ee) Ergebnis

Die rechtlichen Grundlagen bei Erwerb einer vom Bauträger zu errichtenden Wohnung unterscheiden sich wesentlich vom Kauf einer gebrauchten Immobilie. Während sich ein ausgewogener Kaufvertrag über den Erwerb einer gebrauchten Immobilie noch auf wenigen Seiten formulieren lässt, ist der Umfang eines Bauträgervertrags nebst Baubeschreibung und Teilungserklärung beträchtlich. In der Summe kommt man häufig auf 40 Seiten und mehr, so dass es selbst für Juristen schwierig ist, hier den Überblick zu behalten. 124

Die Vertragsgestaltung in diesem Bereich ist komplex und selbst für Notare keine einfache Aufgabe. Weil Bauträger ein gewisses, teilweise auch legitimes Interesse an einfachen und klaren Regelungen haben, muss der Notar streng auf die Schutzvorschriften zugunsten des Erwerbers achten und dafür Sorge tragen, dass die umfänglichen gesetzlichen Vorgaben im Vertragswerk berücksichtigt werden. 125

---

39 *Will*, in: BeckOK GewO § 34c Rn. 25, 91f.
40 BGH NJW 2007, 1360 Tz 22; *Sprau*, in: Grüneberg, Einf. v. § 652 Rn. 2; *Basty*, Bauträgervertrag, Rn. 33 ff.
41 *Basty*, Bauträgervertrag, Rn. 35 ff.; *Marcks*, MaBV § 3 Rn. 1.
42 Zu diesen schwierigen Fragen *Basty*, Bauträgervertrag, Rn. 35 ff.; *Drasdo* NZM 2009, 601 ff.

IV. Kauf einer Anwaltspraxis

126 ▶ **Gestaltungsaufgabe: Kanzlei**

Nach mit Prädikat bestandenem Assessorexamen, Promotion und USA-Aufenthalt beschließt Mark Pfiffig, Rechtsanwalt zu werden und seine Karriere – vor allem zu weiteren Ausbildungszwecken – bei einer Großkanzlei in Düsseldorf zu beginnen. Zwei Jahre später besteht seine Partnerin Steffi Klug ihr Assessorexamen ebenfalls mit Prädikat. Sie möchte Rechtsanwältin werden. Mark und Steffi kommen überein, nunmehr auch ihren beruflichen Lebensweg gemeinsam zu gehen. Sie möchten in Münster eine durch den Tod eines „Einzelkämpfers" zum Verkauf stehende Anwaltspraxis käuflich erwerben. Es stellen sich nunmehr folgende Fragen:
1. An welche „internen" Vereinbarungen müssen Mark und Steffi denken? (Rn. 127 ff.)
2. Was ist bei der Gestaltung des Praxiskaufvertrags im Einzelnen zu beachten? (Rn. 130 ff.)
3. Welche Gestaltungsmöglichkeiten bestehen, wenn der verstorbene Anwalt seine Praxis in der Rechtsform einer GmbH betrieben hat?[43] (Rn. 149 ff.) ◀

1. Zu den „internen" Vereinbarungen

127 Im Rahmen der vorbereitenden Überlegungen stellt sich hier die Frage, ob der vorgestellte Sachverhalt eindeutig ist. Das ist zu verneinen. Zwar deutet die Wortwahl „intern" darauf hin, dass es hier um die Gestaltung des Innenrechtsverhältnisses zwischen Mark und Steffi geht. Es bleibt aber unklar, ob es ausschließlich um die berufliche Zusammenarbeit geht oder ob auch die privaten Rechtsverhältnisse des Paares als nichteheliche Lebensgemeinschaft geregelt werden sollen.

128 Entscheidend ist Folgendes: Anlass für die Überlegungen ist der beabsichtigte Praxiskauf. Beide Anwälte möchten als Käufer auftreten und dann die Kanzlei gemeinsam führen. Dies zeigt, dass es ihnen in dieser besonderen Situation allein um die Gestaltung ihrer beruflichen Verhältnisse geht.

129 Mark und Steffi müssen also überlegen, in welcher Rechtsform sie ihre gemeinsame berufliche Tätigkeit ausüben können und wollen. Hierfür kommen vor allem die Tätigkeit in einer Gesellschaft bürgerlichen Rechts, einer Partnerschaftsgesellschaft oder einer GmbH ernsthaft in Betracht. Die damit angesprochenen gesellschaftsrechtlichen Fragen werden in einem eigenständigen Fall im Einzelnen erörtert.[44]

2. Entwicklung der Gestaltung

a) Praxiskaufvertrag

130 Hier stellt sich zunächst die Frage, wer Verkäufer der Anwaltspraxis ist und was überhaupt den Gegenstand des Kaufes ausmacht. Dies soll nachfolgend näher untersucht werden.

aa) Der Verkäufer der Anwaltspraxis

131 Richtiger Verkäufer der Anwaltspraxis können nur der Erbe bzw. die **Erben** des verstorbenen Anwalts sein. Dementsprechend müssen Steffi und Mark zuverlässig ermit-

---

[43] Zum Unternehmenskauf im Einzelnen: *Rittershaus/Teichmann*, Anwaltliche Vertragsgestaltung, Rn. 523 ff.; *Holzapfel/Pöllath*, Unternehmenskauf in Recht und Praxis; *Rödder/Hötzel/Mueller-Thuns*, Unternehmenskauf; *Hettler/Stratz/Hörtnagl*, Beck'sches Mandatshandbuch Unternehmenskauf.
[44] Siehe unten § 18 Rn. 18 ff.

teln, ob ihre Gesprächspartner im Rahmen der Kaufvertragsverhandlungen überhaupt die richtigen Personen sind. Klarheit können sie hierüber nur gewinnen, wenn die Erbenstellung durch Vorlage eines **Erbscheins** im Sinne der §§ 2353 ff. BGB nachgewiesen wird. Der Erbschein ist ein von einem Nachlassgericht einem Erben ausgestelltes Zeugnis über das Erbrecht des Erben und die Frage, ob sein Verfügungsrecht durch Testamentsvollstreckung oder Nacherbfolge beschränkt ist (vgl. § 2353 BGB).[45]

Dementsprechend müssen Mark und Steffi die Vorlage eines Erbscheins von der als Verkäufer auftretenden Person verlangen. Nur dann, wenn diese Person im Erbschein als Erbe ausgewiesen ist, gelten die Vermutungsregelung und der öffentliche Glaube des Erbscheins (§§ 2365, 2366 BGB).[46]

bb) Zum Gegenstand des Praxiskaufvertrags

Verkauft werden soll die Anwaltspraxis eines „Einzelkämpfers". Dementsprechend wird die Praxis aus der üblichen Einrichtung bestehen wie beispielsweise Schreibtische, Arbeitstische, Stühle, Drucker, Computer, Fotokopiergeräte, EDV-Anlage, Literatur uä. Es handelt sich hierbei um **materielle Wirtschaftsgüter**, die zum sogenannten **Anlagevermögen** des Anwalts gehörten. Zum Anlagevermögen zählen diejenigen Gegenstände, die dazu bestimmt sind, dem Geschäftsbetrieb dauernd zu dienen (§ 247 Abs. 2 HGB). Demgegenüber ist **Umlaufvermögen** alles Vermögen, was nicht Anlagevermögen im Sinne von § 247 Abs. 2 HGB ist, zB das zum Verbrauch durch Verarbeitung oder Veräußerung bestimmte Vorratsvermögen (Schreib- und Kopierpapier, Kugelschreiber, Bleistifte usw).

Interesse am Erwerb der Anwaltspraxis haben Mark und Steffi in erster Linie nicht im Hinblick auf das Anlagevermögen. Allerdings wird der Erwerb der gebrauchten Gegenstände sicherlich deutlich preisgünstiger sein als die Neuanschaffung solcher Wirtschaftsgüter (**assets**). Der Begriff „asset" steht zunächst neutral für Vermögensgegenstände aller Art. Im Kontext des M&A-Geschäftes (M&A steht als Abkürzung für Mergers & Acquisitions) kommt ihm aber besondere Bedeutung zu, insbesondere bei der Unterscheidung zwischen **asset-deal** und **share-deal**.[47]

Den jungen Anwälten wird es vor allem darauf ankommen, einen – noch – bestehenden organischen Betrieb mit dem Ziel der direkten Fortführung zu erwerben. Im Wesentlichen möchten sie mit dem vorhandenen Mandantenstamm weiter arbeiten, dh nach Möglichkeit die früheren Mandanten des verstorbenen Anwalts an sich binden. Als Bindeglied können hierzu gut ausgebildete und sozial kompetente Mitarbeiterinnen und Mitarbeiter des verstorbenen Anwalts dienen, die auch direkten persönlichen Kontakt zu Mandanten haben (Büroleiter/in, Telefonist/in, Sekretär/in usw). Man spricht bei diesem Sachverhalt, also den Geschäftschancen, von **immateriellen Wirtschaftsgütern** bzw. vom ideellen Praxiswert oder bei Unternehmen vom Firmenwert.

Juristisch bereitet die Überlassung der Mandanten bzw. Patienten bei Freiberuflern Schwierigkeiten. Sie folgen aus § 203 Abs. 1 StGB iVm § 134 BGB. Während die Rechtsprechung früher die Auffassung vertrat, die Übergabe des Mandantenstammes bzw. einer Patientenkartei bei Ärzten werde durch den Grundsatz der mutmaßlichen

---

45 *Zimmermann*, Erbschein; *Grziwotz*, in: MünchKommBGB, Vorb § 2353 Rn. 8; *Herzog*, in: Staudinger, § 2353 Rn. 68 ff.
46 Zum öffentlichen Glauben des Erbscheins *Zimmermann*, Erbschein, Rn. 740 ff.; *Lange*, Erbrecht, § 78 I Rn. 740 ff.; *Herzog*, in: Staudinger, § 2366 Rn. 1 ff.; *Muscheler*, Erbrecht Bd. II, Rn. 3345 ff.
47 *Risse/Kästle*, M&A und Corporate Finance, unter „asset".

Einwilligung gedeckt,[48] gab der Bundesgerichtshof diese Rechtsprechung später ausdrücklich auf. Er verlangt nunmehr vom Praxisveräußerer, vor der Weitergabe der Unterlagen an einen Nachfolger die Zustimmung der Mandanten bzw. Patienten „in eindeutiger und unmissverständlicher Weise einzuholen".[49]

137 Dementsprechend muss im Praxiskaufvertrag ausdrücklich geregelt werden, dass die Überlassung der Mandantenakten von ihrer Zustimmung abhängig ist. Wie die Zustimmung im Einzelnen einzuholen ist, ist von der Rechtsprechung bislang nicht geklärt.[50]

138 Lässt sich ein Anwalt zum Abwickler der Kanzlei bestellen, so gilt er nach § 55 Abs. 2 S. 4 BRAO für die schwebenden Angelegenheiten als von der Partei bevollmächtigt, sofern diese Partei nicht für die anderweitige Wahrnehmung ihrer Rechte gesorgt hat.

cc) Die Forderungen des verstorbenen Rechtsanwalts

139 Im Praxiskaufvertrag ist ausdrücklich zu regeln, ob der Käufer die noch offen Forderungen des verstorbenen Rechtsanwalts erwirbt oder ob sie den Erben zustehen. In der Regel empfiehlt sich ein Forderungserwerb nicht. Zum einen können sich die Anwälte im Erwerbsprozess schon wegen der noch bestehenden Schweigepflicht keinen zuverlässigen Überblick über die realistische Forderungshöhe machen. Zum anderen ist es nur schwer möglich, das Bonitätsrisiko/Realisierungsrisiko angemessen zu regeln. Aus diesem Grunde ist eine Regelung sinnvoll, dass die Anwälte die Forderungen für die Erben nur einziehen und als Gegenleistung hierfür eine Inkassogebühr erhalten.

dd) Die Dauerschuldverhältnisse

140 Wurde die Kanzlei nicht in eigenen Räumen betrieben, geht es vor allem um die Fortführung des Praxismietvertrags. Die Erben sowie die potenziellen Erwerber müssen also Verhandlungen mit dem Vermieter führen, um die Übernahme des Mietvertrags zu erreichen (§§ 398, 414, 415 BGB). Denn die Vorschrift des § 563 BGB mit dem Eintrittsrecht für nahestehende Angehörige gilt nur für Wohnraummiete und würde Mark und Steffi als nicht privilegierten Dritten ohnehin nicht helfen. Entsprach der Mietvertrag nicht mehr den heutigen Anforderungen, kann der Vermieter in dieser Situation versuchen, seine Zustimmung von einer Verbesserung seiner Rechtsstellung abhängig zu machen. Bei den sonst üblichen Dauerschuldverhältnissen (zB Leasingverträge über Fahrzeuge und/oder Kopiergeräte usw) sind demgegenüber bei Bonität der Erwerber keine Schwierigkeiten zu erwarten. Bei entsprechender Anzeige der Praxisübernahme wird der Vertragspartner in der Regel ohne Weiteres zustimmen.

141 Eine Besonderheit gilt für die Anstellungsverhältnisse. Hier treten die Praxiserwerber kraft Gesetzes nach § 613 a Abs. 1 BGB in die bestehenden Arbeitsverhältnisse ein.

---

48 BGH NJW 1974, 602 für Ärzte.
49 BGH NJW 1992, 737 für Ärzte.
50 Dazu: *Rehborn*, in Laufs/Kern/Rehborn, Handbuch des Arztrechts, § 23 Rn. 24; *Luppert*, in: Luppert/Finck, Handbuch Arztberatung, Rn. 915 ff; *Kamp*, NJW 1992, 1545. Inwieweit das sog. Zwei-Schrank-Modell mit der seit dem 25.5.2018 geltenden Datenschutz-Grundverordnung (DS-GVO) vereinbar ist, wird in der arztrechtlichen Literatur eingehend erörtert.

ee) Der sachenrechtliche Bestimmtheitsgrundsatz

Bei der Gestaltung des Kaufvertrags ist der sachenrechtliche Bestimmtheitsgrundsatz zu beachten. Jeder einzelne zu erwerbende Gegenstand muss in dem Praxiskaufvertrag aufgeführt werden. Zweckmäßigerweise geschieht dies in einer Anlage, um den Vertragstext selbst nicht aufzublähen. Damit ist dann der Eigentumsübergang nach § 929 BGB gewährleistet.[51]

b) Exkurs: Ermittlung eines angemessenen Kaufpreises/Unternehmenswertes

Soweit **materielle Wirtschaftsgüter** erworben werden, kann ein angemessener Kaufpreis durch Schätzung ermittelt werden. Kennt man die entsprechenden Neupreise und weiß um die Nutzungsdauer der Gegenstände, lässt sich der Wert des gebrauchten Gegenstandes regelmäßig gut „schätzen". Häufig werden solche Wirtschaftsgüter zum **Buchwert** verkauft. Buchwert ist derjenige Betrag, mit dem ein Gegenstand in der Bilanz ausgewiesen ist (zu Buche steht).

Natürlich bestimmen Angebot und Nachfrage in erster Linie den Preis. Dies gilt nicht nur für die materiellen Wirtschaftsgüter, sondern auch für den Goodwill, den **Firmenwert**. Interessieren sich also beispielsweise im konkreten Fall mehrere Anwälte für den Erwerb der Praxis, wird der Kaufpreis wahrscheinlich höher ausfallen als wenn Steffi und Mark die einzigen Interessenten sind. Beim Verkauf einer freiberuflichen Praxis (Anwaltskanzlei, Arztpraxis, Steuerberaterbüro) wird der ideelle Wert/Goodwill der Praxis in der Regel auf der Grundlage des Umsatzes ermittelt. Die Einzelheiten sind kompliziert und können deshalb nicht Gegenstand dieser lediglich dem Verständnis dienenden Ausführungen sein.[52]

Allen Ermittlungsmethoden gemeinsam liegt die Überlegung zugrunde, dass der Erwerber mit dem Mandanten- bzw. Patientenstamm Einnahmen erzielen möchte. Immer mehr wird deshalb heute in der betriebswirtschaftlichen Literatur gefordert, dass das Ertragswertverfahren die maßgebende Grundlage für die Bestimmung des Praxiswertes sein solle.[53]

Als Bewertungsverfahren kommen – vereinfachend dargestellt – das **Substanzwertverfahren** und das **Ertragswertverfahren** in Frage. Heute besteht weitestgehend Einigkeit, dass lediglich bei selbst genutzten Immobilien die Bewertung der Objekte nach der Substanz zu erfolgen hat. In allen übrigen Fällen sind **überschussorientierte** Verfahren von Bedeutung, die in den Zukunftserfolgen des Unternehmens die maßgebliche Bestimmungsgröße für den Unternehmenswert sehen. Der Berechnung des Unternehmenswertes mithilfe dieser Verfahren liegt der Gedanke der dynamischen Investitionsrechnung zugrunde, Zukunftserfolge unter Anwendung eines Kapitalisierungszinssatzes auf den Bewertungsstichtag abzuzinsen.[54]

Einfach ausgedrückt geht es bei diesen Methoden darum festzustellen, welchen Ertrag ein Unternehmen in Zukunft dauerhaft generieren kann. Kommen hier sachverständi-

---

51 Zur Formulierung eines Praxiskaufvertrags *Krafczyk*, in: Beck'sche Online-Formulare Medizinrecht 5.1.4.1; *Luppert*, in: Luppert/Finck, Handbuch Arztberatung, Rn. 897 ff.
52 Zur Bewertung von Arztpraxen *Rehborn*, in: Laufs/Kern/Rehborn, Handbuch des Arztrechts, § 23 Rn. 27; *Klapp*, Abgabe und Übernahme einer Arztpraxis, Kap. 7; vgl. zur Bewertung von Anwaltspraxen *Römermann/Schröder* NJW 2003, 2709 ff.; *Lenzen/Ettmann* in: BRAK-Mitt. 2005, 13 ff.; s. neuste Richtlinien der BRAK zur Bewertung von Anwaltskanzleien BRAK-Mitt. 2018, 6 ff.
53 *Zwirner/Mugler*, in: Beck'sches Mandatshandbuch Unternehmenskauf, § 4 Rn. 16 ff.
54 *Zwirner/Mugler*, in: Beck'sches Mandatshandbuch Unternehmenskauf, § 4 Rn. 84 ff.

ge Personen wie qualifizierte Wirtschaftsprüfer oder Steuerberater zu einer bestimmten Annahme, zB zu einem Ertrag von 1 Mio. Euro, stellt sich die Frage nach dem Kapitalisierungszinsfuß. Ein Investor erwartet bei seiner Geldanlage eine bestimmte Verzinsung. Ist die Anlage sicher, wird die Verzinsung kleiner ausfallen als bei einer riskanten Anlage. Dementsprechend wird beim Erwerb eines Unternehmens auch danach entschieden, ob es sich um eine sichere oder unsichere Geldanlage handelt. Geht man beispielsweise von einer unsicheren Anlage aus und legt einen Zinssatz von 20 % zugrunde, ermittelt sich hieraus ein Vervielfältigungsfaktor von 5 (100:20 = 5, dh der Unternehmenswert beträgt 5 Mio. Euro). Nimmt man an, die Anlage sei sicher, ist vielleicht deshalb nur ein Zinssatz von 10 % gerechtfertigt. In diesem Fall ergibt sich ein Multiplikator/Faktor von 10 (100:10 = 10, dh der Unternehmenswert beträgt 10 Mio. Euro). Kapitalbeteiligungsgesellschaften von Banken und Sparkassen erwarten in der Regel eine Mindestverzinsung von 15 %, so dass hier häufig ein Faktor von 6,6 zugrunde gelegt wird (100:15 = 6,6).

148 Im Einzelnen ist die Unternehmenswertermittlung eine Wissenschaft für sich. Sie führt auch bei Einschaltung hochqualifizierter Berater zu stark unterschiedlichen Ergebnissen, häufig davon abhängig, wer Auftraggeber für das Gutachten ist. Aus diesem Grunde schlagen manche Steuerberater für die Ermittlung des Unternehmenswertes die Heranziehung des alten Stuttgarter Verfahrens mit dem Argument vor, nach dieser Methode lasse sich der Unternehmenswert wenigstens rechnerisch einigermaßen exakt bestimmen.[55]

c) Gestaltungsmöglichkeiten beim Praxiskauf einer Rechtsanwalts-GmbH

149 In der Ausgangssituation betrieb der verstorbene Anwalt seine Praxis als „Einzelkämpfer" freiberuflich. Aus diesem Grunde besteht für Erwerbsinteressenten nur die Möglichkeit, die Sachgesamtheit „Praxis" sowie den „Mandantenstamm" zu erwerben. Die damit verbundenen Fragen sind unter Rn. 133 ff. dargestellt.

150 Nunmehr eröffnet sich beim Betrieb der Anwaltspraxis in der Rechtsform einer GmbH eine neue Option. Die Interessenten können die Gesellschaftsanteile (shares) erwerben. Dann ändert sich im Außenrechtsverhältnis der GmbH zu ihren Vertragspartnern nichts. Lediglich die Inhaber werden ausgetauscht. Statt der Erben (§ 15 Abs. 1 GmbHG) sind nunmehr die Käufer Inhaber der Gesellschaftsanteile an der GmbH.

aa) share deal oder asset deal

151 **Rechtsdogmatisch** sind beide Erwerbsformen streng voneinander zu **unterscheiden**. Beim **share deal** verändert sich „nach außen" nichts. Alle von der GmbH geschlossenen Verträge bleiben bestehen. Es müssen keinerlei Zustimmungen eingeholt werden. So hat beispielsweise ein Vermieter auch nicht die Möglichkeit, einen für ihn ungünstigen Mietvertrag nachzubessern, indem er seine Zustimmung – wie beim asset deal – zur Vertragsübernahme von einer inhaltlichen Anpassung einzelner mietvertraglicher Regelungen abhängig machen kann. Damit spielt § 613a BGB beim share deal eben-

---

[55] Vgl. zum früheren Stuttgarter Verfahren im Einzelnen die Erbschaftsteuerrichtlinien (ErbStR 2003, R 96 ff.). Zur Heranziehung dieser Richtlinien vgl. *Krumm* NJW 2010, 187 ff., ablehnend bspw. *Schindler*, in: Beisel/Klumpp, Unternehmenskauf, Kap. 3 Rn. 90. Das Stuttgarter Verfahren wurde zum 1.1.2009 abgeschafft und durch ein neues Bewertungsverfahren nach den Vorschriften des Bewertungsgesetzes ersetzt. Es gelten – nach einer Zwischenperiode der ErbStR 2011 – jetzt die ErbStR 2019.

falls keine Rolle. Die Anstellungsverhältnisse sind mit der GmbH geschlossen, die weiterhin unverändert Arbeitgeberin bleibt.

Nach welchen Kriterien das eine oder andere Kaufmodell gewählt wird, lässt sich nicht pauschal beurteilen. Häufig findet man die Faustformel, dass der share deal vor allem den Interessen des Verkäufers dient, während der asset deal vom Käufer bevorzugt wird. Diese Aussage hat etwas mit der Risikoeinschätzung und mit steuerlichen Überlegungen zu tun. Beim share deal erwirbt der Käufer das Unternehmen so, wie es ist. In den Außenrechtsbeziehungen verändert sich ja durch den Kauf der Gesellschaftsanteile nichts. Es kommt also für den Käufer darauf an, ob er ein zutreffendes Bild über die Vermögens-, Finanz- und Ertragslage des Unternehmens im Rahmen des Kaufprozesses beispielsweise durch Vorlage der Jahresabschlüsse erhält.[56]

152

Werden also beispielsweise in der Bilanz Verbindlichkeiten nicht erfasst oder notwendige Rückstellungen für bestehende Risiken nicht oder nicht hinreichend gebildet, läuft der Käufer Gefahr, dass er einen zu hohen Kaufpreis gezahlt hat bzw. der Gesellschaft bei Realisierung der Risiken Kapital zur Erfüllung der Verbindlichkeiten zur Verfügung stellen muss. In der Praxis ist es deshalb üblich, solche Risiken durch entsprechende Gestaltung des Unternehmenskaufvertrags zu vermeiden bzw. zu mindern.

153

Beim **asset deal** beschränkt sich der Erwerb auf den Kauf der jeweiligen Wirtschaftsgüter. Hier gilt nichts anderes als beim normalen Kauf von gebrauchten beweglichen Sachen und sonstigen Gegenständen. Durch Aufnahme entsprechender Haftungsregelungen im Kaufvertrag kann Vorsorge getroffen werden. Schließlich kann sich der Käufer bei diesem Modell auch ausdrücklich aussuchen, welche Gegenstände er erwerben möchte und welche nicht (sog. cherry picking).

154

Steuerlich gilt folgendes:

155

Der Käufer von **assets** verteilt den Gesamtkaufpreis – ggf. unter späterer Korrektur durch die Finanzverwaltung – auf die einzelnen von ihm erworbenen Wirtschaftsgüter. Er kann dann die AfA nach § 7 Abs. 1 – 3 EStG geltend machen, so dass die jeweiligen jährlichen Absetzungsbeträge als Aufwendungen seinen Gewinn schmälern und zu einer Steuerentlastung führen.[57]

156

Anders ist dies beim **share deal**. Der Kaufpreis ist hier nicht abschreibungsfähig. Nur wenn sich später herausstellt, dass die Gesellschaft nicht überlebensfähig ist, kommt eine steuerliche Abschreibung der Beteiligung in Frage. Ein solches Steuersparmodell wünscht sich kein Käufer.[58]

157

Die wesentlichen Unterschiede zwischen share deal und asset deal lassen sich demnach wie folgt formulieren:

158

- share deal: Wahrung der Rechtsidentität
- share deal: Kaufpreis grundsätzlich nicht abschreibungsfähig
- asset deal: Kaufpreis abschreibungsfähig
- asset deal: alle Verträge müssen „übergeleitet" werden (Zustimmung des Vertragspartners zur Vertragsübernahme notwendig)

---

56 *Merkt*, in: Hopt, § 264 Rn. 12 ff.; *Hörtnagl/Zwirner*, in: Beck'sches Mandatshandbuch Unternehmenskauf, § 2 Rn. 212 ff.; *Heckschen*, in: Beck'sches-Notar Handbuch, § 25 Rn. 9 ff.; *Klar/Beck* DB 2007, 2819 ff.; *Saenger*, Gesellschaftsrecht, Rn. 1075 ff.
57 *Hörtnagl/Zwirner/Busch*, in: Beck'sches Mandatshandbuch Unternehmenskauf, § 5 Rn. 178 ff.
58 Zu dieser Konstellation *Elser* DStR 2002, 1827 ff.; *Becker/Voß*, in: Knott, Unternehmenskauf, Rn. 156 ff.

bb) Die due diligence

159 Jeder Unternehmenserwerb ist mit Risiken verbunden. Sie rühren im Wesentlichen daher, dass es sich bei dem Kaufobjekt (**Zielobjekt = target**) um eine lebendige, sich ständig verändernde Organisation handelt. Ein Erwerber kennt ihre Vergangenheit in der Regel nicht. Er hofft auf eine gute Zukunft.

160 Um die Käuferrisiken überschaubar zu machen und durch vertragliche Gestaltung zu begrenzen, wird vor Abschluss eines Unternehmenskaufvertrags in der Regel eine sogenannte **due diligence** durchgeführt. Für diesen Begriff gibt es keine verbindliche Definition. Ganz allgemein versteht man hierunter eine detaillierte und systematische Erhebung und Analyse von Daten einer Gesellschaft. Ziel ist es, einen genauen **Einblick** in das Unternehmen zu erlangen, um so ein Gesamtbild von der Gesellschaft, ihren Stärken und Schwächen, ihren Chancen und Risiken zu erhalten. Die gewonnenen Erkenntnisse dienen dem potenziellen Investor zur Klärung der Frage, ob das Unternehmen überhaupt seinen strategischen und unternehmerischen Vorstellungen entspricht. Darüber hinaus bilden sie die Grundlage für die Ermittlung des Unternehmenswertes und sind wichtige Themen bei den Kaufvertragsverhandlungen und der Ausgestaltung des Unternehmenskaufvertrags.[59]

161 In der Praxis wird zwischen der rechtlichen, finanziellen (wirtschaftlichen) und steuerlichen due diligence unterschieden. Häufig erfolgen noch ergänzende Prüfungen zur Spezialfragen wie Umwelt/Altlasten oder Stand der Patente.

162 Bevor eine due diligence durchgeführt wird, schließen die potenziellen Verhandlungsparteien im Regelfall eine sogenannte **Geheimhaltungsvereinbarung**.[60] Hierdurch verpflichtet sich der potentielle Käufer, unabhängig vom späteren Vertragsschluss, die durch die due diligence gewonnenen Informationen Dritten weder zugänglich zu machen, noch selbst anderweitig zu nutzen.[61]

163 Die Prüfung selbst erfolgt häufig in einem gesonderten Raum, einem sogenannten **Datenraum** (data room). Der Verkäufer stellt die maßgebenden Unterlagen für denkbare Investoren in diesem Datenraum zusammen. Es ist ihm damit möglich, dem Kaufinteressenten einen mehr oder minder umfassenden Einblick in sein Unternehmen zu gewähren, ohne umgekehrt die Kontrolle darüber zu verlieren, wie weit die Prüfung durch den Käufer tatsächlich geht.[62]

164 Heutzutage werden vermehrt „virtuelle Datenräume" verwendet, indem Kaufinteressenten die maßgebenden Unternehmensdaten auf Datenträgern zur Verfügung gestellt bekommen oder direkt über das Internet abrufen können.[63]

---

[59] Zur due diligence *Hörtnagl/Zwirner*, in: Beck'sches Mandatshandbuch Unternehmenskauf, § 2 Rn. 1 ff.; *Beisel*, in: Beisel/Klumpp, Unternehmenskauf, Kap. 2 Rn. 1 ff.; *Beisel/Andreas*, in: Beck'sches Mandatshandbuch Due Diligence § 1 Rn. 11 ff.; *Saenger*, Gesellschaftsrecht, Rn. 1083 ff.
[60] *Stratz/Hettler*, in: Beck'sches Mandatshandbuch Unternehmenskauf, § 1 Rn. 71 ff.; *Beisel*, in: Beisel/Klumpp, Unternehmenskauf, Kap. 2 Rn. 18.
[61] *Hopt*, ZHR 2022, 7 (21).
[62] *Hörtnagl/Zwirner*, in: Beck'sches Mandatshandbuch Unternehmenskauf, § 2 Rn. 99 ff.
[63] *Hopt*, ZHR 2022, 7 (36).

cc) Zum Ablauf eines Unternehmenskaufs/Transaktionsverfahrens

Früher wurden Unternehmen in der Regel in einem traditionellen Verfahren veräußert. Der Verkäufer oder seine Berater kannten potenzielle Interessenten und sprachen sie an. Die weiteren Stationen sahen dann im Wesentlichen wie folgt aus:

Es wurden Vorgespräche geführt, eine Vertraulichkeitserklärung/Geheimhaltungsvereinbarung geschlossen und bei Verständigung über wichtige wirtschaftliche Fragen ein **letter of intent** formuliert. Häufig schloss sich dann eine **Exklusivitätserklärung** an. Der Käufer wollte sicher sein, dass er nicht Zeit und erhebliche Kosten investiert, während der Verkäufer die Zeit nutzt, auch mit anderen Interessenten zu verhandeln. Vertragsentwurf, Endverhandlungen und Kaufvertragsabschluss folgten.

Heute üblich ist zumindest bei größeren Unternehmen die Durchführung eines **Bieter- bzw. Auktionsverfahrens**.

Auf **Verkäuferseite** sieht dieses Verfahren wie folgt aus:
- Verkäufer erstellt (gemeinsam mit einer Investmentbank oder einem anderen Berater) ein Informationspapier (Unternehmensprospekt bzw. **Verkaufsmemorandum** genannt).
- Potenzielle Käufer werden angesprochen und erhalten nach Abgabe einer Vertraulichkeitserklärung das Verkaufsmemorandum.
- Die Adressaten werden aufgefordert, innerhalb einer bestimmten Frist ein **unverbindliches Angebot** abzugeben.
- Der Verkäufer bereitet einen Datenraum vor und lädt bestimmte Investoren nach Durchsicht ihres unverbindlichen Angebots ein, eine due diligence durchzuführen.
- Nach Beendigung dieser due diligence fordert der Verkäufer die Teilnehmer auf zu erklären, ob sie nach wie vor Kaufinteresse haben. Für diesen Fall müssen sie ein **verbindliches Angebot** abgeben.
- Der Verkäufer entscheidet nunmehr in Abstimmung mit seinen Beratern darüber, mit welchen Bietern er die Schlussverhandlungen führt. In der Regel beschränken sie sich auf ein oder zwei Bieter.
- Im Rahmen dieser Schlussverhandlungen erfolgen die endgültige Formulierung des Vertrags und dann der Vertragsschluss (sog. **Signing**).
- Seinen Abschluss findet das Verfahren beim sog. **Closing**. Es folgt zeitlich nach und in einem gewissen Abstand zum Vertragsabschluss (Signing)[64] und stellt den rechtlich maßgeblichen Zeitpunkt für den Unternehmens-/Anteilsübergang dar.[65]

Auf der **Käuferseite** sieht der Ablauf ähnlich aus:
- Der Käufer beauftragt einen Berater.
- Nach Studium des Verkaufsmemorandums entscheidet er, ob er ein unverbindliches Angebot abgibt.
- Falls zugelassen, nimmt er dann an der due diligence teil und entscheidet sich danach, ob er ein verbindliches Angebot abgibt.

---

[64] Das Closing (Vollzug des Unternehmenskaufvertrags) erfolgt später, um nach Vertragsabschluss die vertraglich fixierten Vollzugsvoraussetzungen herbeiführen zu können, beispielsweise um die kartellrechtliche Freigabe zu erhalten.
[65] *Hopt*, ZHR 2022, 7 (25).

- Tut er dies, muss er die Entscheidung des Verkäufers abwarten, ob er an der Schlussverhandlung teilnehmen darf oder nicht.[66]

dd) Wahl des Kaufmodells

168 Für welches Kaufmodell (share deal oder asset deal) sich die Anwälte entscheiden, lässt sich nach dem dargestellten kurzen Sachverhalt nicht beurteilen. Der Erwerb in Form des share deals scheidet schon dann aus, wenn Steffi und Mark ihre Anwaltspraxis nicht in der Rechtsform einer GmbH betreiben möchten, beispielsweise um die ansonsten kraft Rechtsform – Kapitalgesellschaft – gegebene Gewerblichkeit mit der Folge der Gewerbesteuerpflicht zu vermeiden.

169 Sind sie hier offen, kommt es für sie vor allem auf eine Analyse des Mietvertrags an. Hat er noch eine lange Laufzeit und ist mietergünstig, würden sie beim asset deal das Risiko eingehen, dass der Vermieter entweder das Mietverhältnis überhaupt nicht fortsetzt oder es von einer Verbesserung seiner Konditionen abhängig macht.

170 Was die Arbeitsverhältnisse angeht, führen beide Gestaltungsmöglichkeiten zu demselben Ergebnis. Beim asset deal greift § 613 a BGB ein, während beim share deal die GmbH unverändert Arbeitgeberin bleibt.

171 Was die übrigen Kaufrisiken angeht, können die denkbaren Risiken bei beiden Kaufvarianten durch geschickte Gestaltung vertraglich abgesichert werden. Aus Käufersicht bietet sich hier insbesondere die Einbehaltung eines **Sicherheitsbetrages** (sog. escrow amount) oder die Zahlung des Kaufpreises in Raten an.

---

66 *Friedrich*, Erfolgreicher Unternehmensverkauf: Vorbereitung, Kaufpreisfindung, Verhandlungsführung; *Lips*, in: Beck'sches Mandatshandbuch Unternehmenskauf, § 3 Rn. 6 ff.; *Gran* NJW 2008, 1409 ff.; *Saenger*, Gesellschaftsrecht, Rn. 1081 ff.

§ 8 Vertragsgestaltung im Schenkungsrecht

I. Überblick

Schenkungsverträge spielen für den vertragsgestaltenden Juristen in aller Regel nur im Zusammenhang mit familiären Überlegungen eine Rolle. Hierbei geht es vor allem um Vermögensübertragungen unter Ehegatten und im Eltern-Kind-Verhältnis. Von besonderer Bedeutung ist dabei das Thema der **Unternehmensnachfolge** im Mittelstand bei den sogenannten Familiengesellschaften.

Schenkungsverträge bedürfen nach § 518 Abs. 1 BGB der notariellen Beurkundung. Unterbleibt sie, tritt Heilung nach § 518 Abs. 2 BGB durch Bewirkung der versprochenen Leistung ein. Indes sind die eingangs erwähnten Schenkungssachverhalte häufig komplexer Natur und nicht einfach durch Zahlung „zu erledigen". Aus diesem Grunde sind meistens Notare die maßgebenden Vertragsgestalter. Sie müssen sich auch im Erbschaftsteuer- und Schenkungssteuerrecht auskennen, um angemessene zivilrechtliche und steuerrechtliche Gestaltungen empfehlen zu können.

II. Schenkungen unter Eheleuten

▶ Gestaltungsaufgabe: Schenkungen unter Eheleuten

Steffi Klug und Mark Pfiffig heiraten, als sich Nachwuchs ankündigt. Sie vereinbaren, dass sich Steffi in den ersten drei Jahren nach der Geburt ihres Kindes ausschließlich seiner Betreuung widmet. Als Ausgleich für den damit verbundenen Einkommensverlust verspricht ihr Mark die Übereignung seines „nach konservativen Gesichtspunkten" zusammengestellten Wertpapierdepots. Mark schlägt Steffi darüber hinaus vor, ihr seine Miteigentumshälfte an dem von ihnen bewohnten Einfamilienhaus zu übertragen. Er meint, in Anbetracht des sich ständig verändernden Anwaltsmarkts könne man nicht vorsichtig genug sein. Steffi und Mark bitten ihren Studienfreund, Herrn Rechtsanwalt und Notar Dr. Verständig, sie bei der Realisierung ihres Vorhabens zu unterstützen. Was wird Herr Dr. Verständig mit Steffi und Mark im Einzelnen besprechen? Was wird er ihnen vorschlagen?[1] ◀

1. Einführende Hinweise

Die hier geschilderte Konstellation betrifft Vermögenstransaktionen unter Ehegatten. Sie werden nachfolgend in ihren typischen Erscheinungsformen als sogenannte **unbenannte („ehebedingte") Zuwendungen** näher untersucht. Daneben trifft man häufig auf Sachverhalte, bei denen Eltern ihren Kindern Immobilien zu Lebzeiten unter Vorbehalt des Nießbrauches und/oder eines Wohnungsrechtes übertragen. Oftmals stellen sich dann komplizierte erbrechtliche und steuerrechtliche Fragen, die – ausgehend von den Mustervorschlägen in den Formularbüchern – im Einzelfall näher geprüft werden müssen, bevor der damit befasste Notar einen Gestaltungsvorschlag unterbreitet. Überlegungen zur Unternehmensnachfolge werden in § 20 Rn. 52 ff. angesprochen.[2]

---

[1] Zu derartigen Sachverhalten *Langenfeld/Milzer*, Handbuch der Eheverträge und Scheidungsvereinbarungen, Kap. 5 Rn. 769 ff.; *Munzig/Stein*, in: Münchener Vertragshandbuch, Bd. 5, Formulare IV.6 f.; *Revenstorff*, in Weinmann, Erbschaft- und Schenkungssteuerrecht, Stichwort „unbenannte Zuwendung"; *Tiedtke/Schmitt* NJW 2009, 2632 ff.
[2] Dort geht es um Überlegungen zur Gestaltung eines Unternehmertestaments.

2. Vorbereitende Überlegungen

5 Der geschilderte Sachverhalt gibt Anlass, sich näher mit dem Gestaltungsziel und der Interessenlage der Parteien zu beschäftigen. Mark möchte sein werthaltiges, nach konservativen Gesichtspunkten zusammengestelltes Wertpapierdepot auf seine Frau als Ausgleich für entgehende Verdienstmöglichkeiten während der „Mutter-Auszeit" übertragen. Zur Absicherung der Familie soll Steffi darüber hinaus Alleineigentümerin der Immobilie werden, dh Mark will ihr seine Miteigentumshälfte übertragen.

6 Der Übertragungsvertrag für den Miteigentumsanteil am Einfamilienhaus ist in jedem Fall formbedürftig nach § 311b Abs. 1 BGB. Ob dies auch für das Wertpapierdepot gilt, hängt davon ab, ob man diese Zuwendung als Schenkung im Sinne des § 516 Abs. 1 BGB qualifiziert.[3]

7 Herr Dr. Verständig wird in jedem Fall den Eheleuten vorschlagen, die gesamte Vereinbarung beurkunden zu lassen. Es ist Aufgabe des Beraters, den **sichersten Weg** vorzuschlagen. Wenn der Beratene dann in Kenntnis des Risikos eine andere Alternative wählt, muss er im Falle des Misslingens den Schaden selber tragen. Der Notar muss in der Urkunde allerdings klarstellen, dass die Eheleute wirklich eine ehebedingte Zuwendung und keine Schenkung vereinbaren.[4]

3. Exkurs: Die unbenannten („ehebedingten") Zuwendungen

8 Als unbenannte bzw. ehebedingte Zuwendungen werden Vermögensverschiebungen unter Ehegatten bezeichnet, die der ehelichen Lebensgemeinschaft dienen. Die Zuwendung geschieht um der Ehe willen und als Beitrag zur Verwirklichung oder Ausstattung, Erhaltung oder Sicherung der ehelichen Lebensgemeinschaft.[5]

9 Ehebedingte Zuwendungen lassen den ehelichen Güterstand unberührt. Ihre Rechtsgrundlage ist ein familienrechtlicher Vertrag eigener Art. Er wird zivilrechtlich nicht als Schenkung im Sinne der §§ 516 ff. BGB qualifiziert. Es liegt keine Einigkeit über die Unentgeltlichkeit der Zuwendung vor.[6]

10 Zweck der Zuwendung kann sein, den Zuwendungsempfänger im Sinne eines vorzeitigen Zugewinnausgleichs im gesetzlichen Güterstand oder freiwilligen Zugewinnausgleichs bei Gütertrennung dinglich am bisherigen ehelichen Zugewinn zu beteiligen. Auch Zuwendungen zur Vermeidung des Gläubigerzugriffs auf den Kern des Familienvermögens, etwa des Eigenheims, als Rechtsgeschäfte zwischen Ehegatten zur haftungsbegünstigten Verteilung des Familienvermögens sind ehebedingt und erfolgen zur Verwirklichung der ehelichen Lebensgemeinschaft.

11 Weitere Typen der ehebedingten Zuwendung sind der Ausgleich für geleistete Mitarbeit oder auch der Verzicht auf eigenes Einkommen wegen Erziehung der gemeinsamen Kinder.[7]

---

3 Zur Frage der Formbedürftigkeit bei unbenannten Zuwendungen bejahend BGH NJW 2020, 2024 (2028 f.); *Koch*, in: MünchKommBGB, § 518 Rn. 3, vgl. zum Diskussionsstand *Chiusi*, in: Staudinger § 518 Rn. 5.
4 vgl. BGH NJW 2020, 2024 (2029); *Chiusi*, in: Staudinger, § 516 Rn. 89; *Koch*, in: MünchKommBGB, § 516 Rn. 63.
5 BGHZ 116, 167; BGHZ 142, 137/147 f.; BGH NJW 2006, 2330 f.; *Munzig/Stein*, in: Münchener Vertragshandbuch, Bd. 5, Formular IV.7; *Revenstorff*, in: Weinmann, Erbschaft- und Schenkungssteuerrecht, Stichwort „unbenannte Zuwendung", Rn. 2; *Weidenkaff*, in: Grüneberg, § 516 Rn. 10.
6 BGHZ 87, 145; BGH NJW 2006, 2330 f.; *Weidenkaff*, in: Grüneberg, § 516 Rn. 10; *Chiusi*, in: Staudinger, § 516 Rn. 89. AA. insbesondere *Koch*, in: MünchKommBGB, § 516 Rn. 73 ff., der diese Rechtsfigur ablehnt.
7 *Langenfeld/Milzer*, Handbuch der Eheverträge und Scheidungsvereinbarungen, Kap. 5 Rn. 826 ff.

4. Die rechtlichen Rahmenbedingungen
a) Anfechtungsrecht

Ehegatten steht es frei, Vermögensverschiebungen untereinander „beliebig" vorzunehmen. Problematisch sind solche Transaktionen indes in der wirtschaftlichen Krise eines Ehegatten. Überträgt er in einer solchen Situation Vermögen auf den anderen Ehegatten, sind diese Rechtsgeschäfte außerhalb einer Insolvenz anfechtbar nach den Vorschriften des Anfechtungsgesetzes.[8]

Im Vorfeld einer Insolvenz greifen die Anfechtungstatbestände der Insolvenzordnung.[9]

Unter Hinweis auf den sich „ständig verändernden Anwaltsmarkt" möchte Mark Vorsorge treffen und die Familie durch Übertragung seiner Haushälfte auf seine Ehefrau sichern. Dies geschieht aus reiner Prophylaxe ohne erkennbare Notlage. Sollte es also später wirklich einmal zu wirtschaftlichen Problemen ernsthafter Art kommen, spricht viel dafür, dass die Übertragung rechtzeitig außerhalb von Anfechtungsfristen vorgenommen wurde. Dementsprechend sollte ein Berater Ehepaaren in vergleichbarer Situation immer dazu raten, in „guten Zeiten" ein dem Gläubigerzugriff nicht unterliegendes Vermögen zu schaffen. Begehrlichkeiten von Banken im Rahmen von Kreditgewährungen müssen dann „nur" standhaft abgewehrt werden.

Die Übertragung des Wertpapierdepots erfolgt als vorweggenommener Ausgleich für die zukünftigen Einkommensverluste von Steffi. Hierbei handelt es sich um eine klassische ehebedingte Zuwendung, die zivilrechtlich unproblematisch ist, wenn es zur Realisierung der geplanten Mutterzeit kommt.

b) Steuerrecht

Anders als die Zivilrechtler und die ältere Rechtsprechung des Bundesfinanzhofs[10] qualifizieren der BFH und die Finanzverwaltung unbenannte Zuwendungen heute grundsätzlich als objektiv unentgeltliche Leistungen mit der Folge, dass sie prinzipiell dem Schenkungssteuerrecht unterfallen.[11]

Häufig helfen hier jedoch zwei Vorschriften des ErbStG. Nach § 13 Abs. 1 Nr. 4a ErbStG sind Zuwendungen unter Lebenden **steuerbefreit**, mit denen ein Ehegatte dem anderen Ehegatten Eigentum an einem selbstgenutzten Haus oder einer selbst genutzten Eigentumswohnung (**Familienwohnheim**) verschafft. Nach § 5 Abs. 2 ErbStG sind Vermögensübertragungen keine freigiebige Zuwendung, wenn Eheleute, die im gesetzlichen Güterstand leben, auch ohne Scheidung einen **Wechsel des Güterstandes** vereinbaren und einen **Zugewinnausgleich** durchführen.[12]

Die Übertragung des Miteigentumsanteils am Einfamilienhaus unterfällt damit der Steuerbefreiung des § 13 Abs. 1 Nr. 4a ErbStG. Demgegenüber ist die Übertragung

---

8 Dazu §§ 3 und 4 AnfG; vgl. zur Frage, ob eine ehebedingte Zuwendung entgeltlich oder unentgeltlich ist, *Huber*, § 4 Rn. 34 f. Die hM bejaht objektive Unentgeltlichkeit und damit die Anwendbarkeit der Schenkungsanfechtung. Vgl. dazu mwN *Weinland*, in: Kirchhof, AnfG, § 4 Rn. 51.
9 Dazu §§ 129 ff. InsO, insbes. § 134 InsO.
10 BFH BStBl II 1985, 159; dazu im Einzelnen *Revenstorff*, in: Weinmann, Erbschaft- und Schenkungssteuerrecht, Stichwort „unbenannte Zuwendung", Rn. 4 ff.
11 BFH BStBl II 1994, 366; *Revenstorff*, in: Weinmann, Erbschaft- und Schenkungssteuerrecht, Stichwort „unbenannte Zuwendung", Rn. 5 ff.
12 *Revenstorff*, in: Weinmann, Erbschaft- und Schenkungssteuerrecht, Stichwort „unbenannte Zuwendung", Rn. 13, insbesondere zum späteren Übergang wieder zum gesetzlichen Güterstand und zur Anerkennung der sogenannten Güterstandsschaukel; *Tiedtke/Schmitt* NJW 2009, 2632 ff.

des Wertpapierdepots grundsätzlich schenkungssteuerpflichtig, weil damit kein Zugewinnausgleichsanspruch bei Wechsel des Güterstandes abgefunden wird. Es ist aber der seit dem 1.1.2009 geltende persönliche Freibetrag für Ehegatten in Höhe von 500.000 EUR zu berücksichtigen, § 16 Abs. 1 Nr. 1 ErbStG. Im Zeitabstand von jeweils zehn Jahren steht ein solcher Freibetrag immer wieder zur Verfügung (§ 14 Abs. 1 ErbStG).[13]

5. Entwicklung der Gestaltung

a) Erstellung des Vertragsentwurfs

19 Hier gibt es keine besonderen Probleme. Was die Übertragung des Miteigentumsanteils angeht, kann auf die Ausführungen zum Kaufvertrag über eine gebrauchte Immobilie verwiesen werden. In der Regel ist es bei solchen familiären Gestaltungen allerdings üblich, auf jegliche Haftungsregelungen zu verzichten und die Immobilie „haftungsfrei" zu übereignen.

20 Bei der Übertragung des Wertpapierdepots ist zu beachten, dass der sachenrechtliche Bestimmtheitsgrundsatz gewahrt und die Depotbank unterrichtet wird. Das Depot muss schließlich auf die Ehefrau „umgeschrieben" werden.

21 Näher zu überlegen ist die Frage, ob Regelungen für den Fall des Scheiterns der Ehe vorgesehen werden sollen. In einem solchen Fall werden nämlich mangels vertraglicher Vereinbarungen die unbenannten Zuwendungen grundsätzlich allein güterrechtlich ausgeglichen, im Ausnahmefall auch nach den Grundsätzen von Treu und Glauben, nicht aber nach Schenkungsrecht.[14]

b) Lösungsvorschlag

22 Herr Dr. Verständig wird den Eheleuten vorschlagen, einen notariellen Übertragungsvertrag für den Miteigentumsanteil an der Immobilie und das Wertpapierdepot zu schließen. Er kann darauf hinweisen, dass die Grundstücksübertragung keine Schenkung- bzw. Erbschaftsteuer auslöst, ebenso wenig die Übertragung des Wertpapierdepots, wenn der Freibetrag von 500.000 EUR unterschritten wird. Ob Herr Dr. Verständig mit den Eheleuten weiter die Frage erörtern wird, ob die Vereinbarung einer Gütertrennung und/oder die Abfindung des Zugewinnausgleichsanspruchs sinnvoll ist, kann mangels weiterer Sachverhaltsdarstellung nicht beurteilt werden. Bei größerem Vermögen sollte hierüber nachgedacht werden, zumindest so lange, wie die Rechtsprechung des BFH einen späteren Wechsel wiederum in den gesetzlichen Güterstand nicht als **Gestaltungsmissbrauch** (§ 42 AO) qualifiziert.

6. Exkurs: Erbschaft- und Schenkungssteuerrecht

23 Das Erbschaft- und Schenkungssteuerrecht unterliegt – wie fast jede Steuerart – der ständigen Veränderung. Eine wesentliche Änderung der Erbschaftsteuer erfolgte zum 1.1.2009.[15] Durch die Entscheidung des BVerfG vom 17.12.2014 – 1 BvL 21/12 – musste der Gesetzgeber dann aber bis zum 30.6.2016 erneut tätig werden. Dies hat er

---

13 *Weinmann*, in: Weinmann, Erbschaft- und Schenkungssteuerrecht, § 12 Rn. 92 ff.
14 *Revenstorff*, in: Weinmann, Erbschaft- und Schenkungssteuerrecht, Stichwort „unbenannte Zuwendung", Rn. 2; *Koch*, in: MünchKommBGB, § 516 Rn. 68 ff.
15 Dazu im Einzelnen die Darstellung von *Weinmann*, in: Weinmann, Erbschaft- und Schenkungssteuerrecht, § 3 Rn. 10.

– verspätet – durch Verabschiedung des Gesetzes zur Anpassung des Erbschaftsteuer- und Schenkungssteuergesetzes an die Rechtsprechung des Bundesverfassungsgerichts vom 4.11.2016 (BGBl. 2016 I S. 2464) getan. Das Gesetz trat rückwirkend zum 1.7.2016 in Kraft.

Für die tägliche Praxis wichtig zu wissen ist, dass der Gesetzgeber verschiedene Steuerklassen mit unterschiedlichen Steuersätzen geschaffen hat. Für die engsten Verwandten (Ehepartner, Kinder und Enkel) gilt die Steuerklasse I mit einem Eingangssteuersatz von 7 % bis 75.000 EUR, 11 % bis 300.000 EUR und 15 % bis 600.000 EUR. Demgegenüber beläuft sich der Eingangssteuersatz bei der Steuerklasse III bereits auf 30 %. Für die Steuerklasse II – dazu gehören ua die Geschwister und die Schwiegereltern – wurden die Steuersätze durch das Wachstumsbeschleunigungsgesetz mit Wirkung zum 1.1.2010 von 30 % bis 50 % auf 15 % bis 43 % abgesenkt.

24

Bedeutsam sind vor allem die Freibeträge. Für Ehepartner und Lebenspartner betragen sie 500.000 EUR, für Kinder 400.000 EUR (§ 16 ErbStG).[16]

25

---

16 *Weinmann*, in: Weinmann, Erbschaft- und Schenkungssteuerrecht, §§ 12 und 13 Rn. 92 ff.

§ 9 Vertragsgestaltung im Mietrecht

I. Überblick

1 Das Mietrecht spielt in der Praxis eine bedeutende Rolle. Fast alle Menschen werden zu bestimmten Phasen ihres Lebens Mieter sein. Vermieter sind demgegenüber oftmals große Wohnungsgesellschaften, die ihren Wohnungsbestand professionell verwalten.

2 Private Vermieter sind häufig in Haus- und Grundeigentümervereinen organisiert, während sich Mieter durch örtliche Mietervereine beraten und vertreten lassen. Deshalb beschäftigen sich in der Regel nur spezialisierte Anwälte und Justiziare intensiv mit dem Mietrecht als Rechtsmaterie.[1]

3 Viele Laien und auch Juristen behelfen sich mit den zur Verfügung stehenden Formularmietverträgen. Sie existieren für Gewerberaum und Wohnraum. Soweit diese Formulare jeweils an die aktuelle Rechtsprechung angepasst werden, sind sie eine große Hilfe bei der Vertragsgestaltung im täglichen Leben.

4 Individuelle Vertragsgestaltungen findet man nur selten. Auch bei der Errichtung großer Komplexe wie Einkaufszentren, Büroparks, Logistikzentren uä bedienen sich die Initiatoren oder Betreiber der von ihnen oder ihren Beratern entwickelten Musterverträge. Eigener Verhandlungsspielraum verbleibt den potenziellen Mietern in der Regel nur dann, wenn sie sogenannte **Ankermieter** sind, also als Magnet für das Anmietungsinteresse weiterer Unternehmen dienen.

5 Die im Folgenden vorgestellten zwei Sachverhalte sollen einen knappen Überblick über die Vertragsgestaltung im Mietrecht geben. Während sich der erste Fall mit privatem Wohnraum beschäftigt, geht es im zweiten um einen gewerblichen Mietvertrag im Rahmen der Errichtung eines neuen Bürogebäudes.

II. Mietvertrag über Wohnraum

6 ▶ **Gestaltungsaufgabe: Mietvertrag**

Steffi Klug ist aus der ihr vom Vater überlassenen Wohnung nach Gründung der Sozietät mit Mark Pfiffig ausgezogen. Ihr Vater möchte die Wohnung nunmehr „richtig" vermieten und bittet seine Tochter, ihm einen Mietvertragsentwurf für Verhandlungen mit potenziellen Mietern zur Verfügung zu stellen.[2] ◀

1. Vorbereitende Überlegungen

7 Die Interessenlage bei derartigen Mietverträgen ist offenkundig. Während der Vermieter einen marktgerechten Mietzins dauerhaft erzielen und die Erhaltung der Mietsache sicherstellen will, kommt es dem Mieter darauf an, eine mangelfreie Mietsache zu erhalten und nach Möglichkeit wenig zusätzliche Pflichten zu übernehmen, die kraft Gesetzes „an sich" dem Vermieter nach § 535 Abs. 1 S. 2 BGB obliegen.

---

1 Vgl. die umfassenden Darstellungen von *Sternel*, Mietrecht aktuell; *Gies*, Beck'sches Formularbuch Mietrecht; *Lützenkirchen*, Anwalts-Handbuch Mietrecht; *Blank/Börstinghaus*, Miete; *Hannemann/Wiegner*, Münchener Anwaltshandbuch Mietrecht.
2 Zu Musterformularen vgl. *Blank*, in: Münchener Vertragshandbuch, Bd. 5, Formular II.1; *Leonhard*, in: Beck'sches Formularbuch Bürgerliches, Handels- und Wirtschaftsrecht, Formular III.D.1; *Eckert/Everts/Wicke*, Fälle der Vertragsgestaltung, Fall 7 S. 96 ff.; *Baumann/Doukoff*, Beck'sche Online-Formulare Prozess, Ordnungsnummer 15.

Bei Mietverträgen handelt es sich in der Regel um Formularverträge, so dass die AGB-rechtlichen Vorschriften der §§ 305 ff. BGB Anwendung finden. Die mietrechtliche Rechtsprechung nimmt den Mieterschutz ernst und hat viele vertragliche Gestaltungen für unwirksam erachtet, beispielsweise bei der Verpflichtung des Mieters im Zusammenhang mit der Durchführung sogenannter Schönheitsreparaturen.[3] 8

2. Entwicklung der Gestaltung
a) Mietsicherheit und Mietanpassungsklausel

Um seine Ansprüche aus dem Mietvertrag, insbesondere auf Entrichtung der Miete, zu sichern, vereinbart ein Vermieter in der Regel mit dem Mieter die Stellung einer **Mietsicherheit**. Einschlägig ist hier § 551 BGB. Sie enthält Schutzbestimmungen zugunsten des Mieters von Wohnraum, nämlich die Begrenzung auf drei Monatsmieten, die Ratenzahlungsmöglichkeit und die Anlagepflicht des Vermieters. 9

Bei Mietverträgen handelt es sich um klassische Dauerschuldverhältnisse. **Mietanpassungsklauseln** sollen deshalb den Werterhalt der ursprünglich vereinbarten Miete sicherstellen. Wir unterscheiden hier „echte" (automatische) Wertsicherungsklauseln, Spannungsklauseln oder Leistungsvorbehalte mit oder ohne Schiedsgutachterabreden.[4] 10

Solche Klauseln sind bei der Wohnraummiete unzulässig (§ 557 Abs. 4 BGB). Im Vergleich zur Staffelmiete (§ 557a BGB) und zur Indexmiete (§ 557b BGB) wirken sich diese Abreden durchweg zum Nachteil des Mieters aus. 11

b) Erstellung des Vertragsentwurfs

Anhand des Gesetzes sowie der zur Verfügung stehenden Vertragsmuster in den Formularbüchern lässt sich die Themenliste für den notwendigen und sinnvollen Inhalt von Wohnraummietverträgen ohne Weiteres zusammenstellen. Nachfolgend soll deshalb lediglich der Vorschlag einer Gliederung für einen solchen Mietvertrag unterbreitet werden. Was das Ausformulieren der einzelnen Regelungen angeht, kann auf die Formularbücher verwiesen werden. 12

▶ **Gliederung eines Mietvertrags über Wohnraum**
Rubrum: Genaue Angaben zum Vermieter und Mieter
§ 1   Mietgegenstand
§ 2   Miete und Betriebskosten/Nebenkosten
§ 3   Fälligkeit und Zahlung der Miete
§ 4   Mietdauer
§ 5   Kündigung
§ 6   Instandhaltung und Instandsetzung, Haftung für Schäden
§ 7   Schönheitsreparaturen
§ 8   Untervermietung
§ 9   Tierhaltung
§ 10 Antenne

---
3 *Sternel*, Mietrecht aktuell, Ziff. IX, Rn. 24 ff.; *Over*, in: Beck'sches Formularbuch Mietrecht, Formular B.VIII.
4 *Sternel*, Mietrecht aktuell, IV. Rn. 33 ff.; *Blank*, in: Münchener Vertragshandbuch, Bd. 5 Formular II.1 Anm. 65 ff. und Formular II.2 Anm. 20 ff.

§ 11 Haushaltsmaschinen
§ 12 Modernisierungsmaßnahmen, bauliche Veränderungen
§ 13 Mängel
§ 14 Betreten der Mietsache durch den Vermieter
§ 15 Rückgabe der Mietsache
§ 16 Mietsicherheit/Kaution
§ 17 Schriftform
§ 18 Vertretung, Vollmacht
§ 19 Hausordnung
§ 20 Besondere Vereinbarungen (beispielsweise zum Gartenbenutzungsrecht)
§ 21 Zusatzvereinbarungen für Eigentumswohnungen[5] ◀

III. Mietvertrag über Büroräume in einer noch zu errichtenden Immobilie

13 ▶ **Gestaltungsaufgabe: Hoch über Münster**

Die Anwaltskanzlei von Mark Pfiffig und Steffi Klug floriert. Sie beschäftigen mittlerweile fünf Rechtsanwälte. Die vorhandene Bürokapazität reicht nicht mehr aus. Zu ihrem Mandantenkreis gehört der Investor Reich. Reich plant die Errichtung eines Bürohauses auf einem soeben erworbenen Grundstück in der Himmelreichallee. Reich ist bereit, eine oder zwei Etagen dieses Bürohauses an die Anwaltskanzlei zu vermieten. Er schlägt vor, dass Mark und Steffi ihm einen Mietvertragsentwurf vorlegen, der Grundlage für ihre Vertragsverhandlungen sein soll.[6] ◀

1. Anwalt in eigener Sache

14 Reich wünscht von Steffi und Mark, dass sie ihm einen Mietvertragsentwurf als Grundlage für ihre Vertragsverhandlungen zur Verfügung stellen. Mit diesem Wunsch bringt er die Rechtsanwälte in eine schwierige Situation. Es besteht zwar kein Tätigkeitsverbot für einen Rechtsanwalt, in eigenen Angelegenheiten tätig zu werden, so wie es beispielsweise für einen Notar gilt (vgl. § 6 BeurkG). Es ist aber dennoch nicht gut, in „eigener Sache" zu arbeiten. Der Anwalt ist hier persönlich betroffen. Ihm wird es deshalb nur schwer gelingen, das notwendige Augenmaß zu wahren, um beiden Parteien gerecht zu werden.

15 Das Dilemma lässt sich wie folgt formulieren:

16 Entwerfen die Anwälte einen für sie günstigen Vertrag, ohne dass dies Reich in seinen Verästelungen erkennt, kann es später zu Konflikten kommen. Das Mandatsverhältnis wird dadurch belastet, wenn nicht gar beendet. Reich kann den Anwälten zu Recht entgegenhalten, sie hätten ihn übervorteilt.

17 Es erscheint auch wenig erfolgversprechend, Reich an andere Anwälte zu verweisen. Entweder erweisen sich diese Anwälte als schlechte Berater, weil sie die Tücken des Mietvertragsentwurfs für Reich nicht erkennen und nicht wegverhandeln. Reich kann dann Mark und Steffi vorwerfen, sie hätten ihn bewusst an schlechte Anwälte verwiesen. Oder die Anwälte arbeiten gut und überzeugen Reich. Mark und Steffi laufen

---

[5] *Blank*, in: Münchener Vertragshandbuch, Bd. 5, Formular II.1 Anm. 285 ff.
[6] *Schmittat*, Vertragsgestaltung, S. 27 und S. 229 ff.; *Leonhard*, in: Beck'sches Formularbuch Bürgerliches, Handels- und Wirtschaftsrecht, Formular III.D.13.

dann Gefahr, dass die Kollegen ihren Mandanten abwerben oder Herr Reich zukünftig die Möglichkeit hat, zwischen zwei ihm bekannten Anwaltssozietäten zu wählen. Eine solche Wahlmöglichkeit mag sich dann auch ungünstig auf Honorarverhandlungen auswirken.

In dieser Situation bleibt Mark und Steffi vernünftigerweise nichts anderes übrig, als den Wunsch von Reich zu akzeptieren. Sie sollten aber von Anfang an auf den denkbaren Interessenkonflikt hinweisen und sich dann bemühen, ihren Entwurf so wie ein Notar auszugestalten. Regelungsbereiche, die besonders stark die unterschiedlichen Interessen der Parteien widerspiegeln, sollten kenntlich gemacht und möglicherweise auch alternativ ausformuliert werden. Nur durch absolute Offenheit und Transparenz wird es Mark und Steffi gelingen, ihr Mandatsverhältnis zu Reich unbelastet fortzusetzen. 18

2. Entwicklung der Gestaltung

Ähnlich wie beim Kauf einer noch zu errichtenden Immobilie vom Bauträger muss der Vertragsgegenstand hier exakt definiert werden. Dies kann nur durch die Bezugnahme auf Baupläne und eine Baubeschreibung erfolgen. Im Einzelnen haben die künftigen Mietvertragsparteien folgendes zu bedenken: 19

a) Mietgegenstand

Die Parteien müssen sich über die Miteräume nach Lage, Anzahl und Größe einigen. Sie haben sich darüber zu verständigen, welche Nebenräume (Keller, Aktenräume, technische Räume, Küche usw.) benötigt und damit mit gemietet werden müssen. Insbesondere stellt sich die Frage nach Pkw-Stellplätzen (in einer Tiefgarage) oder im Freien auf dem Grundstück. 20

Denken Mark und Steffi an eine weitere Expansion, muss auch erwogen werden, ob sie nicht eine Option auf die Anmietung weiterer Mieträume erhalten, sobald sie zur Verfügung stehen. 21

Schließlich ist auch zu überlegen, ob den Anwälten nicht eine Kaufoption – in diesem Fall muss der Mietvertrag beurkundet werden – für den Fall eingeräumt werden soll, dass Reich einmal an den einzelnen Einheiten des Bürohauses Teileigentum bildet und dann die Einheiten veräußert. 22

Die Notwendigkeit, den Mietgegenstand im Einzelnen anhand von Bauzeichnungen und einer Bau- und Ausstattungsbeschreibung zu konkretisieren, wurde bereits oben erwähnt. Die Wertigkeit eines Büros hängt wesentlich davon ab, wie repräsentativ einzelne Räume sind. 23

b) Mietzins

Hier muss geklärt werden, ob ein Mietzins pauschal gezahlt werden soll oder ob er nach der wirklich vorhandenen Mietfläche über den qm-Preis zu ermitteln ist. Die Mietfläche wird nach DIN 277 ermittelt. Hier hat insbesondere der Mieter darauf zu achten, dass für untergeordnete Flächen wie Technik- und Verkehrsflächen nicht unbedingt derselbe hohe Mietzins gezahlt wird wie für „echte" Büronutzflächen. 24

Mieten sind schließlich kraft Gesetzes von der Umsatzsteuer befreit (§ 4 Nr. 12a UStG). Der vermietende Unternehmer kann allerdings auf die Steuerbefreiung verzich- 25 ten, wenn der Umsatz an einen anderen Unternehmer (als Mieter) für dessen Unternehmen ausgeführt wird (§ 9 Abs. 1 UStG, sog. „Umsatzsteueroption"). Zwischen Vermieter und Mieter muss deshalb geklärt werden, ob zur Umsatzsteuer optiert werden soll, um eine Vorsteuererstattung in Anspruch nehmen zu können. Faktisch reduzieren sich dann die Herstellungskosten erheblich.

c) Laufzeit

26 Vermieter und Mieter werden am Abschluss eines längerfristigen Mietvertrags interessiert sein. Eine zu lange Bindung für die Mieter ist für den Fall weiteren Wachstums der Sozietät problematisch, wenn nicht über eine Mietoption (und tatsächlich frei werdenden Büroraum) zusätzliche Flächen angemietet werden können.

27 Im Rahmen der Laufzeitdiskussion taucht immer wieder die Frage auf, ob dem Mieter das Recht eingeräumt werden soll, eine Verlängerung der Mietzeit nach Ablauf einer Festperiode durch Ausübung einer entsprechenden Option verlangen zu können. Solche Optionsrechte finden sich häufig in gewerblichen Mietverträgen.

d) Fertigstellungsrisiko und Fertigstellungsfrist

28 Die Mieter müssen sich auf die rechtzeitige Übergabe der neu erstellten Büroflächen einrichten können. Die vereinbarte Fertigstellungsfrist ist deshalb für sie von großer Bedeutung. Aus diesem Grunde werden sie sicherlich Wert auf die Vereinbarung einer festen Frist legen, um ggf. die Erstattung von Verzugsschäden verlangen zu können. Zumindest wird ihnen an der Vereinbarung einer Vertragsstrafe gelegen sein. Nach dem neuen Bauvertragsrecht müssen Baufirmen ab 2018 einen verbindlichen Fertigstellungstermin nennen (§ 650k Abs. 3 BGB).

29 Das Fertigstellungsrisiko trägt zwar juristisch der Vermieter als Bauherr. Wird er aber insolvent, nützen dem Mieter die besten Ansprüche nichts. Ob der Insolvenzverwalter die Fertigstellung übernimmt oder einen anderen Investor findet, ist fraglich. Eine Absicherung des Fertigstellungsrisikos durch eine **Vertragserfüllungsbürgschaft** wird kaum möglich sein. Auch ein reicher Bauherr wird in der Regel für die Erstellung des Bürogebäudes Fremdkapital (Bankkredit) in Anspruch nehmen müssen. Ob die Bank daneben bereit ist, noch zugunsten von Mietern Vertragserfüllungsbürgschaften zu stellen, ist fraglich.

e) Betriebskosten/Nebenkosten

30 Gerade bei Gewerbeimmobilien ist es notwendig, exakte Vereinbarungen über die Verteilung der Betriebskosten/Nebenkosten zu treffen. Diese Kosten sind heute so hoch, dass sie für Vermieter und Mieter eine erhebliche Belastung darstellen. Insoweit kommt es also auf eine sachgerechte Verteilung dieser Lasten an. Näheres regelt die seit dem 1.1.2004 geltende Betriebskostenverordnung vom 25.11.2003 (BGBl. I 2003, S. 2346 ff.).

f) Sonstige Regelungen

31 Hier kann auf die Überlegungen zum Wohnraummietvertrag Bezug genommen werden. Insbesondere bei Instandhaltung und Renovierung stellen sich ähnliche Fragen. Ist bei Gewerbeimmobilien der Mieter nicht Verbraucher, wird die Rechtsprechung die Verlagerung der gesetzlichen Pflichten auf den Mieter etwas großzügiger beurteilen.

g) Erstellung des Vertragsentwurfs

Was Gliederung und Formulierung des Vertragsentwurfs angeht, kann auf die Muster in den Formularbüchern verwiesen werden. Eine Orientierung am Vertragsaufbau des Wohnraummietvertrags ist möglich, ergänzt um die in Rn. 19 ff. erörterten Besonderheiten.

32

§ 10 Vertragsgestaltung im Dienst- und Arbeitsvertragsrecht

I. Überblick

1 Die Beschäftigung mit Dienst- und Arbeitsverträgen gehört zum täglichen Brot der Personalabteilungen in großen Unternehmen auf Arbeitgeberseite und der für Gewerkschaften arbeitenden Juristen auf Arbeitnehmerseite. Weil mittlere oder kleinere Unternehmen in der Regel keine eigenen Juristen beschäftigen, lassen sie sich häufig über die Arbeitgeberverbände beraten und auch vor den Arbeitsgerichten vertreten. Gelegentlich werden auch Anwaltsbüros eingeschaltet und häufig Steuerberater von Kleinunternehmen gebeten, Vertragsmuster zur Verfügung zu stellen.

2 Außerhalb dieser eher der Routinearbeit zuzurechnenden Aufgabenstellungen beschäftigt sich der Vertragsjurist am meisten mit der Gestaltung von Geschäftsführeranstellungsverträgen einer GmbH und gelegentlich auch mit Anstellungsverträgen von Vorständen einer Aktiengesellschaft. Manchmal formuliert er Dienstverträge als Beraterverträge für ehemalige Vorstände oder Geschäftsführer, die nach Beendigung ihrer aktiven Tätigkeit weiterhin dem Unternehmen beratend zur Verfügung stehen oder für Freiberufler, die vorübergehend im Unternehmen tätig sind, beispielsweise als Interims-Manager oder Unternehmensberater.

II. Der Geschäftsführeranstellungsvertrag

3 ▶ **Gestaltungsaufgabe: Geschäftsführer für die Anwaltskanzlei**

Bedingt durch den Mutterschaftsurlaub von Steffi nimmt die Arbeitsbelastung von Mark weiter zu. Er beschließt deshalb, für die in der Rechtsform einer GmbH betriebene Anwaltspraxis einen Kanzleimanager als Geschäftsführer einzustellen. Er bittet Steffi, ihm behilflich zu sein und den Entwurf eines Geschäftsführeranstellungsvertrags für Gespräche mit Bewerbern zur Verfügung zu stellen.[1]

Variante (Rn. 30 ff.): Sind ggf. weitergehende Überlegungen anzustellen, wenn der Leiter einer Rechtsabteilung eines Konzerns den Anstellungsvertrag für den Geschäftsführer einer „Tochter-GmbH" zu fertigen hat, der bereits als leitender Angestellter im Konzern tätig ist? ◀

1. Einführende Hinweise

4 Der Geschäftsführeranstellungsvertrag begründet ein selbstständiges Dienstverhältnis nach § 611 BGB. Unterschieden wird in der Regel zwischen einem sogenannten **Fremdgeschäftsführer** und einem **Gesellschafter-Geschäftsführer**. Während der Fremdgeschäftsführer nicht zugleich Gesellschafter ist, ist ein Gesellschafter-Geschäftsführer auch am Unternehmen beteiligt. Neben den Rechten und Pflichten als Geschäftsführer hat er demnach zusätzlich die Rechte und Pflichten eines Gesellschafters.

5 Für die Bestellung und Abberufung eines Geschäftsführers ist nach der – nicht zwingenden – Regelung des § 46 Nr. 5 GmbHG die Gesellschafterversammlung zuständig. Hat das Unternehmen mehr als 2.000 Mitarbeiter, findet das Mitbestimmungsge-

---

[1] Hierzu insbesondere *Schmittat*, Vertragsgestaltung, S. 54 ff.; *Wentrup*, in: Beck'sches Formularbuch Bürgerliches, Handels- und Wirtschaftsrecht, Formulare IX.48 und 49; *Abeln*, Anstellungsvertrag GmbH-Geschäftsführer. – Die berufsrechtlichen Vorgaben an die Geschäftsführung einer Rechtsanwalts-GmbH in § 59b ff. BRAO sind zu beachten.

setz Anwendung, § 1 Abs. 1 MitbestG. Dann ist hierfür der Aufsichtsrat nach § 31 MitbestG zuständig.

Zwischen dem Geschäftsführer als **Organ** der Gesellschaft und seiner **Anstellung** ist zu unterscheiden. Als Organ der Gesellschaft ist der Geschäftsführer nach der Rechtsprechung grundsätzlich kein Arbeitnehmer.[2]

Bei Abschluss und Kündigung des Anstellungsvertrags ist auf die Vertretungsbefugnis der Gesellschaft zu achten. Obliegt der Gesellschafterversammlung die Bestellungs- und Abberufungskompetenz, so gilt dies auch für den Abschluss und die Beendigung des Anstellungsvertrags (sogenannte **Annexkompetenz**). Allerdings kann diese Kompetenz auch auf andere Gesellschaftsorgane übertragen werden, beispielsweise auf einen freiwilligen Aufsichtsrat oder einen Beirat.

Schließlich spielt in der Praxis auch häufig noch die Frage nach der **Sozialversicherungspflicht** des Geschäftsführers eine Rolle. Für den beherrschenden und damit maßgeblich Einfluss ausübenden Geschäftsführer besteht Sozialversicherungsfreiheit. Der Einfluss gilt dann als maßgeblich, wenn der Geschäftsführer mehr als 50 % der Gesellschaftsanteile hält oder er aus rechtlichen oder tatsächlichen Gründen von anderen Geschäftsführern und Gesellschaftern unabhängig ist.[3]

2. Vorbereitende Überlegungen

Der Sachverhalt ist von der Ausgangslage her klar. Zur Entlastung von Mark soll ein Kanzleimanager als Geschäftsführer eingestellt werden. Anders als die in der GmbH beschäftigten Rechtsanwälte soll er keine rechtlichen Dienstleistungen erbringen und Mandanten beraten und vertreten. Seine Aufgabe liegt vielmehr darin, die Anwalts-GmbH als Unternehmen zu organisieren und betriebswirtschaftlich optimal zu führen.

3. Entwicklung der Gestaltung

a) Erstellung des Vertragsentwurfs

Nachfolgend sollen die wesentlichen Inhalte/Themenbereiche für einen Geschäftsführeranstellungsvertrag behandelt werden. Ihre Bedeutung wird jeweils kurz erläutert.

aa) Die Vertretung der Gesellschaft

Nach § 35 GmbHG wird die Gesellschaft durch den Geschäftsführer gerichtlich und außergerichtlich vertreten. Möglich sind eine Alleinvertretung, ggf. sogar unter Befreiung von den Beschränkungen des § 181 BGB (Verbot des Insichgeschäftes und der Doppelvertretung) und eine Gesamtvertretung (§ 35 Abs. 2 GmbHG). Der Gesellschaftsvertrag (die Satzung) der GmbH muss hierzu bereits Regelungen vorsehen. Im Anstellungsvertrag mit dem Geschäftsführer sollte dann konkret geregelt werden, ob **Allein- oder Gesamtvertretungsbefugnis** eingeräumt wird. Ggf. müssen sich die Gesellschafter vorbehalten, eine ursprüngliche Alleinvertretung in eine Gesamtvertretung umzuwandeln. Mit einem solchen Vorbehalt wird dem Geschäftsführer die Möglichkeit genommen, den Entzug der Alleinvertretungsbefugnis als Vertragswidrigkeit mit dem Recht zur Kündigung und zum Fordern einer Abfindung zu werten.

---

2 BGH NJW 1968, 396; BAG NJW 2008, 1018 f.; *Altmeppen*, GmbHG, § 6 Rn. 79 ff., insbesondere Rn. 82 f.; *Lücke/Simon*, in: Saenger/Inhester, § 35 Rn. 48 ff.
3 *Altmeppen*, GmbHG, § 6 Rn. 128 ff.; *Lücke/Simon*, in: Saenger/Inhester, § 35 Rn. 101 ff.

bb) Die Aufgaben des Geschäftsführers

12 Anders als der Vorstand bei einer Aktiengesellschaft[4] ist der Geschäftsführer nicht nur an Gesetz und Gesellschaftsvertrag gebunden, sondern er hat auch den in Gesellschafterbeschlüssen enthaltenen Weisungen zu folgen. Dadurch kann das Aufgabengebiet des Geschäftsführers konkretisiert, erweitert oder eingeschränkt werden. Hat die Gesellschaft mehr als einen Geschäftsführer, empfiehlt sich eine strenge Aufgabenabgrenzung. Möglicherweise ist sogar die Schaffung einer **Geschäftsordnung** sinnvoll. Zuständig hierfür ist die Gesellschafterversammlung oder bei entsprechender Kompetenzübertragung der Beirat.

13 Im konkreten Fall ist die Abgrenzung der Aufgaben des Geschäftsführers von denen der Rechtsanwälte notwendig. Es muss klar festgehalten werden, dass der Kanzleimanager als Geschäftsführer auf die originäre anwaltliche Arbeit keinen Einfluss nehmen darf.

14 Die Kompetenzabgrenzung zu den Gesellschaftern ist ebenfalls zu regeln. Der Geschäftsführer ist weisungsgebunden. Er hat Beschlüsse der Gesellschafter zu befolgen. Aus diesem Grunde sollte der Anstellungsvertrag auf diese Kompetenzverteilung verweisen und einen Katalog der sogenannten **zustimmungsbedürftigen Geschäfte** enthalten. Dieser Katalog besagt, in welchen, nicht der laufenden Verwaltung unterliegenden Geschäften der Geschäftsführer die Zustimmung der Gesellschafterversammlung einholen muss. Üblicherweise sehen die Gesellschaftsverträge selbst auch einen solchen Katalog vor.[5]

15 Im konkreten Fall ergeben sich folgende Aufgaben für den Kanzleimanager: Er hat sich um die gesamte kaufmännische Führung der Anwaltssozietät zu kümmern. Dazu gehören Rechnungswesen, Controlling, Buchführung, Erstellung des Jahresabschlusses, Aufstellung von Businessplänen (unter Einbeziehung der Anwälte), das Personalwesen (ggf. unter Ausschluss der anwaltlichen Mitarbeiter), der EDV- und Versicherungsbereich sowie der Abschluss von Dauerschuldverhältnissen wie Miet- und Leasingverträge usw.

cc) Die Vergütung des Geschäftsführers

16 Die Vergütung eines Geschäftsführers setzt sich üblicherweise aus verschiedenen Komponenten zusammen, insbesondere der Festvergütung und der variablen Vergütung. Dazu im Einzelnen:

(1) Die Festvergütung

17 Üblich ist hier die Vereinbarung eines festen Jahreseinkommens, zahlbar in zwölf Raten. Die Höhe ist frei verhandelbar. Die **Angemessenheit** ist schwierig zu beurteilen, hängt sie doch entscheidend von der Größe und dem Erfolg des Unternehmens ab. Ein Vergleich mit anderen, ähnlich strukturierten Gesellschaften ist hilfreich (als sog. **benchmark**).

---

[4] Vgl. § 76 Abs. 1 AktG; *Ritter*, in: Münchener Anwaltshandbuch Aktienrecht, § 22 Rn. 13.
[5] Siehe unten § 18 Rn. 10 und § 18 Rn. 59 f.

(2) Die variable Vergütung

Die Vereinbarung einer variablen Vergütung hat Anreizwirkung und soll den Geschäftsführer finanziell für eine gute Arbeit belohnen. Natürlich ist es außerordentlich schwierig, hier sachgerechte und objektive Kriterien für die Beurteilung zu finden. Verhindert werden soll in jedem Fall, dass ein Geschäftsführer durch geschickte bilanzielle Gestaltungen geschäftliche Erfolge ausweist, die nur scheinbar oder nicht in diesem Umfang entstanden sind. Auf nachweisbare **Nachhaltigkeit** kommt es an.

Nützlich kann es sein, wie auch mit anderen Angestellten eines Unternehmens **Zielvereinbarungen** zu treffen. Die Bemessungsgrundlage muss eindeutig fixiert werden. Häufig wird auf ein genau definiertes Jahresergebnis des Unternehmens, den sogenannten Cashflow oder das EBITDA abgestellt. **Cashflow** (engl. für Geldfluss/Kassenfluss) ist eine Kennzahl zur Beurteilung der Finanz- und Ertragslage eines Unternehmens. Er beschreibt, welcher Betrag an liquiden Mitteln einem Unternehmen innerhalb einer Abrechnungsperiode per Saldo zufließt. **EBITDA** steht als Abkürzung für Earnings Before Interest/Taxes/Depreciation and Amortization und bezeichnet damit den Gewinn eines Unternehmens vor Zinsen, Steuern und Abschreibungen.

(3) Sonstige Nebenleistungen, insbesondere Versicherungen

Hierzu gehören Vereinbarungen über ein **Dienstfahrzeug** und **betriebliche Altersrenten**, ggf. in Form einer sogenannten Direktversicherung. Üblich ist es auch, den Geschäftsführer gegen Berufsunfähigkeit insbesondere bei Dienstunfällen zu versichern. In Anbetracht des großen Pflichtenumfangs für geschäftsführende Tätigkeit wird heute in aller Regel zudem eine sogenannte **D&O** (Directors & Officers Liability)-Versicherung abgeschlossen. Die Versicherung umfasst sowohl die Innenhaftung des Geschäftsführers gegenüber der Gesellschaft als auch seine Außenhaftung gegenüber Dritten, soweit der Versicherungsvertrag nichts anderes besagt.

dd) Die Dauer des Anstellungsvertrags

Ein unbefristeter Vertrag ist von jeder Seite mit der vereinbarten oder der gesetzlichen Frist kündbar. Vertragliche Kündigungsfristen sind in der Praxis oft erheblich länger als die gesetzliche Kündigungsfrist für Dienstverhältnisse. Hierdurch erlangt der Geschäftsführer einen gewissen Schutz. Er kann sich rechtzeitig bei laufenden Bezügen um eine neue Anstellung bewerben. Allerdings ist es in einer solchen Situation sinnvoller, dem Geschäftsführer den Abschluss eines **Aufhebungsvertrags** gegen Zahlung einer angemessenen **Abfindung** (für die restliche Laufzeit seines Vertrags) anzubieten. Nur selten wird ein Geschäftsführer in gekündigter Stellung noch engagierte, erfolgreiche Arbeit leisten.

Üblich sind **befristete Anstellungsverträge**. Während der Laufzeit ist eine Kündigung nur aus wichtigem Grunde möglich, so dass der Geschäftsführer während der Vertragslaufzeit unbelastet arbeiten kann. Für die Gesellschaft besteht die Gefahr, dass sie die Leistungen des Geschäftsführers bei Vertragsschluss falsch eingeschätzt hat und dennoch an den Vertrag gebunden bleibt. In einem solchen Fall empfiehlt sich ebenfalls, dem Geschäftsführer die Vertragsaufhebung gegen Zahlung einer angemessenen Abfindung anzubieten.

ee) Das Wettbewerbsverbot

23 Hier ist zwischen dem **vertraglichen** und dem **nachvertraglichen Wettbewerbsverbot** zu unterscheiden. Ohne dass es einer vertraglichen Regelung bedarf, gilt für die Vertragsdauer ein Wettbewerbsverbot für den Geschäftsführer als Folge der organschaftlich begründeten **Treuepflicht** gegenüber der Gesellschaft.

24 Anders verhält es sich mit dem nachvertraglichen Wettbewerbsverbot. Ein solches nachvertragliches Wettbewerbsverbot besteht nur dann, wenn es ausdrücklich vereinbart wird. Es führt zu einer erheblichen Einschränkung der beruflichen Entwicklungsmöglichkeiten des Geschäftsführers und ist deshalb nach ständiger Rechtsprechung im Lichte des Grundrechts aus Art. 12 GG zu würdigen. Die Interessen des Geschäftsführers sind mit den Interessen des Unternehmens zu vergleichen und abzuwägen. Hat das Unternehmen ein berechtigtes Interesse an der Vereinbarung eines nachvertraglichen Wettbewerbsverbots, ist es wirksam, wenn es nach Ort, Zeit und Gegenstand das berufliche Fortkommen des Geschäftsführers nicht unbillig erschwert. Es darf maximal für die Dauer von zwei Jahren vereinbart werden.[6]

25 Heftig umstritten ist die Frage, ob dem Geschäftsführer im Falle eines nachvertraglichen Wettbewerbsverbots in entsprechender Anwendung der §§ 74 ff. HGB eine **Karenzentschädigung** zu zahlen ist. Der BGH hat dies – auch für Fremdgeschäftsführer – verneint.[7]

26 In Anbetracht der gegenteiligen, stark vertretenen Meinung in der Literatur und der nicht sicher einzuordnenden Rechtsprechung der Obergerichte empfiehlt es sich in aller Regel, in Anstellungsverträgen für Fremdgeschäftsführer doch die Zahlung einer Karenzentschädigung analog den Regelungen der §§ 74 ff. HGB vorzusehen. Dies sollte zumindest dann geschehen, wenn sich die Gesellschaft sicher auf die Wirksamkeit des nachvertraglichen Wettbewerbsverbots verlassen möchte.

27 Im konkreten Fall ist es sinnvoll, für einen Kanzleimanager ein solches nachvertragliches Wettbewerbsverbot mit entsprechender örtlicher und zeitlicher Begrenzung vorzusehen. Der Kanzleimanager erhält intime Kenntnisse über „sein Unternehmen". Wechselt er später zu einer konkurrierenden Anwaltspraxis, ist trotz Fortbestehens der auch ihn treffenden Verschwiegenheitsverpflichtung (bzgl. der Mandatsverhältnisse) damit zu rechnen, dass er seinem alten Arbeitgeber schaden bzw. dem neuen Arbeitgeber – in besonderer Weise – nutzen kann.

b) Die Gliederung des Anstellungsvertrags

28 Besteht Klarheit über die maßgebenden Themen für die Gestaltung eines angemessenen Geschäftsführeranstellungsvertrags, ist er zu gliedern und dann auszuformulieren. Auf Letzteres kann hier unter Hinweis auf die bestehenden umfangreichen Vertragsmuster verzichtet werden.[8]

---

[6] *Bauer/Diller*, Wettbewerbsverbote, § 24 Rn. 1031 f.; *Abeln*, Anstellungsvertrag GmbH-Geschäftsführer, S. 49 ff.
[7] BGH NJW 1984, 2366; 2002, 1875 f.; *Altmeppen*, GmbHG, § 6 Rn. 95; dazu kritisch *Bauer/Diller*, Wettbewerbsverbote, § 24 Rn. 1034 ff.
[8] Siehe § 10 Rn. 3 Fn. 1 und *Jaeger*, Der Anstellungsvertrag des GmbH-Geschäftsführers.

Folgende Gliederung wird vorgeschlagen: 29

▶ **Gliederung eines Geschäftsführeranstellungsvertrages**
§ 1   Geschäftsführung (Aufgaben des Geschäftsführers)
§ 2   Vertretung
§ 3   Vertragsdauer
§ 4   Arbeitszeit
§ 5   Urlaub
§ 6   Vergütung
   1. fixes Jahresgehalt
   2. Anpassungsklausel
   3. variable Vergütung
§ 7   sonstige Nebenleistungen
   1. Dienstwagen
   2. Altersversorgung
§ 8   Leistungen bei Krankheit und Tod
§ 9   Spesen
§ 10 Versicherungen
§ 11 Nebentätigkeit
§ 12 vertragliches und nachvertragliches Wettbewerbsverbot
§ 13 Geheimhaltung
§ 14 Schlussbestimmungen
§ 15 Salvatorische Klausel ◀

c) Zur Sachverhaltsvariante

Hier ist zunächst von Bedeutung, welchen Anstellungsvertrag der künftige Geschäftsführer der Tochter-GmbH im Konzern bereits hat. In der Regel sehen solche Anstellungsverträge auch die Verpflichtung vor, Geschäftsführeraufgaben bei anderen Konzerngesellschaften – ohne gesonderte Vergütung – zu übernehmen. 30

Geht man von diesem Regelfall aus, erübrigen sich viele der unter Rn. 10 ff. vorgeschlagenen Regelungsbereiche. Dagegen sind Vereinbarungen über die Mitwirkung der Aufsichtsorgane vorzusehen. Bei Konzerntöchtern ist es üblich, einen Aufsichtsrat zu bestellen. Der Aufsichtsrat ist dann – anstelle der Konzernmutter – zuständig, die in einem Katalog enthaltenen wichtigen Entscheidungen zu treffen bzw. die notwendige Zustimmung zu den vom Geschäftsführer vorgeschlagenen Rechtsgeschäften zu erteilen oder sie zu versagen. Insoweit sehen wichtige Verträge einen derartigen **Gremienvorbehalt** vor. Sie werden erst und nur dann wirksam, wenn das entsprechende Aufsichtsgremium (in der Regel also der Aufsichtsrat) seine Zustimmung erteilt hat. 31

Gelegentlich enthalten solche Anstellungsverträge für Vorstände einer AG oder Geschäftsführer einer GmbH auch eine sog. „Change of Control-Klausel". Sie gewährt dem Vertretungsorgan ein Sonderkündigungsrecht – häufig verbunden mit Abfindungsansprüchen –, wenn sich die Mehrheits- und damit Machtverhältnisse im Konzern ändern, also beispielsweise der Mehrheitsgesellschafter seine Beteiligung an einen Konzernfremden verkauft. 32

III. Der Dienstvertrag (für freie Mitarbeiter)

33 ▶ **Gestaltungsaufgabe: Freie Mitarbeiterin als Vertretung**

Für die Dauer des „Mutterschaftsurlaubs" von Steffi möchte Mark einen Rechtsanwalt/eine Rechtsanwältin als Ersatz einstellen. Er führt eine Reihe von Bewerbungsgesprächen und entscheidet sich für Rechtsanwältin Schön. Frau Schön möchte Marks Angebot nur unter der Voraussetzung annehmen, dass sie als sogenannte „freie Mitarbeiterin" beschäftigt wird. Welche Gründe mag Frau Schön hierfür haben? Welche Regelungen sieht ein Dienstvertrag für Frau Schön vor, wenn Mark sie als „freie Mitarbeiterin" beschäftigt?

Sachverhaltsvariante (Rn. 48 ff.): Welche Vereinbarungen enthält ein Anstellungsvertrag, wenn Mark Frau Schön als „angestellte Rechtsanwältin" beschäftigt?[9] ◀

1. Einführende Hinweise

34 Der freie Mitarbeiter ist eine Person, die aufgrund eines Dienstvertrags (möglich ist auch ein Werkvertrag) für andere Personen tätig ist, die geschuldeten Leistungen persönlich und im Wesentlichen ohne Mitarbeit von Arbeitnehmern erbringt und frei von Weisungen arbeitet.[10]

35 Abzugrenzen ist der freie Mitarbeiter von einem Arbeitnehmer. Maßgebendes Unterscheidungskriterium ist die Frage, inwieweit der Beschäftigte seine Arbeitsbedingungen nach Zeit, Dauer und Ort der Ausführung frei gestalten kann. Nur dann kann von einem freien Mitarbeiterverhältnis ausgegangen werden. Ansonsten liegt insbesondere bei Eingliederung in die Arbeitsorganisation des „Dienstherrn" Arbeitnehmereigenschaft vor.[11]

36 Die Qualifizierung eines freien Mitarbeits- bzw. Dienstverhältnisses setzt nicht nur eine entsprechende Bezeichnung des Vertrags voraus. Vielmehr kommt es zusätzlich auf die tatsächliche Handhabung an. Nur bei gelebter **Weisungsfreiheit** wird ein freies Mitarbeiterverhältnis mit der Folge anerkannt, dass Sozialversicherungsfreiheit besteht.[12]

37 Zu unterscheiden davon ist wiederum die steuerrechtliche Beurteilung. Der steuerliche Arbeitnehmerbegriff weicht teilweise ab von dem des Arbeits- und Sozialversicherungsrechtes. In Zweifelfällen besteht die Möglichkeit, nach § 42e EStG beim Betriebsstätten-Finanzamt Auskunft einzuholen, ob und inwieweit im Einzelnen die Vorschriften über die Lohnsteuer anzuwenden sind.[13]

38 In der Rechtswirklichkeit sind viele „freie Mitarbeiter" sogenannte **Scheinselbstständige**. Das sind Personen, die für einen anderen andauernd Dienst- oder Werkleistungen erbringen und dabei wie ein Arbeitnehmer weisungsgebunden sind oder in wirtschaftlicher Abhängigkeit von dem Auftraggeber tätig werden.[14]

---

9 *Wenzel*, in: Münchener Vertragshandbuch, Bd. 6, Formular XIX.1 zum Dienstvertrag eines freien Mitarbeiters; *Hoefs*, in: Beck'sches Formularbuch Bürgerliches, Handels- und Wirtschaftsrecht, Formular III.E.30; *Lingemann/Winkel*, NJW 2010, 38 f. und 208 f.; *Rücker*, in: Münchener Vertragshandbuch, Bd. 6, Formular XIX.7 zum Arbeitsvertrag für Angestellte; *Hoefs*, in: Beck'sches Formularbuch Bürgerliches, Handels- und Wirtschaftsrecht, Formular III.E.2.
10 *Weidenkaff*, in: Grüneberg, vor § 611 Rn. 10; *Wenzel*, in: Münchener Vertragshandbuch, Bd. 6, Formular XIX.1 Anm. 1 ff.; *Lingemann/Winkel* NJW 2010, 38 f.
11 *Weidenkaff*, in: Grüneberg, vor § 611 Rn. 10 ff.; *Wenzel*, in: Münchener Vertragshandbuch, Bd. 6, Formular XIX.1 Anm. 1 ff.; *Lingemann/Winkel* NJW 2010, 38 f.
12 *Wenzel*, in: Münchener Vertragshandbuch, Bd. 6, Formular XIX.1 Anm. 2; *Hromadka* NJW 2003, 1847 ff.; *Spinner*, in: MünchKommBGB, § 611a Rn. 88 und Rn. 501 ff.; *Weidenkaff*, in: Grüneberg, vor § 611 Rn. 10 ff.
13 *Wenzel*, in: Münchener Vertragshandbuch, Bd. 6, Formular XIX.1 Anm. 13 f.
14 *Weidenkaff*, in: Grüneberg, vor § 611 Rn. 11 f.

Freie Mitarbeiter findet man häufig im Bereich der Presse, des Rundfunks und des Fernsehens sowie als Lehrer an Hochschulen bzw. Volkshochschulen. Ehemalige Vorstände oder Geschäftsführer von Unternehmen werden nach Beendigung ihrer aktiven Dienstzeit gelegentlich auch noch als Berater beschäftigt. Diese Beraterverträge sind als Dienstverträge für freie Mitarbeiter zu qualifizieren ebenso wie die Tätigkeit vieler Unternehmensberater.

2. Vorbereitende Überlegungen

In der Vergangenheit kam es häufig vor und ist auch heute noch gelegentlich anzutreffen, dass junge Juristen als freie Mitarbeiter eingestellt wurden. Aus Sicht des „Dienstherrn" hatte das den Vorteil, dass die Schutzvorschriften des Arbeitsrechtes keine Anwendung finden sollten, insbesondere also nicht die Kündigungsschutzregelungen. Darüber hinaus sollten die Arbeitgeberbeiträge zur Sozialversicherung und Krankenversicherung eingespart werden.

Für manche junge Anwälte erschien dieses Modell ebenfalls attraktiv. Sie konnten viele Aufwendungen als Werbungskosten von der Einkommensteuer absetzen und darüber hinaus vielfach den Vorsteuerabzug bei der Umsatzsteuer nutzen. Schließlich ermöglichte ihnen dieses Modell in Abstimmung mit dem „Dienstherrn", häufig auch eigene Mandate auf eigene Rechnung bearbeiten zu dürfen. Dies führte zu einer Verbesserung der Einkommenssituation für die jungen Juristen und beruhigte vielleicht vielfach auch das schlechte Gewissen des „Dienstherrn", die jungen Mitarbeiter für ein bescheidenes Entgelt für sich arbeiten zu lassen.[15]

Sachverhalt, Gestaltungsziel und Interessenlage sind damit klar. Nach den erläuternden Ausführungen ist aber genauso klar, dass die tatsächliche Handhabung eines so bezeichneten freien Mitarbeiterverhältnisses für junge Anwälte kaum möglich ist. Deshalb kann zu solchen Modellen für den Normalfall nicht geraten werden. Spätestens bei einer Überprüfung durch die Sozialversicherungsbehörden stellen diese **Weisungsabhängigkeit** durch Eingliederung in die Arbeitsorganisation des Anwaltsbüros fest, so dass die Sozialversicherungsbeiträge nachzuzahlen sind. Lediglich in Sondersituationen mögen echte freie Mitarbeiterverhältnisse vorliegen. Denkbar ist, dass sich junge Anwälte selbstständig machen und „nebenbei" für Anwaltsbüros Gutachten fertigen oder Gerichtstermine wahrnehmen, so lange sie noch nicht voll ausgelastet sind oder ihre Haupttätigkeit mit der Anfertigung einer Dissertation verbringen.[16]

3. Entwicklung der Gestaltung

a) Erstellung des Vertragsentwurfs

Sollte bei Frau Schön eine solche Sondersituation vorliegen, mag man guten Gewissens von einem freien Mitarbeiterverhältnis ausgehen, so dass ein entsprechender Dienstvertrag gestaltet werden kann. Wichtig ist dann, dass diese Situation von Frau Schön deutlich im Vertragstext formuliert und die Weisungsfreiheit statuiert wird.

Aufgabengebiet und Vergütung sind klar zu definieren. Bei der Vergütung ist festzuhalten, dass Steuern und Sozialversicherungsbeiträge vom freien Mitarbeiter selbst abgeführt werden.

---

15 *Lingemann/Winkel* NJW 2010, 38 f.
16 *Lingemann/Winkel* NJW 2010, 38.

45 Regelungen zum Aufwendungsersatz, zur Schweigepflicht und insbesondere zu einem Wettbewerbsverbot sind üblich und notwendig. Anders als für einen Arbeitnehmer besteht ja nicht automatisch ein vertragliches Wettbewerbsverbot während der Vertragsdauer für den freien Mitarbeiter. Es kann sich im Einzelfall aus § 242 BGB dahin gehend ergeben, dass er dem Unternehmer nicht unmittelbar Konkurrenz machen darf.[17]

46 Für etwa zu vereinbarende nachvertragliche Wettbewerbsverbote gelten die §§ 74 ff. HGB nicht unmittelbar. Dennoch werden wegen der Schutzbedürftigkeit freier Mitarbeiter angemessene Karenzentschädigungsklauseln für notwendig erachtet.[18]

47 Damit empfiehlt sich folgende Gliederung:[19]

▶ **Gliederung eines Dienstvertrages für freie Mitarbeiter**

§ 1 Aufgabengebiet
(wichtig: Freiheit von Weisungen, auch in Bezug auf Arbeitsort- und Arbeitszeitregeln)
§ 2 Vergütung
§ 3 Aufwendungsersatz
§ 4 Schweigepflicht
§ 5 Aufbewahrung und Rückgabe von Unterlagen
§ 6 Wettbewerbsverbot
§ 7 Vertragsdauer
§ 8 Schlussbestimmungen
– Nebenabreden
– Salvatorische Klausel
– Gerichtsstand ◀

b) Zur Sachverhaltsvariante

48 Wegen ihrer Weisungsabhängigkeit und der Eingliederung in die Arbeitsorganisation des Anwaltsbüros werden junge Anwälte in der Regel als „normale" Angestellte tätig. Die Verträge sehen deshalb natürlich Regelungen über Urlaub und Lohnfortzahlung im Krankheitsfall vor. Bei Angestellten als Freiberufler ist die Vertragsgestaltung sicherlich auch individuell und vom Arbeitgeber abhängig. Dies gilt beispielsweise für die Frage, ob Arbeitszeiten festgehalten und variable Vergütungen gezahlt werden.

49 Eine übliche Gliederung für Anstellungsverträge sieht wie folgt aus:[20]

▶ **Gliederung eines Anstellungsvertrages**

§ 1 Beginn des Anstellungsverhältnisses/Probezeit
§ 2 Tätigkeit
§ 3 Vergütung/Sonstige Leistungen
§ 4 Krankheit und Lohnfortzahlung

---

17 BGH MDR 1969, 471; *Wenzel*, in: Münchener Vertragshandbuch, Bd. 6, Formular XIX.1 Anm. 10; *Lingemann/Winkel* NJW 2010, 208 f.
18 *Bauer/Diller*, Wettbewerbsverbote, § 24 Rn. 1118 ff.; *Lingemann/Winkel* NJW 2010, 208 f.
19 Vgl. zum Ausformulieren die Vertragsmuster von *Wenzel*, in: Münchener Vertragshandbuch, Bd. 6, Formular XIX.1; *Hoefs*, in: Beck'sches Formularbuch Bürgerliches, Handels- und Wirtschaftsrecht, Formular III.E.30.
20 Vgl. die Muster bei *Rücker*, in: Münchener Vertragshandbuch, Bd. 6 Formular XIX.7; *Hoefs*, in: Beck'sches Formularbuch Bürgerliches, Handels- und Wirtschaftsrecht, Formular III.E.2.

§ 10 Vertragsgestaltung im Dienst- und Arbeitsvertragsrecht

§ 5   Urlaub
§ 6   Nebenbeschäftigung
§ 7   Schweigepflicht
§ 8   Beendigung des Anstellungsverhältnisses/Kündigung
§ 9   Schlussbestimmungen ◄

§ 11 Vertragsgestaltung im Werkvertragsrecht

I. Überblick

1 Werkvertragliche Rechtsverhältnisse in ihren verschiedensten Ausprägungen sind von großer wirtschaftlicher Bedeutung. Die typisierende Besonderheit des Werkvertrages ist die Verpflichtung des Unternehmers oder Herstellers, nicht nur bestimmte Handlungen vorzunehmen (dann läge ein Dienst- oder Arbeitsvertrag vor), sondern die Herstellung bzw. Herbeiführung eines bestimmten Arbeitsergebnisses, eines **Erfolges** (vgl. § 631 Abs. 1 BGB). Dieser Erfolg kann gegenständlich sein, etwa die Herstellung einer Sache (zB eines Bauwerks), oder sich nicht gegenständlich niederschlagen, zB die Beförderung des Bestellers zu einem bestimmten Ziel oder die Durchführung einer bestimmten Operation (vgl. § 631 Abs. 2 BGB). Typisierend für eine werkvertragliche Leistung ist die **unternehmerische Selbständigkeit** des Auftragnehmers. Auch wenn er ggf. (vgl. § 645 BGB) an gewisse Weisungen des Auftraggebers gebunden sein kann, ist der Auftragnehmer unter Einsatz eigener Arbeitsmittel und Fachkenntnisse in eigener Verantwortung tätig und trägt damit das unternehmerische Risiko für den Erfolg des geschuldeten Arbeitsergebnisses. Die wirtschaftliche Spannweite des BGB-Werkvertrages reicht vom Architekten- und Bauvertrag über Beförderungsverträge, Gutachtenverträge, Reparaturverträge, Veranstaltungsverträge und bei entsprechender inhaltlicher Gestaltung bis hin zu Wartungs- und Werbeverträgen.[1]

2 Das Bauvertragsrechtsreformgesetz aus dem Jahre 2017 hat mit Wirkung zum 1.1.2018 die gesetzlichen Regeln des Werkvertragsrechtes grundlegend neu gestaltet.[2] Es sind Änderungen im allgemeinen Werkvertragsrecht (§§ 631 – 650 BGB) vorgenommen worden. Gleichzeitig sind zusätzliche Vorschriften für besondere werkvertragliche Vertragstypen geschaffen worden, nämlich für den Typus des sog. Bauvertrages (§§ 650a – h BGB), den Typus des Verbraucherbauvertrages (§§ 650i – o BGB), den Typus des Architekten- und Ingenieurvertrages (§§ 650p – t BGB) und den Typus des Bauträgervertrages (§§ 650u – v BGB). Gleichzeitig hat auch das bisherige „Reiserecht" eine komplette Neuregelung mit dem Typus des „Pauschalreisevertrages" (§§ 651a – y BGB) erhalten.

3 Neben den gesetzlichen Regelungen gehören Allgemeine Geschäftsbedingungen zu den maßgeblichen Regelungen im Werk- und insbesondere im Bauvertragsrecht.[3] Zu den Allgemeinen Geschäftsbedingungen gehört auch die Vergabe- und Vertragsordnung für Bauleistungen (VOB/B). Die VOB/B sind kein Gesetz und keine Rechtsverordnung, sondern ein im Auftrag des Deutschen Vergabe- und Vertragsausschusses (DVA) vom Deutschen Institut für Normung e.V. geschaffenes privates Regelwerk. Das Recht über Allgemeine Geschäftsbedingungen ist daher auch auf die Einbeziehung und auf die Inhaltskontrolle der VOB/B anwendbar.[4]

---

[1] Vgl. *Retzlaff*, in: Grüneberg, Einf. Vor. § 631 Rn. 15 ff.; *Busche*, in: MünchKommBGB, § 631 Rn. 117 ff.
[2] Vgl. im Einzelnen: *Koeble*, in: Kniffka/Koeble/Jurgeleit, Teil 1 Rn. 12 ff.
[3] Vgl. *Jurgeleit*, in: Kniffka/Koeble/Jurgeleit, Teil 2 Rn. 153.
[4] Vgl. BGHZ 178, 1 ff.

II. Der Bauvertrag nach BGB

▶ **Gestaltungsaufgabe: Der Hausbau** 4

Steffi und Mark möchten zum Zweck der Errichtung eines Einfamilienhauses ein schönes Grundstück am Stadtrand erwerben. Der Verkäufer V möchte das Grundstück aber nur verkaufen, wenn Steffi und Mark sich schon im Grundstückskaufvertrag verpflichten, einen Architektenvertrag mit dem Freund des Verkäufers F abzuschließen. Steffi und Mark würden diese Klausel schweren Herzens akzeptieren, um an das Grundstück zu kommen. Sie würden es jedoch vorziehen, lieber einen mit ihnen befreundeten Architekten zu beauftragen. Sie fragen an, ob eine Architektenbindungsklausel wirksam ist, wenn sie den Grundstückskaufvertrag dementsprechend abschließen würden?

Auf der Suche nach Unternehmern zum Bau des Einfamilienhauses lernen Steffi und Mark, dass es ganz verschiedene strukturelle Angebote gibt, zB Angebote zur „Schlüsselfertigen Herstellung des Hauses" oder Angebote auch nur für einzelne Teilleistungen, wobei die Angebote wieder danach differenziert werden können, wie die Preisgestaltung erfolgt. Steffi und Mark fragen an, wodurch sich diese Angebote genau unterscheiden.

Steffi und Mark fragen an, wie sie sich davor schützen können, dass das Bauvorhaben nicht termingerecht fertig wird und welcher Schutz davor besteht, dass der oder die beauftragten Unternehmer zwischenzeitlich insolvent werden und ihre Leistungen nicht fertigstellen, obwohl sie vielleicht schon den Werklohn erhalten haben?

Steffi und Mark haben sich entschieden, das Einfamilienhaus durch den Bauunternehmer U zu einem Einheitspreisvertrag bauen zu lassen. Wie wird die Gliederung eines solchen Bauvertrages aussehen?

Der Bauunternehmer U fragt an, wie er eigentlich abgesichert ist, falls Steffi und Mark während der Bauphase in Vermögensverfall geraten und seinen Werklohn nicht mehr vollständig zahlen können?

1. Vorbereitende Überlegungen

Steffi und Mark werden sich darüber im Klaren sein, dass sie einen oder ggf. mehrere Werkverträge mit Bauhandwerkern zum Zwecke der Herstellung des Einfamilienhauses erst definitiv abschließen können, wenn der geplante Grundstückserwerb für sie sicher ist. Ansonsten laufen Steffi und Mark Gefahr, die Werkverträge abzuschließen, ohne ihren Mitwirkungs-Obliegenheiten (Gestellung des Baugrundstücks) gemäß § 642 BGB gerecht zu werden. Dies würde zu Entschädigungspflichten gegenüber dem oder den Werkunternehmern führen. 5

Anders zu beurteilen wäre dies, wenn der Unternehmer nicht nur den Hausbau schuldet, sondern als sog. Bauträger gleichzeitig auch das Grundstück liefert. Ein solcher **Bauträgervertrag** gem. § 650u BGB enthält – in Abgrenzung zum Bauvertrag gem. § 650a BGB – neben der Verpflichtung des Unternehmers gegenüber dem Bauherrn zur Errichtung oder zum Umbau eines Hauses oder eines vergleichbaren Bauwerks auch die Übergabe und Übereignung eines Grundstücks, das (noch) nicht dem Bauherrn gehört bzw. die Bestellung oder Übertragung eines Erbbaurechts an einem solchen Grundstück.[5] Es handelt sich somit um einen typengemischten Vertrag, der aus einem werkvertraglichen und einem kaufrechtlichen Teil besteht.[6] Aufgrund dieser besonderen Rechtsnatur ist die Anwendbarkeit einiger werkvertraglicher Vorschriften gem. 6

---

5   Zur Unterschiedlichkeit des Vorleistungsrisikos für den Besteller bei Bauvertrag bzw. Bauträgervertrag vgl. *Moes*, Vertragsgestaltung, Rn. 295.
6   *Mansel*, in: Jauernig, § 650u Rn. 3; *Busche*, in: MünchKommBGB, § 650u Rn. 2.

§ 650u Abs. 2 ausgeschlossen, wie etwa die Kündigungsrechte gem. § 648 und § 648a BGB.[7] Für den Bauträger gelten zusätzlich die Regelungen der sog. „Makler- und Bauträgerverordnung", die erhebliche verbraucherschützende Wirkungen entfalten.[8] Von der MaBV abweichende vertragliche Vereinbarungen sind gem. § 134 BGB iVm § 12 MaBV nichtig, nicht jedoch der übrige Bauträgervertrag.[9] Auch § 650u BGB ist gem. § 650u Abs. 1 S. 2, Abs. 2 iVm § 650o BGB nicht zum Nachteil des Verbrauchers abdingbar. Für den von Steffi und Mark beabsichtigen Bauvertrag finden aber die §§ 650u f. BGB und die Makler- und Bauträgerverordnung keine Anwendung, weil sie das Grundstück bereits anderweitig gekauft haben werden und der in Betracht kommende Bauunternehmer nichts mit der Lieferung des Grundstücks zu tun hat.

7 Wenn Steffi und Mark den beabsichtigen Grundstückskaufvertrag mit der Architektenbindungsklausel abschließen, käme es also darauf an, ob zB der Verkäufer den Rücktritt vom Grundstückskaufvertrag erklären kann, wenn sich Steffi und Mark nicht an die Architektenbindung halten sollten. In der Praxis waren derartige **Bindungsklauseln** nicht unüblich, bis der Gesetzgeber ein gesetzliches Koppelungsverbot erlassen hat.[10] Danach sind Klauseln, mit denen sich ein Grundstückserwerber bei dem Kauf eines Grundstückes verpflichtet, einen bestimmten Architekten oder Ingenieur in Anspruch zu nehmen, unwirksam.[11] Dabei ist lediglich die Bindungsvereinbarung und der ggf. auf ihrer Grundlage abgeschlossene Architektenvertrag unwirksam, nicht aber der Grundstückskaufvertrag. Dieser bleibt entgegen § 139 BGB wirksam.[12] Steffi und Mark könnten daher ohne Bedenken den vom Verkäufer gewünschten Grundstückskaufvertrag mit Architektenbindungsklausel abschließen und sich späterhin auf die Unwirksamkeit dieser Bindungsklausel berufen. Der Grundstückskaufvertrag bliebe wirksam und sie würden das benötigte Grundstück als Grundlage für ihren Hausbau erwerben.

8 Wer als Bauherr ein Einfamilienhaus errichten will, muss mindestens einen **Architektenvertrag** und einen **Bauvertrag** abschließen. Die Verträge sind wirtschaftlich verknüpft, denn auch das Honorar des Architekten hängt im Ergebnis davon ab, wie der Bauvertrag ausgestaltet ist und insbesondere welche Baukosten anfallen werden.[13] Wenn der Bauvertrag zB nur mit einem Werkunternehmer abgeschlossen wird, der sich verpflichtet, das gesamte Bauvorhaben schlüsselfertig herzustellen, dann kommt es nicht mehr zu einer Vergabe der Einzelleistungen für die Herstellung eines Bauwerkes. Der Architekt muss in diesem Fall keine Ausschreibung der einzelnen Leistungen anfertigen und auch an der Vergabe von Teilleistungen nicht teilnehmen. Dementsprechend entfallen wichtige Leistungsphasen des Architektenvertrages und dementsprechend auch Teile des Architektenhonorars. Generell gliedern sich die Hauptpflichten des Architekten in die Herstellung eines Entwurfs, die Mitwirkung bei der Vergabe und die Bauüberwachung. Die Leistungsbereiche können auch isoliert beauftragt werden.[14]

---

7 Einzelheiten dazu s. *Busche*, in: MünchKommBGB, § 650u Rn. 22 f.
8 Zu den Besonderheiten in Bezug auf Abschlagszahlungen beim Bauträgervertrag s. Rn. 19.
9 BGH NJW 2001, 818 f.
10 Vgl. im Einzelnen *Retzlaff*, in: Grüneberg, § 650p Rn. 9 mwN.
11 *Koeble*, in: Kniffka/Koeble/Jurgeleit/Sacher, Teil 11 Rn. 123; *Busche*, in: MünchKommBGB, § 650p Rn. 18.
12 *Koeble*, in: Kniffka/Koeble/Jurgeleit/Sacher, Teil 11 Rn. 138.
13 *Busche*, in: MünchKommBGB, § 632 Rn. 31 ff.
14 *Busche*, in: MünchKommBGB, § 650p Rn. 23 ff.

2. Entwicklung der Gestaltung

Die maßgeblichen Regelungen für den Bauvertrag finden sich in den §§ 650a – h BGB. Steffi und Mark sind Verbraucher im Sinne von § 13 BGB. Wenn sie daher einen Unternehmer mit der Errichtung ihres gewünschten Einfamilienhauses beauftragen, ist dies ein **Verbraucherbauvertrag** im Sinne von § 650i BGB, so dass ergänzend zu den allgemeinen Bauvertragsvorschriften die §§ 650j – o BGB gelten, wobei zu beachten ist, dass diese verbraucherschützenden Sondervorschriften nach § 650o BGB nicht zum Nachteil des Verbrauchers abbedungen werden können.

Dies bedeutet zunächst, dass der Unternehmer Steffi und Mark gem. § 650j BGB iVm Art. 249 § 1 EGBGB eine Baubeschreibung zur Verfügung zu stellen hat, die mindestens den inhaltlichen Vorgaben in Art. 249 § 2 EGBGB entspricht. Diese Baubeschreibung wird dann gem. § 650k BGB vorbehaltlich anderweitiger vertraglicher Vereinbarungen zum Inhalt des Verbraucherbauvertrages. Speziell für den Verbraucherbauvertrag ist auch zu beachten, dass dem Verbraucher ein Widerrufsrecht gem. § 355 BGB zusteht, wenn der Verbraucherbauvertrag nicht notariell beurkundet wird, was an sich nicht notwendig ist, wenn er nicht in untrennbarem Zusammenhang mit einem Grundstückskaufvertrag steht. Der Werkunternehmer ist verpflichtet, den Verbraucher über sein Widerrufsrecht zu belehren (§ 650l BGB).

a) Schlüsselfertig-Vertrag

Die inhaltliche Struktur eines Bauvertrages zur Herstellung eines Gebäudes hängt wesentlich davon ab, zu welchem Leistungsumfang sich der Bauunternehmer verpflichtet. Der für den Besteller unkomplizierteste, aber in der Regel auch teuerste Vertrag ist der sog. „Schlüsselfertig-Vertrag". Durch einen solchen Vertrag verpflichtet sich der Bauunternehmer gegenüber dem Besteller, das geplante Gebäude komplett schlüsselfertig herzustellen, ggf. mit oder ohne gleichzeitige Herstellung der gärtnerischen Außenanlagen. Bei einem Schlüsselfertig-Vertrag ist in aller Regel nicht nur der Preis, sondern auch der zu erbringende Leistungsumfang pauschaliert. Vom vereinbarten Leistungsinhalt sind alle Leistungen erfasst, die für die Erreichung des Vertragszweckes („Schlüsselfertigkeit") nach den Regeln der Technik für ein zweckgerichtetes und mangelfreies Bauwerk erforderlich und vorsehbar sind. Dazu gehören die Kosten der Bauausführung, also alle Bauleistungen, die regelmäßig mit der Errichtung eines Bauwerkes und seiner vertragsgemäßen Nutzung verbunden sind, weiterhin aber auch die mit der Errichtung verbundenen Nebenkosten, die Anschlusskosten für die Versorgungsleitung und die Kosten der Baugenehmigung, der Rohbauabnahme etc.[15] Bei diesem Vertragstyp braucht sich der Besteller nicht darum zu kümmern, welcher Handwerker im Einzelnen welche Leistungen erbringt. Der Besteller erspart sich die aufwändige und komplizierte und störungsanfällige Koordination zwischen einzelnen Handwerkern auf der Baustelle. Er hat nur einen Vertragspartner, nämlich denjenigen Bauunternehmer, der sich verpflichtet hat, das Bauwerk schlüsselfertig herzustellen. Der Bauunternehmer selbst wiederum wird in der Regel jedenfalls nicht alle Gewerke mit eigenen Mitarbeitern ausführen lassen, sondern wird sich wieder einzelner sog. Subunternehmer bedienen, zB Heizungsbauer, Fensterbauer, Dachdecker etc.

| Hauptstichwor Risikoaufschlagt | Unterstichwort | f/ff |

---

[15] Vgl. *Werner/Pastor*, Der Bauprozess, Rn. 1533 ff.

Es liegt auf der Hand, dass der Bauunternehmer bei diesem Vertragstyp nicht nur die Summe der Kosten aller in Betracht kommenden Subunternehmer kalkuliert, sondern noch eine möglichst hohe Gewinnspanne für sich selbst berechnet, da er auch verschiedene Risiken trägt. Er trägt das Risiko, dass die einzelnen Subunternehmer zu den ausverhandelten Preisen in der vereinbarten Zeit fertig werden. Geschieht dies nicht, zB weil ein Subunternehmer insolvent wird oder aus anderen Gründen nicht leistet, muss der Bauunternehmer ggf. mit anderen Handwerkern einspringen, was die Abwicklung verteuert. Der Bauunternehmer wird daher nicht nur seine eigene Gewinnspanne, sondern auch noch möglichst einen **Risikoaufschlag** einkalkulieren. Mark und Steffi werden zu entscheiden haben, ob ihnen dieser „Aufpreis" im Vergleich zu einer Einzelvergabe angemessen erscheint, wobei sie gleichzeitig berücksichtigen können, dass bei einem „Schlüsselfertig-Vertrag" auch die Kosten eines Architekten entweder ganz erspart oder jedenfalls geringer sind. Auch bei einem „Schlüsselfertig-Vertrag" muss sich der Bauherr zunächst darüber im Klaren sein, was er überhaupt bauen möchte. Dies sind die typischen Leistungen, die ein Architekt im Rahmen der Grundlagenplanung übernimmt. Zumindest für derartige Konzeptionsplanungen und auch für die Überprüfung der Baubeschreibung werden Mark und Steffi nicht auf die zusätzliche Inanspruchnahme eines Architekten selbst bei einem „Schlüsselfertig-Vertrag" herumkommen.

12 Der wichtigste Inhalt des „Schlüsselfertig-Vertrages" ist die sorgfältige Herstellung und Formulierung der **Baubeschreibung** einschließlich aller damit verbundener Pläne und technischen Vorschriften. Dem Verbraucher kommt es dabei entgegen, dass nach § 650k Abs. 2 BGB Unklarheiten, Unvollständigkeiten und Zweifel bei der Auslegung der Leistungsdokumentation zu Lasten des Unternehmers gehen. Vorsorglich sollten aber etwaige Unklarheiten und Unvollständigkeiten von vornherein durch eine möglichst genaue Beschreibung der vom Unternehmen zu bewirkenden Leistungen vermieden werden. Unklarheiten bei der Baubeschreibung führen unweigerlich während des Bauablaufes und später zu Diskussionen hinsichtlich des Leistungsinhalts. Bei der inhaltlichen Herstellung der Leistungs- und Baubeschreibung hat der beauftragte Architekt eine wichtige Aufgabe. Nur er als Fachmann kann die Güte und Qualität der angebotenen einzelnen Materialien und Leistungen beurteilen und bewerten. Er muss darauf achten, dass die einzelnen Angebote in einem angemessenen Preis-Leistungs-Verhältnis stehen.

13 Da bei einem „Schlüsselfertig-Vertrag" die Koordinierung der Einzelleistungen verschiedener Bauhandwerker durch den Besteller wegfällt, können sich die Beteiligten auf die Vereinbarung einer **Endfrist** konzentrieren, zu dem das Bauvorhaben im wahrsten Sinne des Wortes „schlüsselfertig" fertiggestellt ist. Dies bedeutet in der Praxis, dass dem Besteller der Schlüssel für ein bezugsfertiges Gebäude übergeben wird. Vereinbart werden muss also in diesem Zusammenhang ein Zeitpunkt, zu dem die entsprechende Abnahme gemeinsam vorgenommen wird. Bei Verbraucherbauverträgen muss der Bauvertrag gem. § 650k Abs. 3 BGB zwingend verbindliche Angaben zum Zeitpunkt der Fertigstellung oder zur Dauer der Bauausführung enthalten. Fehlt es an solchen Angaben, so kommen die ebenfalls verbindlichen Angaben in der Baubeschreibung gem. § 650k Abs. 3 S. 2 BGB zum Zuge. Hält der Unternehmer die Zusagen zur Bauzeit nicht ein, gelten die allgemeinen Regelungen zum Verzug (§§ 286 ff., 324); uU kann der Verbraucher auch gem. § 648a kündigen.[16] Wenn das Bauvorhaben

---

16 *Retzlaff*, in: Grüneberg, § 650k BGB Rn. 4.

dann keine wesentlichen Mängel hat, muss es im Sinne von § 640 BGB abgenommen werden. Verweigert der Besteller die Abnahme unter Hinweis auf Mängeln, hat der Besteller auf Verlangen des Unternehmers an einer gemeinsamen Feststellung und Dokumentation des Zustands des Werkes mitzuwirken (Zustandsprotokoll), vgl. § 650g Abs. 1 BGB. Die Vergütung des Bauunternehmers ist gem. § 650g Abs. 4 fällig, wenn das Bauwerk abgenommen worden ist oder die Abnahme entbehrlich ist und der Unternehmer dem Auftraggeber eine prüffähige Schlussrechnung erteilt hat. Während der Bauphase darf der Unternehmer Abschlagszahlungen fordern, jedoch bei einem Verbraucherbauvertrag gem. § 650m Abs. 1 BGB nur in Höhe von 90 % der vereinbarten Gesamtvergütung. Gleichzeitig ist dem Besteller bei der ersten Abschlagszahlung eine Sicherheit für die rechtzeitige Herstellung des Werkes ohne wesentliche Mängel in Höhe von 5 % der vereinbarten Gesamtvergütung zu leisten, was in der Regel durch die Übergabe einer entsprechenden Bankbürgschaft oder durch Einbehalt des entsprechenden Betrages bei der ersten Abschlagszahlung seitens des Bestellers geschieht.

b) Bauvertrag mit Einzelvergaben

Grundlegend anders gestaltet als der „Schlüsselfertig-Vertrag" ist ein Bündel von mehreren Bauverträgen über die Herstellung der für den Bau notwendigen einzelnen Gewerke, zB beginnend mit dem Tiefbau, über die Herstellung des Rohbaus, über den Einbau der Heizungsanlage und der Fenster bis hin zur Vornahme der notwendigen Dachdeckerarbeiten. In diesem Fall kommt kein einheitlicher Bauvertrag zustande, sondern es sind Bauverträge mit den einzelnen Handwerkern über ihr jeweiliges Gewerk zu vereinbaren. In diesem Fall muss mit Hilfe des Architekten für jedes einzelne Gewerk auch wieder eine konkrete und möglichst detaillierte Leistungsbeschreibung ausformuliert werden. Für diesen Fall entfällt auch die bei Verbraucherbauverträgen erwähnte gesetzliche Pflicht des Bauunternehmers aus § 650j BGB, eine Baubeschreibung nach Maßgabe des Art. 249 § 2 EGBGB zur Verfügung zu stellen. Auch bei dieser sog. „Einzelausschreibung" kommt es wieder darauf an, wie die Preisgestaltung im Detail gewählt wird. Auch dann existieren in der Praxis entweder sog. „**Pauschalpreisverträge**" mit den einzelnen Bauhandwerkern oder die sog. „**Einheitspreisverträge**" mit einzelnen Bauhandwerkern.[17]

Bei den „Pauschalpreisverträgen" verpflichten sich die einzelnen Bauhandwerker, die Leistungen ihres Gewerkes entsprechend der Leistungsbeschreibung zu einem Pauschalpreis herzustellen.[18] Wenn keine Vorbehalte hinsichtlich Lohn- oder Materialsteigerungen vereinbart werden, kann der Besteller dann sicher sein, dass er das bestimmte Gewerk zu einem **Festpreis** erhält. Eine solche „Pauschalpreisvereinbarung" setzt aber voraus, dass sich die Beteiligten genau und möglichst konkret über den Umfang der herzustellenden Leistungen einig sind und dass dem Handwerker ggf. entgegengehalten werden kann, dass er sich umfassend und vollständig über den Umfang der herzustellenden Leistungen orientieren konnte. Ansonsten kommt es in der Praxis immer wieder zu den sog. Nachtragsforderungen der Pauschalpreis-Handwerker.[19] Diese wenden nämlich ein, entweder vom Auftraggeber oder Architekten über den Umfang falsch informiert worden zu sein und daher auf unrichtiger Basis ein zu geringes Pauschalpreisangebot abgegeben zu haben. Daher stünde ihnen jetzt eine Nachtragsforderung

---

17 *Busche*, in: MünchKommBGB, § 650a Rn. 16.
18 *Kniffka*, in: Kniffka/Koeble/Jurgeleit/Sacher, Teil 4 Rn. 138 ff; *Werner/Pastor*, Der Bauprozess, Rn. 1514 ff.
19 *Kniffka*, in: Kniffka/Koeble/Jurgeleit/Sacher, Teil 4 Rn. 138a ff; *Werner/Pastor*, Der Bauprozess Rn. 1545 ff.

hinsichtlich des sich als umfangreicher herausgestellten Gewerkes zu. Es liegt auf der Hand, dass in der Praxis darüber oftmals erbitterte Baurechtsstreitigkeiten geführt werden. Der Vertragsgestalter wird versuchen, dies dadurch zu vermeiden, dass er vertragsmäßig dem anbietenden Handwerker die Erklärung auferlegt, dass dieser sich ganz genau über Art und Umfang der auszuführenden Leistungen informiert hat und auf jedwede Nachforderung hinsichtlich seines Gewerkes verzichtet.

16 Die Alternative zu den „Pauschalpreisverträgen" sind die sog. „Einheitspreisverträge". Hier vereinbaren die Parteien für bestimmte nach Menge, Stück oder Zeit zu definierende Leistungen bestimmte **Einheitspreise**, zB für den Einbau laufender Meter Dachrinne einen bestimmten Preis oder für aufgewendete Arbeitsstunden einen bestimmten Stundenlohn.[20] Auch in diesem Fall wird der beauftragte Architekt in der Einzelausschreibung der verschiedenen Gewerke eine Mengenschätzung vorlegen und der anbietende Handwerker wird auf der Basis dieser Mengenschätzung seine Einheitspreise kalkulieren. Es liegt aber auf der Hand, dass die geschätzten Material-, Stück- oder Zeitmengen nicht genau kalkuliert werden können, so dass Abweichungen von vornherein von beiden Vertragspartnern einzukalkulieren sind. Bei einem „Einheitspreisvertrag" weiß der Besteller also nicht, wie letztlich genau der Endpreis für das jeweilige Gewerk ausfallen wird. Er hat aber auch die Chance, dass es sogar preiswerter als kalkuliert werden könnte, wenn die geschätzten Mengen bei der Ausführung des Werkes nicht verbraucht werden.

17 Unabhängig von dem gewählten System der Vergütung des Werklohns kann es bei Bauverträgen, die sich über einen längeren Zeitraum hinziehen, zu **Änderungswünschen** des Auftraggebers kommen. Es kann sich dabei um gewünschte Mehrleistungen, um Minderleistungen und damit auch um Mindervergütungen oder auch um Änderungen einzelner Leistungselemente handeln. Die früher in der Praxis häufig anzutreffenden Diskussionen, ob der Besteller Änderungen während der Bauphase verlangen kann, sind nunmehr durch § 650b BGB entschieden. Der Besteller kann derartige Änderungen verlangen und die Vertragsparteien sind verpflichtet, Einvernehmen über die Änderung und die in Folge der Änderung zu leistenden Mehr- oder Mindervergütung zu erreichen. Da eine solche Einigung der Parteien oft schwierig ist und sich nur langwierig erreichen lässt, sieht das Gesetz nach einem Einigungsversuch aber noch nicht erfolgter Einigung nach 30 Tagen ein Recht des Bestellers vor, unter bestimmten Voraussetzungen einseitig seine Änderungen anzuordnen. Die erforderliche Anpassung der Vergütung kann dann erst später erfolgen. Dadurch wird eine zeitnahe Fortsetzung der Arbeiten ermöglicht, auch wenn noch keine Einigung über die Anpassung der Vergütung erreicht worden ist. Im Gegenzuge hält der Unternehmer nach § 650c Abs. 3 BGB einen Anspruch auf erhöhte Abschlagszahlungen.[21]

c) Zahlungsabwicklung

18 Vor der Einführung des § 632a BGB war der Werkunternehmer praktisch vorleistungspflichtig, was in der Regel durch entsprechende Vereinbarungen abgeändert wurde, aber oftmals mit Konfliktpotenzial. Seit dem Jahre 2000 bestimmt § 632a BGB, dass der Unternehmer für vertragsgemäß erbrachte Leistungen **Abschlagszahlungen** verlangen kann. Im Prinzip bleibt dabei die Vorleistungspflicht des Werkunternehmers

---

20 *Werner/Pastor*, Der Bauprozess Rn. 1492 ff.
21 Vgl. zB *Retzlaff*, in: Grüneberg, § 650b BGB Rn. 2 ff.

erhalten, jedoch nur für abschnittsweise Leistungen. Dies gilt auch für zu liefernde Stoffe oder Bauteile, aber nur, wenn dem Besteller nach seiner Wahl Eigentum an den Stoffen oder Bauteilen übertragen oder entsprechende Sicherheit hierfür geleistet wird. Weitere Voraussetzungen für einen Anspruch auf Abschlagszahlung ist es, dass die Teilleistungen jeweils vertragsgemäß erbracht und somit abnahmefähig sind. § 632a BGB ist auch auf Verbraucherbauverträge anzuwenden, aber ergänzend gelten die Regelungen des § 650m BGB. Die Höhe der gesamten Abschlagszahlungen ist auf 90 % der Gesamtvergütung einschließlich Nachträgen begrenzt. Den Restbetrag kann der Auftragnehmer erst bei Fälligkeit der Gesamtvergütung verlangen. Nach § 650m Abs. 2 BGB ist dem Verbraucher bei der ersten Abschlagszahlung eine Sicherheit für die rechtzeitige Herstellung des Werkes ohne wesentliche Mängel in Höhe von 5 % der vereinbarten Gesamtvergütung zu leisten. Diese Sicherheit kann der Auftragnehmer erst zurückfordern, wenn der Sicherungsfall nicht mehr eintreten kann, also wenn das Werk abnahmereif und fristgerecht hergestellt ist.[22]

Beim Bauträgervertrag gem. § 650u BGB wird über § 650v BGB iVm Art. 244 EGBGB letztlich als Sonderregelung auf die MaBV verwiesen, die zB in § 3 vorgibt, welche Raten der Bauunternehmer für welche einzelnen Teilleistungen maximal von dem Besteller fordern darf, zB 28 % des gesamten Werklohns für die Herstellung des Rohbaus.[23]

Da § 632a BGB keine konkreten Einzelraten vorschlägt, wird zur Vermeidung späterer Diskussion in einem Bauvertrag vernünftigerweise vereinbart, bei welchem Baufortschritt der jeweilige Unternehmer welche **Teilforderung** geltend machen kann. Dies ist im Prinzip unabhängig davon, ob ein Pauschalpreisvertrag oder ein Einheitspreisvertrag besteht. Die einzelnen Abschlagszahlungen können mit dem Erreichen bestimmter Baufortschritte, ggf. orientiert an den einzelnen Gewerken, verknüpft werden.

Die Endfälligkeit des Werklohns wird dann durch die jeweilige **Abnahme** des Gewerkes, ggf. des gesamten Baus, definiert. Auch hier sollte im Bauvertrag konkret geregelt werden, wie die Abnahme von statten gehen soll. Zweckmäßig ist stets die Vereinbarung einer konkreten Abnahme des Einzelgewerkes oder des gesamten Baus und nicht etwa eine Abnahmefiktion durch Verstreichenlassen bestimmter Fristen (§ 640 Abs. 2 BGB). Im Zusammenhang mit der Abnahme ist zweckmäßigerweise ein **Abnahmeprotokoll** herzustellen, was bereits im Bauvertrag entsprechend zu vereinbaren ist. In diesem Abnahmeprotokoll sind dann alle jedenfalls vom Besteller so befundenen Mängel aufzulisten. Berechtigte Mängel hat der Unternehmer dann unverzüglich zu beseitigen. Wenn der Besteller die Abnahme unter Hinweis auf Mängel verweigert, hat der Unternehmer gem. § 650g BGB auch einen Anspruch auf eine gemeinsame Feststellung (Protokollierung) des Werkes.

d) Gewährleistung

Aufgrund der konkreten Regelung der Gewährleistung im Gesetz sind im Bauvertrag umfangreiche Regelungen über die Gewährleistung nicht nötig.

Bis zur Abnahme des jeweiligen Gewerkes oder des gesamten Bauvorhabens hat der Besteller seinen Anspruch auf Verschaffung des jeweiligen mängelfreien Gewerkes oder Baus. Seine Leistungsstörungsrechte richten sich insoweit im Grundsatz nach den all-

---

22 *Retzlaff*, in: Grüneberg, § 650m BGB Rn. 6.
23 *Busche*, in: MünchKommBGB, § 650v Rn. 4.

gemeinen Vorschriften des Leistungsstörungsrechtes.[24] Bei nicht nur unwesentlichen Mängeln kann der Besteller die Abnahme verweigern.

24 Ab der Abnahme beschränken sich die Erfüllungsansprüche des Bestellers auf das hergestellte und durch die Abnahme konkretisierte Werk und dessen Mängel. Der Besteller hat in diesem Fall die in § 634 BGB aufgelisteten Ansprüche. In der Praxis bedeutsam ist der Anspruch auf Selbstvornahme nach § 637 Abs. 1 BGB, insbesondere in Verbindung mit dem Vorschussanspruch in § 637 Abs. 3 BGB.

25 Regelungen zur Einschränkung der Gewährleistungsverpflichtung des Unternehmers sind im Prinzip – wie sich aus § 639 BGB ergibt – möglich, sofern kein arglistiges Verschweigen vorliegt oder keine Garantie übernommen worden ist. Insbesondere bei Verbraucherverträgen sind allerdings die Vorschriften der §§ 307, 309 Nr. 8b und Nr. 15 BGB zu beachten und § 650o BGB, wonach bei Verbraucherbauverträgen von bestimmten verbraucherschützenden Vorschriften nicht zum Nachteil des Verbrauchers abgewichen werden kann.[25] In der Vertragsgestaltungspraxis finden sich daher inzwischen auch keine nennenswerten Versuche mehr, das gesetzliche Gewährleistungsrecht des Werkvertrages gegenüber Verbrauchern einzuschränken.

e) Absicherung der Vertragsparteien

aa) Termingerechte Fertigstellung

26 Die Absicherung davor, dass ein Gewerk oder das gesamte Bauvorhaben nicht termingerecht fertig wird, geschieht im Bauvertrag zunächst durch die klare Vereinbarung bestimmter **Fertigstellungsfristen**. In der Praxis verlängern sich derartige Fertigstellungsfristen durch sog. „**Schlechtwetter-Tage**". Es macht Sinn, in dem Bauvertrag genau zu definieren, welche Tage als „Schlechtwetter-Tage" anzusehen sind, zB Regentage mit mehr als 4stündiger Regendauer während der Arbeitszeit und Tage mit bestimmten Mindesttemperaturen.[26] Sofern nicht das gesamte Bauvorhaben betroffen ist, sondern zB bei Einzelvergabe-Verträgen nur konkrete Einzelgewerke, kann es auch durchaus sein, dass sog. „Schlechtwetter-Tage" die Ausführung des Gewerkes zeitlich gar nicht behindern, insbesondere bei Ausbaugewerken, was dann im Bauvertrag auch so festgehalten werden sollte.

27 Die Einhaltung der vereinbarten Fertigstellungstermine kann zweckmäßigerweise durch **Vertragsstrafen** abgesichert werden. Vereinbarungsgemäß zahlt dann der jeweilige Handwerker oder Unternehmer für jeden Tag der schuldhaften Terminüberschreitung eine Vertragsstrafe in bestimmter Höhe. Die Vertragsstrafe sollte allerdings beschränkt sein auf 5 % der Netto-Auftragssumme und höchstens 0,2 – 0,3 % pro Werktag.[27] Darüber hinaus gehende Schadensersatzansprüche des Bestellers wegen Verzuges bleiben unberührt. Die Vertragsstrafe sollte nicht bei der Abnahme vorbehalten werden müssen,[28] sondern sollte noch bis zur Schlusszahlung geltend gemacht werden können.

---

24 *Retzlaff*, in: Grüneberg, § 634 Rn. 5 ff.
25 *Busche*, in: MünchKommBGB, § 650o Rn. 1.
26 Vgl. z.B. *Locher*, in: Beck'sches Formularbuch, Bürgerliches, Handels- und Wirtschaftsrecht, Formular III.F.3 § 5.
27 Vgl. *Locher*, in: Beck'sches Formularbuch, Bürgerliches, Handels- und Wirtschaftsrecht, Formular III.F.3 Anm. 11.
28 Vgl. dazu *Jurgeleit*, in: Kniffka/Koeble/Jurgeleit/Sacher Teil 6 Rn. 151 ff.

bb) Vermögensverfall des Bauunternehmers

Der Besteller sichert sich in erster Linie zunächst dadurch gegen **Vermögensverfall** des Unternehmers während der Bauphase ab, dass er immer erst dann eine Teilleistung zahlt, wenn diese abnahmefähig erbracht ist. Auf diese Weise ist sichergestellt, dass der Besteller keinen Werklohn für Leistungen zahlt, die der ggf. späterhin insolvente Unternehmer nicht ausführt. Bei einem Verbraucherbauvertrag wird der Besteller wenigstens teilweise dadurch geschützt, dass er nach § 650m Abs. 2 BGB bei der ersten Abschlagszahlung vom Unternehmer eine Sicherheitsleistung in Höhe von 5 % der vereinbarten Gesamtvergütung erhält. Außerdem dürfen Abschlagszahlungen nach § 632a BGB gem. § 650m Abs. 4 BGB die Höhe der nächsten Abschlagszahlung oder 20 % der vereinbarten Vergütung nicht übersteigen.

28

Trotz dieser Schutzvorschriften des Bestellers, verbleibt für den Besteller das Risiko, dass bei einer Insolvenz des Handwerkers oder Bauunternehmers während der Bauphase die noch ausstehenden Leistungsanteile von diesem nicht mehr erbracht werden können. In der Praxis führt dies in der Regel dazu, dass der Besteller sich einen neuen Werkunternehmer suchen muss, der diese Situation naturgemäß ausnutzt, um höhere Preise zu verlangen. Außerdem ist in diesem Fall auch die mit dem ursprünglichen Unternehmer vereinbarte zeitliche Fertigstellungsabrede hinfällig, dh der Besteller trägt dann auch das Zeitrisiko. Zur Absicherung dieser Risiken kann der Besteller nur den Versuch unternehmen, von dem oder den Handwerkern die Gestellung sog. „**Vertragserfüllungsbürgschaften**" zu erhalten. Mit einer solchen Vertragserfüllungsbürgschaft verpflichtet sich in der Regel ein Kreditinstitut in Höhe eines bestimmten Betrages für sämtliche Verpflichtungen des betreffenden Handwerkes aus dem Bauvertrag einzustehen, insbesondere zur Absicherung der Ansprüche des Bestellers auf vertragsgerechte und termingerechte Ausführung der Leistungen und auf Durchsetzung der Gewährleistungsansprüche und Vertragsstrafenansprüche.[29] Vertragserfüllungsbürgschaften über die gesamte Höhe des vereinbarten Werklohns sind eher unüblich. Üblicherweise werden derartige Vertragserfüllungsbürgschaften in der Größenordnung von Teilbeträgen des jeweiligen Werklohns gestellt.

29

cc) Vermögensverfall des Bestellers

Der Werkunternehmer seinerseits hat prinzipiell mehrere Möglichkeiten, sich davor zu schützen, dass der Besteller während der Leistungsausführung in Vermögensverfall gerät. Sofern es um die Herstellung eines Bauwerkes oder eines Teil-Bauwerkes geht, hat der Unternehmer gegen den Besteller einen schuldrechtlichen Anspruch auf Bestellung einer **Sicherungshypothek** an dem Baugrundstück des Bestellers im Umfang der allerdings schon geleisteten Arbeiten, § 650e BGB. Dieser Anspruch geht generell schon dann ins Leere, wenn das Baugrundstück des Bestellers durch vorrangige Grundpfandrechte wertmäßig praktisch vorbelastet ist.[30] Der Anspruch scheidet auch dann generell aus, wenn der Besteller (noch) gar nicht Eigentümer des Baugrundstücks ist.[31] Der Umfang des sicherbaren Anspruches richtet sich nach dem Wert der bereits erbrachten Leistungen, über dessen Höhe erfahrungsgemäß zwischen Besteller und Unternehmer trefflich gestritten werden kann. Mängel des Werkes, die der Besteller

30

---

29 Klausel zur Vertragserfüllungssicherheit bei *Locher*, in: Beck'sches Formularhandbuch, Bürgerliches, Handels- und Wirtschaftsrecht Formular III.F.5 § 8.
30 *Busche*, in: MünchKommBGB, § 650e Rn. 3.
31 MünchKommBGB aaO.

ggf. behauptet, mindern die Höhe des Sicherungsanspruches. Wenn der Besteller sich weigert, den Anspruch auf Eintragung einer Sicherungshypothek zu erfüllen, kann der Unternehmer durch Vorlage einer prüffähigen Schlussrechnung einschließlich der Vertrags- und Abrechnungsunterlagen sowie einer eidesstattlichen Versicherung über die Richtigkeit seiner Forderung den Versuch unternehmen, im Wege einer einstweiligen Verfügung eine Vormerkung im Grundbuch eintragen zu lassen, die dann den endgültigen Anspruch auf Eintragung der Sicherungshypothek sichert.[32] Die Gefährdung des Anspruchs braucht nicht glaubhaft gemacht zu werden (vgl. § 885 Abs. 1 BGB). In Individualverträgen kann der Anspruch des Unternehmers auf eine Sicherungshypothek abbedungen werden. In AGB wäre dies nicht wirksam, wenn dem Unternehmer keine andere gleichwertige Sicherheit eingeräumt wird.[33]

31   Einfacher und flexibler zu gestalten als der Anspruch auf Eintragung einer Sicherungshypothek ist die durch § 650f BGB geregelte **Bauhandwerkersicherung**. Ein Werkunternehmer eines Bauwerkes oder einer Außenanlage kann danach vom Besteller eine Sicherheit für die gesamte vereinbarte und noch nicht gezahlte Vergütung verlangen, einschließlich für Nebenforderungen in Höhe von bis zu 10 %. Es spielt keine Rolle, ob der Besteller Eigentümer des Baugrundstücks ist oder nicht. Die Sicherheit wird in der Regel durch eine Bankbürgschaft gestellt, so dass der Unternehmer nach Erhalt einer entsprechenden Bürgschaft für seinen gesamten Werklohn abgesichert ist. Dieser Anspruch des Unternehmers nach § 650f BGB ist nach § 650f Abs. 7 BGB unabdingbar. Auch der Unternehmer selbst kann nicht auf dieses Recht verzichten.[34] Die üblichen Kosten der Sicherheitsleistung, normalerweise in Form der Bankbürgschaft, hat der Unternehmer gem. § 650f Abs. 3 BGB bis zur Höhe von 2 % des Sicherungsbetrages p. a. zu tragen. Falls der Besteller die geforderte Sicherheit nach angemessener Frist nicht erbringt, kann der Unternehmer die Erfüllung des Bauvertrages verweigern oder den Vertrag kündigen. Falls er kündigt, behält er seinen Vergütungsanspruch, muss sich jedoch ersparte Aufwendungen oder andere Umsätze anrechnen lassen, wobei nach § 650f Abs. 5 S. 3 BGB vermutet wird, dass dem Unternehmer 5 % der auf den noch nicht erbrachten Teil der Werkleistung entfallenden vereinbarten Vergütung zustehen. Insofern hat der Unternehmer eine reelle Chance, zumindest 5 % seiner vereinbarten Vergütung als Pauschalbetrag geltend zu machen, wenn der Besteller die verlangte Sicherheitsleistung nicht liefert.

32   Gegenüber Steffi und Mark kann ein Werkunternehmer sich allerdings nicht auf die Bauhandwerkersicherung nach § 650f BGB berufen, denn gegenüber Verbrauchern mit einem Verbraucherbauvertrag oder bei einem Bauträgervertrag greift nach § 650f Abs. 6 Nr. 2 BGB eine Ausnahme ein und die Bauhandwerkersicherung kann nicht verlangt werden. Der Gesetzgeber hat unterstellt, dass eine natürliche Person als Besteller einer Bauwerkleistung bereits durch die persönliche unbeschränkte Haftung genügend Gewähr bietet, dass der Werklohn bezahlt wird. Diese Vorstellung des Gesetzgebers findet in der Praxis nicht immer ihre Rechtfertigung.[35]

---

[32] Vgl. *Retzlaff*, in: Grüneberg, § 650e BGB Rn. 7.
[33] *Retzlaff*, in: Grüneberg, § 650e BGB Rn. 1; *Schwenker/Rodemann*, in: Erman § 650e Rn. 2.
[34] Vgl. BGH NJW 2001, 822.
[35] *Busche*, in: MünchKommBGB, § 650f Rn. 13.

3. Gliederung Bauvertrag

Die Gliederung des von Steffi und Mark mit einem Bauunternehmer abgeschlossenen Verbraucherbauvertrages, wonach sich der Unternehmer verpflichtet hat, das gesamte Bauvorhaben zu Einheitspreisen zu errichten, könnte wie folgt aussehen:[36]

33

(1) Eingangs des Vertrages sind die Vertragsgrundlagen zu definieren, also insbesondere:
  – die Leistungsbeschreibung,
  – die dazugehörigen Pläne und Zeichnungen und statischen Berechnungen,
  – ggf. das vorangegangene detaillierte Angebot des Bauunternehmers und
  – ggf. die Anwendung der VOB/Teil B

(2) Sodann wird die Vertragsart definiert, im vorliegenden Fall also ein sog. „Einheitspreisvertrag". Zweckmäßigerweise wird vereinbart, dass die angebotenen Einheitspreise Festpreise sind, und auch für Lohn- und Materialerhöhung keine Preiserhöhungen zulässig sind.

(3) Im Rahmen der Vergütungsbestimmungen ist zu regeln, dass der Werkunternehmer Zusatzleistungen, die in den Massenschätzungen, die Grundlage des Leistungsverzeichnisses sind, nicht enthalten sind, vorher ankündigen muss. Es müssen dann Nachangebote schriftlich eingereicht werden. Solche Zusatzleistungen dürfen nur aufgrund schriftlichen Auftrages ausgeführt werden. Auf Massenüberschreitungen hat der Werkunternehmer vorher hinzuweisen.

(4) Gleichzeitig muss sich der Werkunternehmer verpflichten, später formulierte Sonderwünsche des Bestellers auszuführen, sofern ihm dies zumutbar ist und sofern sich die Parteien auf der Basis der generell kalkulierten Preise über die entsprechende Vergütung einigen; auf die gesetzlichen Regelungen in §§ 650b und 650c BGB sollte hingewiesen werden.

(5) Hinsichtlich der Ausführung ist zu vereinbaren, dass der Werkunternehmer die Massenermittlung, die Leistungsverzeichnisse und die Zeichnungen sowie Baubeschreibung und Pläne geprüft hat und dass er mit der Arbeit und dem Umfang der vorzunehmenden Arbeiten vertraut ist. Der Unternehmer hat sich zu verpflichten, den Nachweis für Güte und Gebrauchsfähigkeit von Arbeiten, Stoffen und Bauteilen auf Anforderung soweit zumutbar zu liefern.

(6) Ausführungsfristen
Der Unternehmer hat sich zu verpflichten, die vereinbarten Leistungen zu einem bestimmten Termin mangelfrei fertigzustellen. Unterbrechungen, insbesondere definierte Schlechtwetter-Tage, hat der Unternehmer unverzüglich anzuzeigen. Für den Fall der Terminüberschreitung ist eine Vertragsstrafe beschränkten Umfangs zu vereinbaren.

(7) Abnahme
Zeit und Durchführung der Abnahme sind konkret zu vereinbaren. Die Abnahme sollte nur als förmliche Abnahme erfolgen. Der Besteller verpflichtet sich, an einer solchen Abnahme bei entsprechender vorheriger Ankündigung teilzunehmen. Über die Abnahme ist ein Protokoll zu fertigen.

---

36 Vgl. zB *Locher*, in: Beck'sches Formularbuch Bürgerliches, Handels- und Wirtschaftsrecht, Formular III.F.3; *Schill*, in: Wurm/Wagner/Zartmann, S. 302 ff.

(8) *Gewährleistungsrechte*
Hinsichtlich der Gewährleistungsrechte kann auf das BGB-Werkvertrags-Gewährleistungsrecht verwiesen werden.

(9) *Zahlungen*
Zweckmäßigerweise sind Abschlagzahlungen nach konkreten Baufortschritten zu definieren. Es ist zu regeln, ob der Unternehmer die 5 %ige Sicherheitsleistung gem. § 650m Abs. 2 BGB in Form einer Bankbürgschaft leistet oder ob der Besteller einen entsprechenden Einbehalt vornehmen soll. Sofern entsprechender Baufortschritt angezeigt wird, sind Abschlagszahlungen dann nach relativ kurzer Frist zur Zahlung fällig, es sei denn, der Besteller kann wesentliche Mängel rügen. Der Inhalt der Schlussrechnung ist konkret zu vereinbaren, insbesondere hinsichtlich zusätzlicher Anlagen.

(10) *Absicherungen*
Sofern vereinbart, hat der Besteller dem Werkunternehmer eine Sicherheit für den zu leistenden Werklohn im Sinne des § 650f BGB zu leisten. Dies kann auch trotzdem vereinbart werden, obwohl der Unternehmer wegen der Ausnahmeregelung in § 650f Abs. 6 Nr. 2 BGB an sich bei einem Verbraucherbauvertrag keinen gesetzlichen Anspruch darauf hätte. Entgegenstehende Vereinbarungen als Individualvertrag oder auch als Regelung in AGB sind aber dennoch wirksam[37] und kommen in der Praxis auch durchaus vor. Umgekehrt sollte der Unternehmer sich neben der 5 %igen Sicherung bei Abschlagszahlungen gem. § 650m Abs. 2 BGB darüber hinaus vertraglich verpflichten, dem Besteller eine unbefristete Vertragserfüllungsbürgschaft zu stellen und zusätzlich dem Besteller als Gewährleistungssicherheit eine unbefristete Gewährleistungsbürgschaft ebenfalls in Höhe von 5 % der Bruttoauftragssumme auszuhändigen.

(11) *Sonstige Regelungen*
Im Rahmen sonstiger Regelungen kann im Bauvertrag vereinbart werden, wie die Vertragsparteien miteinander kommunizieren, wer vertretungsberechtigt ist, wer Bauleiter auf der Baustelle ist, und welche Rechte der Besteller hat, das Bauvorhaben während der Leistungsausführung zu besichtigen.

---

37 *Retzlaff*, in: Grüneberg, § 650 f BGB Rn. 4.

§ 12 Vertragsgestaltung im IT-Recht

I. Überblick

Seit Beginn des sog. digitalen Zeitalters beeinflusst und verändert der technologische Wandel das alltägliche Geschehen, die Arbeitswelt und andere Teilbereiche des Lebens. Die zunehmende Vernetzung und Digitalisierung früherer analoger Techniken rückt dabei immer mehr in den politischen und unternehmerischen Fokus. So zielt das Zukunftsprojekt „Industrie 4.0" der Bundesregierung darauf ab, Informationstechnologie mit Produktionsprozessen und neuen Kommunikationsformen zu verschmelzen.[1] Auch Unternehmen setzen verstärkt auf digitale Technologien und schöpfen das Potential der Automatisierung durch den Einsatz Künstlicher Intelligenz („KI") oder des Internet of Things („IoT") aus, um verbessert auf die Bedürfnisse ihrer Kunden reagieren zu können. Für die Verwirklichung dieser Technologien benötigen Unternehmen vor allem originelle und umfassende Software.

Das Informationstechnologierecht (kurz: IT-Recht) behandelt im Kern **IT-Verträge**, die sich klassischerweise auf die Erstellung oder Überlassung von Hard- und Software und darüber hinaus auch auf Dienste verschiedener Leistungsmuster und Daten wie Clouds, Apps, Streamingdienste, Musik und Gaming beziehen. Die für die Praxis bedeutendste Ausprägung des Vertragsrechts in der Informationstechnologie bildet der **Erwerb von Software**.[2] Insbesondere die individuelle Erstellung von Software stellt dabei regelmäßig einen aufwändigen Prozess dar, so dass der Vertragsgestalter möglicherweise auftretende Probleme vorausschauend im zugrundeliegenden Vertrag durch geeignete und interessengerechte Lösungen abdecken sollte.

Mit der Umsetzung des Art. 3 der Digitale-Inhalte-Richtlinie[3] hat das Thema Digitalisierung nun auch seinen Weg ins BGB gefunden: so wurde das Verbraucherschutzrecht durch zusätzliche Vorschriften über digitale Produkte ergänzt, die nunmehr in §§ 327 ff., 445c ff., 475a ff. BGB geregelt sind und im Kern ein neues Mängelrecht für Verträge über digitale Inhalte oder digitale Dienstleistungen beinhalten. Aufgrund der – zumindest beim Softwareerstellungsvertrag – nur in seltenen Fällen vorliegenden Verbrauchereigenschaft einer Vertragspartei, hält sich der praktische Anwendungsbereich der neuen Vorschriften im Bereich der individuellen Vertragsgestaltung jedoch in Grenzen. Relevant werden können beim IT-Vertrag sowohl datenschutzrechtliche und urheberrechtliche Regelungen, wie etwa die Einhaltung der DS-GVO oder die Einräumung von Nutzungsrechten nach dem UrhG,[4] als auch die Anwendbarkeit des Patent- oder Markenrechts.[5] Zudem können IT-Verträge auch dem Recht der Allgemeinen Geschäftsbedingungen unterliegen.

---

1 BAnz AT 2.10.2012 B1.
2 *Schubert*, in: Beck'sche Online-Formulare IT- und Datenrecht, 1.1 Anm. 1.
3 RL (EU) 2019/770.
4 *Lehmann/Spindler*, in: Loewenheim, Handbuch des Urheberrechts, § 82 Rn. 54; *Rockstroh/Schug*, in: Beck'sche Online-Formulare Vertrag, 9.1.1 Rn. 37.
5 *Hoeren/Pinelli*, MMR 2022, 511 f.

II. Der Softwareerstellungsvertrag

4 ▶ **Gestaltungsaufgabe: Die Chatbot-Software**

Die Kanzlei Pfiffig und Klug betreut seit Jahren die C-GmbH, ein stetig wachsendes Softwareunternehmen, das auf künstliche Intelligenz gestützte Chatbots programmiert. Sie stellt in diesem Zusammenhang sowohl individuell erarbeitete Software, als auch Wartung und IT-Beratung für ihre Kunden zur Verfügung. Die L-AG ist ein in der Luftfahrtbranche tätiges Unternehmen, das ihren Kundenservice durch den Einsatz von Chatbots auf der Internetseite der L-AG entlasten möchte. Sie beauftragt dazu die C-GmbH mit der Bereitstellung einer nach den Vorgaben der L-AG und auf ihre Fluggesellschaft individuell zugeschnittenen Software. Der international tätigen L-AG ist dabei insbesondere wichtig, dass die Chatbot-Software Nutzereingaben in verschiedenen Sprachen versteht und dass die Möglichkeit der Weiterleitung des Kundenanliegens an einen Servicemitarbeiter innerhalb der Software besteht. Die C-GmbH fragt bei dem beratenden Anwalt Mark Pfiffig an, inwiefern die individuellen Wünsche der L-AG und ihre technische Umsetzung vertraglich festgehalten werden können.

Mark Pfiffig klärt die C-GmbH allgemein über die den Vorschlag der EU-Kommission für eine Verordnung zur Festlegung harmonisierter Vorschriften für Künstliche Intelligenz auf und weist darauf hin, dass zukünftig neue Regulierungen gelten könnten. Die C-GmbH befürchtet nunmehr, dass die Software in Zukunft aufgrund einer Gesetzesänderung nutzlos werden könnte und möchte wissen, ob sie die Software im Falle zukünftiger Änderungen aktualisieren muss. Auch die L-AG erfährt von der geplanten Regulierung und bittet um die Vereinbarung einer Klausel für potentielle Änderungsverlangen während der Umsetzungsphase des Projekts.

Da die L-AG eine ebenfalls in der Luftfahrtbranche tätige Tochtergesellschaft hat, für deren Online-Kundenservice ein entsprechender Chatbot eingerichtet werden soll, fragt sie bei der C-GmbH an, ob ihr ein Recht dahingehend eingeräumt werden kann, die Software an ihre Tochtergesellschaft weitergeben zu dürfen. Gleichzeitig möchte sie die C-GmbH verpflichten, die Software nicht auch an weitere Kunden zu liefern, um ihnen gegenüber wettbewerbsfähig zu bleiben.

Die L-AG fragt bei der C-GmbH an, ob sie sich für den Fall der Kündigung durch eine Vertragspartei gegenüber der L-AG verpflichten würde, diese dabei zu unterstützen, das Softwareprojekt anderweitig fortführen zu können. Die C-GmbH fragt Mark Pfiffig nach der Möglichkeit einer solchen Vereinbarung.

Da die L-AG eine wichtige Kundin für die C-GmbH ist, möchten die Geschäftsführer der C-GmbH jegliches Konfliktpotential im Vorfeld durch einen umfassenden Vertrag vermeiden. Sie beauftragt dazu den Anwalt Mark Pfiffig mit der Erstellung eines Vertrages unter Beachtung aller Anliegen der L-AG und der C-GmbH.

1. Einführende Hinweise

5 Viele Unternehmen sind für die Erreichung ihrer Ziele aufgrund besonderer Unternehmensstrukturen oder des Umstandes, dass für sie bisher keine Standardsoftwarelösung besteht, auf die Erstellung spezifisch angefertigter Software angewiesen. Das Ziel eines Softwareerstellungsvertrags beinhaltet die Erstellung von **Individualsoftware** durch den Softwareersteller unter Berücksichtigung der individuellen Anforderungen des Auftraggebers. Dabei wird die Software entweder vollständig neu hergestellt oder durch die

Anpassung bereits bestehender Software nach den Bedürfnissen des Auftraggebers weiterentwickelt.[6] Die vollständige Neuprogrammierung von Software bildet in der Praxis allenfalls die Ausnahme; überwiegend verwenden Softwareersteller bereits vorhandene Standardkomponenten aus ihrer Datenbank und passen diese an die Bedürfnisse des Bestellers an.[7]

Verträge über die Erstellung von Software werden zwischen Auftraggeber bzw. Besteller und Auftragnehmer bzw. Werkunternehmer geschlossen und finden fast ausschließlich im unternehmerischen Bereich („B2B") Anwendung.[8] Vereinzelt können Softwareerstellungsverträge auch zwischen einem Unternehmer und einem Verbraucher („B2C") relevant werden; zwischen Verbrauchern untereinander („C2C") findet er praktisch kaum Anwendung.

Bei der Erstellung einer Software besteht der geschuldete Erfolg des Auftragnehmers in der Herstellung des Produktes. Damit ist auf Softwareerstellungsverträge typischerweise das Werkvertragsrecht gem. §§ 631 ff. BGB anzuwenden.[9] Abzugrenzen ist der Softwareerstellungsvertrag klassischerweise von der bloßen Übergabe oder Überlassung einer bei Vertragsschluss bereits vorgefertigten Standardsoftware, für die Kauf- oder Mietrecht anwendbar ist.[10] Weiterhin abzugrenzen ist der Softwareerstellungsvertrag vom Projekt- oder Systemvertrag, der regelmäßig laufende Serviceleistungen wie Beratung, Wartung sowie Pflege beinhaltet und damit mangels Erfolgsorientierung dem Dienstvertragsrecht gem. § 611 ff. BGB unterfällt.[11] Der BGH nimmt bei Softwareerstellungsverträgen „unter Umständen" auch die Einordnung als Werklieferungsvertrag gem. § 650 S. 1 BGB an, sofern der Schwerpunkt des Leistungsgegenstands auf der Lieferung der Software liegt, etwa weil die Bereitstellung der Software gerade nicht beim Auftraggeber oder in dessen IT-Systemen erfolgt.[12] Während Teile der Literatur die dazu erforderliche Einstufung von Software als Sache i.S.d. § 90 BGB ablehnen,[13] nimmt der BGH sie wegen ihrer Verkörperung auf einem Datenträger vor.[14]

2. Entwicklung der Gestaltung

Die Erstellung von Individualsoftware bildet einen aufwändigen Prozess, der durch technische Komplexität und eine oftmals langwierige Zusammenarbeit zwischen den Parteien gekennzeichnet ist.[15] Der ihr zugrundeliegende Softwareerstellungsvertrag gehört zu den anspruchsvollsten Vertragswerken aus dem IT-Recht.[16] In der Praxis schlagen IT-Projekte oftmals fehl, weil sich Fehler bei der Vertragsgestaltung ereignen, die auf die Nichtregelung des Mindestmaßes der Vertragsbedingungen durch die Parteien zurückzuführen sind, so dass etwa die Leistungsbeschreibung oder eine ausreichende Dokumentation der beiderseitigen Leistungen (zB das Vorhandensein eines sog. Pflich-

---

[6] *Kremer*, in: Taeger/Pohle, Computerrechts-Handbuch 32.4 Rn. 1; *Conrad/Schneider*, in: Auer-Reinsdorff/Conrad, Handbuch IT- und Datenschutzrecht, § 11 Rn. 1.
[7] *Meßmer*, in: Beck'sche Online Formulare IT- und Datenrecht, 1.3 Anm. 7.
[8] *Meßmer*, in: Beck'sche Online Formulare IT- und Datenrecht, 1.4 Anm. 3.
[9] BGH NJW 2010, 1449, 1451; OLG München MMR 2010, 649 f.; OLG Düsseldorf CR 2015, 158.
[10] *Roth-Neuschild*, in: Auer-Reinsdorff/Conrad, Handbuch IT- und Datenschutzrecht, § 13 Rn. 6.
[11] *Kremer*, in: Taeger/Pohle, Computerrechts-Handbuch, 32.4 Rn. 20; *Conrad/Schneider*, in: Auer-Reinsdorff/Conrad, Handbuch IT- und Datenschutzrecht, § 11 Rn. 1, 12.
[12] BGH NJW 2010, 1449, 1451.
[13] *Redeker*, IT-Recht, Kapitel B Rn. 286.
[14] BGH MMR 2007, 243 f.
[15] *Rockstroh/Schug*, in: Beck'sche Online-Formulare Vertrag, 9.1.1 Anm. 1.
[16] *Rockstroh/Schug* aaO.

tenheftes) fehlen.[17] Aus der Zusammenarbeit beider Parteien ergibt sich für den Vertragsgestalter die Notwendigkeit, ein ausgewogenes Verhältnis zwischen verschiedenen Interessenlagen herbeizuführen.

a) Präambel

9   Der Softwareerstellungsvertrag beginnt üblicherweise mit einer Präambel, die im Wesentlichen dazu dient, die Zielrichtung des Vertrags festzulegen oder Besonderheiten zu betonen. Den Bestimmungen in der Präambel kommt zwar ohne anderweitige vertragliche Regelung keine bindende rechtserhebliche Wirkung zu, jedoch können sie bei Auslegungsfragen herangezogen werden und somit eine **Indizwirkung** entfalten.[18] Gibt eine der Parteien bei der Beschreibung ihres Geschäftsfeldes in der Präambel ein überdurchschnittlich hohes IT- Fachwissen zu erkennen, kann dies zu gesteigerten Aufklärungs-, Informations- oder Mitwirkungspflichten führen.[19] Der C-GmbH sollte bewusst sein, dass ihre Sachkunde und Erfahrung im Streitfall für die Beurteilung der Mitverantwortlichkeit von Bedeutung sind.

b) Hauptleistungspflichten

10 Im Rahmen der Hauptleistungspflichten stehen sich die Pflicht zur Herstellung des Werkes des Softwareerstellers und die Vergütungspflicht des Bestellers gegenüber. Der Leistungsumfang des Auftragnehmers ist bei Vertragsschluss zu vereinbaren und durch Konkretisierung im sog. Lasten- und Pflichtenheft dem Vertrag als Anlage beizufügen.[20] Als Teil der Leistungspflichten sollten neben der Funktionalität der geschuldeten Software die einzuräumenden Rechte, die Überlassung des Quellcodes und die Übergabe einer technischen Dokumentation vertraglich festgelegt werden.[21]

11 Einleitend empfiehlt sich für die Softwareerstellung eine Differenzierung der Vertragsstruktur zwischen der **Planungs- und der Umsetzungsphase**.[22] In der Planungsphase stellt der Auftraggeber das Lastenheft zur Verfügung, auf dessen Grundlage der Auftragnehmer das Pflichtenheft erstellt. Nach Fertigstellung und Abnahme des Pflichtenhefts entwickelt der Auftragnehmer im Rahmen der Umsetzungsphase die Vertragssoftware nach dessen Vorgaben.[23] Idealerweise sind die inhaltlichen Leistungsbestimmungen durch einen sog. Aktivitäten- und Fristenplan zu ergänzen, der die Modalitäten der einzelnen Arbeitsschritte genau festsetzt.[24]

aa) Planungsphase

12 Das **Lastenheft** beinhaltet die fachliche Grobspezifikation und damit die Vorstellungen des Auftraggebers über den Einsatz, die Funktionalitäten und sonstige Anforderungen an die Software.[25] Fehlen Festlegungen zur vereinbarten Beschaffenheit im Lastenheft, schuldet der Softwareersteller einen mittleren Ausführungsstand entsprechend dem

---

17 *Conrad/Schneider*, in: Auer-Reinsdorff/Conrad, Handbuch IT- und Datenschutzrecht, § 11 Rn. 3ff.
18 *Von Schenck*, Gestaltung agiler Softwareverträge, MMR 2019, 139.
19 *Rockstroh/Schug*, in: Beck'sche Online-Formulare Vertrag, 9.1.1 Anm. 2.
20 *Kremer*, in: Taeger/Pohle, Computerrechts-Handbuch, 32.4 Rn. 43.
21 *Hoeren/Pinelli*, MMR 2022, 511 f.
22 *Rockstroh/Schug*, in: Beck'sche Online-Formulare Vertrag, 9.1.1 Anm. 2.
23 *Rockstroh/Schug*, in: Beck'sche Online-Formulare Vertrag, 9.1.1 Anm. 6.
24 *Conrad/Schneider*, in: Auer-Reinsdorff/Conrad, Handbuch IT- und Datenschutzrecht, § 11 Rn. 64 f.
25 *Rockstroh/Schug*, in: Beck'sche Online-Formulare Vertrag, 9.1.1 Anm. 5.

vertraglichen Zweck der Leistung.²⁶ Die L-AG wünscht sich, dass die Chatbot-Software Nutzereingaben in verschiedenen Sprachen versteht und dass eine automatische Weiterleitung des Kundenanliegens an einen Servicemitarbeiter innerhalb der Software möglich ist. Ihr ist demnach zu raten, ein entsprechendes Lastenheft anzufertigen, um Streitpotential durch die Bestimmung des „mittleren Ausführungsstands" im Vorfeld zu vermeiden. Auf Grundlage des Lastenhefts erstellt der Softwareersteller ein **Pflichtenheft** – die fachliche Feinspezifikation –, das die Anforderungen des Auftraggebers technisch ausdifferenziert und insb festlegt, welche Funktionen geschuldet werden.²⁷ Es empfiehlt sich zudem, den Detaillierungsgrad des Pflichtenhefts zu bestimmen und Prüfungspflichten des Auftraggebers im Hinblick auf die im Pflichtenheft abgebildete Planungsleistung festzulegen.²⁸ Die C-GmbH sollte im Pflichtenheft insb die technische Umsetzung der beiden Regelungspunkte der L-AG verdeutlichen. Ferner ist es für die C-GmbH günstig, wenn vereinbart wird, dass die Vorstellungen der L-AG vollständig und richtig im Pflichtenheft enthalten sind und sie dies abschließend geprüft hat.²⁹

bb) Umsetzungsphase

Daraufhin folgt die Umsetzungsphase der Software, durch die das eigentliche Vertragsziel der mangelfreien Herstellung der Software durch den Auftragnehmer erreicht wird. Für den Auftraggeber besteht eine Vergütungspflicht typischerweise nach Abnahme. Für die Abnahme erforderlich ist die Ablieferung sowie die Installation und Überprüfung der Software durch den Besteller und die damit verbundene Anerkennung als im Wesentlichen vertragsgemäße Leistung.³⁰ Häufig fehlen Regelungen, nach welchen Kriterien eine Abnahme zu erfolgen hat; vielmehr wird vertraglich festgehalten, dass sich die Parteien im Laufe der Projektentwicklung auf Abnahmekriterien einigen werden; Test- und Abnahmekriterien, die im Hinblick auf die Schwere des Mangels differenzieren, sowie die jeweilige Verantwortung sollten unbedingt vor Vertragsschluss festgelegt werden.³¹ Möglich ist auch die Einteilung eines Projekts in wirtschaftlich und funktional abgrenzbare Teilschritte verbunden mit einer Teilabnahme.³²

13

cc) Änderungsverlangen

Die Idealvorstellung des Kunden lässt sich nicht immer technisch realisieren. Zudem können sich Anforderungen an die Software aufgrund veränderter Bedürfnisse im Laufe des Projekts ändern und eine Änderung erfordern. Um auch zukünftige ungewisse Erkenntnisse in die Softwareentwicklung mit einzubeziehen, empfiehlt sich für die Parteien die Vereinbarung eines sog. **Change Request**, die Änderungsverlangen der L-AG oder die Umsetzung von Anregungen der C-GmbH ermöglichen.³³ Für die C-GmbH sinnvoll und günstig ist zudem eine Einstandsregelung der L-AG für aus ihrer Sphäre stammende Änderungsverlangen.³⁴ Davon abzugrenzen ist die streitige

14

---

26 *Kremer*, in: Taeger/Pohle, Computerrechts-Handbuch, 32.4 Rn. 46.
27 *Rockstroh/Schug*, in: Beck'sche Online Formulare Vertrag, 9.1.1 Anm. 6.
28 *Conrad/Schneider*, in: Auer-Reinsdorff/Conrad, Handbuch IT- und Datenschutzrecht, § 11 Rn 47 ff., 56.
29 Vgl. *Conrad/Schneider* aaO.
30 *Hoeren/Pinelli*, MMR 2022, 511 f.
31 *Conrad/Schneider*, in: Auer-Reinsdorff/Conrad, Handbuch IT- und Datenschutzrecht, § 11 Rn. 77 f.
32 *Hoeren/Pinelli*, MMR 2022, 511 f.
33 *Meents*, in: Beck'sches Formularbuch Zivil-, Wirtschafts- und Unternehmensrecht, Q.3. Anm. 2; *Conrad/Schneider*, in: Auer-Reinsdorff/Conrad, Handbuch IT- und Datenschutzrecht, § 11 Rn. 69.
34 Vgl. *Conrad/Schneider*, in: Auer-Reinsdorff/Conrad, Handbuch IT- und Datenschutzrecht, § 11 Rn. 47.

Frage des Bestehens eines Anspruchs auf nachträgliche Aktualisierung der erstellten Software im Falle von Änderungen (sog. **Releasefähigkeit**). Demnach könnte der L-AG ein Anspruch auf Aktualisierung der Chatbot-Software im Falle von Gesetzesänderungen bestehen. Teilweise wird ein solcher Anspruch auf Anpassung damit abgelehnt, dass die Software zum Zeitpunkt der Abnahme zur rechtskonformen Nutzung im Rahmen des Vertragszwecks geeignet war und kein darüber hinausgehender Pflegevertrag geschlossen wurde.[35] Dagegen wird teilweise vertreten, dass der Besteller aus vertraglichen Leistungssicherungspflichten gem. § 241 Abs. 1 BGB einen Anspruch auf Aktualisierung für die übliche Nutzungsdauer hat, jedoch nur im Rahmen des Erforderlichen und Zumutbaren und gegen ein angemessenes Entgelt.[36] Sofern die Aktualisierung der Software nach Fertigstellung des Werkes für die L-AG von besonderer Bedeutung ist, sollte dies samt fachlicher und technischer Anforderungen an die aktualisierte Software bereits im Softwareerstellungsvertrag festgelegt werden.

dd) Rechtseinräumung

15 Neben der Zurverfügungstellung der Software ist die vertragliche Regelung der **einzuräumenden Rechte** sowie der Zeitpunkt, zu dem die Rechtseinräumung greift, von wesentlicher Bedeutung. Üblicherweise ist der Kunde erst bereit, den vollständigen Kaufpreis zu zahlen, wenn die Software bei ihm einwandfrei funktioniert, so dass sich diese Haltung durch die Regelung eines stufenweisen Übergangs der Rechte ausgleichen lässt.[37] Zu bedenken sind hier neben den eigentlichen Nutzungsrechte an der erstellten Software häufig auch Fragen des Urheber-, Marken- und ggf. des Patentrechts.[38] Daher sollte eine umfassende Regelung für alle Schutzrechte getroffen werden. Die C-GmbH sollte dabei darauf achten, dass sie der L-AG ein nach dem Vertragszweck notwendiges ausschließliches Nutzungsrecht in Bezug auf die Software einräumt. Unternehmen haben oft ein wirtschaftliches Interesse daran, durch den Einsatz origineller Software einen Wettbewerbsvorsprung gegenüber ihren Mitbewerbern zu erhalten. Da die L-AG die C-GmbH dazu verpflichten möchte, die Software nicht auch an andere Kunden zu liefern und gleichzeitig ihrer Tochtergesellschaft zur Verfügung stellen möchte, sollte ihr ein zeitlich und räumlich unbegrenztes, ausschließliches Nutzungsrecht gem. § 31 Abs. 3 UrhG eingeräumt werden. Im Gegensatz zum einfachen Nutzungsrecht gem. § 31 Abs. 2 iVm § 69d Abs. 1 UrhG ist sowohl die Nutzung des Werks durch andere Personen als den Besteller ausgeschlossen sowie die Einräumung von Nutzungsrechten durch die L-AG möglich. Fehlt eine solche Vereinbarung, kann die Einräumung eines ausschließlichen Nutzungsrechtes insb bei individuellen Softwareerstellungsverträgen konkludent aus dem Vertragsschluss selbst oder durch ergänzende Vertragsauslegung gem. § 315 Abs. 3 BGB analog hergeleitet werden.[39] Der sorgfältige Vertragsgestalter sollte aber gerade in diesem wichtigen Punkt keinen Raum für Zweifel lassen.

---

35 *Kremer*, in: Taeger/Pohle, Computerrechts-Handbuch, 32.4 Rn. 50.
36 *Raue*, CR 2018, 277.
37 *Conrad/Schneider*, in: Auer-Reinsdorff/Conrad, Handbuch IT- und Datenschutzrecht, § 11 Rn. 59.
38 *Hoeren/Pinelli*, MMR 2022, 511 f.; *Conrad/Schneider*, in: Auer-Reinsdorff/Conrad, Handbuch IT- und Datenschutzrecht, § 11 Rn. 108.
39 *Lehmann/Spindler*, in: Loewenheim, Handbuch des Urheberrechts, § 82 Rn. 54.

ee) Überlassung des Quellcodes

16 Ähnliches wie für Nutzungsrechte gilt für die Überlassung des Quellcodes, die insb für Fehlerbeseitigungen und Programmverbesserungen relevant wird. Sofern eine vertragliche Regelung zur Herausgabe des Quellcodes fehlt, ist anhand der Interessen der Parteien und der Umstände des Einzelfalls zu ermitteln, ob eine solche Herausgabe dem Willen der Parteien entsprach.[40] Kriterien dazu können nach der Rechtsprechung des BGH die Höhe der Vergütung, die Beabsichtigung zur Weitervermarktung der Software oder die Notwendigkeit der Überlassung des Quellcodes für Wartungsarbeiten sein.[41]

c) Nebenleistungspflichten

17 Obwohl die Erfolgs- und Ausführungsverantwortlichkeit üblicherweise dem Auftragnehmer obliegt,[42] sind insb **Mitwirkungspflichten** des Auftraggebers für eine reibungslose Durchführung des IT-Projekts von zentraler Bedeutung. Solche Mitwirkungspflichten können in der Bereitstellung von Hardware und Betriebssystemen oder in der Unterstützung durch die Mitarbeiter des Auftraggebers liegen. Für eine erfolgreiche Durchführung sollten die Mitwirkungspflichten nicht als bloße Obliegenheiten – wie es § 642 Abs. 1 BGB vorsieht –, sondern vertraglich als Nebenleistungspflichten ausgestaltet sein.[43] Erfüllt der Besteller seine Mitwirkungspflichten nicht, hat der IT-Anbieter das Recht zur Kündigung nach §§ 642, 643 BGB. Demnach sollte die Zusammenarbeit der Parteien vertraglich geregelt und auf beiden Seiten Ansprechpartner bzw. Projektleiter benannt werden.[44] Die L-AG hat insb durch die Überlassung von Daten und Informationen mitzuwirken, um der C-GmbH die individuelle Programmierung in Bezug auf die speziellen Modalitäten der Fluggesellschaft zu ermöglichen.

d) Gewährleistung und Haftung

18 Für den Fall, dass die Werkleistung mit Mängeln behaftet ist, stehen dem Besteller die gesetzlichen Gewährleistungsrechte nach §§ 631 ff. BGB zu. Demnach bedarf es regelmäßig keiner umfangreichen Regelung der Gewährleistungsansprüche, da das Werkvertragsrecht eher zugunsten des Bestellers ausgestaltet ist.[45] Um einen ausreichenden Schutz für beide Vertragsparteien im Falle der Unsicherheit über den anzuwendenden Vertragstypus zu erzielen, können werkvertragliche Besonderheiten – wie etwa das Recht zur Selbstvornahme gem. § 637 BGB oder dessen Abbedingung – ausdrücklich erwähnt werden.[46] In jedem Falle sollten aber Mängelkategorien bzw. Fehlerklassen und Beseitigungszeiten für etwaige Mängel genau geregelt werden.[47] Eng mit dem Auftreten von Mängeln verknüpft ist die Regelung der Haftung, die sich nach den allgemeinen Haftungsbestimmungen des BGB richtet. Haftungsbegrenzung oder -ausschluss

---

40 *Lehmann/Spindler*, in: Loewenheim, Handbuch des Urheberrechts, § 82 Rn. 57.
41 BGH NJW-RR 2004, 782 f.
42 *Kremer*, in: Taeger/Pohle, Computerrechts-Handbuch, 32.4 Rn. 41; *Conrad/Schneider*, in: Auer- Reinsdorff/Conrad, Handbuch IT- und Datenschutzrecht, § 11 Rn. 37.
43 *Rockstroh/Schug*, in: Beck'sche Online-Formulare Vertrag, 9.1.1 Anm. 14.
44 *Conrad/Schneider*, in: Auer-Reinsdorff/Conrad, Handbuch IT- und Datenschutzrecht, § 11 Rn. 62 f.
45 *Rockstroh/Schug*, in: Beck'sche Online-Formulare Vertrag, 9.1.1 Anm. 32.
46 *Rockstroh/Schug* aaO.
47 *Conrad/Schneider*, in: Auer-Reinsdorff/Conrad, Handbuch IT- und Datenschutzrecht, § 11 Rn. 87 f.

sind ausdrücklich im Vertrag aufzunehmen. Nach Abnahme ist der Besteller im Hinblick auf das Vorliegen eines Mangels darlegungs- und beweispflichtig.[48]

19 Da Gerichtsverfahren im Hinblick auf Softwareerstellungsverträge oftmals einen zeitlichen und finanziellen Aufwand mit sich ziehen, empfiehlt sich die vertragliche Regelung eines Eskalationsverfahrens, das die außergerichtliche Streitbeilegung durch Mediation oder Schlichtung vorsieht.[49] Ein etwaiges Verfahren wird zB von der Deutschen Gesellschaft für Recht und Informatik e.V. angeboten.[50]

e) Beendigung

20 Die **Kündigungsmöglichkeiten** haben aufgrund des hohen Prozentsatzes an schiefliegenden und gescheiterten Softwareerstellungsprojekten eine große Bedeutung für die Praxis.[51] Um sich vom Softwareerstellungsvertrag zu lösen, müsste die L-AG das freie Kündigungsrecht des Bestellers nach § 648 S. 1 BGB oder das Recht zur fristlosen Kündigung aus wichtigem Grund nach § 648a Abs. 1 S. 1, das wiederum beiden Vertragsparteien zusteht, erklären. In der Praxis treten bei Ausübung des Kündigungsrechts insb Beweisprobleme auf, inwieweit ein wichtiger Grund vorliegt.[52] Für die Gestaltung des Vertrags empfiehlt sich daher, die Kündigungsgründe sorgfältig zu konkretisieren und detailliert aufzulisten sowie Zeitpunkte festzulegen, deren Versäumen einen wichtigen Grund darstellt. Zudem besteht nach § 648a Abs. 2 BGB die Möglichkeit einer Teilkündigung bezüglich eines nach dem Vertrag abgrenzbaren Teils der Leistung. Dazu ist jedoch eine konkrete und in sich abgeschlossene Unterteilung in Teilabnahmeschritte des IT-Projekts notwendig.

21 Für das Anliegen der L-AG empfiehlt sich die Vereinbarung eines Beendigungsmanagements, dessen erste Schritte § 648 Abs. 4 BGB durch die Regelung der Leistungsstandfeststellung vorzeichnet. Die C-GmbH könnte sich demnach verpflichten, der L-AG nach Kündigung des Rahmenvertrags entsprechend eines noch abzuschließenden Einzelvertrags Beendigungsunterstützung zur Fortführung des Softwareprojekts zu leisten. Demnach müsste die C-GmbH ein Überführungskonzept erstellen, das den Übergangsprozess schildert; ferner müssten die Parteien die Umsetzung der Überführung sowie die Gegenleistung für die Erstellung des Überführungskonzepts regeln.[53]

f) Schlussbestimmungen

22 Als Schlussklauseln eines Vertrags finden sich regelmäßig salvatorische Klauseln, Schriftformerfordernisse für Nebenabreden, Rechtswahl- und Gerichtsstandsklauseln sowie die Bestimmung des Erfüllungsorts.[54] Nach der Rechtsprechung des BGH führt eine salvatorische Klausel zur Umkehrung der Darlegungs- und Beweislast.[55] Darüber hinaus ist den Parteien zu empfehlen, eine Vereinbarung nach Art. 3 Abs. 1 Rom- I-

---

48 Einzelheiten zur Darlegungs- und Beweislast s. *Kremer*, in: Taeger/Pohle, Computerrechts-Handbuch, 32.4 Rn. 91.
49 *Rockstroh/Schug*, in: Beck'sche Online-Formulare Vertrag, 9.1.1 Rn. 36.
50 Vgl. Schlichtungsordnung der Deutschen Gesellschaft für Recht und Informatik e.V.
51 *Conrad/Schneider*, in: Auer-Reinsdorff/Conrad, Handbuch IT- und Datenschutzrecht, § 11 Rn. 25.
52 *Conrad/Schneider*, in: Auer-Reinsdorff/Conrad, Handbuch IT- und Datenschutzrecht, § 11 Rn. 29.
53 *Hoeren/Pinelli*, MMR 2022, 511, 514.
54 *Hoeren/Pinelli* aaO.
55 BGH, JuS 2003, 497.

VO darüber zu treffen, welches Recht im Falle einer Verbindung zum Recht verschiedener Staaten anwendbar sein soll.[56]

3. Erstellung eines Vertragsentwurfs

Der Entwurf eines Softwareerstellungsvertrags könnte wie folgt aussehen:

▶ **Präambel (Beschreibung der Geschäftsbereiche, Aufteilung in Projektphasen)**
§ 1 Definitionen (zB „Arbeitsergebnisse", „Lastenheft", „Pflichtenheft", „Leistungsänderungen")
§ 2 Vertragsgegenstand (Beschreibung der Pflichten des Auftraggebers und -nehmers)
§ 3 Leistungserbringung (Erstellung eines Pflichtenhefts und Herstellung der Vertragssoftware sowie Dokumentation und ggf. Überlassung des Quellcodes durch den Auftragnehmer)
§ 4 Mitwirkungspflichten des Auftraggebers (zB die Überlassung von Informationen, Daten und Rechnerkapazitäten sowie Zutritt zu Geschäftsräumen und Bereitstellung von Mitarbeitern)
§ 5 Bestimmung von Projektleitern und deren Stellvertretern
§ 6 Informationsrecht und Reporting (Berichterstattung über den Projektfortschritt)
§ 7 Leistungsänderungen und Ergänzungen („Change Request" und ggf. Releasefähigkeit)
§ 8 Planungsphase: Erstellung und Abnahme des Pflichtenhefts
§ 9 Umsetzungsphase: Erstellung und Abnahme der Software
§ 10 Vergütung durch den Auftraggeber (sowie die Fälligkeit der Vergütung)
§ 11 Rechteeinräumung (Eigentums- und Nutzungsrechte, Anzeigen im Falle der Entstehung gewerblicher Schutzrechte)
§ 12 Gewährleistung und Haftung (sowie Festlegung von Fehlerklassen, Fristen bei Mängelbeseitigung und ggf. Einrichtung eines Eskalationsverfahrens)
§ 13 Vertragsbeendigung durch Kündigung (ggf. Regelung eines Beendigungsmanagements)
§ 14 Datenschutz und Geheimhaltung (sowie Vertragsstrafen)
§ 15 Schlussbestimmungen (zB salvatorische Klausel, Schriftformerfordernisse, anzuwendendes Recht, Gerichtsstandklauseln) ◀

---

56 *Hoeren/Pinelli*, MMR 2022, 511, 515.

§ 13 Vertragsgestaltung im Maklerrecht

I. Überblick

1 Mit Maklerverträgen beschäftigen sich vor allem forensisch tätige Juristen. Häufig kommt es nämlich zwischen Makler und Auftraggeber zu Streit über die Provisionszahlungspflicht.

2 Im Rahmen der Vertragsgestaltung spielten in der Vergangenheit vor allem AGB-rechtliche Fragen eine große Rolle. Maklerrecht ist in weiten Bereichen Richterrecht. Die Rechtsprechung überprüfte viele Klauseln in Maklerverträgen und schränkte die vertragliche Gestaltungsfreiheit erheblich ein.[1]

II. Der Maklervertrag

3 ▶ **Gestaltungsaufgabe: Entwurf eines Maklervertrages**
Nach Geburt ihres Kindes stellen Steffi und Mark fest, dass das von ihnen bewohnte Einfamilienhaus nicht „kindgerecht" ist. Sie möchten es deshalb verkaufen und eine andere Immobilie erwerben. Mark und Steffi waren in der Vergangenheit bereits wiederholt anwaltlich für den Makler Neureich tätig. Sie möchten ihn damit beauftragen, einen geeigneten Käufer für ihre Immobilie zu finden. Neureich legt Steffi und Mark den Entwurf eines Maklervertrags vor. Wie wird dieser aussehen?[2] ◀

1. Einführende Hinweise

4 Nach dem gesetzlichen Leitbild ist der Makler eine Person, deren Tätigkeit darauf gerichtet ist, gegen Entgelt einen Vertragsabschluss zwischen zwei weiteren Personen herbeizuführen. Dies geschieht entweder durch den Nachweis einer Gelegenheit zum Vertragsabschluss oder dadurch, dass der Makler durch Verhandlungen mit dem Interessenten den Abschluss des geplanten Vertrags vermittelt (§ 652 Abs. 1 BGB). Obwohl das Maklerrecht im Bürgerlichen Gesetzbuch zunächst nur eine stiefmütterliche Behandlung erfahren hat, wurde das Gesetz am 23.12.2020 um neue Regelungen erweitert. Dort finden sich – neben den vier Bestimmungen über den sogenannten Zivilmakler (§§ 652–655 BGB) – nun auch Bestimmungen zur Vermittlung von Kaufverträgen über Wohnungen und Einfamilienhäusern (§§ 656a – d BGB). Neben einem nun grundlegenden Textformerfordernis des Maklervertrages (§ 656a BGB) verwirklichen die sonstigen Regelungen (§§ 656b ff. BGB) einen erweiterten Verbraucherschutz.[3] Überdies verwundert es nicht, dass dieses Rechtsgebiet vor allem von Richtern im Rahmen der Überprüfung von Vertragsgestaltungen geprägt wird.

5 Soweit die Parteien nichts anderes vereinbaren, ist der Makler nicht zur Entfaltung von Maklertätigkeit verpflichtet.[4]

6 Ein Provisionsanspruch steht ihm nur dann zu, wenn durch seine Tätigkeit ein Vertragsschluss zustande kommt. Aufwendungsersatz erhält er lediglich, wenn er dies ausdrücklich mit seinem Auftraggeber vereinbart (§ 652 Abs. 2 BGB).

---

1 *Klasen*, in: Münchener Vertragshandbuch, Bd. 5, Formulare III.2 – 4; *Hamm/Schwerdtner*, Maklerrecht, Rn. 11 ff., 925 ff.
2 *Klasen*, in: Münchener Vertragshandbuch, Bd. 5, Formular III.4; *Severin*, in: Schulze/Grziwotz/Lauda BGB: Kommentiertes Vertrags- und Prozessformularbuch, § 652 Rn. 1.
3 Zur vertieften Auseinandersetzung mit der Reform s.: *Schmidt*, NZM 2021, 289.
4 *Sprau*, in: Grüneberg, § 652 Rn. 13.

2. Vorbereitende Überlegungen

Der maßgebende Sachverhalt ist klar. Mark und Steffi möchten mithilfe des Maklers einen Käufer für ihre Wohnimmobilie finden. Herr Neureich gehört zu ihren Mandanten, so dass sie ihn persönlich kennen und ihm Vertrauen entgegenbringen.

Die Interessenlage eines Verkäufers und des von ihm beauftragten Maklers ist vom Grundsatz her ähnlich. Beide Parteien haben Interesse daran, für die Immobilie einen hohen Kaufpreis zu erzielen. Das Maklerhonorar orientiert sich praktisch immer an der Höhe des erzielten Preises und entspricht einem Prozentsatz davon. Allerdings haben Auftraggeber und Makler wenig davon, wenn eine Immobilie durch zu hohe Kaufpreisvorstellungen „unverkäuflich" wird. Insoweit gilt auch für beide Parteien der Grundsatz, dass schnelles Geld gutes Geld ist.

Ein guter Makler wird im Rahmen der Kontaktgespräche mit seinem Auftraggeber Wert darauf legen, etwa vorhandene falsche Preisvorstellungen vorsichtig zu korrigieren, um die Verkaufsbemühungen nicht zu erschweren. Dies setzt allerdings große Erfahrung und exakte Marktkenntnisse voraus.

Die gesetzlichen Regelungen des Maklervertrags entsprechen nicht der Interessenlage beider Parteien. Mark und Steffi möchten ihr Objekt schnell zu einem guten Preis verkaufen und erwarten, dass der Makler intensive Verkaufstätigkeit entfaltet. Sie wünschen also eine Verpflichtung zur Maklertätigkeit. Umgekehrt erwartet der Makler, dass er über einen längeren Zeitraum Gelegenheit hat, das Objekt zu platzieren. Er möchte auch nicht auf konkurrierende Tätigkeit anderer Makler stoßen, die dasselbe Objekt anbieten. Dementsprechend hat sich in der Praxis eine Sonderform des Maklervertrags herausgebildet. Es handelt sich um den sogenannten **Alleinauftrag**. Der Alleinauftrag ist eine von der Praxis mit Zustimmung der Rechtsprechung entwickelte Sonderform des Maklervertrags. Er wird geprägt durch die Pflicht des Maklers, sich um einen Vertragsabschluss zu bemühen, und den Verzicht des Auftraggebers, weitere Makler einzuschalten. Er ist der typische Fall des Maklerdienstvertrags.[5]

Was die Vergütung angeht, ist die Frage zu klären, ob der Auftraggeber Schuldner des Maklerprovisionsanspruchs ist oder ob der Makler darauf angewiesen sein soll, seine Vergütung ausschließlich vom Käufer zu erhalten. Aus Sicht des Maklers ist es natürlich günstig, wenn beide Parteien ihm eine Provision versprechen. Hierbei geht es um die Frage nach der Zulässigkeit einer solchen **Doppeltätigkeit**. Wird sie transparent gemacht, hält die Rechtsprechung sie auch bei einem Vermittlungsmakler für zulässig, wenn er sich von der Gegenpartei Provision für eine bloße Nachweistätigkeit versprechen lässt.[6] Handelt es sich in diesem Fall bei dem Käufer um einen Verbraucher, sind nach § 656a BGB die §§ 656c u. d BGB zu beachten. Hiernach können sich die beiden Parteien ggü. dem Makler nur in gleicher Höhe verpflichten (§ 656c BGB). Ein hiervon abweichender Vertrag ist nach § 656c Abs. 2 S. 1 BGB unwirksam. Zu beachten ist allerdings, dass der vom Gesetzgeber intendierte Halbteilungsgrundsatz in der Praxis darauf hinauslaufen kann, dass sich beide Parteien zur Zahlung der gesamten Maklerprovision verpflichten; dies begünstigt somit lediglich den Makler.[7]

---

5 *Hamm/Schwerdtner*, Maklerrecht, Rn. 979 ff.; *Klasen*, in: Münchener Vertragshandbuch, Bd. 5, Formular III.4.
6 BGH NJW-RR 2003, 991; 2000, 430; *Sprau*, in: Grüneberg, § 654 Rn. 4 f.; im Einzelnen *Hamm/Schwerdtner*, Maklerrecht, Rn. 877 ff.
7 *Althammer*, in: MünchKommBGB, § 656c, Rn. 16.

3. Erstellung des Vertragsentwurfs

12 Mark und Steffi haben Neureich gebeten, einen Vertragsentwurf vorzulegen. Entsprechend seiner Interessenlage wird Neureich Wert darauf legen, einen Alleinauftrag zu erhalten. Er wird auch versuchen, mit ihnen eine Maklerprovision zu vereinbaren und sich zusätzlich vorzubehalten, auch als Doppelmakler tätig werden zu dürfen.

13 Der von Neureich vorgelegte Maklervertrag wird demnach wie folgt formuliert sein:

14 ▶ **Muster für einen Maklervertrag in der Form eines Alleinauftrags**

Alleinauftrag

zwischen

Herrn Mark Pfiffig und Frau Steffi Klug ...

– nachstehend Auftraggeber genannt –

und

dem Immobilienmakler Neureich ...

– nachstehend Makler genannt –

wird folgender Maklervertrag in Form des Alleinauftrags geschlossen:

§ 1 Objekt

Der Auftraggeber ist Eigentümer des folgenden Objektes: ...

§ 2 Tätigkeit des Maklers

1. Der Makler ist mit dem Nachweis von Kaufinteressenten und mit der Vermittlung eines Kaufvertragsabschlusses für das in § 1 bezeichnete Objekt beauftragt. Er verpflichtet sich, den Alleinauftrag sorgfältig, nachhaltig und unter Ausnutzung aller sich ergebender Abschlussmöglichkeiten zu bearbeiten.

2. Der Makler ist berechtigt, auch für den Käufer als Nachweismakler entgeltlich tätig zu werden und Reservierungsvereinbarungen zu schließen.

§ 3 Vertragsdauer

1. Der Vertrag kann von beiden Parteien mit einer Frist von einem Monat zum Monatsende gekündigt werden, frühestens jedoch zum ... Er endet nach einem Jahr ab Vertragsschluss, ohne dass es einer Kündigung bedarf.

2. Das Recht zur Kündigung aus wichtigem Grund bleibt unberührt. Als wichtiger Grund gilt ua die Verletzung der Alleinauftragsbindung durch den Auftraggeber und die Untätigkeit des Maklers trotz Abmahnung.

3. Jede Kündigung bedarf zu ihrer Wirksamkeit der Schriftform.

§ 4 Hauptvertrag

Der Auftraggeber beabsichtigt, das Objekt zu einem Kaufpreis in Höhe von ca. ... EUR zu verkaufen.

§ 5 Provision

1. Der Auftraggeber verpflichtet sich, für den Nachweis oder die Vermittlung des Kaufvertrags über die in § 1 bezeichnete Immobilie eine Provision in Höhe von ... % zzgl. ... % Umsatzsteuer an den Makler zu zahlen. Maßgeblich ist der Gesamtkaufpreis einschließlich der Nebenleistungen, die dem Auftraggeber oder Dritten zugutekommen.

2. Die Provision wird mit Abschluss des Hauptvertrags fällig.

3. Der Auftraggeber schuldet die Provision auch dann, wenn der Hauptvertrag erst nach Beendigung des Maklervertrags, aber aufgrund der Maklertätigkeit zustande kommt.

§ 6 Pflichten des Auftraggebers

1. Der Auftraggeber gibt dem Makler die erforderlichen Unterlagen und Informationen über die in § 1 bezeichnete Immobilie. Er informiert ihn über alle für die Maklertätigkeit wesentlichen Veränderungen.

2. Der Auftraggeber behandelt alle ihm vom Makler übermittelten Informationen vertraulich. Jede Weitergabe an Dritte ist unzulässig und kann schadensersatzpflichtig machen.

§ 7 Alleinauftragsbindung des Auftraggebers

Der Auftraggeber ist für die Zeit der Vertragsdauer verpflichtet, keinen weiteren Makler zu beauftragen und jede Tätigkeit anderer Makler in Bezug auf das Objekt zu untersagen.

§ 8 Pflichten des Maklers

1. Der Makler nimmt den Auftrag mit der Sorgfalt eines ordentlichen Kaufmanns wahr.

2. Der Makler verpflichtet sich, alle ihm bekannten Umstände dem Auftraggeber mitzuteilen, die für dessen Entscheidung bedeutsam sind. Insbesondere hat er den Auftraggeber darüber aufzuklären, ob der verlangte oder gebotene Verkaufspreis marktgerecht ist. Zu Nachforschungen ist er im Übrigen nicht verpflichtet.

§ 9 Zusätzliche Vereinbarungen

(Hier können uU ergänzende Individualvereinbarungen aufgenommen werden, beispielsweise Regelungen über Aufwendungsersatz.)

§ 10 Schlussbestimmungen

(Schriftform, Salvatorische Klausel)

Ort, Datum

Auftraggeber   Makler[8]

---

[8] Zu diesem Muster im Einzelnen *Klasen*, in: Münchener Vertragshandbuch, Bd. 5 Formular III.4 mit Kommentierung einzelner Klauseln.

§ 14 Vertragsgestaltung im Leasingrecht

I. Überblick

1   Die Bedeutung des Leasings im Wirtschaftsleben nimmt immer mehr zu. Leasing steht heute „gleichberechtigt" neben dem Kauf. Der außerordentliche Erfolg des Leasinggeschäftes ist unter betriebswirtschaftlichen und steuerrechtlichen Aspekten verständlich. Der Leasinggegenstand muss nicht im Voraus bezahlt werden, so dass anders als beim Kauf keine Liquiditätsbelastung eintritt. Die Leasingraten können – zumindest theoretisch – aus den Erträgen des Investitionsgutes finanziert werden (*pay as you earn*). Bei richtiger Gestaltung können sie auch steuerlich sofort als Aufwand geltend gemacht werden. Eine Aktivierung in der Bilanz erfolgt nicht.[1]

2   Leasing bedeutet die Gebrauchsüberlassung eines Investitionsguts auf Zeit gegen Entgelt. Zwar weist der Leasingvertrag viele mietvertragsrechtliche Elemente auf, so dass die Rechtsprechung ihn als atypischen Mietvertrag qualifiziert.[2] Im Gegensatz zum Mietvertrag sind am Leasinggeschäft in der Regel aber drei Parteien beteiligt, nämlich der Hersteller oder Händler des Investitionsgutes, der Leasinggeber als Finanzier und schließlich der Leasingnehmer als Investor.[3]

3   Der Leasingnehmer sucht sich sowohl den Lieferanten als auch das von ihm gewünschte Investitionsgut persönlich aus. Der Leasinggeber schafft es auf seine Kosten „für den Leasingnehmer" an, indem er es kauft und für die Übergabe an den Leasingnehmer zur Nutzung sorgt.

4   Beim Leasing obliegen Wartung, Reparaturen und Versicherung dem Leasingnehmer. Darin liegt ein weiterer wesentlicher rechtlicher Unterschied zum gesetzlichen Mietrecht. Nach § 535 Abs. 1 S. 2 BGB hat nämlich der Vermieter die Mietsache in einem zum vertragsgemäßen Gebrauch geeigneten Zustand zu erhalten.

II. Der Leasingvertrag über Mobilien

5   ▶ **Gestaltungsaufgabe: Entwurf eines Leasingvertrags**

Mark Pfiffig und Steffi Klug benötigen für ihre erfolgreiche Anwaltspraxis „geeigneten juristischen Nachwuchs". Ihre Hoffnung, auf Bewerbermessen qualifizierte Bewerber zu finden, hat sich nicht erfüllt. Sie überlegen daher, in einschlägigen Fachzeitschriften eine Anzeige zu schalten und jungen Anwälten nicht nur ein gutes Gehalt bei bestem Betriebsklima mit Partnerschaftsaussicht zu bieten, sondern auch einen Firmenwagen der gehobenen Mittelklasse als „Gehaltsbestandteil" in Aussicht zu stellen.

Mark und Steffi überlegen, ob sie eine Kapitalbindung eingehen wollen oder ob es nicht zweckmäßiger ist, derartige Fahrzeuge zu leasen. Sie beauftragen vorsorglich ihren Referendar Fleißig, die in einem Leasingvertrag zu regelnden Themen zu erarbeiten und ihnen die Gliederung eines solchen Vertrags vorzulegen. Wie wird diese Gliederung des Leasingvertrags aussehen?[4] ◀

---

1 *Martinek*, Moderne Vertragstypen I, S. 43 ff.
2 BGH NJW 1990, 1113 (1114) mwN; *Weidenkaff*, in: Grüneberg, vor § 535 Rn. 37 ff..
3 Zum zweigliedrigen Leasinggeschäft (Hersteller- oder Händlerleasing) *Martinek*, Moderne Vertragstypen I, S. 56 ff.
4 *Martinek*, Moderne Vertragstypen I, S. 37 ff.; vgl. *Wolf/Eckert/Günter*, Handbuch des Miet-, Pacht- und Leasingrechts, Rn. 1743 ff.; vgl. zu Vertragsmustern: *Stolterfoht*, in: Münchener Vertragshandbuch, Bd. 2, Formulare VI.1 – 4; *Nägele*, in: Beck'sches Formularbuch Bürgerliches, Handels- und Wirtschaftsrecht, Formular III.I.1.

§ 14 Vertragsgestaltung im Leasingrecht

1. Einführende Hinweise

Mark und Steffi überlegen, ob sie sich die vorgesehenen „Geschäftsfahrzeuge" für ihre Mitarbeiter durch Kauf oder Leasing beschaffen. Sie müssen deshalb die Vor- und Nachteile von Kauf und Leasing abwägen. Dazu ist folgendes Hintergrundwissen notwendig:

a) Leasing als Alternative zum Kauf

Ein Fahrzeug der gehobenen Mittelklasse wird wenigstens 50.000 EUR kosten. Wollen sie also ein solches Fahrzeug erwerben, müssen sie entweder entsprechendes Eigenkapital zur Verfügung stellen oder sich Fremdkapital durch Kreditaufnahme besorgen. In jedem Fall führt eine solche Investition zu einer Bindung der finanziellen Mittel. Die entsprechende Liquidität steht nicht mehr für andere Investitionen oder betriebliche Aufwendungen zur Verfügung.

Das Geschäftsfahrzeug gehört zum Anlagevermögen und wird entsprechend bilanziell erfasst. Als Aufwand absetzen können Steffi und Mark neben den laufenden Betriebskosten nur die AfA sowie bei der Aufnahme von Fremdkapital die zu zahlenden Kreditzinsen.

Anders ist dies beim Leasing. Der Hersteller/Händler als Veräußerer bleibt klassischer Lieferant, ohne eine Kreditfunktion zu übernehmen. Der Leasingnehmer kann den Leasinggegenstand operativ nutzen, ohne seine eigene Vermögenssphäre durch den Einsatz von Eigen- oder Fremdkapital anzugreifen. Der Leasinggeber, der die Investition finanziert, ohne das Leasinggut selbst unternehmerisch einzusetzen, übernimmt die Funktion des Finanziers und verschafft dem Leasingnehmer die Nutzungsmöglichkeit. Damit ermöglicht Leasing die Trennung von Vermögenssphäre und unternehmerischer Sphäre hinsichtlich des von einem Unternehmen genutzten Anlageguts.[5]

Der Reichtum liegt somit nicht im Eigentum, sondern im Gebrauch der Dinge, wie schon Aristoteles wusste.

Bei richtiger Gestaltung wird der Leasinggegenstand nicht wirtschaftliches Eigentum des Leasingnehmers. Der Leasingnehmer hat damit die Möglichkeit, sämtliche Aufwendungen, insbesondere die Leasingraten, als betrieblichen Aufwand geltend zu machen. Er realisiert damit sofort Steuervorteile durch Reduzierung des zu versteuernden Gewinns.

b) Die steuerrechtliche Behandlung des Leasings

Maßgebend sind hier vor allem die drei Leasingerlasse der Finanzverwaltung, nämlich der Mobilien-Leasingerlass oder Vollamortisationserlass vom 19.4.1971,[6] der Immobilien-Leasingerlass vom 21.3.1972[7] und der Teilamortisationserlass vom 22.12.1975.[8]

Bei diesen Erlassen geht es um die Frage, bei welchen Vertragsgestaltungen die Zuordnung des wirtschaftlichen Eigentums am Leasinggegenstand an den Leasingnehmer vermieden werden kann. Nur dann kann er ja die vorstehend schon beschriebenen Steuervorteile für sich nutzen.

---

5 *Martinek*, Moderne Vertragstypen I, S. 39.
6 BStBl 1971 I, S. 264, abgedruckt in BB 1971, 506 f.
7 Abgedruckt in BB 1972, 433 f.
8 Abgedruckt in BB 1976, 72 f.

14 Auf die einzelnen Voraussetzungen kann hier nicht eingegangen werden. Auf die einschlägige Literatur ist zu verweisen.[9]

c) Das sale and lease back-Verfahren

15 Von besonderer Bedeutung ist das sogenannte sale and lease back-Verfahren. Hier ist der spätere Leasingnehmer zunächst Eigentümer des Wirtschaftsguts, das er an den Leasinggeber veräußert und sodann unverzüglich von diesem „zurückleast". Bei diesem Geschäft kann der Eigentümer und spätere Leasingnehmer stille Reserven realisieren und durch die Veräußerung/den Erhalt des Kaufpreises erhebliche Liquidität gewinnen. Seine finanzielle Belastung beschränkt sich dann auf die Zahlung der laufenden Leasingraten unter Inanspruchnahme der bereits geschilderten Steuervorteile.[10] Durch die Aufdeckung stiller Reserven kann es allerdings zum Anfall von Ertragssteuern kommen, wenn der Veräußerungsgewinn nicht durch Verlustvorträge oder laufende Verluste kompensiert wird.

2. Vorbereitende Überlegungen

16 Fleißig soll die in einem Leasingvertrag zu regelnden Themen erarbeiten und dann die Gliederung für einen Leasingvertrag erstellen. Die Aufgabe ist klar und „rein juristischer Natur".

17 Für Mark und Steffi stellt sich vor allem die kaufmännische Frage, ob im Ergebnis Kauf oder Leasing betriebswirtschaftlich günstiger ist. Vermeidet das Leasing eine Kapitalbildung und lässt den sofortigen Abzug der Leasingkosten als betrieblichen Aufwand bei richtiger Vertragsgestaltung zu, so muss die „Finanzierungsfunktion" des Leasinggebers natürlich auch bezahlt werden. Er muss Risikozuschläge (wie ein Kreditgeber), Verwaltungsgebühren sowie einen „angemessenen" Gewinn bei der Festlegung der Leasingraten kalkulieren. Dementsprechend ist es außerordentlich schwierig zu beurteilen und wohl auch nur im Einzelfall zu entscheiden, ob eine Investition bei Kauf oder durch Leasing betriebswirtschaftlich günstiger ist.

3. Erstellung einer Gliederung für den Vertragsentwurf

18 Fleißig wird die bestehenden Vertragshandbücher zu Rate ziehen und auch im Internet forschen. Er wird feststellen, dass sich Leasingverträge üblicherweise aus zwei Teilen zusammensetzen, nämlich einem einführenden konkreten Vertragstext und den Allgemeinen Leasingbedingungen.

a) Der konkrete Vertragstext

19 Der konkrete Vertragstext bezeichnet zunächst die Vertragsparteien, also den Leasinggeber und den Leasingnehmer. Es schließt sich die Beschreibung des Leasinggegenstandes an. Danach finden sich Regelungen zur Vertragsdauer sowie zur Höhe und Zahlungsweise der Leasingraten. Abschließend erfolgt bei Verbrauchern die Belehrung über das Widerrufsrecht.

---

9 *Martinek*, Moderne Vertragstypen I, S. 47 ff.
10 *Martinek*, Moderne Vertragstypen I, S. 60 f.

b) Allgemeine Leasingbedingungen

Die allgemeinen Leasingbedingungen lassen sich wie folgt gliedern: 20

▶ **Gliederung für Allgemeine Leasingbedingungen**
- § 1 Vertragsabschluss
- § 2 Leasinggegenstand
- § 3 Beginn des Leasings
- § 4 Leasing-Entgelte
- § 5 Zahlung und Zahlungsverzug
- § 6 Lieferung und Lieferverzug
- § 7 Übernahme und Übernahmeverzug
- § 8 Eigentumsverhältnisse, Halter des Fahrzeugs und Zulassung
- § 9 Halterpflichten
- § 10 Versicherungsschutz und Schadensabwicklung
- § 11 Haftung
- § 12 Wartung, Reparaturen und sonstige Dienstleistungen
- § 13 Haftung für Sach- und Rechtsmängel
- § 14 Vertragsaufhebung und Kündigung
- § 15 Abrechnung nach Kündigung
- § 16 Rücknahme des Fahrzeugs
- § 17 Allgemeine Bestimmungen[11] ◀

---

[11] Zu den Mustern *Nägele*, in: Beck'sches Formularbuch Bürgerliches, Handels- und Wirtschaftsrecht, Formular III.I.1; *Stolterfoht*, in: Münchener Vertragshandbuch, Bd. 2 Formulare VI.1 – 4.

§ 15 Vertragsgestaltung im Franchising

I. Überblick

1 Immer mehr Deutsche wagen den Sprung in die Selbstständigkeit als sogenannte Franchisenehmer. Ob beim Baumarkt OBI, den Burgerbratern McDonald's und Burger-King, beim Kaffeeröster Tchibo oder beim Reiseveranstalter TUI, ca. 144.000 selbstständige Unternehmer sind hierzulande als Franchisenehmer aktiv. Seit Jahren wächst das Geschäft. Mehr als 814.000 Menschen sind in der Zwischenzeit mit weiterhin stark steigender Tendenz in Deutschland in einem Franchisebetrieb beschäftigt.[1]

2 Beim Franchising stellt ein Franchisegeber einem Franchisenehmer die Nutzung eines Geschäftskonzeptes – vor Ort – gegen Entgelt zur Verfügung. Die Nutzungsrechte sind häufig als Marke oder Geschmacksmuster neben der Vermittlung von Know-how ein wichtiger Bestandteil der Leistungen des Franchisegebers. Die Vertragsgestaltung ist außerordentlich komplex. In der Regel beschäftigen sich spezialisierte Anwälte mit dem Erstellen der komplizierten Vertragswerke. Sie enthalten die unterschiedlichsten Vertragselemente, so dass der Franchisevertrag zuverlässig letztlich nur als „Mischvertrag" charakterisiert werden kann.[2]

II. Franchising oder Filialisierung

3 ▶ **Gestaltungsaufgabe: Franchising**

Die Kanzlei Pfiffig und Klug betreut seit vielen Jahren die Sun & Beauty GmbH, die in Münster und weiteren Städten des Münsterlandes insgesamt sechs Sonnenstudios mit Erfolg betreibt.

Die Geschäftsführerin und alleinige Gesellschafterin der Sun & Beauty GmbH, Frau Schön, sucht eines Tages Mark Pfiffig und Steffi Klug auf und bittet um Beratung. Sie möchte im ersten Schritt weitere Sonnenstudios in großen Städten von Nordrhein-Westfalen eröffnen. In einer weiteren Phase möchte sie ihre geschäftlichen Aktivitäten dann auch auf das gesamte Bundesgebiet ausdehnen.

Frau Schön ist vom Erfolg einer solchen geschäftlichen Ausweitung überzeugt. Sie meint, sie könne ihr erfolgreiches Konzept bei der geplanten Expansion multiplizieren. Skeptisch ist Frau Schön nur insoweit, als sie im Hinblick auf „Basel III" Zweifel hat, ob ihre Hausbank eine solche Expansion finanziert und ob ihre „Woman-Power" ausreicht, um so viele Filialen selbst zu betreiben.

Frau Schön bittet Mark und Steffi um Rat, wie sie ihr Ziel umsetzen kann.[3] ◀

1. Einführende Hinweise

4 Das Franchising ist als moderner Vertragstypus weder im BGB noch im HGB gesetzlich geregelt. Die gebräuchlichste Definition stammt vom Deutschen Franchiseverband. Danach ist Franchising ein vertikal-kooperativ organisiertes Absatzsystem rechtlich selbstständiger Unternehmen auf der Basis eines vertraglichen Dauerschuldverhältnisses. Dieses System tritt am Markt einheitlich auf und wird geprägt durch das arbeitsteilige Leistungsprogramm der Systempartner sowie ein Weisungs- und Kontrollsystem

---

1 Statistik des Deutschen Franchiseverbandes eV 2022, S. 6.
2 *Nägele*, in: Beck´sches Formularbuch Bürgerliches, Handels- und Wirtschaftsrecht, Formular III.I.2 Anm. 1.
3 Zum Franchising im Einzelnen: *Martinek*, Moderne Vertragstypen II, S. 35 ff.; siehe zu den Vertragsmustern *Nägele*, in: Beck'sches Formularbuch Bürgerliches, Handels- und Wirtschaftsrecht, Formular III.I.2.

zur Sicherung eines systemkonformen Verhaltens. Das Leistungsprogramm des Franchisegebers ist das Franchisepaket; es besteht aus einem Beschaffungs-, Absatz- und Organisationskonzept, der Nutzung von Schutzrechten, der Ausbildung des Franchise-Nehmers und der Verpflichtung des Franchise-Gebers, den Franchise-Nehmer aktiv und laufend zu unterstützen und das Konzept ständig weiter zu entwickeln. Der Franchise-Nehmer ist im eigenen Namen und für eigene Rechnung tätig; er hat das Recht und die Pflicht, das Franchise-Paket gegen Entgelt zu nutzen. Als Leistungsbeitrag stellt er Arbeit, Kapital und Information zur Verfügung.[4]

2. Die Beratungssituation

Mark und Steffi befinden sich in einer typischen Beratungssituation für wirtschaftsrechtlich tätige Anwälte. Eine Mandantin hat eine Geschäftsidee, deren Umsetzung betriebswirtschaftlich und rechtlich komplex ist. Die einzelnen Handlungsalternativen müssen deshalb exakt untersucht und die jeweiligen Vor- und Nachteile sorgfältig abgewogen werden. Gute anwaltliche Beratung ist auch hier **Teamarbeit** zwischen Mandant und Anwalt. Der Mandant muss den Anwalt umfassend informieren. Dies kostet Zeit und macht Arbeit. Der Anwalt muss das Anliegen des Mandanten verstehen und umsetzen. Kommunikative Missverständnisse müssen unbedingt vermieden werden.

Frau Schön artikuliert sich im Beratungsgespräch klar und deutlich. Sie ist von ihrer Geschäftsidee überzeugt und kann auf ihre bisherigen Erfolge verweisen. Zweifel hat sie in zweierlei Hinsicht. Zum einen stellt sie sich die Frage, ob ihre Arbeitskraft ausreichend ist, das Geschäft im Sinne einer Filialisierung weiter auszubauen. Zum anderen erscheint ihr die Finanzierbarkeit zweifelhaft. Sie befürchtet, dass ihre Hausbank nicht bereit ist, die für die Geschäftsausweitung notwendigen Kreditmittel zur Verfügung zu stellen.

a) Zur Managementkapazität

Will Frau Schön weitere Sonnenstudios in Deutschland errichten, nehmen die Anforderungen an das Management weiter zu. Die vor Ort tätigen Angestellten müssen angeleitet und überwacht werden. Natürlich könnte Frau Schön weitere Geschäftsführer einstellen und sich insoweit entlasten. Weiteres Leitungspersonal kostet indes viel Geld, und es fragt sich auch, ob die jeweiligen kleinen Studios sinnvollerweise überhaupt durch ein stark hierarchisch gegliedertes Arbeitgeber-Arbeitnehmersystem geleitet werden können. Vor diesem Hintergrund erscheint es einleuchtend, die Sonnenstudios in den einzelnen Orten durch einen selbstständigen Unternehmer (vor Ort) führen zu lassen. Das Franchising bietet ein solches Modell an.

b) Zur Finanzierung

Die Geschäftsausweitung kostet Geld. Das notwendige Kapital muss entweder zur Verfügung stehen oder beschafft werden. Dazu folgendes:

---

4 Vgl. die Definition im Ethikkodex der Mitglieder des Deutschen Franchiseverbandes (DFV Ziff. 1).

aa) Eigenkapital

9 Der investierende Unternehmer verfügt über hinreichendes eigenes Kapital. Auf fremde Hilfe ist er nicht angewiesen. Dies ist der Idealzustand, der in der deutschen Wirtschaft kaum mehr vorzufinden ist. Die viel zu geringe Eigenkapitalquote der deutschen Unternehmen wird allseits beklagt.

10 Gelingt es dem Gesellschafter, Fremde von seiner Geschäftsidee zu überzeugen, und kann er sie möglicherweise dazu bewegen, als Gesellschafter in das Unternehmen einzutreten, kann er auf diese Weise Eigenkapital schaffen. Durch eine Kapitalerhöhung führt der neue Gesellschafter dem Unternehmen Liquidität zu, so dass hieraus Investitionen finanziert werden können. Für den Altgesellschafter hat dieser Weg „nur" den Nachteil, dass er seine Gesellschaftsrechte jetzt „teilen" muss und jedenfalls nicht mehr alle Entscheidungen allein treffen kann.

11 Fremde Gesellschafter werden gelegentlich über Banken „vermittelt". Manchmal handelt es sich um eigene Tochtergesellschaften. Diese Gesellschaften werden als **Kapitalbeteiligungsgesellschaft** (sog. Private-Equity-Gesellschaft) oder Wagnisfinanzierungsgesellschaft (sog. Venture-Capital-Gesellschaft) bezeichnet.

12 Private Equity ist eine außerbörsliche Form des Beteiligungskapitals. Es wird häufig von institutionellen Anlegern zur Verfügung gestellt. Diese erwarten in der Regel eine Mindestverzinsung ihres eingesetzten Kapitals in Höhe von 15 %.

bb) Mezzaninkapital

13 Für notwendige Finanzierungen steht gelegentlich auch sog. **Mezzaninkapital** zur Verfügung. Darunter versteht man Finanzierungsarten, die in ihren rechtlichen und wirtschaftlichen Ausgestaltungen eine Mischform zwischen Eigen- und Fremdkapital darstellen. Dementsprechend können die konkreten Verträge so ausgestaltet sein, dass das Kapital entweder eigenkapitalähnlich ist oder die Eigenschaft von Fremdkapital besitzt. Je nach dieser Qualifikation erfolgt auch die Bilanzierung.

14 Mezzaninkapital hat häufig eine Laufzeit zwischen sieben und zehn Jahren, innerhalb derer Kündigungsmöglichkeiten sehr beschränkt sind. Meistens werden **finanzielle Covenants** (das ist ein Sammelbegriff für verschiedene kreditvertragliche Klauseln, die in der Regel die Erfüllung bestimmter Finanzkennzahlen beinhalten) vereinbart, so dass beispielsweise bei Unterschreitung der vorher definierten Eigenkapitalquote verstärkte Informations- und Überprüfungsrechte des Mezzaningebers bestehen und in der Regel auch die Zinsen – wegen des angenommenen höheren Rückzahlungsrisikos – steigen.

cc) Fremdkapital

15 Hierbei geht es in der Regel um den klassischen Fremdkredit. Banken und Sparkassen finanzieren – ggf. mithilfe der staatlichen Förderbanken – die Gründung und das Wachstum von Unternehmen.

c) Exkurs: Die Kreditvergabe

16 Frau Schön hat Bedenken, ob ihre Hausbank bereit ist, die von ihr geplante Expansion zu finanzieren. Sie verweist hier insbesondere auf Basel II. Dies gibt Anlass, im Wege eines Exkurses näher auf die Kreditvergabe von Banken und Sparkassen einzugehen.

Basel II und die damit verbundene restriktive Kreditvergabe von Banken und Sparkassen an Unternehmen sind in aller Munde. In dem Zusammenhang wird viel von der Bonität und dem Rating gesprochen.

aa) Die Sicherheiten

Kredite werden seit jeher gegen die Stellung von Sicherheiten vergeben. Zwar beurteilt ein Kreditinstitut die Frage der Kreditvergabe in erster Linie nach der Einschätzung der Ertragssituation des Unternehmens. Die Gesellschaft soll in der Lage sein, aus ihren Erträgen heraus die beantragten Kredite zu verzinsen und zu tilgen. Ergebnisplanungen sind aber immer ungewiss und in der Regel zu optimistisch. Im Hinblick hierauf achten die Banken darauf, dass sie notfalls auf Sicherheiten zurückgreifen und diese verwerten können.

Als **Personalsicherheiten** kennen wir vor allem die **Bürgschaft** und die **Patronatserklärung**. Die Patronatserklärung ist gesetzlich nicht geregelt und nur selten Gegenstand von Gerichtsentscheidungen. Sie bezeichnet eine schuldrechtliche Erklärung im Gesellschaftsrecht, wonach ein übergeordnetes Unternehmen (Patron) dafür zu sorgen hat, dass eine kreditnehmende Tochtergesellschaft ihre Kreditverpflichtungen erfüllt.

Unterschieden wird zwischen „weichen" und „harten" Patronatserklärungen. Während die weiche Patronatserklärung praktisch nur eine rechtlich unverbindliche „Absichtserklärung" ist, verpflichtet die harte Patronatserklärung den Sicherheitengeber, seine Tochtergesellschaft während der Kreditlaufzeit derart zu leiten und finanziell auszustatten, dass sie ihre gegenwärtigen und künftigen Verbindlichkeiten fristgemäß erfüllen kann.

Als **Realsicherheiten** kennen wir insbesondere die Grundpfandrechte wie Hypothek und Grundschuld sowie Sicherungsübereignung und Sicherungsabtretung, letztere insbesondere in der Form der Globalzession.

bb) Basel II

Basel II bezeichnet die Gesamtheit der Eigenkapitalvorschriften für Kreditinstitute. Die vom Baseler Ausschuss für Bankenaufsicht vorgeschlagenen Regelungen – EU-Richtlinie 2006/49/EG – müssen seit dem 1.1.2007 in den Mitgliedstaaten der Europäischen Union beachtet werden und finden bereits seit längerer Zeit in der täglichen Praxis Anwendung. Sie statuieren ein bestimmtes Eigenkapital der Kreditinstitute in Relation zur Höhe der gewährten Kredite. Das Kreditausfallrisiko soll damit durch ein entsprechend hohes Eigenkapital „abgesichert" werden, um nach Möglichkeit Insolvenzen von Kreditinstituten zu vermeiden.

Gemäß Basel I war jeder Kredit mit einheitlich 8 % Eigenmitteln zu unterlegen. An dieser Vorgehensweise hat sich mit Basel II grundsätzlich nichts geändert. Jedoch werden die ausstehenden Forderungen der Bank nunmehr, je nach Rating des Geschäftspartners, mit einem Prozentsatz zwischen 0 % (das Kreditrisiko wird mit Null eingeschätzt) und 150 % (sehr hohes Ausfallrisiko) gewichtet. Die daraus resultierenden „risikogewichteten Aktiva" sind mit jeweils 8 % Eigenkapital zu unterlegen.

Bei Basel II handelt es sich zwar um kreditaufsichtsrechtliche Regeln. Sie haben aber auf die Kreditvergabe durch die Banken wesentlichen Einfluss und führen vielfach dazu, dass insbesondere mittelständische Unternehmen nicht die notwendigen Kreditmittel erhalten.

25 Basel II wurde inzwischen durch Basel III und fortlaufend durch „Basel IV"[5] modifiziert, ergänzt sowie in Teilen ersetzt. Die Finanzkrise ab 2007 deckt die Schwächen der bisherigen Bankenregulierung auf und offenbart ungenügend qualitativ hochwertiges Eigenkapital bei den Banken (sog. Kernkapital). Basel III verpflichtet die Banken zur weiteren Verstärkung ihres Eigenkapitals und ist seit dem 1.1.2014 mit umfassenden Übergangsbestimmungen in Kraft. „Basel IV" wurde Ende 2017 beschlossen und seit 2021 teilweise in der EU umgesetzt. Ein Fokus liegt hierbei auf einer effektiveren Bankenaufsicht.[6]

cc) Bonität und Rating

26 Die Frage, ob jemand Kredit erhält und wie die Kreditkonditionen aussehen, hängt entscheidend von seiner **Bonität** ab. Die Bonität wird in einem nachvollziehbaren Verfahren ermittelt, das als **Rating** bezeichnet wird. Mithilfe einer Skala wird eine Risikobewertung vorgenommen. Beim Rating geht es um die Einschätzung der Frage, ob ein Kreditnehmer in der Lage ist, seine Verbindlichkeiten vollständig und termingerecht zu erfüllen.

27 Aus Sicht des Gläubigers handelt es sich um eine Schätzung der Ausfallwahrscheinlichkeit seiner Forderungen. Klassische Ratingkriterien sind Brancheneinschätzung, Wettbewerbssituation, Managementerfahrung, Ertragslage, Finanzlage, Prognosen/Planzahlen, Kontoführung, Kontenverbindung und Rechtsform des Kreditnehmers.

28 Ratings werden entweder extern durch Ratingagenturen oder intern durch die Kreditinstitute selbst vorgenommen. Externe Ratings sind aufwendig und ähneln einer due diligence.[7] Damit sind erhebliche Kosten – bei ungewissem Ausgang – für den Auftraggeber verbunden.

3. Franchising als Alternative zur Filialisierung

29 Die Analyse der Beratungssituation zeigt, dass sich das Vorhaben von Frau Schön am besten durch Installierung eines Franchisesystems realisieren lässt. Der Franchisenehmer als Unternehmer vor Ort leitet sein eigenes Sonnenstudio, so dass Managementkapazitäten nur bedingt zur Verfügung gestellt werden müssen. Sie beschränken sich auf die Bereitstellung und Pflege des Franchise-Pakets und die Anleitung und Überwachung des Franchisenehmers.

30 Arbeitgeber ist der Franchisenehmer selber. Er muss auch die Finanzierung seines Sonnenstudios bewerkstelligen. Damit verlagert Frau Schön auch dieses Problem auf ihren Vertragspartner.

31 Im Ergebnis können Mark und Steffi deshalb Frau Schön empfehlen, die von ihr geplante weitere Expansion im Franchise-System umzusetzen.

---

[5] Offizielle Bezeichnung: „Basel III: Finalising post-crisis reforms".
[6] Zur vert. Auseinandersetzung s.: *Schulte-Mattler*, in: Fischer/ Schulte-Mattler, KWG, CRR-VO, Einführung E. zur EU-Bankenaufsichtsverordnung, Rn. 35ff.
[7] Siehe § 7 Rn. 160.

4. Das Franchise-System

Nachfolgend sollen die wesentlichen Merkmale des Franchisings vorgestellt werden. Es lässt sich wie folgt beschreiben:

a) Der Merkmalskatalog

Folgende Merkmale zeichnen das Franchising nach den Vorstellungen des Deutschen Franchiseverbandes aus:

▶ **Merkmale des Franchisings**

(1) Absatzsystem
– dezentrales Absatzsystem
– rechtlich selbstständige Vertriebsstellen

(2) Leistungsprogramm
– des Systemgebers (Franchisepaket):
    – Nutzung von Schutzrechten
    – Beschaffungs-, Absatz- und Organisationskonzept
    – Betriebsaufbau/Ausbildung
    – Weiterentwicklung des Systems
    – laufende aktive Unterstützung
– des Systemnehmers:
    – Arbeitseinsatz
    – Kapitaleinsatz
    – Informationspflicht

(3) Vertikal-kooperative Organisation
– straffe Organisation
– intensive Zusammenarbeit
– vertikale Arbeitsteilung
– Weisungs- und Kontrollsystem

(4) Einheitliches Auftreten
– Namen/Marke/Zeichen
– einheitliches Erscheinungsbild
– gemeinsame Strategie
– systemkonformes Verhalten

(5) Rechtliche Selbstständigkeit
– unternehmerische Initiative
– im eigenen Namen und auf eigene Rechnung

(6) Vertragliches Dauerschuldverhältnis
– längerfristige Zusammenarbeit
– Rechte und Pflichten des System-Nehmers
– Rechte und Pflichten des System-Gebers
– Entgeltregelung ◀

b) Die Gliederung eines Franchisevertrags

34 Abschließend werden Mark und Steffi Frau Schön folgende Gliederung für einen Franchisevertrag vorschlagen:

▶ **Gliederung eines Franchisevertrages**

Präambel
§ 1 Gegenstand des Franchise
§ 2 Pflichten des Franchise-Gebers
§ 3 Richtlinien und Grundsätze
§ 4 Pflichten des Franchise-Nehmers
§ 5 Betrieb des Franchise-Nehmers
§ 6 Berichtswesen und Kontrollrechte des Franchise-Gebers
§ 7 Franchisegebühren
§ 8 Umsatzmeldungen, Buchführung, Bilanz
§ 9 Bezug von Ausrüstung, Ausstattung und Waren
§ 10 Geheimhaltung und Nutzungsbeschränkung
§ 11 Nebentätigkeit- und Wettbewerbsverbot
§ 12 Versicherungen, Freistellung
§ 13 Haftung des Franchise-Gebers
§ 14 Schulung und Weiterbildung
§ 15 Werbung und Absatzförderung
§ 16 Übertragung des Franchise-Vertrags
§ 17 Übertragung einzelner Rechte und Gegenstände, Unter-Franchise
§ 18 Tod und Berufsunfähigkeit des Franchise-Nehmers
§ 19 Vertragsdauer und Kündigung des Vertrags
§ 20 Fristlose Kündigung
§ 21 Folgen der Beendigung des Vertrags
§ 22 Schlichtungsklausel
§ 23 Allgemeine Regelungen[8] ◀

---

[8] Widerrufsbelehrung (§ 510 Abs. 1 S. 1, Abs. 2 iVm § 355 BGB). Vgl. dazu *Nägele*, in Beck´sches Formularbuch Bürgerliches, Handels- und Wirtschaftsrecht, Formular III.I.2. .

§ 16 Vertragsgestaltung im Sachenrecht

I. Überblick

Das Sachenrecht ordnet Besitz und Eigentum an beweglichen und unbeweglichen Sachen bestimmten natürlichen oder juristischen Personen zu. Soweit durch eine Vertragsgestaltung die Rechtslage von Sachen betroffen ist, spielt das Sachenrecht eine dementsprechend wichtige Rolle. Zudem stellt das Sachenrecht eine Vielzahl von beschränkt dinglichen Rechten zur Verfügung, die willkommene rechtliche Instrumente zur Herbeiführung bestimmter gewünschter Rechtsfolgen sind (zB Grundpfandrechte, Nießbrauch, Dienstbarkeiten, Pfandrechte etc.). Anders als im Schuldrecht können diese gesetzlichen Gestaltungsangebote aber nicht im Wege einer vertraglichen Dispositionsfreiheit beliebig verändert oder erweitert werden. Dingliche Rechte gibt es nur, soweit das Gesetz sie zulässt und nur in der vom Gesetz gewollten Form.[1] Es gilt der sog. *„numerus clausus"* der Sachenrechte.

Neben dem im BGB geregelten Sachenrecht sind in der Praxis wichtige Ausprägungen durch Sondergesetze geregelt, zB das Recht des Wohnungseigentums im Gesetz über das Wohnungseigentum und das Dauerwohnrecht (WEG) und das Erbbaurecht im Gesetz über das Erbbaurecht (ErbbauRG). Unter Berücksichtigung der in den einzelnen Juristenausbildungsgesetzen vorzufindenden Konzentration des Pflichtfachstoffs im Sachenrecht sollen im Folgenden nur einige zentrale Themen und Instrumente des Sachenrechts einführend vorgestellt werden, wobei auf die grundlegenden Ausführungen zum Immobilienkaufvertrag in § 7 III. Bezug genommen wird.

II. Miteigentum, Vormerkung, Hypothek, Grundschuld, Sicherungsübereignung, Dienstbarkeit

▶ Gestaltungsaufgabe: Das Architektenhaus

Steffi und Mark haben endlich ihr Traumhaus gefunden. Es ist ein ganz speziell gestaltetes Einfamilienhaus, ein sog. Architektenhaus. Der Verkäufer, ein Architekt, ist in Vermögensschwierigkeiten und kann die Finanzierung des Hauses nicht mehr bedienen. Leider hat das „Architektenhaus" aus Sicht von Steffi und Mark einen Schönheitsfehler: Der Garten ist ihnen viel zu klein.

Auf Nachfrage erklärt sich der unmittelbar angrenzende Nachbar bereit, gegen Zahlung eines erschwinglichen Betrags einen Teil seines Gartens dem „Architektenhaus-Grundstück" dauerhaft für Zwecke der weiteren Gartennutzung zur Verfügung zu stellen. Aus bauplanungsrechtlichen Gründen kann er den Grundstücksstreifen nicht von seinem Grundstück abtrennen und als selbstständige Teilfläche an Steffi und Mark übertragen. Den Kaufpreis für das Haus müssten Steffi und Mark weitgehend bei einer Bank finanzieren. Diese ist dazu auch bereit, verlangt jedoch auf dem Hausgrundstück die Bestellung einer Briefgrundschuld in Höhe des Kaufpreises. Außerdem weist die Bank darauf hin, dass die spezielle Gestaltung des „Architektenhauses" es zu einem ausgesprochenen Liebhaberobjekt mache. Das könnte eine unproblematische weitere Veräußerung erschweren. Die Bank verlangt daher eine zusätzliche Sicherheit. Mark hat als nennenswerten Vermögensgegenstand nur einen kürzlich geerbten Oldtimer, der einen Marktwert von rund 150.000 EUR hat.

Obwohl Steffi und Mark schon aufgrund des damaligen Erwerbs der Eigentumswohnung durch den Vater von Steffi Erfahrungen mit einem Immobilienkauf haben (vgl. § 7 III.), stellen sich für sie jetzt doch ganz besondere Fragen:

---

1 *Baur/Stürner*, Sachenrecht, § 1 Rn. 7.

Kann der Erwerb des Hauses trotz der Vermögensschwierigkeiten des Verkäufers gesichert durchgeführt werden?

Kann die dauerhafte Nutzung des vom Nachbarn „zu kaufenden" Gartenstreifens gesichert werden?

Aufgrund von dunklen Erinnerungen an Presseberichte über den Missbrauch von Briefgrundschulden durch Kreditinstitute fragt sich Steffi, ob die Forderungen der Bank nach Sicherheiten gerechtfertigt sind und welche Risiken damit verbunden sind.

Schließlich fragen sich Steffi und Mark, in welcher Rechtsform sie eigentlich das Haus erwerben sollten. ◄

1. Vorbereitende Überlegungen

4 Die sich aus dem vorstehenden Sachverhalt ergebenden gewünschten Regelungsziele (siehe dazu § 4 Rn. 11 f.)[2] sind deutlich: Steffi und Mark möchten das Einfamilienhaus des Architekten kaufen. Sie möchten es auch gemeinsam kaufen, haben aber noch keine klaren Vorstellungen, wie ihr entsprechendes Rechtsverhältnis untereinander zu gestalten ist.

5 Zugleich mit dem Erwerb des „Architektenhauses" möchten Steffi und Mark mit dem Nachbarn eine Regelung vereinbaren, die ihnen dauerhaft die Nutzung des in Frage kommenden Grundstücksstreifens als Gartenfläche erlaubt.

6 Zur Finanzierung des Hauskaufs müssen Steffi und Mark einen Bankkredit aufnehmen. Im Gegenzug verlangt die Bank Sicherheiten, und zwar in erster Linie eine Grundschuld auf dem zu erwerbenden Hausgrundstück. Als Besonderheit verlangt die Bank zusätzlich eine weitere Sicherheit, weil ihr das Hausgrundstück aufgrund seiner speziellen architektonischen Gestaltung nicht werthaltig genug ist. Als Sicherheit kommt der geerbte Oldtimer möglicherweise in Betracht.

2. Entwicklung der Gestaltung

7 Die rechtliche Gestaltung der vorstehend skizzierten Regelungsziele erfordert daher Regelungen zwischen insgesamt vier Personenbeziehungen:

(1) Die Beziehungen zwischen Steffi und Mark als gemeinsame Käufer und künftige Eigentümer des Hausgrundstücks sind zu regeln.

(2) Der Grundstückskaufvertrag zwischen Steffi und Mark einerseits und dem Architekten als Verkäufer andererseits muss gestaltet werden.

(3) Das Rechtsverhältnis zwischen Steffi und Mark einerseits und dem Nachbarn andererseits hinsichtlich der „Gartenfläche" muss geregelt werden.

(4) Schließlich muss das Verhältnis zwischen Steffi und Mark einerseits und der finanzierenden Bank gestaltet werden.

8 Bei dem sich nunmehr methodisch anschließenden Aufsuchen von Regelungsmöglichkeiten bietet es sich an, die vorstehend skizzierten verschiedenen Personenkonstellationen getrennt zu behandeln, um dann im Anschluss zu prüfen, welche Rangfolgen oder inhaltliche Abhängigkeiten zwischen den verschiedenen Rechtsverhältnissen bestehen.

a) Rechtsverhältnis zwischen Steffi und Mark (Miteigentümergemeinschaft/Grundstücksgesellschaft)

Die Frage nach dem zweckmäßigen Rechtsverhältnis zwischen Steffi und Mark beantwortet sich danach, welche Gestaltungsmöglichkeit die Vorstellung der beiden Beteiligten am besten verwirklicht (Maßstab der Zieladäquanz, zu den Kriterien für die Auswahl einer Gestaltung siehe § 4 Rn. 78). Die Suche nach der passenden Gestaltungsmöglichkeit kann entweder zunächst durch die Erstellung eines Anforderungsprofils begonnen werden, alternativ kann aber auch die Frage gestellt werden, welche Gestaltungsmöglichkeiten überhaupt zweckmäßigerweise in Betracht kämen. Wenn insoweit die „Auswahl" relativ beschränkt ist, konzentriert sich die Antwort möglicherweise sehr schnell auf eine passende und zweckmäßige Gestaltungslösung.

aa) Regelungsmöglichkeiten

Da Steffi und Mark das Hausgrundstück gemeinsam erwerben wollen, scheidet der Erwerb in Form von Alleineigentum aus. Es stellt sich daher die Frage, welche Möglichkeiten das BGB und speziell das Sachenrecht für den Fall vorsieht, dass mehrere Personen einen Gegenstand (hier das Hausgrundstück) gemeinsam erwerben wollen.

Der Erwerb einer einzelnen Sache durch mindestens zwei oder mehrere Personen ist im Wege des sog. **Miteigentums** nach §§ 1008 ff. BGB möglich. Es handelt sich dabei um den Erwerb von Miteigentum nach ideellen Bruchteilen. Das Eigentum an der Sache ist sämtlichen Miteigentümern in ihrer Gesamtheit zugeordnet. Der einzelne Anteilsberechtigte ist nicht Eigentümer der ganzen Sache; gleichwohl findet keine reale Teilung der Sache, sondern eine ideelle, dh gedachte, aber ziffernmäßig ausgedrückte Teilung des Eigentumsrechts statt. Der Rechtsanteil jedes Miteigentümers bildet ein selbstständiges dingliches Recht und hat die Natur des Eigentums. Daher sind für ihn, soweit nichts Abweichendes vorgeschrieben ist, die für das Eigentum an der Sache geltenden Regeln anzuwenden.[3]

Ein Erwerb des Grundstücks durch Steffi und Mark in Form einer noch zu gründenden Handelsgesellschaft, zB OHG oder gar GmbH, scheidet von vornherein aus, weil das „Halten und Verwalten" eines Einfamilienhauses als Zweck für den Betrieb einer Personenhandelsgesellschaft zumindest nach hM nicht passt und auch die Rechtsform einer Kapitalgesellschaft dafür aus verschiedenen Gründen, nicht zuletzt auch aus steuerlichen Gründen und zur Vermeidung laufender Kosten, unzweckmäßig wäre.[4]

Als einzige denkbare Alternative zur Miteigentümergemeinschaft kommt ein Erwerb des Hausgrundstücks durch Steffi und Mark in Form einer **Gesellschaft bürgerlichen Rechts** in Betracht (§§ 705 ff. BGB). Nach inzwischen überholter Rechtsprechung[5] wurde das gemeinsame Halten und Verwalten eines Hausgrundstücks nicht als hinreichender Zweck im Sinne des § 705 BGB anerkannt, so dass eine dementsprechende Grundstücksgesellschaft insbesondere zwischen Ehegatten nicht anerkannt wurde. Inzwischen wird aber auch eine „Grundstücksgesellschaft" in Form des bürgerlichen

---

[3] BGH NJW 2007, 2254, 2255; *Aderhold*, in: Erman, Vor. § 1008 BGB Rn. 4; *Herrler*, in: Grüneberg, § 1008 Rn. 1.
[4] OLG Düsseldorf BNotZ 1973, 91; aA *Schmidt*, in: MünchKommBGB, § 741 BGB Rn. 5.
[5] OLG Düsseldorf DNotZ 1973, 91.

Rechts anerkannt, auch wenn diese zumindest zunächst nur das gemeinsame Halten und Verwalten eines einzelnen Hauses als Zweck zum Gegenstand hat.[6]

14 Steffi und Mark verfolgen neben dem reinen Erwerb und der späteren gemeinsamen Nutzung des Hausgrundstücks keine weiteren Zwecke mit dem „Halten und Verwalten" des zu kaufenden Einfamilienhauses. Vor diesem Hintergrund käme die Wahl der BGB-Gesellschaft nur dann in Betracht, wenn die gesetzlich angebotenen Regelungen der BGB-Gesellschaft in den §§ 705 ff. BGB besser für das Verhältnis zwischen Steffi und Mark geeignet wären als die Regeln über das Miteigentum.

bb) Bruchteilsgemeinschaft/Miteigentum

15 Das sachenrechtliche Miteigentum der §§ 1008 ff. BGB ist eine Unterart der schuldrechtlichen **Bruchteilsgemeinschaft** im Sinne der §§ 741 ff. BGB.[7] Wenn also mindestens zwei Erwerber eines einzelnen Gegenstands nichts anderes vereinbaren, zB nicht zwischen ihnen die Geltung des BGB-Gesellschaftsrechts der §§ 705 ff. BGB vereinbaren, dann erwerben sie den Gegenstand zwingend in Form des sachenrechtlichen Miteigentums nach §§ 1008 ff. BGB, und zwischen ihnen gelten dann quasi als Auffangtatbestand die Regelungen der Bruchteilsgemeinschaft gem. §§ 741 ff. BGB. Die angebotene gesetzliche Regelung passt im Zweifel sehr gut für das gemeinsame „Halten und Verwalten" eines Gegenstands durch mindestens zwei oder mehrere Personen.

(1) Gleiche Anteile und gemeinschaftliche Verwaltung

16 Nach § 742 BGB ist im Zweifel anzunehmen, dass den Teilhabern (Miteigentümern) gleiche Anteile zustehen. Wenn Steffi und Mark nichts anderes vereinbaren, erwerben sie das Hausgrundstück zu je 1/2 Miteigentumsanteil. Nach § 743 Abs. 2 BGB ist jeder Teilhaber zum Mitgebrauch des Gegenstands berechtigt, was Steffi und Mark naturgemäß möchten. Nach § 744 steht die Verwaltung des gemeinschaftlichen Gegenstands den Teilhabern gemeinschaftlich zu; entsprechende Beschlüsse über die Art und Weise der ordnungsgemäßen Verwaltung und Benutzung bedürfen der Stimmenmehrheit, wobei sich die Stimmenmehrheit nach der Größe der Anteile berechnet (§ 745 Abs. 1 BGB). Da Steffi und Mark jeweils gleichberechtigt sind, kommt ein Mehrheitsbeschluss nur zustande, wenn sie sich beide einig sind.[8] Auch dies dürfte ihren Interessen entsprechen. Nach § 747 BGB können die Teilhaber über den gemeinschaftlichen Gegenstand – im vorliegenden Fall also über das Hausgrundstück – nur gemeinschaftlich verfügen. Jeder Teilhaber kann aber über seinen Miteigentumsanteil getrennt verfügen (vgl. § 747 S. 1 BGB). Dies ist im vorliegenden Fall allenfalls für eine evtl. getrennte Belastung von Interesse, zB wenn Steffi den von ihr zu erbringenden Finanzierungsbeitrag voll kreditfinanzieren und daher ihren Anteil in voller wertmäßiger Höhe belasten würde, wogegen Mark möglicherweise einen hohen Eigenkapitalanteil hätte und lediglich einen geringen Teil fremdfinanzieren wollte.

---

[6] BGH NJW 1982, 170, 171; OLG Düsseldorf NZG 2001, 746; dazu *Schäfer*, in: MünchKommBGB, § 705 BGB Rn. 145; *Westermann*, in: Erman, § 705 BGB Rn. 30a.
[7] *Ruhwinkel*, in: Kersten/Bühling, Formularbuch, § 56 Rn. 48.
[8] *Schmidt*, in: MünchKommBGB, § 745 BGB Rn. 21.

(2) Verfügungsmöglichkeit und Vorkaufsrecht

Die bestehende rechtliche Möglichkeit, über den eigenen Miteigentumsanteil frei zu verfügen, ist bei einem Einfamilienhaus mehr oder weniger nur theoretisch. Auf dem Immobilienmarkt wird sich nur schwerlich ein Käufer finden lassen, der einen hälftigen Miteigentumsanteil an einem Einfamilienhaus kauft und sich dann mit dem anderen Miteigentümer, der ihm fremd ist, hinsichtlich des Gebrauchs und der Verwaltung des Einfamilienhauses abstimmen müsste. Vorsorglich könnten sich Steffi und Mark aber wechselseitig ein Vorkaufsrecht für den Fall einräumen lassen, dass entgegen aller Wahrscheinlichkeit einer der Teilhaber versuchen sollte, seinen Miteigentumsanteil an Dritte zu verkaufen. Auch durch weitere interne Vereinbarungen untereinander könnten Steffi und Mark die Übertragbarkeit der Anteile praktisch erschweren.[9]

Miteigentümer können gem. § 746 BGB auch Regelungen über die Verwaltung und Auseinandersetzung der Miteigentümergemeinschaft treffen, die dann gem. §§ 746, 1010 BGB ggf. auch gegenüber einem Sondernachfolger wirksam sind. Voraussetzung ist dafür die Eintragung im Grundbuch.

(3) Lasten- und Kostentragung

Nach § 748 BGB ist jeder Teilhaber verpflichtet, die Lasten des gemeinschaftlichen Gegenstands sowie die Kosten der Erhaltung und Verwaltung entsprechend dem Verhältnis seiner Beteiligungsquote zu tragen. Auch dies wird den Interessen von Steffi und Mark gerecht.

(4) Aufhebung der Gemeinschaft

Das Gesetz sieht in § 749 BGB vor, dass jeder Teilhaber einer Bruchteilsgemeinschaft jederzeit die Aufhebung und in der Folge dann die Auseinandersetzung der Bruchteilsgemeinschaft verlangen kann. Dies ist auch mit der gesetzlichen Regelung bei der BGB-Gesellschaft insofern vergleichbar, als auch jeder Gesellschafter die GbR jederzeit kündigen kann, wenn nicht eine bestimmte Zeitdauer vereinbart worden ist (§ 723 Abs. 1 BGB). Solange die BGB-Gesellschaft besteht, ist ein Teilungsanspruch des Gesellschafters jedoch gem. § 719 Abs. 1 Hs. 2 BGB ausgeschlossen. Vereinbaren Steffi und Mark eine Bruchteilsgemeinschaft, müssten sie sich insoweit darüber verständigen, ob sie im Rahmen einer Miteigentümervereinbarung untereinander den jederzeitigen Aufhebungsanspruch zeitlich einschränken möchten.[10]

Von der Interessenlage her ist dies nicht unbedingt zwingend notwendig. Wenn Steffi und Mark gemeinsam in dem Einfamilienhaus wohnen und einer von ihnen das gemeinsame „Halten und Verwalten" des Einfamilienhauses beenden möchte, dann dürfte auch die persönliche Beziehung zwischen Steffi und Mark quasi beendet sein, so dass ohnehin eine Regelung gefunden werden muss, wie mit dem Miteigentum an dem Einfamilienhaus umgegangen wird. Insofern kann dann auf die Regelungen der Bruchteilsgemeinschaft über die Auseinandersetzung in den §§ 752 ff. BGB Bezug genommen werden.

Nach § 753 BGB erfolgt bei dem Miteigentum an einem Einfamilienhaus die Aufhebung der Gemeinschaft durch den Verkauf des Hausgrundstücks an einen Dritten.

---

9 *Aderhold*, in: Erman, § 747 BGB Rn. 2.
10 *Nusser*, in: NK-BGB, § 1008 Rn. 10.

Wenn ein fremder Dritter das Hausgrundstück kauft, dürfte es zwischen Mark und Steffi nicht zu ernsthaften Diskussionen über die Angemessenheit des Kaufpreises kommen, weil beide ein gleichgerichtetes Interesse daran haben, einen möglichst hohen Kaufpreis auf dem Markt zu erzielen. Dies wäre anders, wenn Mark oder Steffi das Interesse daran hätten, die jeweilige Miteigentumshälfte des anderen zu erwerben. Dann müssten sie sich intern über die Angemessenheit des (hälftigen) Kaufpreises verständigen. Wenn sich Steffi und Mark weder darauf verständigen können, das Hausgrundstück an einen Dritten zu verkaufen, noch die eigene Miteigentumshälfte an den anderen zu veräußern, bleibt ihnen dann nur die Veräußerung des Grundstücks im Wege der sog. Teilungsversteigerung gem. § 753 BGB iVm §§ 180 – 184 ZVG. Da dies zeitlich und finanziell die schlechteste aller Alternativen ist, verständigen sich Miteigentümer in der Praxis regelmäßig entweder auf einen Verkauf an Dritte oder – sicherlich nach einer längeren Diskussion über den angemessenen Kaufpreis – über den Verkauf einer Miteigentumshälfte an den anderen.

(5) Ergebnis

23 Im Ergebnis lässt sich festhalten, dass der gesetzliche Auffangtatbestand der Miteigentümergemeinschaft für Steffi und Mark die prinzipiell beste Gestaltungsmöglichkeit ist, um das gewünschte Hausgrundstück eigentumsmäßig zu erwerben. Steffi und Mark erwerben in diesem Fall das Hausgrundstück jeweils zu hälftigem Miteigentumsanteil im Sinne von § 1008 BGB.

Ihr Rechtsverhältnis untereinander wird durch die Vorschriften der §§ 741 ff. BGB gestaltet. Auch diese gesetzlichen Regelungen entsprechen prinzipiell den Interessen von Steffi und Mark; allenfalls ist daran zu denken, im Rahmen einer Miteigentümervereinbarung einige individuelle Details zu regeln, zB sich gegenseitig Vorkaufsrechte einzuräumen und vielleicht auch Regelungen darüber zu treffen, wie zu verfahren ist, wenn einer der Miteigentümer die Aufhebung der Gemeinschaft wünscht. Derartige Regelungen wären ebenso zweckmäßig, wenn Steffi und Mark das Hausgrundstück in Form einer BGB-Gesellschaft erwerben würden. Auch dann müssten die gesetzlichen Regelungen der §§ 705 ff. BGB angepasst bzw. ergänzt werden. Eine gewisse „Individualisierungsnotwendigkeit" spricht daher nicht gegen die Wahl des Miteigentums und der Miteigentümergemeinschaft, sondern eine solche „Individualisierungsnotwendigkeit" bestünde auch bei Wahl der BGB-Gesellschaft.

24 Steffi und Mark sind daher gut beraten, wenn sie ihr „Traumhaus" als Miteigentümer erwerben. Dies ist dann kein Erwerb durch irgendeinen gesellschaftsrechtlichen Verbund, sondern ein Erwerb zu gleichen Bruchteilen. Steffi und Mark werden dann im Grundbuch als Miteigentümer zu je einem halben Anteil eingetragen.

b) Rechtsverhältnis zum Verkäufer des Hausgrundstücks (Vormerkung)

25 Eine gute Vertragsgestaltung hat nicht nur zum Ziel, einen rechtswirksamen Vertrag zu entwerfen, der alle Regelungsziele der Beteiligten bestmöglich verwirklicht. Bei der Vertragsgestaltung ist darüber hinaus zu berücksichtigen, dass bei dem Vollzug des rechtlich noch so gut ausgestalteten Vertrags auch bei dem einen oder anderen Vertragspartner Störungen der Vertragsdurchführung auftreten können bis hin zum Scheitern der Vertragserfüllung (Risikoplanung, zur Risikoplanung siehe § 4 Rn. 54). Aus der vorstehenden Sachverhaltskonstellation ergibt sich, dass der Verkäufer des Hausgrundstücks in Vermögensschwierigkeiten ist. Steffi und Mark fragen sich daher

im Ausgangspunkt sicherlich nicht zu Unrecht, ob der Erwerb des Hauses trotz dieser Vermögensschwierigkeiten des Verkäufers gesichert durchgeführt werden kann. Die Vermögensschwierigkeiten des Verkäufers sind daher besondere Umstände, die bei der Risikoplanung zu berücksichtigen sind. Es stellt sich damit die Frage, welche Risiken aus den Vermögensschwierigkeiten des Verkäufers entstehen können.

aa) Risiken durch Vorbelastungen

Nach dem Sachverhalt kann der Verkäufer die Finanzierung des Hauses nicht mehr bedienen. Wenn das Haus finanziert ist, lasten mit an Sicherheit grenzender Wahrscheinlichkeit auch entsprechende Grundpfandrechte auf dem Hausgrundstück. Einzelheiten dazu wird spätestens der mit der Beurkundung des Grundstückskaufvertrages zu beauftragende Notar aufgrund der von ihm vorzunehmenden Grundbucheinsicht feststellen (zur Ermittlung der rechtlichen Rahmenbedingungen § 4 Rn. 7).

26

(1) Grundpfandrechte und deren Ablösung

Bereits im Rahmen der Vorverhandlungen können Steffi und Mark sich aber von dem Verkäufer eine Auflistung der bestehenden Grundpfandrechte und der dadurch abgesicherten Kredite geben lassen, um festzustellen, ob mit dem Kaufpreis überhaupt die Kredite und damit auch die auf dem zu kaufenden Grundstück lastenden Grundpfandrechte abgelöst werden können. Insbesondere wenn die valutierenden Kredite schon nach der Aussage des Verkäufers noch höher sind als der Kaufpreis, bietet es sich an, dass Steffi und Mark sich selbst mit der oder den finanzierenden Banken in Verbindung setzen, um abzuklären, ob die Banken bereit sind, die Löschung der Grundpfandrechte gegen Zahlung des Kaufpreises zu bewerkstelligen. Auch bei größeren Differenzen zwischen (niedrigem) Kaufpreis und (höheren) Belastungen sind die Banken meistens bereit, sich mit dem Kaufpreis zu begnügen und die Löschung ihrer höher valutierenden Grundpfandrechte zu bewilligen. Entscheidend ist es dabei für die Banken, ob der Kaufpreis in etwa dem Marktwert des Grundstücks entspricht. Als Alternative bliebe ihnen nämlich nur die Zwangsversteigerung des Grundstücks. Im Rahmen der Zwangsversteigerung eines Grundstücks werden eher Preise unterhalb des Marktwerts erzielt. Nach Abzug der Kosten und unter Berücksichtigung des Zeitfaktors ist daher für die Banken die Verwertung im Rahmen der Zwangsversteigerung zumeist die schlechteste Alternative.

27

Wenn Steffi und Mark von den beteiligten Banken die prinzipielle Bereitschaftserklärung erhalten haben, gegen Zahlung des Kaufpreises die bestehenden Grundschulden zu löschen, ist zumindest das Risiko eingegrenzt, dass ein Grundstückskaufvertrag ggf. deshalb nicht durchgeführt werden kann, weil es dem Verkäufer nicht gelingt, die bestehenden Belastungen zur Löschung zu bringen.

28

Da bei der Vertragsabwicklung der Kaufpreis durch den beurkundenden Notar erst fällig gestellt wird, wenn dem Notar die Löschungsunterlagen hinsichtlich aller nicht zu übernehmender Belastungen vorliegen, kann es Steffi und Mark nicht passieren, dass sie den Kaufpreis zahlen, ohne dass im Grundbuch die bestehenden Belastungen gelöscht werden.[11]

---

11 Zur Funktion des Notars im Rahmen der Vertragsgestaltung beim Grundstückserwerb vgl. *Junker/Kamanabrou*, Vertragsgestaltung, § 6 Rn. 22.

(2) Grundbuchkosten

29 Üblicherweise hat der Verkäufer die Grundbuchkosten für die Löschung der bestehenden Belastungen zu übernehmen.[12] Wenn der Verkäufer aufgrund seiner Vermögensschwierigkeiten diese Grundbuchkosten, die im Einzelfall durchaus nicht unwesentliche Beträge erreichen können, nicht zahlen kann, werden Steffi und Mark notgedrungen veranlasst, diese Kosten aus eigenen Mitteln zu bezahlen, um ein „freies" Grundbuch zu bekommen. Insoweit könnte angesichts der Vermögensschwierigkeiten des Verkäufers auch dadurch Vorsorge getroffen werden, dass Steffi und Mark im notariellen Kaufvertrag berechtigt werden, die Kosten der Löschung der bestehenden Belastungen aus dem Kaufpreis zu bedienen. Die abzulösenden Banken würden dementsprechend einen etwas verringerten Kaufpreis zur Ablösung erhalten und müssten sich damit begnügen.

bb) Risiken durch nachvertragliche Umstände

30 Bei vorausschauender Risikovorsorge müsste berücksichtigt werden, dass die Vermögensschwierigkeiten des Verkäufers ein erhöhtes Risiko darstellen können. Gläubiger des Verkäufers könnten zB noch während des Vollzugs des Grundstückskaufvertrags Zwangsvollstreckungsmaßnahmen in das Grundstück ausbringen, etwa eine Sicherungshypothek nach § 720a Abs. 1b ZPO. Letztlich ist es auch nicht völlig ausgeschlossen, dass der Verkäufer aufgrund seiner Vermögensschwierigkeiten selbst noch vertragswidrige Belastungen des Grundstücks vornimmt, um sich rechtswidrig Geld zu beschaffen oder gar über sein Vermögen ein Insolvenzverfahren eröffnet wird. Es stellt sich damit die Frage, mit welchem Instrument die Käufer gegen derartige Risiken geschützt werden können.

(1) Sicherung durch Eintragung einer Vormerkung

31 Das geeignete Sicherungsmittel ist die **Vormerkung** gem. § 883 BGB. Sie ist ein mit gewissen dinglichen Wirkungen ausgestattetes Sicherungsmittel eigener Art für schuldrechtliche Ansprüche auf dingliche Rechtsänderung.[13] Die Vormerkung sichert nicht nur einen Anspruch auf Übereignung eines Grundstücks (die Bezeichnung „Auflassungsvormerkung" ist daher inhaltlich zu eng). Die Vormerkung sichert auch sonstige Ansprüche auf Einräumung, Inhaltsänderung oder Aufhebung eines dinglichen Rechts an einem Grundstück.[14]

32 Die Vormerkung bewirkt keine Grundbuchsperre,[15] wohl aber die relative Unwirksamkeit nachfolgender Verfügungen über den Grundbesitz, soweit diese den gesicherten Anspruch beeinträchtigen (§ 883 Abs. 2 BGB). Zur praktischen Durchsetzung dient der Anspruch aus § 888 BGB. Dabei handelt es sich nach heute ganz hM um einen dinglichen Anspruch, der untrennbar mit der Vormerkung verbunden ist.[16] Die Vormerkung sichert nicht nur bestehende und fällige Ansprüche, sondern sie dient auch zur Sicherung eines künftigen oder eines bedingten Anspruchs (§ 883 Abs. 1 S. 2 BGB).

---

12 Vgl. *Gebele*, in: Beck'sches Formularbuch Bürgerliches, Handels- und Wirtschaftsrecht, Formular III.B.1 Anm. 31.
13 BGH NJW 1974, 2319, 2320. Zum Streit über die Rechtsnatur der Vormerkung s. *Lettmaier*, in: MünchKommBGB, § 883 BGB Rn. 5 f.
14 *Ruhwinkel*, in: Kersten/Bühling, Formularbuch, § 61 Rn 3; *Lettmaier*, in MünchKommBGB, § 883 BGB Rn. 58.
15 Allgemeine Meinung, vgl. *Jauernig*, in: Jauernig, § 883 BGB Rn. 13.
16 *Artz*, in: Erman, § 888 BGB Rn. 2.

Wenn zugunsten von Steffi und Mark die übliche Vormerkung im Rahmen des notariell zu beurkundenden Grundstückskaufvertrags (zur grundlegenden Struktur siehe § 7 Rn. 86 ff.) bewilligt und beantragt wird, so bewirkt diese Vormerkung, dass der Eigentumsverschaffungsanspruch von Steffi und Mark nicht nachträglich vereitelt oder beeinträchtigt wird; zB durch

- rechtsgeschäftliche Verfügungen des Verkäufers, wie etwa Auflassung an einen Dritten oder vertragswidrige Belastungen;
- Zwangsvollstreckungsmaßnahmen gegen den Verkäufer und sonstige Maßnahmen der in § 883 Abs. 2 S. 2 BGB genannten Art; oder
- ein Insolvenzverfahren über das Vermögen des Verkäufers. Nach § 106 InsO ist die Vormerkung insolvenzfest. In Abweichung des Wahlrechts für den Insolvenzverwalter nach § 103 InsO kann durch die Sondervorschrift des § 106 InsO durchgesetzt werden, dass der vormerkungsgesicherte Anspruch auch durch den Insolvenzverwalter zu erfüllen ist.[17]

Den Schutz der Vormerkung erlangt der Berechtigte schon weitgehend mit dem Antrag, die Vormerkung einzutragen, nämlich:

- den Schutz gegen vormerkungswidrige Übereignung und vormerkungswidrige Belastung über § 17 GBO und
- den Schutz gegen nachträgliche Verfügungsbeschränkungen unter den Voraussetzungen des § 878 BGB.[18]

(2) Praktische Abwicklung des Grundstückskaufvertrags

In der praktischen Abwicklung des zu beurkundenden Grundstückskaufvertrags zwischen dem Verkäufer einerseits und Steffi und Mark andererseits wird der beurkundende Notar unverzüglich nach Beurkundung des Kaufvertrags den Antrag auf Eintragung der Vormerkung zugunsten von Steffi und Mark zum Grundbuchamt einreichen. Sobald die Vormerkung eingetragen ist, wird der Notar prüfen, ob er hinsichtlich aller der Vormerkung vorgehenden Belastungen Löschungsbewilligungen der Berechtigten unter Voraussetzungen erhalten kann, die insgesamt mit der Verwendung des Kaufpreises erfüllt werden können. Sollten in der Folgezeit im Rang nach der eingetragenen Vormerkung noch Belastungen eingetragen werden, was möglich ist, da die Vormerkung wie erwähnt keine Grundbuchsperre bildet, dann können Steffi und Mark späterhin unter Verwendung des Anspruchs gem. § 888 BGB die Löschung dieser beeinträchtigenden Belastungen verlangen und durchsetzen.

(3) Ergebnis

Steffi und Mark sind daher durch eine Vormerkung so weitgehend wie möglich vor den Risiken geschützt, die sich aus den Vermögensschwierigkeiten des Verkäufers ergeben können. Die vom Verkäufer zu bestellende Vormerkung sichert aber nur den Erfüllungsanspruch gegen den Verkäufer.[19]

---

17 *Jauernig*, in: Jauernig, § 883 BGB Rn. 16.
18 *Ruhwinkel*, in: Kersten/Bühling, Formularbuch, § 61 Rn. 4.
19 *Herrler*, in: Grüneberg, § 885 Rn. 13.

Wenn Steffi und Mark zB auch einen Anspruch gegen den Nachbarn hinsichtlich der „Gartenfläche" sichern wollten, dann müsste im Verhältnis zum Nachbarn ebenfalls mit dem Sicherungsmittel der Vormerkung gearbeitet werden.

c) Rechtsverhältnis zum Nachbarn (Grunddienstbarkeit)

37 Nach dem vorgetragenen Sachverhalt ist der Grundstücksnachbar bereit, einen Teil seines Gartens dem „Architektenhaus-Grundstück" dauerhaft für Zwecke der weiteren Gartennutzung zur Verfügung zu stellen. Dies könnte am einfachsten dadurch verwirklicht werden, dass der Nachbar den fraglichen Grundstücksstreifen von seinem Grundstück abtrennt, dh sein Grundstück teilt, und zwar in einen an Steffi und Mark zu verkaufenden Grundstücksstreifen und in das restliche Grundstück, das beim Nachbarn verbleiben würde. Die Teilung wäre dadurch zu bewerkstelligen, dass die aufzuteilende Grundstücksfläche amtlich vermessen wird. Das Ergebnis dieser Vermessung ist ein sog. „Veränderungsnachweis" der Katasterbehörde. Aufgrund dieser Unterlagen trägt das Grundbuchamt die Veränderungen im Grundbuch ein. Die abgetrennte „Gartenfläche" wäre dann ein neues Flurstück und könnte im Wege eines normalen Grundstückskaufvertrags an Steffi und Mark veräußert werden. Der Sachverhalt geht allerdings davon aus, dass aus bauplanungsrechtlichen Gründen eine Grundstücksteilung nicht zulässig ist. Es muss also eine andere zulässige rechtliche Gestaltung gefunden werden. Auch hier gilt wieder der Grundsatz, dass diejenige Gestaltung vorzugswürdig ist, die den Interessen aller Beteiligten am besten gerecht wird (zur Notwendigkeit der Berücksichtigung der Interessen des Vertragspartners siehe § 3 Rn. 2).

aa) Interessenlage

38 Die Interessen des Nachbarn sind recht einfach strukturiert. Er ist offensichtlich bereit, eine bestimmte Fläche seines Gartens dauerhaft zur weiteren Gartennutzung zur Verfügung zu stellen. Dafür erhält er immerhin einen „erschwinglichen Betrag". Sicherlich hat der Nachbar aber ein Interesse daran, dass der dauerhaft zur Verfügung gestellte Grundstücksstreifen auch künftig nur als Garten benutzt wird. Es läge sicherlich nicht im Interesse des Nachbarn, wenn dieser Grundstücksstreifen durch Steffi und Mark oder durch ggf. deren Rechtsnachfolger bebaut werden könnte und würde.

39 Das Interesse von Steffi und Mark liegt darin, dauerhafte Sicherheit zu haben, den Grundstücksstreifen als Garten benutzen zu können. Da der Nachbar Eigentümer des Grundstücksstreifens bleibt, muss auch wieder Vorsorge getroffen werden, dass die Nutzung auch rechtlich sicher erhalten bleibt, wenn der Nachbar sein Grundstück verkauft oder wenn der Nachbar zB insolvent wird und das Grundstück versteigert wird.

40 Die zusätzliche Nutzung eines weiteren Grundstücksstreifens als Garten wird den Wert des „Architektenhauses" sicherlich steigern. Da Steffi und Mark für diese zusätzliche Nutzung immerhin einen „erschwinglichen Betrag" zu zahlen haben, haben sie auch ein wirtschaftliches Interesse daran, die Nutzung dieses Grundstücksstreifens als zusätzliche Gartenfläche ggf. zusammen mit dem Haus verkaufen zu können, wenn sie sich später einmal von dem „Architektenhaus" trennen möchten. Es müsste daher sichergestellt sein, dass die Nutzung der Gartenfläche so dauerhaft wie möglich mit dem Eigentum an dem „Architektenhaus" verbunden bleibt.

bb) Grenzen schuldrechtlicher Bindung

Aufgrund der vorstehend skizzierten Interessenlage scheiden von vornherein Gestaltungslösungen aus, die nur auf schuldrechtlicher Bindung zwischen dem Nachbarn einerseits und Steffi und Mark andererseits beruhen. Solche schuldrechtlichen Bindungen würden nur „*inter partes*" wirken und nicht mit dinglicher Wirkung für Rechtsnachfolger.[20] Eine solche „Wirkungsbegrenzung" können Steffi und Mark nicht akzeptieren. Es muss nach Gestaltungslösungen gesucht werden, die eine „Verdinglichung" der beabsichtigten Bindung herbeiführen.

41

cc) Grunddienstbarkeit

Das Sachenrecht bietet dazu das Instrument der **Grunddienstbarkeit** gem. §§ 1018 ff. BGB. Die „allgemeine" Grunddienstbarkeit des § 1018 BGB ist abzugrenzen gegenüber der „**beschränkten persönlichen Dienstbarkeit**" der §§ 1090–1093 BGB.

42

(1) Unterschiede zwischen „allgemeiner" Grunddienstbarkeit und beschränkter persönlicher Dienstbarkeit

Bei einer „allgemeinen" Grunddienstbarkeit nach § 1018 BGB hat der Eigentümer des „dienenden" Grundstücks einzelne Benutzungen seines Grundstücks zu dulden. Zugleich ist er in seinen Handlungen beschränkt, darf also einzelne tatsächliche Handlungen auf seinem dienenden Grundstück nicht vornehmen oder einzelne aus dem Eigentum fließende Rechte nicht ausüben.[21] Als Berechtigter kommt nur der jeweilige Eigentümer eines anderen „herrschenden" Grundstücks in Betracht. Ferner muss die Grunddienstbarkeit für die Benutzung dieses Grundstücks vorteilhaft sein.[22]

43

Bei der beschränkten persönlichen Dienstbarkeit besteht der gleiche Rechtsinhalt wie bei der allgemeinen Grunddienstbarkeit. Im Unterschied dazu ist Berechtigter aber nicht der Eigentümer eines „herrschenden" Grundstücks, sondern Berechtigter kann immer nur eine individuell bestimmte Person sein. Da es kein herrschendes Grundstück gibt, entfällt auch das Kriterium des Vorteils für die Benutzung eines anderen Grundstücks. Die beschränkte persönliche Dienstbarkeit ist untrennbar mit der Person des Berechtigten verbunden. Die beschränkte persönliche Dienstbarkeit ist daher nicht übertragbar und nicht vererblich (vgl. § 1092 Abs. 1, § 1090 Abs. 2 iVm § 1061 BGB).

44

Bei der „allgemeinen" Grunddienstbarkeit nach § 1018 BGB stellt sich die Frage der Übertragbarkeit und Vererblichkeit nicht, da diese Grunddienstbarkeit für den jeweiligen Eigentümer des herrschenden Grundstücks bestellt wird. Die Grunddienstbarkeit entsteht rechtsgeschäftlich gem. § 873 BGB durch Einigung zwischen dem Eigentümer des dienenden Grundstücks und dem Eigentümer des herrschenden Grundstücks sowie Eintragung auf dem Grundbuchblatt des belasteten Grundstücks.[23] Zusätzlich ist ein Vermerk auf dem Grundbuchblatt des herrschenden Grundstücks zulässig (§ 9 GBO) und auch zweckmäßig, damit spätere Rechtsnachfolger im Eigentum des herrschenden Grundstücks wissen, dass ihnen auch an einem fremden Grundstück eine Grunddienstbarkeit zusteht. Die Grunddienstbarkeit wird zusammen mit dem herrschenden Grundstück übertragen, da sie dessen Bestandteil (§ 96 BGB) ist. Die Grunddienstbar-

45

---

20 *Krebs*, in: NK-BGB, § 241 Rn. 11.
21 *Wartenburger/Trömer*, in: Münchener Vertragshandbuch, Bd. 5, Formular VII.17 Anm. 2.
22 *Herrler*, in: Grüneberg, Vor. § 1018 Rn. 1.
23 *Jauernig*, in: Jauernig, § 1018 BGB Rn. 8.

keit erlischt in der Regel nur durch vereinbarte Aufhebung oder aufgrund bestimmter gesetzlicher Voraussetzungen sowie ferner dann, wenn die Ausübung der Grunddienstbarkeit infolge Veränderung eines der Grundstücke dauernd ausgeschlossen ist (zB ein Wegerecht durch Überbauung nicht mehr praktiziert und durch Anschluss des herrschenden Grundstücks an das öffentliche Verkehrsnetz auch nicht mehr notwendig ist).[24] Mit der Bestellung der Grunddienstbarkeit als dinglichem Recht kommt ein gesetzliches Schuldverhältnis zwischen den Beteiligten mit dem Inhalt nach §§ 1020 – 1023 BGB zustande.

(2) Auswahl und Entwicklung der Gestaltung

46 Eine beschränkte persönliche Dienstbarkeit scheidet im vorliegenden Fall als geeignetes Gestaltungsinstrument aus. Sie würde zwar Steffi und Mark die Nutzung des Grundstücksstreifens als Gartenfläche sichern. Steffi und Mark hätten aber nicht die Möglichkeit, diese zusätzliche Gartennutzung zusammen mit dem „Architektenhaus" zu verkaufen, wenn sie dies einmal möchten. Ohne das Haus selbst ist die zusätzliche Gartennutzung für Steffi und Mark nicht von Interesse. Infolgedessen kommt nur eine „allgemeine" Grunddienstbarkeit nach § 1018 BGB in Betracht.

47 Wenn der jeweilige Eigentümer des „Architektenhauses" den fraglichen Grundstücksstreifen auf dem Nachbargrundstück als Gartenland benutzen darf, dann ist dies eine Benutzung im Sinne von § 1018 BGB, die der Eigentümer des „dienenden" Grundstücks an sich kraft seines Eigentumsrechts verbieten könnte. Steffi und Mark einerseits und der Nachbar andererseits müssten sich zweckmäßigerweise anhand eines amtlichen Lageplanes darüber einigen, wie groß die Grundstücksteilfläche sein soll, die Steffi und Mark als zusätzliches Gartenland zur Verfügung steht.[25] Diese Teilfläche wird auf dem Lageplan entsprechend markiert. Der Lageplan wird dann Anlage zur inhaltlichen Bestellung der Grunddienstbarkeit und wird auch zum Grundbuchamt eingereicht. Infolgedessen können spätere Rechtsnachfolger der Beteiligten jederzeit prüfen, auf welche Grundstücksfläche sich die Grunddienstbarkeit bezieht. Eine Vermessung der Grenzen ist nicht erforderlich.

48 Bei der inhaltlichen Fixierung der Grunddienstbarkeiten müsste zum Ausdruck kommen, dass Steffi und Mark die fragliche Grundstücksfläche stets nur als Gartenland benutzen dürfen. Gleichzeitig müsste geregelt werden, dass der Eigentümer des „dienenden" Grundstücks nicht berechtigt ist, die Grundstücksfläche mitzubenutzen. Ansonsten könnten Steffi und Mark diese Grundstücksfläche nicht als „privaten" Garten nutzen. Zweckmäßigerweise bietet es sich sicherlich auch an, im Rahmen des Inhalts der Grunddienstbarkeit zu regeln, dass Steffi und Mark entlang der Außengrenzen der Grundstücksteilfläche eine ortsübliche Einfriedung auf ihre Kosten vornehmen können.

49 ▶ **Eckpunkte der zu bestellenden Grunddienstbarkeit**[26]

Insgesamt können die Eckpunkte der zu bestellenden Grunddienstbarkeit wie folgt skizziert werden:

Bezeichnung des herrschenden Grundstücks (Architektenhausgrundstück).

---

24 Zu den Erlöschensgründen siehe *Mohr*, in: MünchKommBGB, § 1018 BGB Rn. 75 f.
25 Musterformular zB bei *Munzig* in: Würzburger Notarhandbuch Teil 2 Kap. 7.
26 Ausführliches Muster für eine Grunddienstbarkeit bei *Walter*, in: Beck'sches Formularbuch Bürgerliches, Handels- und Wirtschaftsrecht, Formular IV.A.9.

Bezeichnung des dienenden Grundstücks (Nachbargrundstück).

Der Eigentümer des Nachbargrundstücks räumt dem jeweiligen Eigentümer des Architektenhausgrundstücks das Recht ein, einen in dem anliegenden Lageplan näher bezeichneten Grundstücksstreifen (farbig markiert) in einer Breite von ca. ... m und einer Länge von ca. ... m dauerhaft ausschließlich als Gartenland zu benutzen und nach seinem freiem Ermessen als Garten zu bewirtschaften und zu bepflanzen einschließlich des Rechts, entlang der Grenzen der Grunddienstbarkeitsfläche zum restlichen dienenden Grundstück ortsübliche Einfriedungen auf eigene Kosten vorzunehmen (Gartennutzungsrecht).

Der jeweilige Eigentümer des dienenden Grundstücks ist nicht berechtigt, die Grunddienstbarkeitsfläche mitzubenutzen.

Die Verpflichtung zur Unterhaltung der Grunddienstbarkeitsfläche einschließlich ihrer Verkehrssicherung obliegt dem jeweiligen Eigentümer des herrschenden Grundstücks.

Bewilligung und Eintragungsantrag der Grunddienstbarkeit im Grundbuch des dienenden Grundstücks. Antrag des Eigentümers des herrschenden Grundstücks, die Grunddienstbarkeit auf dem Grundbuch des herrschenden Grundstücks zu vermerken.

Ergänzende schuldrechtliche Vereinbarung:

Die Kosten der Grunddienstbarkeitsbestellung und des grundbuchlichen Vollzugs trägt der Eigentümer des herrschenden Grundstücks.

Für die Einräumung der Dienstbarkeit zahlt der Eigentümer des herrschenden Grundstücks (Steffi und Mark) an den Eigentümer des dienenden Grundstücks (Nachbarn) einen einmaligen Betrag in Höhe von ... EUR. ◀

Die vorstehend inhaltlich skizzierte Grunddienstbarkeit wirkt gegenüber jedem Eigentümer des dienenden Grundstücks, also auch dann, wenn der Nachbar sein Hausgrundstück später einmal veräußern sollte. Auch der Rechtsnachfolger ist dann weiterhin an diese Grunddienstbarkeit gebunden.[27] Er müsste die entsprechende Eintragung in Abt. II des Grundbuchs übernehmen.

Bei der gebotenen Risikovorsorge ist allerdings zu beachten, mit welchem Rang die Grunddienstbarkeit im Grundbuch des Nachbargrundstücks eingetragen werden kann. Wenn das Nachbargrundstück völlig unbelastet ist, ergeben sich keinerlei Probleme und Risiken. Ist das Nachbargrundstück aber zB in Abt. III durch Grundpfandrechte belastet, kann die Grunddienstbarkeit in der Regel nur nachrangig gegenüber derartigen Grundpfandrechten eingetragen werden. Nach der Lebenserfahrung ist es wahrscheinlich nicht zu erreichen, dass die Grundpfandrechtsgläubiger der Grunddienstbarkeit den Vorrang einräumen werden.

Eine Eintragung der Grunddienstbarkeit im Rang nach vorstehenden Grundpfandrechten hätte für Steffi und Mark das Risiko zur Folge, dass ihre Grunddienstbarkeit ggf. bei einer Zwangsversteigerung des dienenden Grundstücks durch den oder die Grundpfandrechtsgläubiger als nachrangiges Recht erlöschen würde.[28] Diese könnten sich zwar im Zusammenhang mit der Bestellung der Grunddienstbarkeit einen Anspruch auf Wertsatz bewilligen lassen (§ 882 BGB). Es ist jedoch höchst unsicher und eher unwahrscheinlich, dass bei einer Zwangsversteigerung durch vorrangige Grundpfandrechte der Versteigerungserlös noch ausreicht, nach Bedienung der vorrangigen Grundpfandrechte auch einen Wertsatz für die untergegangene Grunddienstbarkeit

---

27 *Walter*, in: Beck'sches Formularbuch Bürgerliches, Handels- und Wirtschaftsrecht, Formular IV.A.9. Anm. 1.
28 Dazu *Mohr*, in: MünchKommBGB, § 1018 BGB Rn. 76 mwN.

zu bedienen. Außerdem geht es Steffi und Mark nicht um Wertersatz, sondern um Gartennutzung.

53   Gelingt es nicht, die Grundpfandrechtsgläubiger dazu zu bewegen, die Grunddienstbarkeit grundbuchmäßig im Rang vortreten zu lassen, müssen sich Steffi und Mark mit dem Nachrang der Grunddienstbarkeit nach den voreingetragenen Grundpfandrechten begnügen. In diesem Fall würde es sich vorsorglich anbieten, wenigstens vom Nachbarn die Eintragung einer Löschungsvormerkung nach § 1179 BGB zu verlangen. Damit sichern Steffi und Mark ihr „Rangverbesserungsinteresse". Wenn der Nachbar als Grundstückseigentümer ein Grundpfandrecht nach Rückzahlung der zu sichernden Kredite erwirbt, wäre er demnach verpflichtet, dieses Grundpfandrecht zu löschen, so dass die Grunddienstbarkeit sukzessive im grundbuchmäßigen Rang aufsteigt.[29]

(3) Ergebnis

54   Im Ergebnis kann daher die dauerhafte Nutzung des vom Nachbarn entgeltlich zur Verfügung gestellten Grundstücksstreifens als Gartenland gesichert werden, und zwar durch eine Grunddienstbarkeit gem. § 1018 BGB (Gartennutzungsrecht).

d) Rechtsverhältnisse zur Bank (Grundpfandrechte, Sicherungsübereignung)

55   Wie bereits in § 8 III. 2. b) dargestellt, erfolgt die Bezahlung des Kaufpreises für Immobilien in der Regel zum größten Teil durch Fremdkapital/Darlehen. Derartige Darlehen werden von Kreditinstituten stets nur gegen Sicherheiten zur Verfügung gestellt. Kreditinstitute sind nicht nur im eigenen Interesse, sondern schon aufgrund gesetzlich bestehender Auflagen verpflichtet, Kredite ab einer bestimmten Grenze nur gegen werthaltige Sicherheiten zur Verfügung zu stellen. Ob und in welcher Höhe eine Kreditsicherheit „werthaltig" ist, obliegt der pflichtgemäßen Prüfung durch das jeweilige Kreditinstitut, das sich im Einzelnen dazu auch oftmals sachverständiger Hilfe (Sachverständige für Grundstücksbewertungen etc.) bedient.

Wenn Steffi und Mark im vorliegenden Fall keine andere Bank finden, die sich als Sicherheit lediglich mit Grundpfandrechten auf dem zu kaufenden Hausgrundstück begnügt, werden Steffi und Mark der Forderung der Bank nach einer zusätzlichen Sicherheit nachkommen müssen. Ansonsten würden Steffi und Mark die benötigen Darlehen zur Finanzierung des Kaufpreises nicht erhalten.

aa) Sicherungsgrundschuld

56   Nach dem vorstehenden Sachverhalt verlangt die finanzierende Bank in erster Linie eine Briefgrundschuld in Höhe des Kaufpreises auf dem zu kaufenden „Architektenhausgrundstück". Die sog. **Sicherungsgrundschuld** ist heutzutage das übliche Sicherungsmittel, das sich Kreditinstitute als Sicherheit für die Gewährung ihrer Grundstücksfinanzierungen bestellen lassen.[30]

57   Im Rahmen der üblichen Risikobeurteilung ist zu prüfen, welche Risiken insoweit für Steffi und Mark als künftige Grundstückseigentümer und Sicherungsgeber bestehen, zumal Steffi in dunkler Erinnerung hat, dass es auch einen Missbrauch von Sicherungsgrundschulden durch Kreditinstitute gegeben hat.

---

[29] *Krause*, in: NK-BGB, § 880 Rn. 35.
[30] *Munzig*, in: Würzburger Notarhandbuch, Teil 2, Kap. 9 Rn. 2.

(1) Vergleich mit Hypothek

Bei einer Abstellung auf die Interessenlage des Grundstückseigentümers als Sicherungsgeber wäre für ihn die klassische Hypothek gem. § 1113 BGB das vorzugswürdige Sicherungsmittel. Ebenso wie die Grundschuld räumt auch die Hypothek zugunsten des Grundpfandrechtsgläubigers diesem die Befugnis ein, das belastete Grundstück zu verwerten (§§ 1113, 1192, 1147 BGB). Sowohl die Gläubiger einer Hypothek als auch einer Grundschuld haben dadurch letztlich die Möglichkeit der Verwertung des Grundbesitzes im Wege der Zwangsversteigerung und/oder Zwangsverwaltung, um sich aus dem erzielten Erlös für ihre gesicherte Kreditforderung zu befriedigen.

58

Im Unterschied zur Grundschuld ist die Hypothek aber ein akzessorisches dingliches Verwertungsrecht. Sie ist grundsätzlich in der Entstehung, in der Höhe und im Bestand von der gesicherten Forderung abhängig. Wird die Forderung vom Eigentümer oder von personenverschiedenen Schuldner getilgt, so entsteht eine Eigentümergrundschuld (§§ 1163, 1177 BGB). Nach § 1179a BGB iVm § 1192 Abs. 1 BGB können nachrangige Grundpfandrechtsgläubiger kraft Gesetzes in diesem Fall sogar die Löschung der zur Eigentümergrundschuld gewordenen Hypothek verlangen, dh ihr grundbuchmäßiger Rang verbessert sich dementsprechend. Eine „bezahlte" Hypothek kann daher nicht erneut als Sicherheit für andere Forderungen verwendet werden.[31]

59

Wenn der Hypothekengläubiger die durch Hypothek gesicherte Forderung überträgt, was nach § 1154 BGB durch Erteilung der Abtretungserklärung in schriftlicher Form und ggf. Übergabe des Hypothekenbriefs relativ einfach möglich ist, ist der Grundstückseigentümer auch gegenüber dem neuen Gläubiger in seinen Interessen gut geschützt. Hat er dem Gläubiger lediglich eine Sicherungshypothek iSv § 1184 BGB eingeräumt, bestimmt sich das Recht aus der Hypothek nur nach der Forderung. Es kommt entscheidend darauf an, ob und inwieweit die zu sichernde Forderung wirksam besteht. Bei der „allgemeinen" Hypothek (Verkehrshypothek) ist der Eigentümer zwar nicht ganz so weitgehend wie bei der Sicherungshypothek, aber dennoch hinreichend durch die Regelungen in §§ 1137, 1156, 1157 BGB geschützt. So kann der Grundstückseigentümer zB nach § 1136 Abs. 1 S. 1 Fall 1 BGB, selbst wenn er nicht persönlicher Schuldner der Forderung ist, gegen die Hypothek die Einreden geltend machen, die der persönliche Schuldner gegen die Forderung hat.

60

Bei der Grundschuld ist die Ausgangslage prinzipiell anders: Sie ist nach ihrer gesetzlichen Konzeption von einer zugrundeliegenden Forderung getrennt und damit abstrakt. Eine Grundschuld kann daher einem Dritten auch bestellt werden, wenn keine zu sichernde Forderung zugrunde liegt. Dennoch erhält der Dritte den dinglichen Anspruch, das belastete Grundstück in Höhe des Grundschuldbetrages verwerten zu können (vgl. §§ 1192 Abs. 1 iVm § 1147 BGB). Da die Grundschuld von einer zu sichernden Forderung prinzipiell abstrakt ist, kann die Grundschuld auch als Sicherheit für wechselnde Forderungen dienen, zB für Forderungen aus einer gesamten Geschäftsbeziehung.[32] Ein solches weitgehendes und kostengünstiges revolvierendes Sicherungsmittel liegt naturgemäß im Interesse der Kreditinstitute, so dass die Grundschuld in Form der regelmäßig vereinbarten Sicherungsgrundschuld in der Praxis den Regelfall der grundpfandrechtlichen Sicherung darstellt.

61

---

31 *Schmittat*, Vertragsgestaltung, Rn. 223.
32 *Lieder*, in: MünchKommBGB, § 1191 BGB Rn. 39.

(2) Differenzierung der Rechtsverhältnisse

62 Da die Grundschuld im Gegensatz zur Hypothek nicht akzessorisch mit der zu sichernden Forderung verbunden ist, müssen insgesamt folgende rechtlichen Ebenen getrennt beurteilt werden:

- die Ebene der zu sichernden Forderung, in der Regel eine Darlehensforderung des Kreditinstituts;
- die Grundschuld als dingliches Recht mit ihren einzelnen Ausgestaltungen, zB als Brief- oder Buchgrundschuld mit entsprechender Zinshöhe etc.; und
- als verbindendes Element zwischen den beiden vorbezeichneten Ebenen der sog. Sicherungsvertrag.

63 Der Sicherungsvertrag bildet den Rechtsgrund für die Bestellung der Grundschuld und die dementsprechende Verpflichtung dazu. Der Sicherungsvertrag enthält auch die sog. Sicherungsabrede, im Allgemeinen auch Zweckerklärung genannt.[33] Danach richtet sich, welche Forderung oder Forderungen durch die Grundschuld gesichert werden.

64 Insbesondere wenn auch Forderungen gegen Dritte in ggf. unüberschaubarer Höhe und Zeitdauer gesichert werden sollen, unterliegt der Sicherungsvertrag auch den Einschränkungen der AGB-Schutzvorschriften.[34]

(3) Risiken nach Übertragung der Sicherungsgrundschuld und ihre Vermeidung

65 Solange dem Eigentümer der ursprüngliche Grundschuldgläubiger gegenübersteht, kann ihm der Eigentümer unproblematisch alle Einreden und Einwendungen aus dem Sicherungsvertrag entgegenhalten, insbesondere auch die ursprüngliche Nichtvalutierung der zu sichernden Forderung oder das zwischenzeitliche gänzliche oder teilweise Erlöschen der gesicherten Forderung.[35] Aufgrund der prinzipiellen Unabhängigkeit der Grundschuld von einer zu sichernden Forderung ist dies von der Ausgangslage her nicht mehr möglich, wenn der Grundschuldgläubiger die Grundschuld an einen Dritten abgetreten hat.

66 Je nach Qualität der Informationen des Abtretenden an den Abtretungsempfänger und je nach dessen Gutgläubigkeit konnte es in der Vergangenheit dazu kommen, dass Grundschulderwerber sich berechtigte Einreden des Eigentümers aus der Grundschuld nicht entgegenhalten lassen mussten (§§ 1192 Abs. 1, 1157 S. 2, 892 Abs. 1 BGB). Die Eigentümer waren darauf angewiesen, ggf. Schadensersatzansprüche gegen die abtretende Bank geltend zu machen, was sich unter Umständen schwierig gestaltete. Zur Vermeidung weiterer Nachteile sahen sich Eigentümer/Schuldner oftmals gezwungen, mit den neuen Grundschuldgläubigern wirtschaftliche Zwangsvergleiche abzuschließen. Derartige Situationen traten insbesondere dann auf, wenn notleidend gewordene Kreditinstitute im großen Maße grundpfandrechtlich gesicherte Kreditportfolios an ausländische Investoren pauschal veräußerten und derartige „Kreditaufkäufer" sich lediglich mit den Buchwerten der Grundpfandrechte, aber weniger mit dem Wert der zu sichernden Forderungen befassten bzw. befassen wollten.

---

33 *Everts*, in: Beck'sches Notar-Handbuch, § 6 Rn. 47 f.; *Lieder*, in: MünchKommBGB, § 1191 BGB Rn. 20.
34 *Herrler*, in: Grüneberg, § 1191 Rn. 42 ff.
35 *Lieder*, in: MünchKommBGB, § 1191 BGB Rn. 95.

Zur Vermeidung derartiger Missbrauchsgefahren auch bei Sicherungsgrundschulden hat der Gesetzgeber daher im Jahre 2008 in § 1192 BGB den Abs. 1a eingefügt.[36] Nunmehr können Eigentümer bei einer Sicherungsgrundschuld die dem Eigentümer aufgrund des Sicherungsvertrags gegenüber dem bisherigen Gläubiger gegen die Grundschuld zustehenden oder sich aus dem Sicherungsvertrag ergebenden Einreden auch jedem Erwerber der Grundschuld entgegensetzen.[37] Die Einreden können auch nicht gutgläubig „wegerworben" werden, da § 1157 S. 2 BGB keine Anwendung findet. Durch diesen gesetzgeberisch verbesserten Schutz der Eigentümer bei Sicherungsgrundschulden gibt es keine begründeten Bedenken mehr, die Sicherungsgrundschuld nicht als Sicherungsmittel zu akzeptieren.[38]

(4) Ausgestaltung des Sicherungsvertrags

Neben der eigentlichen Bestellung der Sicherungsgrundschuld ist – wie bereits erwähnt – die inhaltliche Ausgestaltung des formfreien Sicherungsvertrags von Bedeutung. In der Kreditpraxis stellen die Kreditinstitute sowohl Musterformulare für die Grundschuldbestellung als auch für den Sicherungsvertrag zur Verfügung. In aller Regel berücksichtigen diese aktuellen Vertragsmuster die inhaltskontrollierende Rechtsprechung, so dass prinzipiell mit diesen Vertragsmustern gearbeitet werden kann (zum Umgang mit Vertragsmustern siehe § 4 Rn. 72). Dennoch ist es für den nicht ständig mit diesen Themen befassten Vertragsgestalter zweckmäßig, sich durch eine Durchsicht der üblichen Formularbücher zu vergewissern, ob die Interessen der Sicherungsgeber bei der inhaltlichen Ausgestaltung des Sicherungsvertrags berücksichtigt worden sind.[39]

bb) Sicherungsübereignung

Die Bank möchte von Steffi und Mark neben der vorbezeichneten Grundschuld auf dem zu kaufenden Hausgrundstück eine zusätzliche Sicherheit. Als einzigen nennenswerten Vermögensgegenstand könnte Mark nur seinen kürzlich geerbten Oldtimer im Marktwert von rund 150.000 EUR anbieten. Andere Sicherungsmittel stehen Mark und Steffi offensichtlich nicht zur Verfügung. Persönliche Bürgschaften von Steffi und Mark gegenüber der Bank wären gegenstandslos, weil Steffi und Mark ohnehin schon als Darlehensnehmer der Bank zur Rückzahlung der Darlehen verpflichtet sind. Bürgschaften anderer Banken könnten Steffi und Mark auch nicht beibringen, denn derartige Bürgschaftsbanken würden wiederum von Steffi und Mark als Absicherung für das Ausfallrisiko entsprechende Sicherheiten verlangen.

Es kommt daher nur in Betracht, dass Steffi und Mark aus ihrem Vermögen sog. „Realsicherheiten" zur Verfügung stellen. Da Steffi und Mark keine anderen Immobilien haben, können sie nur bewegliche Gegenstände als Realsicherheiten anbieten, zB den Oldtimer. Da der Oldtimer immerhin einen Marktwert von rund 150.000 EUR hat, dürfte er der Bank als zusätzliche Sicherung ausreichen.

---

36 Dazu *R. Koch* ZBB 2008, 232 ff.
37 *Lieder*, in: MünchKommBGB, § 1191 BGB Rn. 100.
38 Als Formulierungsvorschlag vgl. *Dieckmann*, in: Beck'sches Formularbuch Bürgerliches, Handels- und Wirtschaftsrecht, Formular IV.A.26.
39 Vgl. zum üblichen Muster einer Zweckvereinbarung zB *Dieckmann*, in: Beck'sches Formularbuch Bürgerliches, Handels- und Wirtschaftsrecht, Formular IV.A.26, Anm. 1.

71 Die Frage nach dem richtigen rechtlichen Gestaltungsmittel für die entsprechende Sicherheitenbestellung ist relativ einfach zu beantworten: Mark möchte sicherlich den Besitz des Oldtimers behalten, und die Bank hat schon aus Kosten- und Haftungsgründen nicht das geringste Interesse, den Besitz an dem Oldtimer zu erwerben. Vor diesem Hintergrund scheidet die Bestellung eines **Pfandrechts** gem. §§ 1204 ff BGB aus, denn dieses Pfandrecht ist ein sog. „Besitzpfandrecht", das nur dann wirksam wird, wenn dem Gläubiger auch im Sinne von §§ 1205, 1206 BGB der Besitz eingeräumt wird.

72 In der Praxis hat sich als **besitzloses Pfandrecht** daher die **Sicherungsübereignung** durchgesetzt.[40] Die Sicherungsübereignung erfolgt dadurch, dass der Sicherungsgeber dem Sicherungsnehmer (idR dem finanzierenden Kreditinstitut) das Volleigentum an dem Sicherungsgegenstand gem. §§ 929, 930 BGB überträgt. Der Sicherungsnehmer wird dadurch bezweckter vorübergehender Volleigentümer. Wenn die zu sichernde Forderung bezahlt ist, hat der Sicherungsgeber im Regelfall gegen den Sicherungsnehmer lediglich einen schuldrechtlichen Anspruch auf Rückübertragung. Nur bei entsprechender Vereinbarung ist die Eigentumsposition des Sicherungsnehmers aufschiebend bedingt durch das Entstehen der gesicherten Forderung und auflösend bedingt durch deren Erlöschen. Dann entfällt eine ausdrückliche Rückübereignung. Das Erlöschen der gesicherten Forderung führt dann quasi automatisch zum Wegfall des Eigentums beim Sicherungsnehmer; der Sicherungsgeber wird durch die auflösende Bedingung wieder Eigentümer. Nach der Rechtsprechung bedarf aber eine solche „Automatik" entsprechender Vereinbarungen; derartige Bedingungen können nicht im Wege der „ergänzenden Vertragsauslegung" fingiert werden.[41]

73 Erfüllt der Sicherungsgeber seine Verpflichtungen zur Rückzahlung der gesicherten Forderung nicht, kann der Sicherungsnehmer den Sicherungsgegenstand verwerten. Da er Volleigentümer ist, sind ihm insoweit im Außenverhältnis keine Grenzen gesetzt. Im Innenverhältnis richten sich seine Verwertungsbefugnis und insbesondere die Art und Weise der Verwertung nach den Bestimmungen des Sicherungsvertrags.[42]

74 Der Sicherungsgeber bleibt im Gegensatz zum Pfandrecht unmittelbarer Besitzer des Sicherungsgegenstands. Bei der Sicherungsübereignung stellt bereits die Sicherungsabrede als solche ein ausreichendes Besitzmittlungsverhältnis dar, wenn sich aus dem Sicherungsvertrag ergibt, dass der Sicherungsgeber das Sicherungsgut solange weiterbesitzen darf, bis der Sicherungsnehmer die Sache zur Befriedigung seiner Forderung herausverlangt. Es bedarf keiner ausdrücklichen Vereinbarung eines Leih- oder Verwahrungsvertrags.[43]

75 Wie bei der Sicherungsgrundschuld ist auch bei der Sicherungsübereignung der Inhalt des Sicherungsvertrags das Kernstück der Vereinbarung. Auch hier verknüpft wiederum die Sicherungszweckabrede schuldrechtlich die gesicherte Forderung mit dem „übertragenen" Eigentum am Sicherungsgut.

---

40 *Schmittat*, Vertragsgestaltung, Rn. 220; *Oechsler*, in: MünchKommBGB, Anhang §§ 929-936 Rn. 4.
41 BGH NJW 1991, 353; *Herrler*, in: Grüneberg, § 930 Rn. 21.
42 BGH NJW 1980, 226; *Herrler*, in: Grüneberg, § 930 Rn. 29.
43 *Herrler*, in: Grüneberg, § 930 Rn. 9.

▶ **Eckpunkte eines Sicherungsvertrags**

76

Die inhaltlichen Eckpunkte eines solchen Sicherungsvertrags können wie folgt skizziert werden:

Verpflichtung des Sicherungsgebers zur Übereignung eines bestimmten Sicherungsgegenstands im Wege der Sicherungsübereignung an den Sicherungsnehmer.

Abreden darüber, welche Forderungen in welcher Höhe und für welchen Zeitraum durch die Sicherungsübereignung gesichert werden sollen.

Vereinbarungen über die Rechte und Pflichten des Sicherungsgebers hinsichtlich des bei ihm verbleibenden Besitzes am Sicherungsgut, zB Unterhaltungs-, Schutz- und Versicherungspflichten hinsichtlich des Sicherungsgutes. Zulässigkeit der Nutzungsüberlassung an Dritte; Herausgabe der Fahrzeugpapiere an den Sicherungsnehmer; Informations- und Anzeigepflichten bei wesentlichen Ereignissen hinsichtlich des Sicherungsgutes (zB Unfall, Diebstahl).

Abreden über die Art und Weise der Rückgewähr des Sicherungsgutes nach Erlöschen der zu sichernden Forderung(en). Ggf. auch Vereinbarung auflösender Bedingung der Sicherungsübereignung.

Abreden über den Eintritt des sog. Sicherungsfalles, zB Kündigung des Darlehensvertrags aufgrund qualifizierten Zahlungsverzugs oder aufgrund Insolvenz des Sicherungsgebers.

Regelungen über die Verwertung des Sicherungsgutes nach Eintritt des Sicherungsfalles durch den Sicherungsnehmer.[44] ◀

cc) Ergebnis

Im Ergebnis bestehen daher keine rechtlichen Bedenken, dass Steffi und Mark der finanzierenden Bank auf dem zu kaufenden Hausgrundstück eine Sicherungsgrundschuld in Höhe des Kaufpreises einräumen und dass Mark der finanzierenden Bank zusätzlich seinen geerbten Oldtimer zur Sicherheit übereignet. Insbesondere liegt ein Fall der Übersicherung nicht vor.[45] Im Rahmen der jeweiligen Sicherungsabreden sollte darauf geachtet werden, dass sowohl die Grundschuld als auch der Oldtimer nur als Sicherheit für das von der Bank gewährte Darlehen zum Zwecke der Hausfinanzierung dienen.

77

Die Tatsache, dass allein Mark der Bank eine zusätzliche Sicherheit zur Verfügung stellt und nicht auch Steffi, veranlasst die Zweckmäßigkeit einer zusätzlichen Regelung in deren Innenverhältnis. Falls zB beide infolge Krankheit oder Arbeitslosigkeit nicht in der Lage sein sollten, das zum Zwecke der Hausfinanzierung aufgenommene Darlehen zurückzuzahlen, käme es durch die Bank zur Verwertung der Sicherheiten und damit auch zur Verwertung des Oldtimers. Mark hätte in diesem Falle im Vergleich zu Steffi ein zusätzliches Vermögensopfer erbracht, nämlich den Verlust des Oldtimers. Da beide gegenüber der Bank als Gesamtschuldner verpflichtet sind, würde Mark bereits kraft Gesetzes gem. § 426 Abs. 2 gegen Steffi einen Ausgleichsanspruch haben, wenn er durch Verwertung seines Oldtimers mehr als seinen im Innenverhältnis bestehenden hälftigen Anteil der Schulden begleicht.[46] Dennoch bietet es sich an, in der in Ziffer 2 erwähnten Miteigentümervereinbarung auch Regelungen darüber aufzunehmen, dass Steffi Mark auf jeden Fall den hälftigen Wert des Oldtimers zu erstatten hat,

---

44 Vgl. Formularvorschlag Sicherungsübereignung bei *Haag*, in: Beck'sches Formularbuch Bürgerliches, Handels- und Wirtschaftsrecht, Formular III.H.4.
45 Dazu *Armbrüster*, in MünchKommBGB, § 138 BGB Rn. 170 ff.
46 *Heinemeyer*, in: MünchKommBGB, § 426 BGB Rn. 24.

wenn der Oldtimer wider Erwarten von der Bank verwertet werden sollte, weil Steffi und Mark ihren Kreditverpflichtungen nicht mehr nachgekommen sind.

3. Zusammenhang der verschiedenen Regelungen

78 Die Verwirklichung der in der vorliegenden Sachverhaltskonstellation angelegten Gestaltungsziele führt zu verschiedenen vertraglichen Regelungen zwischen jeweils getrennten Personen. Die zu gestaltenden Rechtsbeziehungen stehen aber nicht beziehungslos nebeneinander, sondern es bestehen verschiedene Abhängigkeiten. Steffi und Mark würden zB die Grunddienstbarkeit von dem Nachbarn in Form des „Gartennutzungsrechts" nicht kaufen, wenn sie nicht auch gleichzeitig das „Architektenhaus" erwerben können. Sie brauchen auch mit der Bank weder Darlehensverträge noch Kreditsicherheiten zu vereinbaren, wenn der Grundstückskauf nicht gelingt. Den Grundstückskaufvertrag in notarieller Form wirksam zu vereinbaren, ohne aber zuvor durch Vereinbarung der erforderlichen Darlehens- und Kreditsicherheitenverträge mit der Bank auch die Gewissheit zu haben, dass der geschuldete Kaufpreis finanziert werden kann, birgt zumindest auch ein gewisses Risiko. Die verschiedenen Vertragsbeziehungen stehen daher nicht nur in einem innerlichen Zusammenhang, sondern auch in einem gewissen Rangverhältnis.

79 Die verschiedenen Verträge müssen daher in zueinander passende Abhängigkeiten gebracht werden. In der Gestaltungspraxis wird dies als „Vernetzen und Verknüpfen" von Verträgen bezeichnet.[47] Hinsichtlich ihrer internen Rechtsbeziehungen können sich Steffi und Mark zunächst mit der Entscheidung begnügen, dass sie ggf. das Hausgrundstück als Miteigentümer zu gleichen Anteilen erwerben wollen. Es ist nicht erforderlich, dass sie bereits zwingend vor dem Abschluss des Grundstückskaufvertrags besondere Regelungen über die Gestaltung ihres Innenverhältnisses vereinbaren, zB den zeitweiligen Ausschluss der Aufhebung der Bruchteilsgemeinschaft. Diese Vereinbarungen können zumindest bis zum Abschluss des Grundstückserwerbs zurückgestellt werden. Vorher könnten Steffi und Mark auch Miteigentümervereinbarungen quasi nur auf Vorrat für den Fall treffen, dass sie überhaupt jemals Miteigentum an dem fraglichen Grundstück erwerben würden.

80 Zwischen den Verträgen mit der Bank und den beiden anderen Verträgen, also dem Grundstückskaufvertrag und dem Vertrag über die Grunddienstbarkeit, bestehen sowohl zeitliche als auch inhaltliche Abhängigkeiten.

81 Zur „Sicherheit" für Steffi und Mark wäre es zweckmäßig, die Kredit- und Sicherungsverträge mit der Bank bereits abgeschlossen zu haben, bevor der Grundstückskaufvertrag vereinbart wird. Nur so lässt sich ein Restrisiko vermeiden, dass nach Abschluss des Grundstückskaufvertrags noch aus irgendeinem Grunde die Finanzierung scheitert und Steffi und Mark dann den Grundstückskaufpreis nicht aufbringen können. Andererseits muss berücksichtigt werden, dass Steffi und Mark für die Finanzierung keine Verwendung haben, wenn der Grundstückskaufvertrag nicht zustande kommt. Steffi und Mark haben daher das Interesse, dass nur beide Verträge gemeinsam Gültigkeit erlangen. Letztlich gilt dies auch für die Einigung über die Grunddienstbarkeitsbestellung mit dem Nachbarn. Ohne den Erwerb des Hausgrundstücks wäre auch die Grunddienstbarkeit für Steffi und Mark ohne Interesse.

---

47 *Schmittat*, Vertragsgestaltung, Rn. 155 ff.

Ein rechtlicher Gültigkeitszusammenhang zwischen verschiedenen Verträgen, die nicht zeitgleich abgeschlossen werden, kann durch eine rechtliche Verknüpfung erreicht werden, und zwar durch aufschiebende oder auflösende Bedingung oder durch die Aufnahme von Rücktrittsvorbehalten.[48] Da es sich zur Sicherung der Kaufpreisfinanzierung anbietet, zunächst die Verträge mit der Bank abzuschließen, müssten diese Verträge vorsorglich entweder mit der aufschiebenden Bedingung vereinbart werden, dass der abzuschließende Grundstückskaufvertrag und die Vereinbarung über die Grunddienstbarkeit zustande kommen und vollzogen werden, oder zugunsten von Steffi und Mark müssten Rücktrittsvorbehalte vereinbart werden.

82

Die Aufnahme aufschiebender Bedingungen in die Verträge mit der Bank setzt voraus, dass die Bedingungen im Einzelnen genau bestimmt geregelt werden. Die als Bedingung abzuschließenden Verträge müssten praktisch damit im Entwurf als Anlage zu den Verträgen mit der Bank genommen werden, um die Bedingungen hinreichend bestimmt zu formulieren. Ein solcher Aufwand liegt in der Regel nicht im Interesse der Beteiligten. Daher dürfte es im vorliegenden Fall auch im Interesse der Bank vorzugswürdig sein, Steffi und Mark für einen gewissen überschaubaren Zeitraum einen freien Rücktrittsvorbehalt einzuräumen. Innerhalb dieses Zeitraums sollte es Steffi und Mark gelungen sein, die Verträge mit dem Grundstücksverkäufer und dem Nachbarn wirksam abzuschließen. Erfahrungsgemäß wird die Bank allerdings den zu vereinbarenden Kreditzins bis zum Zeitpunkt der Beendigung des Rücktrittsrechts oder des Verzichtes auf den Rücktrittsvorbehalt freibleibend gestalten. Kreditinstitute binden sich hinsichtlich des Kreditzinses selten, wenn sich nicht zugleich auch der Kreditnehmer endgültig bindet. Dieses Risiko evtl. zwischenzeitlicher Zinssteigerungen ist für Steffi und Mark aber in vertretbarer Weise akzeptabel. Sie müssen versuchen, so schnell wie möglich nach Abschluss der Verträge mit der Bank unter Rücktrittsvorbehalt die anderen Verträge „unter Dach und Fach" zu bringen.

83

Der Grundstücksverkäufer wird kein Interesse daran haben, den Grundstückskaufvertrag unter eine aufschiebende Bedingung oder unter einen Rücktrittsvorbehalt zu stellen, bis Steffi und Mark sich wirksam die Grunddienstbarkeit von dem Nachbarn „beschafft" haben. Hinzu kommt, dass Steffi und Mark die Einigung mit dem Nachbarn als Eigentümer des „dienenden" Grundstücks ohnehin nur antizipiert für den Fall vereinbaren können, dass Steffi und Mark auch Eigentümer des „herrschenden" Grundstücks werden. Da andererseits der Ankauf des „Architektenhauses" ohne die zusätzliche Gartennutzung für Steffi und Mark auch uninteressant ist, müssen sie zeitlich zunächst die Vereinbarung über die künftige Grunddienstbarkeitenbestellung mit dem Nachbarn abschließen. Diese Vereinbarung kann und muss ohnehin unter der aufschiebenden Bedingung abgeschlossen werden, dass Steffi und Mark Eigentümer des zu erwerbenden „Architektenhausgrundstücks" werden. Wenn dies nicht der Fall sein wird, wird die Vereinbarung über die Grunddienstbarkeitenbestellung endgültig unwirksam und Steffi und Mark schulden auch nicht das entsprechend vereinbarte Entgelt. Wenn Steffi und Mark aufgrund des abzuschließenden und vollzogenen Grundstückskaufvertrags Eigentümer des Hausgrundstücks werden, wird die Vereinbarung über die Grunddienstbarkeitenbestellung mit Eintritt der entsprechenden Bedingung wirksam, und der Antrag auf Bestellung der Grunddienstbarkeit kann zum Grundbuchamt eingereicht werden.

84

---

48 *Schmittat*, Vertragsgestaltung, Rn. 129.

85 ▶ Zusammenfassung der Gestaltung

Im Ergebnis ergibt sich daher folgende Rang- und Reihenfolge der abzuschließenden Verträge:

Steffi und Mark einigen sich untereinander, das Hausgrundstück als jeweils hälftige Miteigentümer gem. §§ 741 ff, 1008 ff. BGB zu erwerben. Sie verständigen sich dabei inhaltlich über besondere Regelungen im Innenverhältnis. Eine endgültige Vereinbarung hat insoweit Zeit bis die anderen Verträge abgeschlossen sind und damit Klarheit besteht, dass auch zwischen Steffi und Mark eine Miteigentümergemeinschaft zustande kommt.

Nach der grundsätzlichen Klärung des Innenverhältnisses zwischen Steffi und Mark wird dann der Kreditvertrag einschließlich des Sicherungsvertrags mit der Bank abgeschlossen, allerdings unter zeitlich begrenztem Rücktrittsvorbehalt zugunsten von Steffi und Mark.

Zusätzlich zum Kreditvertrag kann zwischen Mark und der Bank bereits aufschiebend bedingt die Sicherungsübereignung hinsichtlich des Oldtimers vereinbart werden. Als aufschiebende Bedingung kann die entsprechende Auszahlung der Darlehensvaluta an Steffi und Mark vereinbart werden. Wenn diese Auszahlung erfolgt, dann ist auch der Rücktrittsvorbehalt von Steffi und Mark hinsichtlich des Kreditvertrags beendet. Üben Steffi und Mark den Rücktrittsvorbehalt aus, weil zB der Ankauf des Grundstücks endgültig scheitert, wird es auch niemals zur Auszahlung der Darlehensvaluta kommen und die aufschiebend bedingte Sicherungsübereignung des Oldtimers wird endgültig unwirksam.

Sodann vereinbaren Steffi und Mark mit dem Nachbarn die vorgesehene Bestellung der Grunddienstbarkeit (Gartennutzungsrecht) unter der aufschiebenden Bedingung, dass Steffi und Mark Eigentümer des „herrschenden" Grundstücks werden.

In der Folge könnte Mark dann mit dem Verkäufer den notariell zu beurkundenden Grundstückskaufvertrag abschließen. Aufgrund der Verknüpfungstechniken in den beiden anderen Verträgen ist bei dem Grundstückskaufvertrag nichts weiter zu veranlassen.

Im zeitlichen Nachgang zum Grundstückskaufvertrag bestellen Steffi und Mark dann im Wege der sog. „Belastungsvollmacht", die ihnen der Grundstücksverkäufer im Grundstückskaufvertrag erteilt hat, zugunsten ihrer finanzierenden Bank die im Kreditvertrag vereinbarte Sicherungsgrundschuld (vgl. zu diesem Vorgehen bereits oben zu § 7 Rn. 73 ff.). ◀

III. Erbbaurecht

86 ▶ Gestaltungsaufgabe: Zum flinken Ball

Steffi und Mark sind Vorstandsmitglieder des neu gegründeten Tennisvereins „Zum flinken Ball" e.V. geworden. Der Verein benötigt nach seiner Gründung nunmehr Grundstücksflächen für mehrere Tennisplätze und den Bau eines Vereinshauses mit Gastronomie und Umkleideräumen. Neben dem durch Mitgliedsbeiträgen und Spenden der Mitglieder vorhandenen Eigenkapital wäre eine Bank bereit, die benötigen restlichen Mittel zu finanzieren, wenn sie im Gegenzug eine Grundschuld auf das Grundstück der in Aussicht genommenen Tennisanlage erhält. Das benötigte Grundstück möchte der Verein von der Evangelischen Kirche erhalten. Die Kirche ist durchaus bereit, dem Verein das Grundstück langfristig entgeltlich zur Verfügung zu stellen. Eine Übereignung des Grundstücks an den Verein kommt aus grundsätzlichen Überlegungen für die Kirche nicht in Betracht. Steffi und Mark fragen sich, ob es eine Gestaltungslösung gibt, die allen Interessen gerecht wird. ◀

1. Vorbereitende Überlegungen

87

Die einerseits von dem Verein und andererseits von der Kirche gewünschten Regelungsziele ergeben sich deutlich aus der vorstehenden Sachverhaltskonstellation. Der Verein möchte das kirchliche Grundstück dauerhaft als Tennisanlage nutzen und dafür auch ein Entgelt bezahlen. Der Verein kann die Nutzung nur verwirklichen, wenn er als Sicherheit für die benötigte Bankfinanzierung auf dem Gelände eine Grundschuld zugunsten der Bank bestellen kann. Die Kirche ist bereit, dem Verein langfristig die Nutzung des benötigten Geländes entgeltlich zu gestatten. Eine Eigentumsübertragung der Grundstücksfläche auf den Verein kommt aber für die Kirche nicht in Betracht.

2. Entwicklung der Gestaltung
a) Mietvertrag

Es ist zu überlegen, ob die vorstehend skizzierten Interessen von Verein und Kirche im Rahmen eines Mietvertrags angemessen und vollständig berücksichtigt werden können. 88

aa) Sicherung der Dauerhaftigkeit

Wenn der Verein als Mieter die benötigte Grundstücksfläche langfristig von der Kirche anmietet, steht ihm der Gebrauch an der Grundstücksfläche für die Dauer des Mietverhältnisses zu (§ 535 BGB). Im Rahmen des Mietvertrags kann vereinbart werden, dass der Mieter auf seine Kosten für die Dauer des Mietverhältnisses Gebäude auf dem angemieteten Grundstück errichtet. Das Eigentum an solchen Gebäuden wird nicht wesentlicher Bestandteil des Grundstücks, weil sie nur zu einem vorübergehenden Zweck (Nutzung im Rahmen des Mietverhältnisses) mit dem Grund und Boden verbunden sind, vgl. § 95 BGB. 89

Mietverhältnisse können auch durchaus langfristig vereinbart werden. Wird allerdings ein Mietvertrag für eine längere Zeit als dreißig Jahre geschlossen, so kann jede Vertragspartei nach Ablauf von dreißig Jahren nach Überlassung der Mietsache das Mietverhältnis außerordentlich mit der gesetzlichen Frist kündigen, vgl. § 544 S. 1 BGB. Innerhalb einer Laufzeit von dreißig Jahren kann die ordentliche Kündigung während des fest vereinbarten Mietvertragszeitraumes demgemäß ausgeschlossen werden (sog. befristete Mietverträge). 90

bb) Sicherung vor Vermögensverfall des Vermieters

Angesichts der vom Verein beabsichtigten Investitionen ist im Rahmen der allgemeinen Risikovorsorge bei der Vertragsgestaltung zu überlegen, ob die Position des Mieters auch dann gesichert ist, wenn der Vermieter in Vermögensverfall gerät. Angesichts der Kirche als Vermieter ist dieses Risiko zwar eher theoretischer Natur, sollte aber gleichwohl bei jeder Vertragsgestaltung zur Vorsicht zu Ende überlegt werden: 91

Nach dem Grundsatz „Kauf bricht nicht Miete" ergibt sich für den Verein kein Risiko, wenn sich die Kirche späterhin doch entschließen sollte, das Eigentum an dem vermieteten Grundstück zu veräußern, vgl. §§ 578, 566 BGB. Der neue Eigentümer würde kraft Gesetzes zwingend in den Mietvertrag mit dem Verein eintreten. 92

Sollte es zukünftig wider Erwarten zu einer Zwangsversteigerung des Grundstücks kommen, gibt es allerdings Sondervorschriften im ZVG, nach denen der Ersteher eines versteigerten Grundstücks ein außerordentliches Kündigungsrecht hat (vgl. § 57a ZVG). Eine ähnliche Situation wäre im Insolvenzfall gegeben, wenn der Insolvenzverwalter das Grundstück veräußert; auch dann hat der Erwerber ein Sonderkündigungsrecht hinsichtlich des Mietvertrags (vgl. § 111 InsO). Angesichts der Qualität 93 des Vermieters als Vertragspartner (Kirche) erscheint es nicht unvertretbar, derartige theoretische Risiken bei der Entscheidung über die in Betracht kommende Gestaltungslösung unberücksichtigt zu lassen.

cc) Besicherung im Rahmen der Finanzierung

94 Ein Interesse des Vereins ist jedoch noch nicht berücksichtigt, nämlich die Notwendigkeit, der finanzierenden Bank eine Grundschuldsicherheit auf dem Tennisplatzgelände anbieten zu können. Wenn der Verein nur Mieter des Geländes wird, kann er als Nichteigentümer der Bank keine Grundschuld bestellen.[49] Das auf dem Grundstück vom Verein zu errichtende Vereinsheim bleibt zwar als sog. „Scheinbestandteil" im Eigentum des Vereins. An diesem Gebäude ohne Grundstück kann jedoch keine Grundschuld bestellt werden, denn nur ein Grundstück, nicht ein sonstiger Gegenstand, kann entsprechend belastet werden, vgl. § 1191 Abs. 1 BGB.

dd) Ergebnis

95 Die mietvertragliche Lösung würde daher dem Verein zwar ein dauerhaftes Recht zur beabsichtigten Benutzung des Vereinsgeländes verschaffen und für eine in Betracht kommende Nutzungsdauer bis zu dreißig Jahren könnte dem Verein auch eine hinreichend sichere Rechtsposition gewährleistet werden. Die mietvertragliche Lösung bietet dem Verein aber keine Gelegenheit, seine benötigte Bankfinanzierung durch eine Grundschuld auf dem Vereinsgelände abzusichern.

b) Erbbaurecht

96 Den vorstehenden Interessenwiderstreit zwischen dem Interesse eines Eigentümers, einerseits langfristig sein Eigentum zu behalten und andererseits das Grundstück langfristig quasi „dinglich" einem Dritten für dessen Zwecke zur Verfügung zu stellen, hat der Gesetzgeber durch das Instrument des „Erbbaurechts" gelöst.

aa) Wesen und Vorteile des Erbbaurechts

97 Nach § 1 ErbbauRG kann ein Grundstück in der Weise belastet werden, dass demjenigen, zu dessen Gunsten die Belastung erfolgt, das veräußerliche und vererbliche Recht zusteht, auf oder unter der Oberfläche des Grundstücks ein Bauwerk zu errichten und zu haben (Erbbaurecht). Das Erbbaurecht kann auch auf den für das Bauwerk nicht erforderlichen Teil des Grundstücks erstreckt werden, sofern das Bauwerk nur wirtschaftlich die Hauptsache bleibt.[50]

98 Nach § 11 ErbbauRG finden auf das Erbbaurecht die sich auf Grundstücke beziehenden Vorschriften mit Ausnahme der §§ 925, 927, 938 BGB sowie die Vorschriften über die Ansprüche aus dem Eigentum entsprechende Anwendung, sofern sich aus dem Erbbaurechtsgesetz nichts anderes ergibt. Dies bedeutet im Ergebnis, dass das Erbbaurecht nicht nur veräußerlich und vererblich ist, sondern auch selbstständig beleihbar.

99 Die Veräußerung und Beleihung des Erbbaurechts kann zwar von der Zustimmung des Grundstückseigentümers abhängig gemacht werden. Grundsätzlich besteht jedoch ein gesetzlicher Zustimmungsanspruch des Erbbauberechtigten, § 7 Abs. 2 ErbbauRG.

---

49 *Lieder*, in: MünchKommBGB, § 1196 BGB Rn. 10.
50 *Winkler/Schlögel*, in: Handbuch Erbbaurecht, Rn. 29.

Das Erbbaurecht wird im Eigentumsgrundbuch (in Abt. II) als Belastung des Grundeigentums erstrangig eingetragen. Gleichzeitig wird hinsichtlich dieses Erbbaurechts ein neues Grundbuch (sog. Erbbaurechtsgrundbuch) angelegt.[51] Im Bestandsverzeichnis dieses Erbbaurechtsgrundbuchs wird vermerkt, dass auf dem belasteten Grundstück ein Erbbaurecht für eine bestimmte Zeitdauer eingetragen ist. In Abt. I des Erbbaurechtsgrundbuchs wird wie auch beim Eigentumsgrundbuch der Berechtigte, *in concreto* also der Erbbaurechtsinhaber eingetragen. In Abt. II des Erbbaurechtsgrundbuchs wird eingetragen, welchen regelmäßig wiederkehrenden Erbbauzins der Erbbauberechtigte an den Grundstückseigentümer zu zahlen hat; üblich sind hier vierteljährliche, halbjährliche oder jährliche Erbbauzinszahlungen. Der Erbbauzins wird üblicherweise nach einem angemessenen Jahreszins auf Basis des Grundstückswerts kalkuliert. In Abt. III des Erbbaurechtsgrundbuchs werden dann die auf dem Erbbaurecht eingetragenen Grundpfandrechte (zB Grundschulden) eingetragen.

100

Das Erbbaurecht wird regelmäßig für einen längeren Zeitraum bestellt. In der Praxis üblich sind durchaus Erbbaurechtszeiträume von mehreren Jahrzehnten, zumeist entsprechend der mutmaßlichen Lebensdauer des vom Erbbauberechtigten zu errichtenden Gebäudes.[52] Während der vereinbarten Laufzeit für das Erbbaurecht kann weder der Grundstückseigentümer noch der Erbbauberechtigte das Erbbaurecht in irgendeiner Weise kündigen. Beide Vertragsparteien haben daher im Grundsatz Rechtssicherheit, dass die Vereinbarung über das Erbbaurecht bis zum Ende der vereinbarten Laufzeit erfüllt wird. Wenn das Erbbaurecht durch Ablauf des vereinbarten Zeitraums erlischt, hat der Grundstückseigentümer dem Erbbauberechtigten eine Entschädigung für das Bauwerk zu leisten. Als Inhalt des Erbbaurechts können Vereinbarungen über die Höhe der Entschädigung und die Art ihrer Zahlung sowie auch über ihre Ausschließung getroffen werden (vgl. § 27 ErbbauRG).

101

Gem. § 10 ErbbauRG wird das Erbbaurecht immer an ausschließlich erster Rangstelle im Eigentumsgrundbuch eingetragen. Der Erbbauberechtigte ist demnach auch gegenüber Zwangsversteigerungen des Eigentums am Grundstück geschützt. Da das Erbbaurecht allen anderen Rechten, aus denen ggf. die Zwangsversteigerung betrieben wird, vorgeht, bleibt das Erbbaurecht auch im Falle einer Zwangsversteigerung des Eigentums am Grundstück bestehen.[53] Der Ersteigerer des Grundstücks als neuer Eigentümer muss weiterhin das Erbbaurecht respektieren und den Erbbaurechtsvertrag erfüllen.

102

Wenn der Erbbauberechtigte seinen Verpflichtungen zur Zahlung des regelmäßigen Erbbauzinses nicht nachkommt, kann der Grundstückseigentümer letztlich auch vorzeitig das Erbbaurechtsverhältnis beenden. Anders als bei einem Mietverhältnis, bei dem zB bereits dann fristlos gekündigt werden kann, wenn der Mieter sich mit zwei aufeinanderfolgenden Terminen mit der Entrichtung der Miete im Zahlungsverzug befindet (vgl. § 543 Abs. 2 Nr. 3 BGB), gelten beim Erbbaurecht im Interesse der möglichen Aufrechterhaltung der langfristigen Bindung des Erbbaurechts ganz andere Fristen: Wegen Zahlungsverzugs des Erbbauberechtigten kann der Grundstückseigentümer die vorzeitige Rückgabe des Erbbaurechts (sog. Heimfall) nur dann verlangen, wenn der Erbbauberechtigte mit dem Erbbauzins mindestens in Höhe zweier Jahresbeträge im Rückstand ist, vgl. § 9 Abs. 4 ErbbauRG.

103

---

51 *Maaß*, in: Würzburger Notarhandbuch, Teil 2, Kap. 5 Rn. 13.
52 *Winkler*, in: Münchener Vertragshandbuch, Bd. 5 Formular V.1. Anm. 4.
53 *Winkler/Schlögel*, in: Handbuch Erbbaurecht, § 5 Rn. 191.

bb) Ergebnis

104 Der Abschluss eines Erbbaurechtsvertrags zwischen der Kirche als Eigentümerin des Grundstücks und dem Verein als Erbbaurechtsnehmer über den gewünschten längeren Zeitraum und gegen Zahlung eines regelmäßig wiederkehrenden Erbbauzinses würde daher alle Interessen der Beteiligten am besten berücksichtigen:

- Die Kirche würde das Eigentum am Grundstück nicht verlieren.
- Der Verein hätte während der Dauer des Erbbaurechts die dingliche Sicherung, dass ihm die Nutzung des Grundstücks nicht entzogen werden kann, solange er seinen Verpflichtungen nachkommt.
- Der Verein kann der finanzierenden Bank eine Grundschuld auf dem Erbbaurecht einräumen, so dass auch die Finanzierbarkeit des geplanten Bauwerks auf dem Gelände (Vereinshaus) erreicht werden kann.

105 ▶ **Skizzierung des Erbbaurechtsvertrags**

Die Eckpunkte des zwischen dem Verein und der Kirche abzuschließenden Erbbaurechtsvertrags können wie folgt skizziert werden:

§ 1

Die Kirche bestellt dem Verein als Erbbaurechtsnehmer an einem näher bezeichneten Grundstück zwecks Errichtung einer Tennisanlage mit Vereinshaus nach Maßgabe näherer Darstellung in den anliegenden Plänen ein Erbbaurecht für die Dauer von … Jahren.

§ 2

Als Erbbauzins zahlt der Verein an die Kirche jährlich … EUR.

§ 3

Mit Rücksicht auf die lange Laufzeit des Erbbaurechts verpflichten sich die Parteien, den Erbbauzins jeweils den veränderten wirtschaftlichen Verhältnissen anzupassen. Demzufolge wird auf Basis des vom Statistischen Bundesamt festgestellten Verbraucherpreisindex eine Indexierung des Erbbauzinses vereinbart.

§ 4

Der Besitzübergang an der Erbbaurechtsfläche erfolgt zu einem zu vereinbarenden Zeitpunkt.

§ 5

Der Erbbauberechtigte hat die beabsichtigte Tennisanlage einschließlich Vereinshaus entsprechend den vorgelegten Plänen zu verwirklichen und bis zu einem bestimmten Zeitpunkt gebrauchsfertig herzustellen.

§ 6

Der Erbbauberechtigte bedarf zur Veräußerung und Belastung des Erbbaurechts der Zustimmung der Kirche. Die Kirche erteilt bereits vorab die Zustimmung zur Belastung des Erbbaurechts mit einer Grundschuld in Höhe von … EUR zur Absicherung der Finanzierung für den Bau der Tennisanlage.

Üblich sind dann noch weitere, erbbauspezifische Regelungen, die aber nicht den wesentlichen Inhalt des Vertragswerkes ausmachen.[54] ◀

---

[54] Wegen weiterer Details und Muster zum Erbbauvertrag vgl. die Formularbücher über Erbbaurechtverträge, zB *Ott*, in: Beck'sches Formularbuch Bürgerliches, Handels- und Wirtschaftsrecht, Formular IV.B.1 und *Winkler* in: Münchener Vertragshandbuch Bd. 5 Formular V.1-6.

§ 17 Vertragsgestaltung im Vereinsrecht

I. Überblick

Bei Vereinen iSd BGB handelt es sich um auf Dauer angelegte Zusammenschlüsse mehrerer Personen mit körperschaftlicher Verfassung zur Verwirklichung eines gemeinsamen Zweckes. Kennzeichnend ist, dass sich die körperschaftliche Organisation in einem Gesamtnamen, in der Vertretung durch einen Vorstand und in der Unabhängigkeit vom Wechsel der Mitglieder äußert. Sie sind in nahezu allen gesellschaftlichen Bereichen des Lebens anzutreffen. Die Spannweite vorkommender Vereinszwecke entspricht der Vielfalt gesellschaftlicher Betätigung und reicht von Sportvereinen und Vereinen zur Freizeitgestaltung über Vereine zur Förderung von Kunst, Kultur und Forschung bis hin zu Vereinen mit politischen und sozialpolitischen Zwecken.

Die Vielfalt der möglichen Vereinszwecke kommt durch die im Rechtsleben anzutreffende Anzahl von Vereinen zum Ausdruck. Im Jahre 2014 waren in Deutschland 588.801 Vereine in den Vereinsregistern der Amtsgerichte eingetragen.[1] Davon entfielen rund 25 % auf den Vereinszweck „Sport", rund 18 % auf die Vereinszwecke „Kultur/Medien" und 14 % auf die Vereinszwecke „Bildung und Erziehung"; jeweils rund 8 % entfielen auf die Vereinszwecke „Soziale Dienste" und „Freizeit/Geselligkeit".[2] Für das Jahr 1997 ist die Zahl der in Vereinen organisierten Personen bereits auf rund 41 Millionen geschätzt worden.[3] Große Vereine wie zB der ADAC oder der FC Bayern e.V. erzielen Jahresumsätze im dreistelligen Millionenbereich.[4] Etwa die Hälfte aller 2014 in Deutschland eingetragenen Vereine sind gemeinnützig.[5]

Angesichts des breiten Anwendungsbereiches und der zahlenmäßig starken Verbreitung von Vereinen spielt die Betreuung von Vereinen bei ihrer Gründung und während des Vereinslebens für die Vertragsgestaltung eine wesentliche Rolle. Im Vordergrund steht dabei der sog. **rechtsfähige Verein**, der seine Rechtsfähigkeit durch Eintragung in das Vereinsregister des zuständigen Amtsgerichts erlangt, vgl. § 21 BGB. Davon zu unterscheiden ist der sog. **nicht rechtsfähige Verein**, für den gem. § 54 BGB prinzipiell die Vorschriften über die BGB-Gesellschaft Anwendung finden.

II. Vereinsgründung

▶ Gestaltungsaufgabe: Tennisverein

Steffi und Mark sind in ihrer Freizeit zu engagierten Tennisspielern geworden und haben zahlreiche Gleichgesinnte kennengelernt. Gespielt wurde bislang nur auf gemieteten Plätzen. Eines Abends beim „après-Tennis" kommt die Idee auf, einen eigenen Tennisverein zu gründen. Einer der Anwesenden, ein wohlhabender Unternehmer, erklärt sich spontan bereit, einen großen Teil der Kosten einer eigenen Tennisanlage durch eine Spende zu finanzieren. Ein anderer kennt ein Gelände, das wohl für eine neue Tennisanlage gegen relativ erschwingliche Beträge zur Verfügung stehen würde. Am Ende der Diskussion sind alle Anwesenden von der Idee eines „eigenen" Tennisvereins mit eigener Tennisanlage begeistert. Alle sagen zu, sich jeweils angemessen an den Aufbaukosten beteiligen zu wollen. Auch

---

1 *Reichert*, Vereins- und Verbandsrecht, S. 1.
2 *Beuthien*, in: Münchener Handbuch des Gesellschaftsrechts, Bd. 5, § 1 Rn. 2.
3 Neudert/Waldner, in: Sauter/Schweyer/Waldner, Rn. 1.
4 Vgl. *Heidel/Lochner*, in: NK-BGB, Vor. §§ 21 Rn. 23.
5 Krauß, in: Kersten/Bühling § 114 Rn. 33 ff.

die Idee einer teilweisen Fremdfinanzierung der Baukosten für die Tennisanlage wird zur Diskussion gestellt.

Auf Bitten Aller erklären sich Steffi und Mark nach einigem Zögern bereit, die Voraussetzungen und die Möglichkeit einer Vereinsgründung mit den in Aussicht genommenen Zielen zu prüfen und ggf. alles Nötige für die Vereinsgründung und die weiteren Schritte vorzubereiten. ◀

1. Vorbereitende Überlegungen

5   Steffi und Mark werden sehr schnell merken, dass die erfolgreiche Vorbereitung einer Vereinsgründung und die detaillierte Prüfung, ob die Wünsche und Ziele, die in der netten „après-Tennis-Runde" formuliert worden sind, auch realisierbar erscheinen, mit einem hohen Arbeitsaufwand verbunden sind. Steffi und Mark müssen sich nicht nur Gedanken über die einzelnen rechtlichen Voraussetzungen und Schrittfolgen machen, sondern sie müssen auch ganz praktisch überlegen, ob das Vorhaben wirtschaftlich realisierbar ist, dh ob zB ein passendes Gelände für eine neue Tennisanlage angemietet oder erworben werden kann und ob die Kosten für den Bau einer solchen Anlage finanziert werden können. Dieser Arbeitsaufwand wird Steffi und Mark nicht honoriert, weil sie nicht als externe Berater beauftragt worden sind, sondern als evtl. künftige Mitglieder des Vereins, die dann auch möglicherweise weiterhin ehrenamtlich als Vorstandsmitglieder zur Verfügung stehen sollen.

6   In den seltensten Fällen wird es dazu kommen, dass die Vorbereitungsarbeiten für die rechtliche und wirtschaftliche Gründung eines Vereins auf sachverständige Dritte (zB Rechtsanwälte, Wirtschaftsprüfer, Steuerberater) übertragen werden. Dies liegt zumeist darin begründet, dass schon die notwendigen Mittel nicht zur Verfügung stehen, um derartige Berater zu bezahlen. Häufig wird der anwaltliche Vertragsgestalter, der an sich nur mit der Vorbereitung der Vereinssatzung und/oder der Vereinsanmeldung zum Vereinsregister befasst werden soll, in zusätzliche Aufgaben „hineingedrängt". Dies geht von der Moderation verschiedener Gründungsversammlungen bis hin zur Verhandlungsführung über die Realisierbarkeit der wirtschaftlichen Vereinsziele.

7   Jeder Anwalt ist in diesem Zusammenhang gut beraten, den Inhalt und die Grenzen seiner Beauftragung klar mit den Mandanten festzulegen und insbesondere auch in völliger Offenheit und Transparenz klarzumachen, dass seine Arbeitszeit angemessen honoriert werden muss. Dies ist deshalb besonders zu betonen, weil die auf der anderen Seite tätigen künftigen Mitglieder des Vereins alle ehrenamtlich tätig sind und nur zu leicht auch die Erwartungshaltung haben, dass sich externe Berater der Gründungseuphorie und Begeisterung ohne Weiteres und damit auch ehrenamtlich anschließen würden.

2. Entwicklung der Gestaltung

a) Rechtliche Struktur des Vereins

aa) Abgrenzung des Idealvereins von einem wirtschaftlichen Verein

8   Hinsichtlich der rechtlichen Struktur des Vereins müssen Steffi und Mark überlegen, ob ein sog. eingetragener Verein gem. §§ 55 ff. BGB gegründet werden soll oder ob es bei einem sog. „nichtrechtsfähigen Verein" im Sinne von § 54 BGB verbleiben soll. Da der Verein letztlich der Förderung des Tennissports dienen soll, ist sein Zweck nicht auf einen wirtschaftlichen Geschäftsbetrieb gerichtet. Er könnte daher nach § 21 BGB

Rechtsfähigkeit durch Eintragung in das Vereinsregister des für seinen Sitz zuständigen Amtsgerichts erhalten und wäre damit dann ein „eingetragener Verein" (vgl. § 21 BGB).

Vereine, deren Zweck auf einen wirtschaftlichen Geschäftsbetrieb gerichtet ist, soll es nach der Konzeption des BGB möglichst nicht geben.[6] Solche Vereine würden nur durch besondere staatliche Verleihung Rechtsfähigkeit erlangen (vgl. § 22 BGB). Körperschaften, deren Zweck auf einen wirtschaftlichen Geschäftsbetrieb gerichtet ist, sollen sich nach dem Willen des BGB-Gesetzgebers nicht in Form eines Vereins konstituieren, sondern sollen die bereitgestellten Rechtsformen für Handelsgesellschaften, insbesondere GmbH oder AG, wählen. Zwar finden gem. § 54 BGB auf einen nichtrechtsfähigen Verein prinzipiell die Vorschriften über die BGB-Gesellschaft (§§ 705 ff. BGB) Anwendung. Entgegen dem Gesetzeswortlaut wendet die ganz hM die §§ 21 ff. BGB auf den nicht rechtsfähigen Verein analog an, mit Ausnahme der Vorschriften, die Rechtsfähigkeit voraussetzen.[7] Dies ist aber auch nicht mehr von tragender Bedeutung, seitdem die Rechtsprechung und ihr folgend die ganz hM auch die nach außen auftretende BGB-Gesellschaft als rechtsfähig ansieht.[8] Deutlicher wäre es daher vom „nicht eingetragenen" Verein zu sprechen statt vom „nichtrechtsfähigen" Verein.[9] Wesentliches Unterscheidungskriterium ist die Frage der persönlichen Haftung der Vereinsmitglieder und/oder der für den Verein handelnden Personen.

9

bb) Persönliche Haftung

Für alle Rechtsgeschäfte, die im Namen eines nichtrechtsfähigen Vereins abgeschlossen werden, haften der oder die handelnden Personen persönlich, § 54 S. 2 BGB, während die Haftung der Vereinsmitglieder idR auf das Vereinsvermögen begrenzt ist.[10]

10

Eine solche persönliche Haftung liegt weder im Interesse von Steffi und Mark noch im Interesse der anderen evtl. künftigen Vereinsmitglieder. Bei einem durch Eintragung in das zuständige Vereinsregister rechtsfähig gewordenen Verein gibt es diese persönliche Haftung der für den Verein Handelnden nicht. Der rechtsfähige Verein ist eine eigenständige juristische Person, so dass er als solcher auch Träger von Rechten und Pflichten sein kann. Die in seinem Namen begründeten Verbindlichkeiten verpflichten daher nur den Verein mit seinem Vereinsvermögen. Es müssen daher besondere Tatbestände hinzukommen, um eine persönliche Haftung der Vereinsvertreter zu bewirken, zB eigenständige Deliktshaftung oder u.a. Haftung wegen Insolvenzverschleppung. Die Haftung ehrenamtlicher Vorstandsmitglieder ist zudem auf Vorsatz und grobe Fahrlässigkeit beschränkt, vgl. § 31a BGB. Vor allem aus diesem Grund werden sich Steffi und Mark für die Gründung eines rechtsfähigen Vereins entscheiden.

11

---

6 Denn Verbände, die eine wirtschaftliche Betätigung bezwecken, sollen vorrangig die für die zugeschnittenen Rechtsformen der AG, KGaA, GmbH oder eingetragene Genossenschaft wählen, vgl. *Katschinski*, in: Würzburger Notarhandbuch, Teil 5, Kap. 1 Rn. 6.
7 *Gummert*, in: Münchener Handbuch des Gesellschaftsrechtes, Bd. 5 § 11 Rn. 3; *Ellenberger*, in: Grüneberg, § 54 Rn. 1.
8 BGH NJW 2001, 1056; *Westermann*, in: Erman, Vor. § 705 BGB Rn. 17 ff.
9 *Neudert/Waldner*, in: Sauter/Schweyer/Waldner, Rn. 618 ff.
10 Vgl. *Neudert/Waldner*, in: Sauter/Schweyer/Waldner, Rn. 618 ff; *Westermann*, in: Erman, § 54 Rn. 9.

cc) Gründung

12   Die Gründung eines rechtsfähigen Vereins erfordert mindestens sieben Gründungsmitglieder, § 56 BGB. Die Satzung muss zwingend Regelungen über den Zweck, den Namen und den Sitz des Vereins enthalten. Darüber hinaus sind Bestimmungen über Eintritt und Austritt der Mitglieder, Mitgliedsbeiträge, Bildung des Vorstands und die Berufung von Mitgliederversammlungen, §§ 57, 58 BGB notwendig.

dd) Eintragung

13   Zur Eintragung in das Vereinsregister und damit zur Rechtsfähigkeit gelangt der Verein, indem er von den im Rahmen der Gründung gewählten Vorstandsmitgliedern in vertretungsberechtigter Form angemeldet wird. Die Vereinsregisteranmeldung bedarf notarieller Beglaubigung. Zusammen mit der Anmeldung ist eine Abschrift der von mindestens sieben Mitgliedern unterschriebenen Satzung einzureichen (vgl. § 59 Abs. 2, 3 BGB) und auch die Urkunde über die Bestellung des Vorstands, was zweckmäßigerweise in einem sog. Gründungsprotokoll geschieht.[11]

ee) Vereinsname

14   Während der Zweck des Vereins bereits relativ eindeutig feststeht, müssen Steffi und Mark sich daher Gedanken über einen künftigen Vereinsnamen machen. Der Sitz des Vereins wird sich aus dem Ort des künftigen Vereinsgeländes ergeben. Da der Verein zweckmäßigerweise bereits im Vorstadium zu gründen ist, müssten mindestens vorübergehend der Wohnort und die Privatanschrift eines künftigen Vereinsvorstands als Sitz des Vereins und Anschrift des Vereins dienen.

ff) Mitgliederwechsel

15   Steffi und Mark müssten sich dann darüber Gedanken machen, wie in der Satzung die Aufnahme weiterer Mitglieder zu regeln ist und unter welchen Voraussetzungen und Fristen ggf. Mitglieder wieder austreten können.

16   Neben dem Austritt von Vereinsmitgliedern sollte eine vollständige Vereinssatzung auch Vorschriften darüber enthalten, dass Vereinsmitglieder aus bestimmten Gründen durch Beschlussfassung des Vorstands und/oder der Mitgliederversammlung ausgeschlossen werden können. Dies kann zB dann zweckmäßig sein, wenn Vereinsmitglieder nachhaltig ihre finanziellen Verpflichtungen gegenüber dem Verein nicht erfüllen oder wenn sie ansonsten schuldhaft in grober Weise die Interessen des Vereins verletzen, insbesondere durch ein persönliches Verhalten, das ein Miteinander mit ihnen im Vereinsleben dauerhaft unzumutbar macht.[12]

17   Anders als im Gesellschaftsrecht braucht bei dem rechtsfähigen Verein nicht geregelt zu werden, ob und welche Abfindungen aus dem Vereinsvermögen ausscheidende Mitglieder erhalten. Solche Abfindungen kommen nämlich von vornherein denkgesetzlich nicht in Betracht. Die Mitglieder sind nicht am Vereinsvermögen beteiligt und ihre Mitgliedschaft als solche stellt keinen wirtschaftlichen Wert dar, der abzufinden wäre. Nach § 38 BGB ist die Mitgliedschaft nicht übertragbar und nicht vererblich.

---

11   *Knof, in:* Münchener Handbuch des Gesellschaftsrechtes, Bd. 5 § 15 Rn. 36; *Neudert/Waldner*, in: Sauter/Schweyer/Waldner, Rn. 631; Muster bei *Katschinski*, in: Würzburger Notarhandbuch, Teil 5 Kap 1 Rn. 41.
12   *Waldner*, in: Beck'sches Notar-Handbuch, § 18 Rn. 14.

gg) Finanzierung

Von zentraler Bedeutung dürfte für Steffi und Mark sein, wie die Aufbringung der notwendigen Finanzmittel zur Errichtung der eigenen Tennisanlage strukturiert und geregelt werden kann. Einzelheiten ließen sich naturgemäß erst dann festlegen, wenn auch die wirtschaftliche Planung dieses Bauvorhabens im Detail vorgenommen worden ist. Angesichts der Äußerungen bei dem Vorgespräch zur Vereinsgründung können Steffi und Mark davon ausgehen, dass zumindest einige wohlhabende künftige Vereinsmitglieder bereit sind, Spenden für den Verein zu leisten. Alle künftigen Vereinsmitglieder sind sicherlich bereit, Mitgliedsbeiträge zu bezahlen. Evtl. lässt sich auch ein kleinerer Teil der Aufwendungen durch eine Bank finanzieren. Es bleibt dann abzuwarten, welche Sicherheiten die Bank für eine solche Finanzierung wünscht und ob solche Sicherheiten aus dem künftigen Vereinsvermögen zur Verfügung gestellt werden können.

hh) Gemeinnützigkeit

Bei der Frage des Einwerbens möglichst hoher künftiger Spenden durch Vereinsmitglieder oder sonstige Sponsoren wird sich für Steffi und Mark sehr schnell die Entscheidung aufdrängen, den künftigen Verein als sog. **gemeinnützigen** Verein zu gründen. Ein sog. gemeinnütziger Verein ist nämlich von der Körperschaft-, Gewerbe-, Grund- und Erbschaftsteuer befreit und die ggf. von ihm zu zahlende Umsatzsteuer reduziert sich auf einen ermäßigten Steuersatz; vor allem können Spenden und Mitgliedsbeiträge zur Förderung steuerbegünstigter Zwecke in bestimmten Grenzen steuerlich als Sonderausgaben abgezogen werden (vgl. im Einzelnen zB § 10b EStG).[13] Gemeinnützig ist ein Verein dann, wenn er selbstlos, ausschließlich und unmittelbar steuerbegünstigte Zwecke iSd §§ 51 ff. AO verfolgt. Unter anderem auch die Förderung des Sports gilt als ein solcher gemeinnütziger Zweck, § 52 Abs. 2 Nr. 21 AO.[14]

Steffi und Mark werden für den in Aussicht genommenen Verein nur dann nennenswerte Spenden einwerben können, wenn sie den Spendern die steuerliche Abzugsfähigkeit in Aussicht stellen können. Sie müssen daher darauf bedacht sein, den Verein von vornherein als gemeinnützigen Verein zur Förderung des Tennissports zu gründen.

Die Anerkennung der Steuerbegünstigungen für einen gemeinnützigen Verein setzt voraus, dass die Satzung bestimmten Anforderungen der Finanzverwaltung entspricht. Seit dem Jahre 2009 ist in § 60 Abs. 1 S. 2 AO vorgeschrieben, dass die Satzung diejenigen Bestimmungen enthalten muss, die als Anlage 1 zu § 60 AO aufgelistet worden sind.[15]

ii) Bildung des Vorstands und Aufgabenverteilung

Steffi und Mark müssen sich schließlich darüber Gedanken machen, wie der künftige Vorstand des Vereins gebildet werden soll und welche Personen ggf. dafür zur Verfügung stehen würden.

---

13 Vgl. im Einzelnen für die Voraussetzungen und Rechtsfolgen eines gemeinnützigen Vereins *Weidmann*, in: Beck'sches Formularbuch Bürgerliches, Handels- und Wirtschaftsrecht, Formular I.6. Anm. 4; *Neudert/Waldner*, in: Sauter/Schweyer/Waldner, Rn. 460 ff.
14 Vgl. zu speziellen Satzungsbestandteilen zwecks Erlangung der Gemeinnützigkeit *Krauß*, in: Kersten/Bühling, § 114 Rn. 35.
15 *Gersch*, in: Klein, § 60 AO Rn. 1 f.; *Krauß* aaO.

23 Die zweckmäßige Aufgabenverteilung zwischen Vorstand und Mitgliederversammlung müsste diskutiert und geregelt werden. Nach der gesetzlichen Vorgabe werden die Angelegenheiten des Vereins durch Beschlussfassung in der Mitgliederversammlung geregelt, soweit diese Angelegenheiten nicht vom Vorstand oder einem anderen Vereinsorgan (zB ein Kuratorium oder Aufsichtsrat) zu besorgen sind (§ 32 BGB).

jj) Satzungsänderungen

24 Schließlich sollten sich Steffi und Mark auch Gedanken darüber machen, unter welchen Voraussetzungen künftig die Satzung des Vereins geändert werden kann und ob es tatsächlich bei der gesetzlichen Regelung in § 33 Abs. 1 S. 2 BGB bleiben soll, dass zur Änderung des Vereinszwecks die Zustimmung stets aller Mitglieder erforderlich ist. Hier könnte sich anbieten, die Voraussetzungen für eine Satzungsänderung gegenüber der gesetzlichen Regelung in § 33 BGB zu reduzieren. Im Laufe eines langen Vereinslebens kann es auch immer wieder Situationen geben, in denen der Vereinszweck zu ändern oder zu ergänzen ist. Da sich insofern eine Einstimmigkeit bei vielen Vereinsmitgliedern kaum jemals erreichen lässt, könnte es auch zweckmäßig sein, in Abweichung von § 33 Abs. 1 S. 2 eine Zweckänderung schon dann zu bewirken, wenn die Voraussetzungen für eine „einfache" Satzungsänderung erreicht sind.

kk) Ergebnis

25 Die vorstehend skizzierten Rechtsformüberlegungen werden für Steffi und Mark zu der Erkenntnis führen, dass es sich anbietet, einen gemeinnützigen Verein zum Zwecke der Förderung des Tennissports zu gründen. Der Verein wäre selbstständiger Träger von Rechten und Pflichten und könnte – vertreten durch seinen Vorstand – die erforderlichen Vereinbarungen zur Errichtung und Finanzierung der geplanten Tennisanlage vornehmen.

b) Realisierbarkeit der Vereinsziele

26 Nachdem Steffi und Mark aufgrund der vorstehenden Vorüberlegungen wissen, dass ggf. ein gemeinnütziger Verein zur Gründung in Betracht kommt, müssen sie im Folgenden durch entsprechende Verhandlungen mit den Beteiligten klären, ob die geplanten Vereinsziele auch wirtschaftlich und tatsächlich erreicht werden können.

27 Steffi und Mark müssen sich zunächst einmal darum kümmern, ob es tatsächlich gelingen könnte, ein passendes Gelände für die neue Vereinsanlage zu finden und ob es zu wirtschaftlich möglichen Konditionen gelingt. Zur Vermeidung einer eigenen persönlichen Haftung (§ 54 S. 2 BGB) dürfen Steffi und Mark insoweit noch keine abschließenden Vereinbarungen treffen, sondern nur die konkrete Bereitschaft der Beteiligten ausloten, ob diese mit dem geplanten und gemeinnützigen Verein entsprechende Vereinbarungen treffen würden. Steffi und Mark müssen dann mit entsprechenden Fachleuten (Architekten, Sportstättenplanern etc.) Kontakt aufnehmen, um zumindest im Groben abzuklären, welche Kosten für eine in Aussicht genommene Tennisanlage nebst Vereinshaus anfallen würden. In dieser Phase wird es auch dazu kommen, dass solche Planungen bereits Kosten verursachen. Steffi und Mark müssen hier durch entsprechende Vereinbarungen mit ihren künftigen weiteren Vereinsmitgliedern Vorsorge dafür treffen, dass sie nicht allein auf diesen Vorgründungskosten „sitzen bleiben",

sondern dass diese Kosten auf alle künftigen Vereinsmitglieder anteilig umgelegt werden.

Wenn Klarheit besteht, dass ein in Aussicht genommenes Gelände zur Verfügung stehen wird und wenn zumindest im Groben auch Klarheit über die Kosten der in Aussicht genommenen Tennisanlage vorliegt, dann ist für Steffi und Mark im nächsten Schritt zu klären, wie diese Kosten und auch der künftige Betrieb der Tennisanlage finanziert werden sollen. Die laufenden künftigen Kosten des Tennisanlagenbetriebs können nach Bezahlung der Aufbaukosten sicherlich im Wesentlichen durch laufende Mitgliedsbeiträge der Vereinsmitglieder finanziert werden. Schwieriger dürfte die Frage sein, wie die Kosten für den Bau der Tennisanlage finanziert werden können.

Da der Verein gemeinnützig sein soll, bestehen sicherlich gute Aussichten, einige nennenswerte Spendenbeiträge einzuwerben, weil diese Beiträge auch für die Spender steuerlich abzugsfähig sind.[16] Ansonsten muss geprüft werden, ob die Vereinsmitglieder objektiv und subjektiv bereit und willens sind, die Aufbaukosten im Wesentlichen durch verlorene Baukostenzuschüsse zugunsten des Vereins oder durch sonstige eigenkapitalähnliche Maßnahmen zu finanzieren. Kreditinstitute werden einem Verein, der über keine nennenswerten Einnahmen verfügt, sondern dessen Mitgliedsbeiträge regelmäßig nur die laufenden Aufwendungen decken, nur äußerst zögerlich einen Kredit zur Verfügung stellen und insbesondere nur dann, wenn dieser Kredit erstklassig abgesichert ist. Wenn daher nicht doch die Vereinsmitglieder in Form von persönlichen Bürgschaften für die Verpflichtungen des Vereins haften sollen, muss daher darauf geachtet werden, dass die Eigenkapitalausstattung des Vereins entsprechend hoch ist.

Wenn die Vorgespräche zwischen Steffi und Mark einerseits und den Beteiligten andererseits zu dem Ergebnis geführt haben, dass es tatsächlich möglich ist, mit dem geplanten gemeinnützigen Verein auf einem eigenständig genutzten Gelände eine neue Tennisanlage zu errichten, dann erscheint es lohnenswert, die konkrete Gründung des rechtsfähigen gemeinnützigen Vereins voranzutreiben.

c) Gründungsvorbereitungen

Die eigentliche Gründung eines Vereins besteht in der Einigung der Gründungsmitglieder, dass eine zweckmäßigerweise schriftlich vorliegende Satzung mit ihrem Inhalt verbindlich sein soll und der Verein mit der entsprechenden Unterzeichnung der Satzung durch mindestens sieben Gründungsmitglieder ins Leben treten soll.[17] Damit der Verein zum Vereinsregister angemeldet werden kann, muss im Zusammenhang mit der Feststellung der Satzung und entsprechend ihrem Inhalt der Vereinsvorstand bestellt werden. Da alle Beteiligten bei Unterzeichnung der Satzung zweckmäßigerweise anwesend sind, bietet es sich auch an, durch den oder die Vorstandsmitglieder gleichzeitig die Anmeldung zum Vereinsregister zu unterzeichnen und ihre Unterschriften notariell beglaubigen zu lassen.

Nur ein unerfahrener rechtlicher Berater wird sich auf das Risiko einlassen, unvorbereitet in eine Gründungsversammlung eines neu zu errichtenden rechtsfähigen Vereins zu gehen und dort zu versuchen, die Inhalte einer Satzung festzulegen und die sons-

---

16 Vgl. im Einzelnen *Neudert/Waldner*, in: Sauter/Schweyer/Waldner, Rn. 538a.
17 Vgl. zu den weiteren Einzelheiten des Gründungsaktes eines eingetragenen Vereines: *Neudert/Waldner*, in: Sauter/Schweyer/Waldner, Rn. 8 ff.; *Knof*, in: Münchener Handbuch des Gesellschaftsrechts, Bd. 5 § 15 Rn. 25.

tigen zur Vereinsgründung erforderlichen formellen Voraussetzungen zu schaffen. Zumindest wenn ein etwas größerer Personenkreis anwesend ist, werden in solchen Versammlungen die unterschiedlichsten Vorstellungen über Satzungsinhalte und zweckmäßige Satzungsregelungen geäußert. Selbst wenn es gelingt, daraus einen einheitlichen Text zu verfassen, so ist das Risiko doch sehr groß, dass entweder die steuerlichen Vorgaben für den gemeinnützigen Verein iSv § 60 AO oder die zivilrechtlichen Satzungsanforderungen der §§ 56 ff. BGB nicht eingehalten werden, was gem. § 60 BGB zur Zurückweisung der Vereinsregisteranmeldung führt.

33 Steffi und Mark werden daher gut beraten sein, wenn sie in verschiedenen Gesprächsrunden mit den in Aussicht genommenen Gründungsmitgliedern den Inhalt der künftigen Satzung diskutieren und festlegen. Dies kann nur auf der Basis der steuerlichen Mustersatzung gem. § 60 AO geschehen und unter Berücksichtigung der zahlreichen Formulierungsvorschläge für Satzungen eingetragener Idealvereine.[18]

34 In diesen Vorgründungsgesprächen sollte nicht nur der Satzungsinhalt, sondern auch gleichzeitig darüber abgestimmt werden, welche Personen als Vorstandsmitglieder zur Verfügung stehen und von der großen Mehrheit der Gründungsmitglieder gewählt werden. Schließlich ist auch die entscheidende Frage im Kreis der Gründungsmitglieder abzustimmen, welche wirtschaftlichen Beiträge insgesamt aufgebracht werden.

35 Steffi und Mark werden sodann auf der Basis dieser Vorabstimmungen die in Aussicht genommene Satzung inhaltlich festlegen und vorsorglich den Satzungsinhalt mit dem zuständigen Finanzamt abstimmen, damit es späterhin bei der Anerkennung der Gemeinnützigkeit des Vereins keine Probleme gibt.

36 Wenn die für die Gründung relevanten Vorfragen im Kreis der Gründungsmitglieder und der zuständigen Beteiligten abgestimmt sind, also der Inhalt der Gründungssatzung, die Zahl und die Personen der Vorstandsmitglieder und die Festlegung der wirtschaftlichen Beiträge der Mitglieder, kann dann die sog. **Gründungsversammlung** stattfinden.

d) Gründungsversammlung

37 In der Gründungsversammlung dokumentieren die Gründungsmitglieder ihre abschließende Einigung über einen bestimmten schriftlich vorliegenden Satzungsinhalt und demgemäß ihre Bereitschaft zur gemeinsamen Gründung eines in das Vereinsregister einzutragenden Vereins. Die entsprechend vorliegende Satzung wird durch mindestens sieben Gründungsmitglieder unterzeichnet.

38 Im Anschluss daran wählen die Gründungsmitglieder entsprechend den Vorschriften der soeben festgestellten Satzung die Mitglieder des Vereinsvorstands.

39 Sofern dann nicht noch weitere Festlegungen zwischen den Gründungsmitgliedern zu treffen sind, zB über wirtschaftliche Beiträge der Mitglieder für den Verein, unterzeichnen die Vorstandsmitglieder im Anschluss daran die vorbereitete Vereinsregisteranmeldung. Zwecks sofortiger notarieller Beglaubigung der Unterschriften kann für das Ende der Gründungsversammlung ein Notar hinzugezogen werden. Der Vereinsregisteranmeldung werden die unterschriebene Satzung und das vom Versammlungsleiter/Protokollführer unterschriebene Gründungsprotokoll beigefügt. Mit der Eintra-

---

[18] ZB *Weidmann*, in: Beck'sches Formularbuch Bürgerliches, Handels- und Wirtschaftsrecht, Formular I.6., Anm. 4; *Neudert/Waldner*, in: Sauter/Schweyer/Waldner, Rn. 627 ff.

gung des Vereins im Vereinsregister erhält der Verein dann seine Rechtsfähigkeit und den Zusatz „eingetragener Verein".

e) Gründungsprotokoll

Entsprechend dem von den Vereinsregistern angewandten Merkblatt für die Gründung und Führung eines eingetragenen Vereins[19] muss der Hergang der Gründung, nämlich die Einigung über die Satzung und die Wahl des Vorstands, schriftlich dokumentiert werden, und zwar durch ein sog. Gründungsprotokoll. Das Gründungsprotokoll ist entsprechend der Satzung zu unterzeichnen, also dergestalt, wie künftig auch Protokolle von Mitgliederversammlungen des Vereins erstellt und unterzeichnet werden. Zweckmäßigerweise bietet sich hier die Regelung an, dass derartige Protokolle sowohl durch den Versammlungsleiter als auch durch den Protokollführer unterzeichnet werden. 40

▶ **Skizzierung des Gründungsprotokolls** 41

Die wesentlichen Inhalte eines solchen Gründungsprotokolls können wie folgt skizziert werden:[20]

Protokoll über die Gründung des Vereins ...

Am ... um ... Uhr erschienen in ... die aus der beigefügten Anwesenheitsliste ersichtlichen Personen zum Zwecke der Gründung eines rechtsfähigen gemeinnützigen Vereins mit dem Namen ....

Durch Zuruf wurde Herr ... zum Versammlungsleiter und Frau ... als Protokollführerin gewählt; sie nahmen die Ämter an.

Der Versammlungsleiter schlug folgende Tagesordnung vor:

- Aussprache über die Gründung des Vereins und seine Struktur,
- Beratung und Feststellung der Vereinssatzung einschließlich der Unterzeichnung durch die Gründungsmitglieder,
- Wahl der Vorstandsmitglieder,
- Festsetzung der ersten Mitgliedsbeiträge,
- Verschiedenes.

Widerspruch wurde gegen die Tagesordnung nicht erhoben.

Der Inhalt des vorliegenden Satzungsentwurfs wurde erörtert. Über die Realisierbarkeit der in Aussicht genommenen Vereinsziele wurde seitens der Beteiligten ausführlich berichtet.

Die vorgelegte Satzung wurde von allen Gründungsmitgliedern einstimmig angenommen.

Die aus dem Kreis der Gründungsmitglieder vorgeschlagenen Vorstandsmitglieder ... und ... wurden einstimmig gewählt.

Die Höhe der ersten Mitgliedsbeiträge und ggf. sonstige wirtschaftliche Leistungen der Gründungsmitglieder für den Verein wurden einstimmig festgelegt.

---

19 Abgedruckt u.a. bei *Weidmann*, in: Beck'sches Formularbuch Bürgerliches, Handels- und Wirtschaftsrecht, Formular I.3.
20 ZB das Formular eines Gründungsprotokolls bei *Weidmann*, in: Beck'sches Formularbuch Bürgerliches, Handels- und Wirtschaftsrecht, Formular I.4.; *Waldner*, in: Münchener Vertragshandbuch, Bd. 1, Formular VII.4; *Neudert/Waldner*, in: Sauter/Schweyer/Waldner, Rn. 631.

Die Versammlung wurde um ... Uhr beendet.

_____   _____
Versammlungsleiter   Protokollführerin ◀

f) Vereinssatzung

42   In den einschlägigen Formularbüchern finden sich viele gute Muster für Vereinssatzungen,[21] und zwar sowohl für gemeinnützige als auch für nicht gemeinnützige Idealvereine. Aus diesem Grunde und wegen des Umfangs derartiger Satzungen soll hier kein Muster vorgestellt werden. Stattdessen soll nur die übliche Struktur bzw. der Aufbau entsprechender Satzungen kurz skizziert werden.

43   ▶ **Satzung des eingetragenen gemeinnützigen Idealvereins**

Die Satzung eines eingetragenen gemeinnützigen Idealvereins gliedert sich üblicherweise wie folgt:

§ 1 Name, Sitz, Geschäftsjahr des Vereins

§ 2 Zweck des Vereins inkl. der erforderlichen steuerlich begründeten Ausführungen

§ 3 Erwerb der Mitgliedschaft

§ 4 Beendigung der Mitgliedschaft

§ 5 Mitgliedsbeiträge

§ 6 Organe des Vereins

– Vorstand

– Mitgliederversammlung

– ggf. noch Beirat oder Verwaltungsrat

§ 7 Regelungen über die Bestellung und Zusammensetzung des Vorstands

§ 8 Regelungen über die Zuständigkeit des Vorstands in Abgrenzung zu den Zuständigkeiten der Mitgliederversammlung

§ 9 Amtsdauer des Vorstands

§ 10 Regelungen über die interne Beschlussfassung des Vorstands

§ 11 Evtl. Regelungen über einen Beirat oder Verwaltungsrat des Vereins

§ 12 Regelungen über die Zuständigkeiten der Mitgliederversammlung

§ 13 Regelungen über die Einberufung der ordentlichen Mitgliederversammlung

§ 14 Regelungen über die Beschlussfassungen der Mitgliederversammlung

§ 15 Regelungen über außerordentliche Mitgliederversammlungen

§ 16 Regelungen über die Auflösung des Vereins und die Anfallberechtigung hinsichtlich des Vereinsvermögens unter Berücksichtigung der steuerlichen Vorgaben ◀

---

21 ZB *Waldner*, in: Münchener Vertragshandbuch, Bd. 1, Formular VII.2; *Weidmann*, in: Beck'sches Formularhandbuch Bürgerliches, Handels- und Wirtschaftsrecht, Formular I.6.; *Neudert/Waldner*, in: Sauter/Schweyer/Waldner, Rn. 627 ff.

§ 18 Vertragsgestaltung im Gesellschaftsrecht

I. Überblick

Das Gesellschaftsrecht spielt für die Vertragsgestaltung eine überragende Rolle. Anders als in vielen anderen Rechtsgebieten ist diese Aufgabe eine Domäne spezialisierter Unternehmensjuristen und Anwälte geblieben. Zählt man zum Gesellschaftsrecht auch das ganze Umwandlungsrecht sowie die Kernbereiche des M&A-Geschäfts, handelt es sich um eine hochkomplexe Rechtsmaterie, die höchste Anforderungen an die Vertragsgestaltung stellt. Steuerrechtliche Fragen sind in praktisch allen Fällen von Bedeutung, so dass schwierige Vorgänge fast immer in einem **Team** spezialisierter Juristen bearbeitet werden.

Die Gründung von Gesellschaften mit beschränkter Haftung und von Aktiengesellschaften bedürfen der notariellen Form (§ 2 Abs. 1 GmbHG, § 23 Abs. 1 AktG). Aus diesem Grunde beschäftigen sich auch viele Notare intensiv mit Gestaltungsmöglichkeiten dieser Kapitalgesellschaften und mit dem Umwandlungsrecht (vgl. § 6 UmwG).

Im Rahmen einer Einführung können nur Grundfragen des Gesellschaftsrechts angesprochen und Verständnis für diese Themenbereiche geweckt werden. Der erste Sachverhalt beschäftigt sich spezifisch mit der Situation von Anwälten, die sich gesellschaftsrechtlich zusammenschließen möchten. Bei dem zweiten Sachverhalt geht es um eine typische Beratungssituation komplexer Natur. Ein Unternehmer sucht anwaltlichen Rat, weil er eine neue Geschäftsidee in geeigneter Weise rechtlich umsetzen möchte.

II. Die Gründung einer Anwaltsgesellschaft

▶ Gestaltungsaufgabe: Gesellschaftsvertrag

Nach Beendigung ihres „Mutterschaftsurlaubs" kommen Steffi und Mark überein, ihre berufliche Zusammenarbeit nunmehr „richtig" zu regeln und einen schriftlichen Gesellschaftsvertrag zu schließen. Sie möchten den Vertrag so ausgestalten, dass auch Fremde auf der Grundlage dieses Vertrags Partner der Anwaltssozietät werden können.
Mark und Steffi beauftragen ihren im Gesellschaftsrecht promovierten Stationsreferendar Dr. Kenntnisreich, ihnen eine Themenliste zur Verfügung zu stellen, anhand derer sie die regelungsbedürftigen Punkte besprechen können.
Wie wird diese, von Herrn Dr. Kenntnisreich erstellte Liste aussehen? Hat Herr Dr. Kenntnisreich recht, wenn er meint, dass diese Themenliste für die Gestaltung von Gesellschaftsverträgen unabhängig von der konkreten Rechtsform generell verwandt werden kann?[1] ◀

1. Vorbereitende Überlegungen

Steffi und Mark möchten ihre berufliche Zusammenarbeit in einem professionellen Vertragswerk regeln. Die einzelnen Vereinbarungen sollen so ausgestaltet werden, dass sie auch für fremde Gesellschafter passen, also unabhängig von der persönlichen Verbindung von Mark und Steffi sinnvoll sind.

Der Stationsreferendar hat – zunächst rechtsformunabhängig – eine Themenliste zu erstellen. Die dort angesprochenen Fragen möchten Steffi und Mark im Einzelnen

---

[1] *Kamanabrou*, Vertragsgestaltung, § 9 Rn. 1 ff.; *Eckert/Everts/Wicke*, Fälle zur Vertragsgestaltung, S. 49 ff.; *Moes*, Vertragsgestaltung, §§ 22–24.

erörtern, bevor sie sich dann für eine Gesellschaftsform entscheiden und einen Gesellschaftsvertrag entwerfen lassen.

2. Erstellung der Themenliste

7 Alle Gesellschaftsverträge haben eine gemeinsame Grundstruktur. Sie kann deshalb rechtsformunabhängig bei der generellen Gestaltung von Gesellschaftsverträgen berücksichtigt werden.

a) Zur Grundstruktur von Gesellschaftsverträgen

8 Wir unterscheiden zwischen den vertraglichen Grundlagen, den Vereinbarungen über die innere Ordnung der Gesellschaft, den Regelungen über das Außenverhältnis der Gesellschaft, den Bestimmungen über Strukturänderungen der Gesellschaft und schließlich den allgemeinen Bestimmungen. Bei manchen Gesellschaftsverträgen gibt es dann noch Sonderregelungen beispielsweise über Aufsichtsorgane wie Aufsichtsrat oder Beirat und Schiedsgerichtsklauseln.[2]

aa) Vertragliche Grundlagen

9 Zu den vertraglichen Grundlagen gehören die Regelungen über Firma, Sitz, Geschäftsjahr, den Gegenstand/Zweck der Gesellschaft, die Dauer der Gesellschaft sowie die Benennung der Gesellschafter mit ihren Beteiligungsverhältnissen.

bb) Innere Ordnung und Vertretung der Gesellschaft

10 Hier sind die Kompetenzen zwischen der Geschäftsführung (Verwaltung) und den Gesellschaftern zu regeln und abzugrenzen. Insbesondere stellt sich die beim Geschäftsführeranstellungsvertrag bereits erörterte Frage nach dem Katalog der zustimmungsbedürftigen Geschäfte.[3]

11 Die Vertretung der Gesellschaft ist zu regeln sowie Bestimmungen über die Gesellschafterversammlung und die Gesellschafterbeschlüsse zu treffen. Ferner müssen Klauseln über den Jahresabschluss, die Gewinnverwendung und die Verlusttragung formuliert werden. Schließlich ist auch die Frage nach der Zulässigkeit bzw. Unzulässigkeit von Konkurrenztätigkeit der Gesellschafter zu normieren.

12 Betrifft die Geschäftsführung die (innere) Verwaltung der Gesellschaft, geht es bei der Vertretung um das Außenrechtsverhältnis. Hier muss geklärt werden, welche Person berechtigt ist, die Gesellschaft einzeln oder gemeinsam mit einer anderen Person zu vertreten und inwieweit eine Befreiung von den Beschränkungen des § 181 BGB (Verbot des Selbstkontrahierens und/oder der Doppelvertretung) in Betracht kommt.

cc) Strukturänderungen der Gesellschaft

13 Dieses Thema beinhaltet die Aufnahme weiterer Gesellschafter oder einen Gesellschafterwechsel, die Kündigung eines Gesellschafters sowie die Ausschließung oder den Tod eines Gesellschafters. Damit verbunden sind Folgeregelungen insbesondere über die Ermittlung der Abfindung und ihre Zahlungsweise.

---

2 *Moes*, Vertragsgestaltung, § 22 Rn. 437.
3 Siehe oben § 10 Rn. 14 und unten § 18 Rn. 59 f.

dd) Allgemeine Bestimmungen/Sonderregelungen

Zu den allgemeinen Bestimmungen gehören die klassischen Vertragsklauseln wie Schriftform, Teilnichtigkeit und Gerichtsstand. Als Sonderregelungen kommen insbesondere die Installierung von Aufsichtsorganen wie Aufsichtsrat (wenn nicht zwingend gesetzlich vorgeschrieben) oder Beirat in Betracht sowie die Vereinbarung einer Schiedsgerichtsklausel.

b) Themenliste/Aufbauschema für Gesellschaftsverträge

Damit ergibt sich folgende Themenliste für die Gestaltung von Gesellschaftsverträgen:

▶ **Gliederung eines Gesellschaftsvertrages**

I. Vertragliche Grundlagen

§ 1   Firma, Sitz, Geschäftsjahr
§ 2   Gegenstand der Gesellschaft
§ 3   Dauer der Gesellschaft
§ 4   Gesellschaftskapital, Beteiligung, Gesellschafterkonten

II. Innere Ordnung und Vertretung der Gesellschaft

§ 5   Geschäftsführung und Vertretung
§ 6   Jahresabschluss, Ergebnisaufteilung und -verwendung
§ 7   Gesellschafterversammlung
§ 8   Gesellschafterbeschlüsse, Stimmrecht
§ 9   Informations- und Kontrollrecht
§ 10 Wettbewerbsverbot

III. Strukturänderungen der Gesellschaft

§ 11 Verfügungen über Gesellschaftsanteile unter Lebenden
§ 12 Regelungen von Todes wegen
§ 13 Austritt, Kündigung der Mitgliedschaft
§ 14 Einziehung, Ausschließung von Gesellschaftern
§ 15 Anteilsbewertung, Abfindung
§ 16 Liquidation

IV. Allgemeine Bestimmungen/Sonderregelungen

§ 17 Schriftform
§ 18 Teilnichtigkeit
§ 19 Bekanntmachungen
§ 20 Gerichtsstand (oder Schiedsgerichtsvereinbarung)
§ 21 Gründungskosten ◀

c) Beantwortung der Ausgangsfrage

Herr Dr. Kenntnisreich hat recht. Das vorstehende Aufbauschema beinhaltet alle wesentlichen Themen, die bei der Gestaltung von Gesellschaftsverträgen zu beachten sind. Natürlich gibt es rechtsformabhängig einzelne Besonderheiten und Begrifflichkeiten, die nur für die eine oder andere Gesellschaftsform passen. Die sich dahinter verbergenden Fragestellungen lassen sich indes wiederum verallgemeinern, so dass die erstellte Liste generell herangezogen werden kann.

17 Folgendes ist allerdings zu berücksichtigen. Bei den Personengesellschaften und der GmbH sind die Verträge frei gestaltbar. Die insoweit bestehenden gesetzlichen Regelungen sind zum größten Teil dispositiver Natur. Anders ist dies bei der Aktiengesellschaft. Die Vorschriften des Aktienrechts sind zwingend. Die Satzung der AG darf von den aktienrechtlichen Vorschriften nur abweichen, wenn das Gesetz es ausdrücklich zulässt (§ 23 Abs. 5 S. 1 AktG).

3. Weiterführung des Falls

18 ▶ **Gestaltungsaufgabe: Gesellschaftsvertrag**

Steffi und Mark besprechen die regelungsbedürftigen Punkte auf der Grundlage der von Herrn Dr. Kenntnisreich erstellten Themenliste. Sie halten ihr Besprechungsergebnis in Form eines Aktenvermerks fest und bitten Herrn Dr. Kenntnisreich, nunmehr den Entwurf eines Gesellschaftsvertrags zu fertigen. Die Gesellschaft soll als Gesellschaft bürgerlichen Rechts ausgestaltet werden. Da sich Mark und Steffi über die endgültige Rechtsformwahl noch nicht im Klaren sind, bitten sie ihren Stationsreferendar, alternativ einen GmbH-Vertrag zu entwerfen. Kommt noch eine dritte Gesellschaftsform ernsthaft in Betracht?[4] ◀

a) Einführende Hinweise

19 Die meisten Anwaltssozietäten werden gegenwärtig noch in der Rechtsform einer Gesellschaft bürgerlichen Rechts geführt. Zunehmend bedienen sie sich aber heute auch der Möglichkeit, sich als Partnerschaft auf der Grundlage des seit dem 1.7.1995 geltenden Partnerschaftsgesellschaftsgesetzes zu organisieren, zumal es mit Wirkung ab dem 19.7.2013 möglich ist, die Variante der Partnerschaftsgesellschaft mit beschränkter Berufshaftung (PartG mbB) zu wählen. Auf Anwaltsgesellschaften mit beschränkter Haftung (GmbHs) trifft man gelegentlich im Zusammenhang mit gesellschaftsrechtlichen Verflechtungen zu Wirtschaftsprüfern und Steuerberatern im Rahmen des sogenannten multidisziplinären Ansatzes.

b) Exkurs: Anwaltliche Vergütungssysteme

20 Möchten Steffi und Mark auch andere Kollegen als Partner in die Sozietät aufnehmen, ist die wichtigste von ihnen zu entscheidende Frage diejenige nach dem Vergütungssystem. Hier gibt es höchst unterschiedliche Modelle. Einigkeit besteht darüber, dass die Leistung eines Partners angemessen honoriert werden soll. Dabei sollen nicht nur harte Faktoren wie der Umsatz eine Rolle spielen, sondern auch weiche Faktoren wie soziale Kompetenz (zB Kollegialität und Mitarbeiterführung), wissenschaftliche Tätigkeit (Aufsätze, Vorträge) uä (die sog. soft skills).

21 Vom Grundsatz her werden ein Lockstep-System und ein Merit-Based-System unterschieden. Das Lockstep-System regelt die Partnerschaftsvergütung auf der Grundlage

---

[4] *Eickhoff*, GbR-Verträge, Rn. 260 ff.; *Blaum/Scholz*, in: Beck'sches Formularbuch Bürgerliches, Handels- und Wirtschaftsrecht, Formulare VIII A.1 – 4 (zur BGB-Gesellschaft) und Formular VIII.B.1 (zur Partnerschaftsgesellschaft); *Seyfarth*, in: Münchener Vertragshandbuch, Bd. 1, Formulare I.1 – 7 zur GbR und Formulare I.8 – 10 zur Partnerschaftsgesellschaft; *Böhm/Frowein*, in: Münchener Vertragshandbuch, Bd. 1, Formular IV.1 ff. S. 395 ff. zur GmbH.

der Seniorität bzw. der Zugehörigkeitsdauer einzelner Partner. Dabei gibt es verschiedene Stufen, die mit Punkten bedacht werden. Der Einstiegspartner erhält eine Mindestpunktzahl, die dann in festen Perioden (meistens jährlich) um eine festgelegte Punktzahl erhöht wird. In der Regel gibt es eine festgelegte Höchstpunktzahl pro Partner, die nicht überschritten werden kann. Wer diese Höchstpunktzahl erreicht hat, wird häufig als Plateaupartner bezeichnet.

Ein Merit-Based-System ist ein vom persönlichen Partnerumsatz abhängiges Vergütungssystem. Hierbei sollen Partner, die mehr Umsatz generieren, grundsätzlich auch eine höhere Vergütung als andere erzielen unabhängig von der Dauer ihrer Sozietätszugehörigkeit. Erzielt danach ein junger Partner überdurchschnittliche Umsätze (sogenannter Rainmaker), kann er deutlich mehr als ein erfahrener, älterer Kollege verdienen.

Beide Systeme haben Vor- und Nachteile. Unterstellt man gleiche Qualifikation und identischen Arbeitseinsatz, lassen sich nicht in allen Rechtsgebieten dieselben hohen Umsätze erzielen. Dennoch gehören auch diese „umsatzschwächeren" Rechtsgebiete zur Angebotspalette der Sozietät und müssen gut bearbeitet werden. Um die Vorteile eines Vergütungsmodells zu erhalten und seine Schwächen zu vermeiden, werden häufig Mischsysteme vereinbart. Dabei bietet es sich an, einen Teil der Vergütung fest auf der Grundlage der Zugehörigkeitsdauer zur Sozietät zu vereinbaren, während der zweite Teil erfolgsabhängig ausgestaltet wird. Zum Erfolg gehören dann nicht nur der eigene Umsatz, sondern auch das Akquisitionsgeschick für die Gesamtsozietät (sog. cross selling) sowie die Erfüllung der weichen Faktoren (soft skills).

c) Die Gliederung des Gesellschaftsvertrags einer Anwalts-GbR

Hier kann sich Herr Dr. Kenntnisreich an dem Aufbauschema für Gesellschaftsverträge orientieren. Er schlägt folgende Gliederung vor:[5]

▶ **Gesellschaftsvertrag einer Anwalts-GbR**

I. Vertragliche Grundlagen

§ 1   Name, Sitz, Geschäftsjahr
§ 2   Gegenstand der Gesellschaft
§ 3   Dauer

II. Innere Ordnung und Vertretung der Gesellschaft

§ 4   Geschäftsführung und Vertretung
§ 5   Gesellschafter, Beiträge
§ 6   Einnahmen und Ausgaben
§ 7   Ergebnisabrechnung und -verteilung
§ 8   Gesellschafterkonten, Entnahmen
§ 9   Gesellschafterbeschlüsse, Gesellschafterversammlung
§ 10   Wettbewerbsverbot

III. Strukturänderungen der Gesellschaft

---

5   Zum entsprechend ausformulierten Vertrag vgl. das Muster bei *Eickhoff*, GbR-Verträge, Rn. 260 ff.

§ 11 Auflösung der Gesellschaft
§ 12 Ausscheiden eines Gesellschafters
§ 13 Auseinandersetzung

IV. Allgemeine Bestimmungen

§ 14 Schiedsgericht
§ 15 Schriftformklausel
§ 16 Teilnichtigkeit ◄

d) Der Gesellschaftsvertrag einer Anwalts-GmbH

25   Mark und Steffi haben ihren Stationsreferendar gebeten, alternativ einen GmbH-Vertrag für die Anwaltssozietät zu entwerfen. Auf die Darstellung einer Gliederung sowie das Ausformulieren soll unter Verweis auf das dargestellte Aufbauschema und die in den Formularbüchern abgedruckten Musterverträge verzichtet werden. Stattdessen werden die gesetzlichen Vorgaben bei Gründung einer Anwalts-GmbH vorgestellt und die wesentlichen Unterschiede zur Anwalts-GbR herausgearbeitet.

aa) Die gesetzlichen Vorgaben

26   Die Zulässigkeit einer Anwalts-GmbH war lange Zeit strittig.[6] Mit Änderung des Zweiten Abschnitts „Berufliche Zusammenarbeit" in den §§ 59b bis 59q BRAO hat der Gesetzgeber die Regelungen zu Rechtsanwaltsgesellschaften überarbeitet, verallgemeinert und entspr. ergänzt. Danach können sich Rechtsanwälte in Berufsausübungsgesellschaften zusammenschließen und diese ua in der Rechtsform einer Gesellschaft nach deutschem Recht einschließlich der Handelsgesellschaften gründen (§ 59b Abs. 2 S. 1 Nr. 1 BRAO). Somit ist auch die Gründung einer GmbH möglich. Solche Berufsausübungsgesellschaften sind nach § 59f Abs. 1 S. 1 BRAO zulassungspflichtig. Von dieser Zulassungspflicht sind Personengesellschaften, bei denen ua keine Beschränkung der Haftung der natürlichen Personen vorliegt, (zB bei einer GbR) allerdings ausgenommen.

Gesellschaften mit beschränkter Haftung können somit als Berufsausübungsgesellschaften zugelassen werden, wenn sie die Zulassungsvoraussetzungen erfüllen (§ 59f Abs. 2 BRAO). Grundlegende Voraussetzung ist hierbei, dass es sich bei dem Unternehmensgegenstand um die Beratung und Vertretung in Rechtsangelegenheiten handelt (§ 59f Abs. 2 S. 1 Nr. 1 BRAO iVm § 59c Abs. 2 S. 1 BRAO). Das Zulassungsverfahren richtet sich nach den §§ 59g, 32 ff. BRAO.

27   Gesellschafter einer Rechtsanwaltsgesellschaft können nur Rechtsanwälte und Angehörige der in § 59c Abs. 1 S. 1 BRAO genannten Berufe sein. Hierzu gehören neben Wirtschaftsprüfern, Steuerberatern und Patentanwälten nun grds. auch Angehörige der freien Berufe nach § 1 Abs. 2 PartGG (§ 59c Abs. 1 S. 1 Nr. 4 BRAO). Daneben sind es auch lediglich sie, welche Mitglied des Geschäftsführungs- oder Aufsichtsorgans sein können (§ 59j Abs. 1 BRAO). Einer Mehrheit an Geschäftsanteilen und Stimmrechten der Rechtsanwälte und einer Mehrheit in dem Geschäftsführungsorgan der Gesellschaft bedarf es lediglich, um die Bezeichnung „Rechtsanwaltsgesellschaft" füh-

---

[6] Das BayObLG erklärte sie im Jahre 1994 im Anschluss an die BGH-Entscheidung zur Zahnärzte-GmbH -GmbHR 1994, 325 – für zulässig DB 1994, 2540.

ren zu dürfen (§ 59p BRAO). Ein darüber hinaus gehender rechtlicher Nutzen besteht jedoch nicht. Begrenzt wird der Tätigkeitsbereich der Gesellschaft durch § 59c Abs. 2 S. 1 BRAO, der die Beratung und Vertretung in Rechtsangelegenheiten als Unternehmensgegenstand festlegt.

Eine besondere Regelung enthält das Gesetz zur Berufshaftpflichtversicherung. Um die beschränkte Haftung der GmbH zu kompensieren, ist sie grds. verpflichtet, eine Berufshaftpflichtversicherung über eine Mindestversicherungssumme von 2,5 Mio. EUR für jedes Versicherungsjahr abzuschließen (§ 59o Abs. 1 BRAO). Die Jahreshöchstleistung für alle in einem Versicherungsjahr verursachten Schäden muss sich mindestens auf den vierfachen Betrag der Mindestversicherungssumme belaufen (§ 59o Abs. 4 S. 3 BRAO), also auf 10 Mio. EUR.[7] Im Unterschied hierzu beträgt die Mindestversicherungssumme bei einer GbR 500.000 EUR bzw. 2 Mio. EUR (§ 59o Abs. 3 iVm Abs. 4 S. 3 BRAO).

bb) Die wesentlichen Merkmale einer Rechtsanwalts-GmbH

Die GmbH ist eigenes Rechtssubjekt und eigenes Steuersubjekt. Sie ist gewerbesteuerpflichtig.

In der GmbH tätige Rechtsanwälte einschließlich der Geschäftsführer beziehen Einkünfte aus nicht selbstständiger Arbeit. Durch Gestaltung der Anstellungsverträge, insbesondere der erfolgsabhängigen Vergütungen, ist es möglich, den Gewinn der GmbH „zu steuern".

Die GmbH kann ihren angestellten Anwälten Versorgungszusagen für das Alter machen und hierfür entsprechende Rückstellungen in der Bilanz bilden.

Die Gründung der Gesellschaft sowie Änderungen des Gesellschaftsvertrags bedürfen ebenso der notariellen Form wie die Abtretung von GmbH-Anteilen (§§ 2 Abs. 1, 53 Abs. 2 und 15 Abs. 3 und Abs. 4 GmbHG).

Geschäftsanteile an der GmbH sind veräußerlich und vererblich. Wenn die Erben aber nicht die Qualifikation an die Gesellschaftereigenschaft nach § 59i BRAO iVm § 59c BRAO erfüllen, müssen die Anteile auf der Grundlage des Gesellschaftsvertrags entweder eingezogen (§ 34 GmbHG) oder auf dritte, zulässige Gesellschafter einer Rechtsanwalts-GmbH übertragen werden.

e) Die Partnerschaftsgesellschaft

Für die Gründung einer Anwaltsgesellschaft kommt als weitere geeignete Rechtsfigur vor allem noch die Gründung einer Partnerschaft nach dem Partnerschaftsgesellschaftsgesetz in Frage. Mit dem am 1.7.1995 in Kraft getretenen Gesetz besteht für Angehörige freier Berufe die Möglichkeit, sich statt in BGB-Gesellschaften in Partnerschaftsgesellschaften zusammenzuschließen. Die Partnerschaft übt kein Handelsgewerbe aus (§ 1 Abs. 1 S. 2 PartGG) und ist damit nicht gewerbesteuerpflichtig. Sie entspricht einer Personengesellschaft mit Gesamthandsvermögen, für die in weiten Teilen das Recht der OHG gilt und die in einem besonderen Partnerschaftsregister einzutragen ist (§ 4 PartGG). Damit erlangt die Partnerschaftsgesellschaft neben der Rechts- und Parteifähigkeit wie eine Personenhandelsgesellschaft auch anderweitig Re-

---

[7] *Zimmermann/Hartung*, NJW 2022, 1792 (1793).

gisterfähigkeit. Sie kann also im Grundbuch und auch im Markenregister eingetragen werden.

35 Nachdem die höchstrichterliche Rechtsprechung der nach außen hin tätigen BGB-Gesellschaft quasi Rechtsfähigkeit zuerkannt hat[8] und dies der Gesetzgeber durch die Neuregelung des § 705 Abs. 2 BGB[9] nun auch bestätigt hat, lassen sich signifikante Unterschiede zur Partnerschaftsgesellschaft kaum mehr feststellen.

36 Von Interesse ist die gesetzliche Haftungsregelung in § 8 PartGG. Zwar haften neben dem Vermögen der Partnerschaft die Partner als Gesamtschuldner grundsätzlich persönlich (§ 8 Abs. 1 PartGG). Es besteht aber die Haftungseinschränkung in § 8 Abs. 2 PartGG. Danach ist die persönliche Haftung – neben dem haftenden Partnerschaftsvermögen – auf den Partner konzentriert, der „mit der Bearbeitung eines Auftrags befasst" war.

Von besonderer praktischer Bedeutung ist das am 19.7.2013 in Kraft getretene Gesetz zur Einführung einer Partnerschaft mit beschränkter Berufshaftung. Bei dieser Variante der Partnerschaft ist die Haftung für fehlerhafte Berufsausübung gemäß § 8 Abs. 4 S. 1 PartGG auf die Gesellschaft beschränkt. Voraussetzung hierfür ist der Abschluss einer besonderen Haftpflichtversicherung ähnlich wie bei der Rechtsanwalts-GmbH.

III. Die Gründung einer gewerblich tätigen Gesellschaft

37 ▶ **Gestaltungsaufgabe: Gründung einer gewerblich tätigen Gesellschaft**

Die Anwaltspraxis Klug und Pfiffig betreut seit Jahren den vermögenden selbstständigen Handelsvertreter Erfolgreich. Bei einem Beratungsgespräch teilt Erfolgreich mit, dass er seine geschäftlichen Aktivitäten „ausweiten" wolle. Er habe erfahren, dass ein Insolvenzverwalter einen Käufer für den Erwerb von Patentrechten für die Herstellung von Snack-Automaten suche. Mit diesen Automaten ließen sich beispielsweise Pommes Frites und Chicken Nuggets frisch produzieren.

Herr Erfolgreich möchte von Steffi und Mark wissen, wie er sein neues Vorhaben am besten rechtlich strukturiert. Er denkt daran, seine beiden volljährigen, sich im Studium befindlichen Kinder an einer etwaigen neuen Gesellschaft zu beteiligen.

Welche Überlegungen werden Steffi und Mark im Einzelnen anstellen und mit Herrn Erfolgreich besprechen?[10] ◀

1. Einführende Hinweise

38 Wie bereits die Lektüre der Fallgestaltung zeigt, handelt es sich um eine äußerst **komplexe Beratungssituation**. Ein erfolgreich tätiger Unternehmer möchte sich ein völlig neues Geschäftsfeld erschließen. Damit stellt sich gleich die Frage nach den Chancen und Risiken eines solchen Vorhabens. Der beratende Jurist darf hier nicht per se **Bedenkenträger** sein. Er muss aber deutlich machen, welche schwierigen kaufmännischen, technischen und rechtlichen Fragen zu lösen sind. Er hat zu klären, ob sein Mandant sich hierüber realistische Vorstellungen macht und nicht der Illusion

---

8 BGHZ 142, 315; 146, 341.
9 Gesetz zur Modernisierung des Personengesellschaftsrechts (MoPeG), v. 10. August 2021, BGBl. I S. 3436; die Änderungen gelten seit dem 01.01.2024.
10 Zu den gesellschaftsvertraglichen Mustern vgl. *Götze*, in: Münchener Vertragshandbuch, Bd. 1, Formulare III.6 – 10; *Blaum/Scholz*, in: Beck'sches Formularbuch Bürgerliches, Handels- und Wirtschaftsrecht, Formular VIII.D.1.

verfällt, die bisherige erfolgreiche berufliche Tätigkeit könne ohne Weiteres auf neue Aktivitäten übertragen werden.

2. Grundsatzüberlegungen

Komplexe Probleme kann man nur selektiv lösen. Dies bedeutet, dass die zu klärenden juristischen Fragen in der richtigen Reihenfolge nacheinander abgearbeitet werden müssen. Es darf nicht passieren, dass man vor lauter Bäumen den Wald nicht sieht und vor den Schwierigkeiten der Beratungssituation kapituliert.

a) Die Gründung einer neuen Gesellschaft

Erfolgreich hat es selbst angesprochen. Er denkt daran, die geplanten Aktivitäten in einer neuen Gesellschaft zu realisieren, an der er möglicherweise auch seine Kinder beteiligen möchte. Die **Trennung** der Vermögenssphären ist bei einer solchen Konstellation zwingend notwendig. Erfolgreich darf nicht riskieren, bei Scheitern seines Vorhabens sein bisher erworbenes Vermögen gänzlich zu verlieren. Er muss sein Risiko und damit sein Investment begrenzen. Scheitert er dann, muss er so einsichtig sein, die Investition abzuschreiben und nicht noch gutes Geld schlechtem Geld hinterher zu werfen.

So einfach diese Erkenntnis ist: In der Praxis wird häufig dagegen verstoßen. Haben viele Unternehmer schon in guten Zeiten nicht Vorsorge dahin gehend getroffen, dass ein „gläubigerfreies Vermögen" für die Familie geschaffen wurde,[11] so verhalten sie sich in der Krise häufig wie Glücksspieler. Mit dem letzten Einsatz glauben sie, das Unternehmen noch retten zu können, und verlieren damit meistens alles.

Vor diesem Hintergrund können erfahrene Berater ihren Mandanten nur empfehlen, bei neuen Projekten einen sorgfältigen Businessplan zu erstellen, Zuschläge für Unwägbarkeiten einzukalkulieren und sich dann auch an den Plan zu halten. Kann er nicht realisiert werden, sollte das Projekt beendet werden, ggf. mit einer Insolvenz, ohne dass ein Haftungsdurchgriff auf das übrige Vermögen erfolgt.

Werden Unternehmen neu gegründet, spricht man in der Fachsprache von einem **Start-up-Unternehmen** oder einer **NewCo** (new company). Juristische Wertungen sind damit nicht verbunden. Diese Bezeichnungen dienen lediglich zur Beschreibung der typischen Gründungssituation.

In dieser Gründungssituation stellen sich neben rechtlichen Fragen vor allem finanzielle und kaufmännische. Zu klären ist, ob für die Gründung des neuen Unternehmens „öffentliche Fördermittel" in Anspruch genommen werden können. Hierüber können in der Regel die Hausbanken Auskunft erteilen.

Es ist ein Businessplan zu erstellen. Der investierende Unternehmer und seine Berater müssen sorgfältig prüfen, wie viele Mittel (Eigenkapital und Fremdkapital) benötigt werden, um das Vorhaben erfolgreich „in Gang zu setzen". Nahezu zwangsläufig sind mit der Gründung von Start-up-Unternehmen **Anfangsverluste** verbunden. Entscheidend ist also, wann die Verlustphase voraussichtlich beendet sein wird und das Unternehmen den sogenannten „Break-even-Point" erreicht. Die Erfahrung lehrt, dass selbst vorsichtige Unternehmer zu günstige Prognosen abgeben und die Verlustphasen viel länger dauern als man ursprünglich annimmt. Wer also nicht über hinreichend

---

11 Siehe oben die Fallgestaltung zur unbenannten Zuwendung bei Ehegatten, § 8 Rn. 8 ff.

Kapital, Geduld und Ausdauer verfügt, sollte im Zweifel beim Bewährten bleiben und ein solches neues Projekt erst gar nicht beginnen.

b) Die Rechtsformwahl

46   Die Wahl der richtigen Rechtsform für ein Unternehmen hängt von zivilrechtlichen, arbeitsrechtlichen und steuerrechtlichen Aspekten ab. Dabei geht es im Wesentlichen um Folgendes:

47   Zivilrechtlich spielen vor allem haftungsrechtliche Überlegungen eine Rolle. Sie dürfen allerdings nicht überbewertet werden, weil gerade Fremdkapitalgeber haftungsbeschränkende Gesellschaftsformen „übergehen" und eine persönliche Haftung des Unternehmers fordern, beispielsweise Banken die Kreditvergabe von der Übernahme einer Bürgschaft durch den Gesellschafter abhängig machen.

48   Die Gesellschaftsform muss geeignet sein, die geplante innere und äußere Struktur zu gewährleisten. Zwingende gesetzliche Regelungen – wie bei der Aktiengesellschaft – können solche Gestaltungen „behindern".[12]

49   Unter arbeits- und mitbestimmungsrechtlichen Aspekten geht es häufig um die Frage, ob die in der Gesellschaft tätigen Gesellschafter, insbesondere als Geschäftsführer, der Sozialversicherungspflicht unterliegen oder nicht.[13]

50   In Betrieben mit in der Regel mindestens fünf ständigen wahlberechtigten Arbeitnehmern können Betriebsräte gewählt werden (§ 1 Abs. 1 BetrVG). Sonstige mitbestimmungsrechtliche Überlegungen spielen bei Start-up-Unternehmen und auch bei schon „gestandenen" mittelständischen Unternehmen gewöhnlich keine besondere Rolle.[14]

51   Steuerliche Aspekte sind bei der Wahl der richtigen Gesellschaftsform von großer Bedeutung. Dies gilt insbesondere bei Start-up-Unternehmen. Kommt es hier in der Anfangsphase zwangsläufig zu Verlusten, stellt sich die Frage, ob diese Verluste **steuermindernd** geltend gemacht werden können. Handelt es sich bei der neu gegründeten Gesellschaft um eine Kapitalgesellschaft, so bleiben die dort entstandenen Verluste „in der Gesellschaft". Sie werden vorgetragen, können aber nicht mit Einkünften aus anderer Tätigkeit verrechnet werden. Dies ist nur dann möglich, wenn diese Kapitalgesellschaft mit einem anderen Unternehmen einen Unternehmensvertrag als Ergebnisabführungsvertrag (EAV) schließt.[15]

52   Damit ein solcher Ergebnisabführungsvertrag steuerlich anerkannt wird, muss er eine Mindestlaufzeit von fünf Jahren haben. Diese Laufzeit kann bei einer Verlustsituation und/oder bei Umstrukturierungsüberlegungen nachteilig sein.[16]

53   Anders ist dies bei Personenhandelsgesellschaften. Erwirtschaftet eine NewCo Verluste, werden sie den Gesellschaftern zugerechnet. Diese können die Verluste mit positiven

---

[12] *Brück von Oertzen*, in: Saenger/Aderhold/Lenkaitis/Speckmann, Handels- und Gesellschaftsrecht, Kap. 4; *Saenger*, Gesellschaftsrecht, Rn. 17 ff.
[13] *Lau*, NZS 2019, 452. Siehe auch oben § 10 Rn. 8.
[14] *Saenger*, Gesellschaftsrecht Rn. 1058 ff.; *Lambrich/Reinhard*, NJW 2014, 2229.
[15] Dazu §§ 291 ff. AktG; *Emmerich*, in: Emmerich/Habersack, AktG § 291 Rn. 68 ff.; *Koch*, § 291 Rn. 23 ff.; *Leuschner*, in: Habersack/Casper/Löbbe, Anh. § 77 Rn. 150 f.; *Altmeppen*, GmbHG, Anh. § 13 Rn. 117 f.
[16] *Spiegelberger*, in: Beck'sches Notar-Handbuch, § 29 Rn. 161 f.; *Wicke*, GmbHG, Anh. § 13 Rn. 4. Steuerrechtlich spricht man bei solchen Konstellationen von einer Organschaft. Die Organschaft ist der steuerrechtliche Parallelbegriff zum Konzern, vgl. *Koch*, § 291 Rn. 38 f.

Einkünften verrechnen, so dass sie nur von einem etwaigen positiven Saldo Einkommensteuer zu zahlen haben.

Die Situation des Erfolgreich ist hier ein gutes Beispiel. Als Handelsvertreter erzielt er aus gewerblicher Tätigkeit nach § 15 Abs. 1 EStG hohe Einkünfte. Ist er nunmehr an einer verlustträchtigen Start-up-Personenhandelsgesellschaft beteiligt, kann er die ihm zugewiesenen Verluste mit seinen positiven Einkünften aus seiner Handelsvertretertätigkeit verrechnen und zahlt nur Einkommensteuer auf den hoffentlich noch positiven „Saldo".[17]

c) Thematische Schwerpunkte bei der Gestaltung von Gesellschaftsverträgen

Bei der Gestaltung von Gesellschaftsverträgen stößt man immer wieder auf dieselben Grundfragen. Einige wesentliche sollen nachfolgend angesprochen werden.

aa) Vertretungsbefugnis des Geschäftsführers/der Geschäftsführer

Bei den Personengesellschaften richtet sich die Vertretungsbefugnis nach dem Gesetz, wenn der Gesellschaftsvertrag nichts anderes bestimmt. Für die BGB-Gesellschaft richtet sich die Vertretungsbefugnis nach den §§ 715 Abs. 3, 720 Abs. 1 BGB. Für die OHG gilt § 124 Abs. 1 HGB und für die KG § 170 HGB einerseits und § 161 Abs. 2 iVm § 124 Abs. 1 HGB andererseits. Bei den Kapitalgesellschaften gelten die gesetzlichen Regelungen, zB bei der AG § 78 AktG für den Vorstand und bei der GmbH § 35 GmbHG für die Geschäftsführer.

Grundsätzlich stellt sich die Frage, ob eine Person alleinvertretungsberechtigt sein soll oder ob Gesamtvertretung angeordnet wird. Zusätzlich ist zu klären, ob der Vertreter von den Beschränkungen des § 181 BGB – ganz oder teilweise – befreit wird. Nach § 181 BGB kann ein Vertreter nicht Verträge mit sich selbst (Insichgeschäft) oder als Vertreter für zwei Parteien (Doppelvertretung) wirksam schließen, es sei denn, es ist ihm ausdrücklich erlaubt.

Vor allem bei der GmbH werden diese Vertretungsfragen erörtert. In der Regel sieht der Gesellschaftsvertrag einer GmbH vor, dass einem Geschäftsführer durch Gesellschafterbeschluss Einzelvertretungsbefugnis und Befreiung von den Beschränkungen des § 181 BGB eingeräumt werden kann.

bb) Kompetenzabgrenzung zwischen Geschäftsführung und Gesellschafterversammlung

Der Geschäftsführer führt die gewöhnlichen (laufenden bzw. normalen) Geschäfte der Gesellschaft autonom. Anders ist dies bei besonders bedeutsamen, außergewöhnlichen Geschäften. Hier behält sich die Gesellschafterversammlung in der Regel vor, die Zustimmung zu solchen Geschäften erteilen zu müssen. Damit wird der Katalog der sogenannten **zustimmungsbedürftigen Geschäfte** angesprochen.[18]

Es ist Aufgabe des vertragsgestaltenden Juristen, hier gemeinsam mit den Gesellschaftern zu überlegen, welche Geschäfte in einen solchen Katalog aufgenommen werden sollen. In der Regel handelt es sich dabei um **Grundlagengeschäfte** wie die Errichtung oder Schließung von Tochtergesellschaften, den Erwerb von Grundstücken oder

---

17 Vgl. zum Verlustausgleich aber auch die beschränkende Regelung des § 15a EStG.
18 Siehe oben bereits im Rahmen der Erörterungen zum Geschäftsführeranstellungsvertrag, § 10 Rn. 14.

deren Veräußerung, den Abschluss von Anstellungsverträgen für leitende Angestellte ab einem bestimmten Jahreseinkommen usw. Häufig unterliegen auch größere Investitionen dem Zustimmungsvorbehalt der Gesellschafterversammlung, es sei denn, dass diesen Investitionen bereits im Rahmen der Verabschiedung eines Businessplanes/Wirtschaftsplanes zugestimmt wurde.

cc) Gewinnverteilung/Entnahmen

61 Hier gibt es häufig einen natürlichen Konflikt. Der in der Gesellschaft tätige Gesellschafter erhält eine Tätigkeitsvergütung bzw. ein Gehalt. Er benötigt in der Regel damit nicht die „Ausschüttung" von Gewinnen an die Gesellschafter. Bei den „Nur-Gesellschaftern" ist dies anders. Diese sind oftmals auf die Ausschüttung bzw. Entnahme von Gewinnen zur Bestreitung eines angemessenen Lebensunterhaltes angewiesen.

62 Die Gewinnverteilung erfolgt in der Regel nach der Beteiligungsquote des Gesellschafters am Kapital, wie es seit dem 01.01.2024 auch für die GbR gilt (§ 709 Abs. 3 BGB). Zulässig sind aber auch Gestaltungen mit einer sogenannten disquotalen Gewinnverteilung. Denkbar ist also, dass einem Gesellschafter ein höheres Stimmrecht gewährt wird, er dafür aber weniger, also „disquotal" am Gewinn der Gesellschaft beteiligt wird.

63 Entnahmen gibt es nur bei Personengesellschaften. Bei Kapitalgesellschaften müssen Gewinnausschüttungen an die Gesellschafter beschlossen werden. Etwaige „vorzeitige" Auszahlungen sind zivilrechtlich Darlehen der Gesellschaft an ihren Gesellschafter.[19]

64 Bei Personengesellschaften ist es üblich, dass der Gesellschafter die Beträge entnehmen darf, die er für die Bezahlung der auf seine Beteiligung entfallenden Steuern benötigt. In der Regel darf er auch die Zinsen entnehmen, die auf seine positiven Konten (Darlehenskonten) in der Gesellschaft entfallen. Ein weitergehendes Entnahmerecht wird meistens von einem zustimmenden Gesellschafterbeschluss abhängig gemacht, der eine entsprechende gute Liquiditätslage des Unternehmens voraussetzt.

dd) Beschlussmehrheiten

65 Es ist die Frage zu entscheiden, mit welcher Mehrheit Gesellschafterbeschlüsse gefasst werden müssen bzw. sollen. Üblich ist, dass die „normalen" Gesellschafterbeschlüsse mit einfacher Mehrheit gefasst werden. Qualifizierte Mehrheiten bzw. sogar Einstimmigkeit werden nur für besonders gravierende Gesellschafterbeschlüsse gefordert. Bei Personengesellschaften gehören in aller Regel dazu Beschlüsse über die Veränderung des Gesellschafterbestandes, zur Kapitalerhöhung und insbesondere über eine Änderung des Gesellschaftsvertrags selbst.

66 Nach § 53 Abs. 2 S. 1 GmbHG können Satzungsänderungen bei einer GmbH mangels anderweitiger Vereinbarung mit einer Mehrheit von 75 % der abgegebenen Stimmen gefasst werden.

---

19 Zur Problematik dieser Gesellschaftsdarlehen (Kreditgewährung als verbotene Auszahlung) BGH NJW 2004, 1111 ff.; *Schmitz-Herscheidt/Coenen*, in: Saenger/Aderhold/Lenkaitis/Speckmann, Handels- und Gesellschaftsrecht, Kap. 6 Rn. 350 f.

ee) Fehlerhaftigkeit von Gesellschafterbeschlüssen

Hier ist zwischen Personengesellschaften und Kapitalgesellschaften zu unterscheiden.

Bei Kapitalgesellschaften wird zwischen nichtigen und nur anfechtbaren Beschlüssen differenziert. Die Dogmatik ähnelt der bekannten verwaltungsrechtlichen Unterscheidung zwischen rechtswidrigen und nichtigen Verwaltungsakten. Die aktienrechtlichen Vorschriften werden in der Regel analog auf die GmbH angewandt, insbesondere die Anfechtungsfrist von einem Monat nach § 246 Abs. 1 AktG. Für den forensisch tätigen Anwalt bedeutet dies, dass er entsprechend seiner Aufgabe, immer den **sicheren Weg** zu wählen, innerhalb der Monatsfrist Klage erheben wird. Er wird die Klage auf Feststellung der Nichtigkeit, hilfsweise auf Aufhebung des Beschlusses stützen.[20]

Bei Personengesellschaften gab es bisher „nur" fehlerhafte Beschlüsse. Sie sind unwirksam. Gesetzliche Fristen für die Geltendmachung bestehen nicht. Es können nur die Verwirkungsregeln eingreifen.[21] Auch diese Regelungen haben jedoch im Rahmen der Neuregelungen des MoPeG eine Anpassung erfahren. Für die Personenhandelsgesellschaften gilt seit dem 01.01.2024, dass ebenfalls zwischen nichtigen und anfechtbaren Beschlüssen unterschieden wird (§§ 110ff. HGB). Dieses dispositive Anfechtungsmodell wurde an die Systematik des AktG angelehnt.[22] Ob dies auch für die GbR gelten soll, ist hingegen umstritten.[23]

Es empfiehlt sich, im Gesellschaftsvertrag für Personengesellschaften ebenfalls Ausschlussfristen für die Geltendmachung der Unwirksamkeit von Gesellschafterbeschlüssen vorzusehen. In der Regel übernimmt man die Monatsfrist aus dem Aktienrecht, beginnend mit dem Zugang des entsprechenden Gesellschafterprotokolls.

ff) Abfindungsregelungen

Scheidet ein Gesellschafter aus der Gesellschaft aus, steht ihm ein Abfindungsanspruch zu. Dieser kann sich am Buchwert, dem Verkehrswert oder an Zwischenwerten orientieren.[24]

Buchwertklauseln sind grundsätzlich zulässig, unterliegen aber nach den Grundsätzen der ergänzenden Vertragsauslegung der Anpassung, wenn der Unternehmenswert sich so weit von den ursprünglichen Vorstellungen der Gesellschafter weg entwickelt hat, dass bei Kenntnis dieses Sachverhalts eine andere Abfindungsklausel vereinbart worden wäre.[25]

Ein Zwischenwert, den Steuerberater früher gerne vereinbaren wollten, ist das sogenannte Stuttgarter Verfahren nach den Abschnitten 96 ff. der alten Erbschaftsteuerrichtlinien.[26] Es handelt sich hierbei um eine Mischung aus Substanzwert und Ertragswert. Die Methode hat zumindest den Vorteil, dass nach ihr der maßgebende Wert

---

20 *Schmitz-Herscheidt/Coenen*, in: Saenger/Aderhold/Lenkaitis/Speckmann, Handels- und Gesellschaftsrecht, Kap. 6 Rn. 270 ff.; *Altmeppen*, GmbHG, Anh. § 47 Rn. 74 ff.; *Noack*, in: Noack/Servatius/Haas, GmbHG, Anh. § 47 Rn. 144 ff. und 159 ff.
21 Vgl. *Roth*, in: Hopt, § 119 Rn. 31 f.
22 RegE zum MoPeG S. 268 ff.; *Noack*, NZG 2020, 581 (583).
23 *Bachmann*, NJW 2021, 3073, Rn. 20.
24 Dazu bereits oben § 7 Rn. 144 ff.
25 BGHZ 123, 281/284, *Sprau*, in: Grüneberg, § 738 Rn. 7 f.; *Gregoritza*, in: Saenger/Aderhold/Lenkaitis/Speckmann, Handels- und Gesellschaftsrecht, Kap. 5 Rn. 727 ff.; *Schulte/Hushahn*, in: Münchener Handbuch des Gesellschaftsrechts, Bd. 1, § 76 Rn. 49 ff.; *Saenger*, Gesellschaftsrecht, Rn. 767.
26 Siehe § 7 Rn. 149.

recht einfach ermittelt werden kann und Streitigkeiten darüber praktisch ausgeschlossen sind.

74 In der Praxis werden ganz überwiegend überschussorientierte Verkehrswertermittlungsverfahren angewandt. Es kommt darauf an festzustellen, mit welchen Einnahmen/Überschüssen/Gewinnen die Gesellschaft in den nächsten Jahren rechnen kann. Unterschieden wird hier vor allem zwischen dem Ertragswertverfahren und dem sogenannten discounted cash flow-(dcf)Verfahren.[27]

gg) Wettbewerbsvereinbarungen

75 Wettbewerbsverbote waren bereits Gegenstand der Ausführungen zu dem Geschäftsführer-Anstellungsvertrag und zum Dienstvertrag.[28]

76 Hier geht es um die Frage, ob ein Gesellschafter einem Wettbewerbsverbot unterliegt oder nicht. Für persönlich haftende Gesellschafter gilt § 117 HGB mit einem entsprechenden Verbot, während diese Regelung nach § 165 HGB auf Kommanditisten keine Anwendung findet. Vom gesetzlichen Wettbewerbsverbot können Gesellschafter ebenso befreit werden wie ihnen ein kraft Gesetzes nicht bestehendes Wettbewerbsverbot auferlegt werden kann. Letzteres unterliegt den Grenzen aus § 138 BGB sowie Art. 12 GG.[29]

hh) Schiedsgerichtsvereinbarung

77 Oft sehen Gesellschaftsverträge Schiedsgerichtsvereinbarungen vor. Die Vor- und Nachteile von Schiedsgerichten gegenüber den staatlichen Gerichten sind sorgfältig abzuwägen. Fehlende Öffentlichkeit, Einzügigkeit und in der Regel größere Sachkompetenz sprechen häufig für die Vereinbarung von Schiedsgerichten. Verkannt werden darf aber auch nicht, dass die von den Parteien ernannten Schiedsrichter häufig weniger neutral als staatliche Richter sind und darüber hinaus in diesen Verfahren häufig ein großer Vergleichsdruck aufgebaut wird. Widersetzt man sich diesem Druck, besteht die Gefahr des „Abstrafens". Erfolgversprechende Rechtsmittelmöglichkeiten gibt es dann nicht.

3. Die konkrete Entscheidung

78 Im Beratungsgespräch mit Mark und Steffi muss sich nunmehr Erfolgreich entscheiden, ob er seine neue Geschäftsidee weiterverfolgt oder nicht. Kommt er zu einem positiven Ergebnis, stellt sich für ihn jetzt die Frage nach der Wahl der richtigen Gesellschaftsform.

a) Personengesellschaften und Kapitalgesellschaften

79 Die in der Praxis am häufigsten anzutreffenden Personengesellschaften sind vor allem die Gesellschaft bürgerlichen Rechts, die offene Handelsgesellschaft und die KG. Die klassischen Kapitalgesellschaften sind die AG und GmbH und neuerdings auch die Limited.

---

27 Dazu allgemein *Kersting*, in: Noack/Servatius/Haas, § 34 Rn. 23, und detailliert zu den einzelnen Methoden *Schulte/Hushahn*, in: Münchener Handbuch des Gesellschaftsrechts, Bd. 1, § 75 Rn. 32 ff.
28 Siehe oben § 10 Rn. 23 ff. und § 10 Rn. 46.
29 *Blaum/Scholz*, in: Beck'sches Formularbuch Bürgerliches, Handels- und Wirtschaftsrecht, Formular VIII.D.2 Anm. 59; *Roth*, in: Hopt, § 165 Rn. 1 ff.

Solche besonderen Kapitalgesellschaftsformen wie die Genossenschaft und die Kommanditgesellschaft auf Aktien müssen hier nicht näher vorgestellt werden. Für die konkrete Beratungssituation des Erfolgreich spielen sie keine Rolle.

b) Wahl der GmbH & Co. KG

Die „natürlichen" Personengesellschaften wie GbR, OHG und KG scheiden als taugliche Gesellschaftsformen aus. Sie führen zu einer Vollhaftung – zumindest bei einem Gesellschafter –, die aber unbedingt zu vermeiden ist.

Die Gründung einer AG kommt aufgrund der zwingenden gesetzlichen Vorschriften ebenfalls nicht in Betracht. Sie ist auch in ihrer Handhabung für das Vorhaben viel zu kompliziert. Anders ist dies bei einer GmbH. Wird die NewCo jedoch Anfangsverluste erwirtschaften, die mit den positiven Einkünften des Erfolgreich aus seiner Handelsvertretertätigkeit verrechnet werden sollen, scheidet die GmbH als Gesellschaftsform aus, es sei denn, es würde ein Ergebnisabführungsvertrag geschlossen. Dies würde zu einer weiteren Verkomplizierung der ohnehin schwierigen Gestaltungsstruktur führen. Darüber hinaus wäre ein Durchgriff auf das sonstige Vermögen des Erfolgreich in der Krise nicht zu verhindern. Das aber ist gerade das wichtigste Gestaltungsziel.

Folglich bietet sich die Gründung einer GmbH & Co. KG nahezu als „Ideallösung" an. Es handelt sich um eine Personengesellschaft, so dass die Verrechenbarkeit von Verlusten mit Gewinnen aus anderer Tätigkeit grundsätzlich – allerdings unter Beachtung des § 15a EStG – möglich ist. Die Haftungsbeschränkung ist gewährleistet. Die GmbH als persönlich haftende Gesellschafterin haftet zwar unbeschränkt, im Ergebnis aber nur mit ihrem eigenen – beschränkten – Vermögen.

4. Die juristische Umsetzung der Geschäftsidee

Erfolgreich muss eine Vielzahl juristischer Schritte einleiten, um das Projekt rechtlich realisieren zu können. Diese Schritte sollen nachfolgend beleuchtet werden:

a) Die Gründung der GmbH & Co. KG

Bei der Gründung einer GmbH & Co. KG müssen immer zwei Gesellschaftsverträge geschlossen werden, zum einen der der notariellen Form bedürftige Gesellschaftsvertrag der GmbH (§ 2 Abs. 1 GmbHG) und zum anderen der Gesellschaftsvertrag der KG. Juristisch richtige Reihenfolge ist die Gründung der GmbH und dann die Gründung der KG.

Bei den Gestaltungsfragen beschäftigt man sich in der Praxis in erster Linie mit dem Gesellschaftsvertrag der KG. Die KG ist das operativ handelnde Unternehmen. Der Gesellschaftsvertrag der GmbH als reiner Komplementärin ist in der Regel kurz und muss natürlich auf den Gesellschaftsvertrag der KG abgestimmt sein. Es darf hier nicht zu sich widersprechenden Regelungen kommen. Die Gesellschafter der KG sind in aller Regel auch die Gesellschafter der GmbH.

Anders ist dies bei der sogenannten **Einheitsgesellschaft**. Einzige Gesellschafterin der Komplementär-GmbH ist hier wiederum die KG selbst. Ein wesentlicher Vorteil dieser besonderen Gesellschaftsform liegt darin, dass das Problem der Gleichschaltung von GmbH und KG entfällt.[30]

88 Der Gesellschaftsvertrag der GmbH für eine GmbH & Co. KG könnte wie folgt gegliedert werden:

▸ **Gliederung eines GmbH-Gesellschaftsvertrages (für eine GmbH & Co. KG)**

I. Vertragliche Grundlagen

§ 1 Firma, Sitz, Geschäftsjahr
§ 2 Gegenstand des Unternehmens
§ 3 Dauer
§ 4 Stammkapital, Stammeinlage, Gesellschafter

II. Innere Ordnung und Vertretung der Gesellschaft

§ 5 Geschäftsführung, Vertretung
§ 6 Gesellschafterbeschlüsse
§ 7 Jahresabschluss, Gewinnverteilung
§ 8 Wettbewerbsverbot

III. Strukturänderungen der Gesellschaft

§ 9 Rechtsgeschäftliche Verfügungen über Geschäftsanteile
§ 10 Einziehung von Geschäftsanteilen/Übertragung auf Dritte
§ 11 Abfindung

IV. Allgemeine Bestimmungen

§ 12 Bekanntmachungen
§ 13 Salvatorische Klausel[31] ◂

89 Der Gesellschaftsvertrag der KG (GmbH & Co. KG) könnte wie folgt gegliedert werden:

▸ **Gliederung eines KG-Gesellschaftsvertrages (GmbH & Co. KG)**

I. Vertragliche Grundlagen

§ 1 Firma, Sitz, Geschäftsjahr
§ 2 Gegenstand der Gesellschaft
§ 3 Dauer
§ 4 Gesellschafter, Kapitalanteile, Einlagen, Haftsummen

II. Innere Ordnung und Vertretung der Gesellschaft

§ 5 Geschäftsführung, Vertretung, Kontrollrechte
§ 6 Vergütung der Komplementärin
§ 7 Gesellschafterversammlung, Gesellschafterbeschlüsse

---

30 *Blaum/Scholz*, in: Beck'sches Formularbuch Bürgerliches, Handels- und Wirtschaftsrecht, Formulare VIII.D.11,12 mit Muster und Erläuterungen; *Götze*, in: Münchener Vertragshandbuch, Bd. 1, Formular III.9 insbes. Anm. 1.
31 Zum Gesellschaftsvertrag der Komplementär-GmbH im Einzelnen: *Blaum/Scholz*, in: Beck'sches Formularbuch Bürgerliches, Handels- und Wirtschaftsrecht, Formular VIII.D.12 und *Götze*, in: Münchener Vertragshandbuch, Bd. 1, Formular III.7.

§ 8   Jahresabschluss
§ 9   Ergebnisverteilung
§ 10   Entnahmen

III. Strukturänderungen der Gesellschaft
§ 11   Rechtsgeschäftliche Verfügungen, Tod eines Gesellschafters
§ 12   Ausschließung eines Gesellschafters
§ 13   Kündigung
§ 14   Insolvenz eines Gesellschafters
§ 15   Ausscheiden, Abfindung

IV. Allgemeine Bestimmungen/Sonderregelungen
§ 16   Salvatorische Klausel
§ 17   Kosten
§ 18   Schriftform
§ 19   Schiedsgerichtsvereinbarung/ordentlicher Rechtsweg[32] ◄

b) Die Beteiligung der Kinder

Erfolgreich überlegt, seine Kinder an dem neu zu gründenden Unternehmen zu beteiligen. Am Einfachsten ist es, wenn die Kinder Kommanditisten werden. Sie können entweder bereits bei der Gründung Gesellschafter (Kommanditisten) werden oder Erfolgreich überträgt ihnen nach Gründung und Eintragung der KG im Handelsregister einen Teil seiner Kommanditbeteiligung.

Es ist davon auszugehen, dass die Kinder (als Studenten) die Beteiligung nicht aus eigenen Mitteln finanzieren können. Üblicherweise erhalten sie deshalb die Beteiligung geschenkt. Hierbei ist unbedingt darauf zu achten, dass die notarielle Form nach § 518 Abs. 1 BGB gewahrt wird. Anderenfalls droht die Gefahr, dass zumindest die Finanzverwaltung die Beteiligung der Kinder nicht anerkennt und damit die gewünschte Gesellschafterstellung negiert. Begründen könnte sie dies mit dem Hinweis, dass die „Umbuchung" der Beteiligung vom Vater auf die Kinder nicht als „Bewirken der Leistung" im Sinne des § 518 Abs. 2 BGB anzusehen ist. Ein häufiges Motiv für die Schenkung von Beteiligungen liegt darin, den Kindern eigene Einkünfte zu verschaffen (nicht bei einer NewCo, sondern bei einer etablierten Gesellschaft). Die Kinder können dann ihren Unterhalt aus den Beteiligungseinkünften – bei niedrigem eigenem Steuersatz – bestreiten. Der auf den Elternteil entfallende Gewinn vermindert sich entsprechend, so dass dieser Elternteil – mit seinem hohen Steuersatz – entsprechend weniger Steuern zu zahlen hat. Mit diesem durchaus legitimen Steuermodell realisieren die Kinder – zumindest teilweise – ihren Unterhaltsanspruch gegen die unterhaltspflichtigen Eltern. Ein weiteres Motiv könnte darin liegen, schon früh den Schenkungssteuerfreibetrag in Anspruch zu nehmen.[33]

---

[32] Zum Gesellschaftsvertrag der KG bei einer GmbH & Co. KG *Blaum/Scholz*, in: Beck'sches Formularbuch Bürgerliches, Handels- und Wirtschaftsrecht, Formular VIII.D.5 ff. und *Götze*, in: Münchener Vertragshandbuch, Bd. 1, Formular III.10.
[33] Vgl. oben § 8 Rn. 18 und unten § 20 Rn. 30.

92 Als weitere denkbare Beteiligungsform kommt die Gründung einer sogenannten **stillen Gesellschaft** oder die Einräumung einer **Unterbeteiligung** an der Kommanditbeteiligung des Erfolgreich in Frage.[34]

93 Beide besonderen Beteiligungsformen führen zu denselben steuerlichen Konsequenzen. Sie unterscheiden sich von der direkten Beteiligung als Kommanditist dadurch, dass die Betroffenen nicht nach außen in Erscheinung treten und ihre „Gesellschafterrechte" auf ein Minimum beschränkt werden. Stille Beteiligung und Unterbeteiligung können sich gut als Vorbereitung für eine Unternehmensnachfolge eignen.[35]

c) Exkurs: Zum Handelsregister und zum Gesellschaftsregister

94 Nach Maßgabe der §§ 374 ff. FamFG wird bei bestimmten Amtsgerichten das Handelsregister geführt. Materiellrechtlich gelten insoweit die §§ 8 bis 16 HGB. Kaufleute und Personenhandelsgesellschaften (nicht die GbR) werden im Handelsregister unter HRA mit einer bestimmten Nummer registriert, während Kapitalgesellschaften unter HRB mit einer bestimmten Nummer geführt werden. Zu Informationszwecken ist jedermann die Einsichtnahme in das Handelsregister sowie in die zum Handelsregister eingereichten Dokumente gestattet (§ 9 Abs. 1 HGB). Das Handelsregister genießt öffentlichen Glauben und negative Publizität, ausnahmsweise sogar positive Publizität (vgl. § 15 HGB).[36] Die Einrichtung des Handelsregisters ist in den §§ 1 – 10 der Handelsregisterverordnung (HRV) geregelt, dessen Führung in den §§ 12 – 22 HRV.

95 Mit dem Inkrafttreten des MoPeG am 01.01.2024 wurde das Gesellschaftsregister für Gesellschaften des bürgerlichen Rechts in das deutsche Recht eingeführt. Damit besteht für die Gesellschafter einer GbR die Möglichkeit, ihre Gesellschaft zur Eintragung in das Gesellschaftsregister anzumelden. Auch wenn diese Vorschrift nicht zwingend ist,[37] ergibt sich aus deren Beachtung bzw. Nichtbeachtung, eine nicht zu vernachlässigende praktische Relevanz, weshalb hierauf überblicksweise eingegangen wird.[38]

96 Zum einen bedarf es nach der Eintragung der Verwendung des Namenzusatzes „eingetragene Gesellschaft bürgerlichen Rechts" oder „eGbR" (§ 707a Abs. 2 BGB). Zum anderen ist die Eintragung in das Gesellschaftsregister eine Voraussetzung, um sich auch in andere öffentliche Register eintragen zu lassen (zB das Grundbuch § 47 Abs. 2 GBO). Soll die GbR bspw. als Eigentümerin eines Grundstücks in das Grundbuch eingetragen werden, so ist dies nur nach einer Eintragung in das GbR-Register möglich. Zu beachten ist allerdings, dass eine einmal vorgenommene Eintragung grundsätzlich nicht wieder gelöscht werden kann (§ 707a Abs. 4 BGB). Eine weitere Wirkung der Eintragung ist, dass § 15 HGB entsprechend angewendet werden kann (§ 707a Abs. 3 S. 1 BGB). Aus der Eintragung darf allerdings nicht abgeleitet werden, dass die Rechts-

---

34 *Lenkaitis*, in: Saenger/Aderhold/Lenkaitis/Speckmann, Handels- und Gesellschaftsrecht, Kap. 7 A; *Eickhoff*, in: Saenger/Aderhold/Lenkaitis/Speckmann, Handels- und Gesellschaftsrecht, Kap. 7 B Rn. 179 ff.
35 Dazu *Lenkaitis*, in: Saenger/Aderhold/Lenkaitis/Speckmann, Handels- und Gesellschaftsrecht, Kap. 7 A Rn. 57 f.; *Eickhoff*, in: Saenger/Aderhold/Lenkaitis/Speckmann, Handels- und Gesellschaftsrecht, Kap. 7 B Rn. 181 ff. Unterschieden wird zwischen atypischer (= mitunternehmerischer) und typischer stiller Beteiligung bzw. Unterbeteiligung.
36 Dazu im Einzelnen *Hopt*, in: Hopt, § 15 Rn. 1.
37 Sog. „Eintragungswahlrecht in Kombination mit positiven Anreizen und faktischem Zwang zur Registrierung" s. RegE: Entwurf eines Gesetzes zur Modernisierung des Personengesellschaftsrechts v. 20.01.2021, S. 144.
38 Zur vert. Auseinandersetzung s. Bachmann, NJW 2021, 3073 ff.

form in Zukunft noch fortbesteht und sich die GbR nicht in eine oHG gewandelt hat. Wird die GbR zu einer oHG, so besteht die Pflicht, die Gesellschaft in das Handelsregister einzutragen, trotz dessen die Gesellschaft bereits in das Gesellschaftsregister eingetragen ist (§ 707a Abs. 3 S. 2 BGB). Durch diese Wirkungsweisen verfolgt der Gesetzgeber den Zweck, die GbR als eGbR transparenter und rechtssicherer auszugestalten. Dies veranlasst ihn auch dazu, der GbR in Form der eGbR die Möglichkeit einzuräumen, sich nun auch an Verschmelzungen und Spaltungen zu beteiligen (§ 3 Abs. 1 Nr. 1 UmwG).

d) Der Kauf des Patents

Die Geschäftsidee des Erfolgreich basiert auf dem vom Insolvenzverwalter angebotenen Patent für die Herstellung von Snack-Automaten. Dieses Patent muss erworben werden. 97

Ist Verkäufer des Patents der Insolvenzverwalter, stellt sich die wichtige Frage nach der Person des Käufers. Zwei Personen kommen hier in Frage, nämlich Erfolgreich persönlich oder die neu gegründete GmbH & Co. KG. Die Antwort ist einfach. Sinnvollerweise wird Erfolgreich das Patent persönlich erwerben. Ist er vermögend, wird er den Kaufpreis aus eigenen Mitteln bezahlen können und nicht auf eine Fremdfinanzierung angewiesen sein. Er kann dann der neu gegründeten GmbH & Co. KG das Patent zur Nutzung überlassen. 98

Würde die NewCo das Patent vom Insolvenzverwalter erwerben, stellt sich die Finanzierungsfrage. Vermutlich könnte der Kaufpreis nur durch die Gewährung eines Gesellschafterdarlehens von Erfolgreich aufgebracht werden. Eine Bank würde wahrscheinlich die Werthaltigkeit des Patentes, insbesondere die Realisierbarkeit des Projektes, in Frage stellen und damit einen Kredit versagen. 99

Entscheidend ist im Ergebnis vor allem folgende Überlegung. Ob die neue Gesellschaft mit den ihr zur Verfügung stehenden Mitteln überhaupt mit Erfolg „in Gang gesetzt" werden kann, ist fraglich. Will Erfolgreich sein Risiko begrenzen und nicht immer mehr Eigenmittel „nachschießen", kann die NewCo insolvent werden. Das Verwertungsrecht für das Patent würde wiederum beim Insolvenzverwalter, diesmal demjenigen der NewCo, liegen. Ist demgegenüber Erfolgreich selbst Patentinhaber, hat er die Möglichkeit, es eigenständig zu verwerten und uU dadurch seine Verluste zu vermindern. Allerdings kann ein Insolvenzverwalter ggf. nach § 135 Abs. 3 InsO ein befristetes Recht auf Weiternutzung gegen Entgeltzahlung geltend machen. 100

e) Die Überlassung des Patents an die NewCo zur Nutzung

Überlässt Erfolgreich das von ihm erworbene Patent der NewCo zur Nutzung, wird er mit ihr einen **Lizenzvertrag** schließen.[39] 101

Der Lizenzvertrag berechtigt die NewCo, das Patent zu nutzen. Unterschieden wird allgemein zwischen ausschließlichen und einfachen Nutzungsrechten. Das **ausschließliche** Nutzungsrecht besagt, dass nur der Nutzungsberechtigte das Recht hat, das Patent zu verwerten. Der Patentinhaber selbst ist von der Nutzung ausgeschlossen. Wird demgegenüber nur ein **einfaches** Nutzungsrecht eingeräumt, berechtigt es den Lizenz- 102

---

[39] Dazu allgemein *Beckmann*, in: Staudinger, Vorbem. zu §§ 433 ff. Rn. 180 f.; *Bahns*, in: Formularbuch Recht und Steuern, Kap. B 12 Rn. 1 ff.

inhaber, das Patent für sich zu nutzen. Gleichzeitig darf der Patentinhaber aber auch das Patent selbst nutzen oder durch Dritte nutzen lassen. Er kann also beispielsweise auch anderen Unternehmen Lizenzen einräumen.

103 Denkbar ist, Nutzungsrechte für bestimmte Länder/Regionen oder für bestimmte Personen oder Gegenstände einzuräumen. So kann es einem Lizenzinhaber gestattet werden, das Patent nur für Deutschland oder Europa (ausschließlich oder in Form einer einfachen Lizenz) zu nutzen. Es kann auf bestimmte Branchen beschränkt werden oder nur für die Nutzung im Umgang mit bestimmten Unternehmen bestellt werden. Hier sind der vertraglichen Gestaltungsfreiheit – praktisch – keine Grenzen gesetzt.

104 Für die Einräumung der Nutzungsmöglichkeit hat der Lizenznehmer ein Entgelt (Lizenzgebühr) zu entrichten. Auch hier finden sich in der Praxis ganz unterschiedliche Regelungen. Das Entgelt kann als Festbetrag (einmalig, jährlich oder monatlich), als Umsatzlizenz oder Stücklizenz vereinbart werden. Letztlich kommt es darauf an, den Patentinhaber angemessen am Erfolg einer eingesetzten Lizenz partizipieren zu lassen. Umgekehrt sollte der Lizenznehmer nicht Gefahr laufen, für nicht zu vertreibende Produkte ein Entgelt zahlen zu müssen.

f) Der Werkvertrag über die Herstellung der Snackautomaten

105 Erfolgreich ist darauf angewiesen, ein geeignetes Unternehmen für die Herstellung der Snackautomaten zu finden. Hiervon wird der Erfolg des Vorhabens ebenfalls entscheidend abhängen. Ein solches Unternehmen wird zunächst einen Prototyp herstellen und ihn testen. Erst dann könnte er in Serie gehen.

106 Kann der Automat zur Serienreife produziert werden, wird sich für Erfolgreich die Frage stellen, ob die NewCo dauerhaft selbst expandiert und die gesamten Vorlaufkosten finanziert. Alternativ kommt in Frage, dass sich die NewCo Partner vor Ort sucht, also beispielsweise Franchisenehmer.[40]

g) Abschluss weiterer notwendiger Verträge

107 Die NewCo muss Standorte für das Aufstellen der Snackautomaten finden und mit den jeweiligen Grundstückseigentümern **Mietverträge** schließen. Infrage kommen hier insbesondere Zug- und Busbahnhöfe.

108 Die Automaten müssen gewartet werden. Es erscheint deshalb sinnvoll, dass hier ähnlich wie im EDV-Bereich ein Vertrag über die **Wartung** der Automaten abgeschlossen wird. In dem Zusammenhang ist auch daran zu denken, örtliche **Wachdienste** zu beauftragen. Die NewCo läuft Gefahr, dass außerhalb der Publikumszeiten solche Automaten schnell mutwillig beschädigt werden.

109 Schließlich müssen Verträge über die **Lieferung** der Zutaten für den Snackautomaten geschlossen werden, also über den Bezug von Kartoffeln, Hähnchenfleisch, Mayonnaise, Öl, Verpackung usw.

5. Abschlussüberlegung

110 Der maßgebende, der Beratungssituation zugrunde liegende Sachverhalt ist eigentlich einfach. Die vorstehend dargelegten Überlegungen zu seiner Umsetzung zeigen jedoch,

---

[40] Siehe § 15 Rn. 4 ff.

wie komplex der Vorgang in rechtlicher, wirtschaftlicher und technischer Hinsicht ist. Für die juristische Vertragsgestaltung ist die Konstellation verlockend und sicherlich reizvoll für eine im Wirtschaftsrecht tätige Anwaltssozietät. Indes werden die Anwälte in Ihrer Eigenschaft als Berater ggf. auch anregen, die Unternehmensidee kritisch zu würdigen. Entscheidend ist dabei, ob die Wirtschaftlichkeit des Unternehmens sichergestellt ist. Die Anwälte werden Herrn Erfolgreich darauf aufmerksam machen, dass sich eine vergleichbare Unternehmensidee in der Vergangenheit bereits als riskant erwiesen und zu einer Insolvenz geführt hat. Für den Unternehmer Erfolgreich stellt sich nunmehr die Frage, ob er das Risiko eingehen möchte oder ob er seine Geschäftsidee aufgibt.[41]

---

41 Der Sachverhaltsgestaltung liegt ein alter Rechtsstreit zwischen Anlegern und einer Bank zugrunde. Die Bank hatte Anleger im Rahmen eines Private Placement dazu bewogen, sich an einem solchen Projekt zu beteiligen. Der Bau eines Snackautomaten war zwar technisch erfolgreich. Das benötigte Kapital lag aber weit über den Schätzungen, so dass Insolvenz eintrat. Die Anleger verlangten von der Bank Schadensersatz wegen unzureichender Beratung.

§ 19 Vertragsgestaltung im Recht der Eheverträge

I. Überblick

1 Das Gesetz definiert in § 1408 Abs. 1 BGB den Ehevertrag als eine Vereinbarung unter Eheleuten über ihre güterrechtlichen Verhältnisse. Abweichend vom gesetzlichen Güterstand der sogenannten Zugewinngemeinschaft können sie für die Geltung ihrer Ehe Gütertrennung oder Gütergemeinschaft vereinbaren.

2 Den so festgelegten Inhalt von Eheverträgen erweitert § 1408 Abs. 2 BGB. Dort wird bestimmt, dass Eheleute in einem Ehevertrag auch den Versorgungsausgleich ausschließen können.

3 Nach dem allgemeinen juristischen Verständnis erfasst der Ehevertrag über die vorstehend genannten Regelungen zum Güterstand und zum Versorgungsausgleich auch unterhaltsrechtliche Fragen insbesondere für den Fall der Trennung und Scheidung. Insoweit spricht man oft auch von einer Scheidungsfolgenvereinbarung.[1]

4 Der Abschluss des Ehevertrags bedarf nach § 1410 BGB der notariellen Form. Dies gilt auch für Unterhaltsvereinbarungen, die vor Rechtskraft der Scheidung getroffen werden (§ 1585c S. 2 BGB).

5 Vertragsparteien eines Ehevertrags können nicht nur Ehegatten, sondern auch noch nicht miteinander Verheiratete sein. Der Vertrag entfaltet dann seine Rechtswirkungen erst mit Abschluss der Ehe.[2]

6 Ist das Thema „Ehevertrag" vor jeder Eheschließung zwischen Verlobten sehr häufig im Gespräch, kommt es dennoch nur in einer geringen Zahl von Fällen zum Abschluss aus Anlass der Eheschließung. Hierfür dürften in erster Linie emotionale Motive maßgebend sein. Der Wunsch nach Abschluss eines Ehevertrags kann als Misstrauensvotum gegenüber dem anderen Partner verstanden werden. Dementsprechend spielen Eheverträge in der Praxis häufig erst eine bedeutende Rolle im Zusammenhang mit Trennung und Scheidung.[3]

II. Der Ehevertrag junger Eheleute

7 ▶ **Gestaltungsaufgabe: Ehevertrag**

Steffi Klug und Mark Pfiffig sind „privat und beruflich" ein Paar. Sie betreiben in der Rechtsform einer Gesellschaft bürgerlichen Rechts eine Anwaltspraxis. Anlässlich eines sonntäglichen Spaziergangs kommt ihnen die Idee zu heiraten. Ihre erfolgreich erprobte Lebensgestaltung möchten sie zumindest in den nächsten Jahren nicht ändern.

In ihrer Sozietät beschäftigen Mark und Steffi die Rechtsanwältin Treu, Fachanwältin für Familienrecht und Erbrecht. Sie bitten Frau Treu, ihnen bei der Bearbeitung der nachstehenden Fragen und Aufgaben behilflich zu sein:

1. Wie sehen nach dem Gesetz die privaten Rechtsverhältnisse zwischen Mark und Steffi vor der Ehe und nach Abschluss der Ehe aus? (Rn. 9ff.)

2. Ist es sinnvoll, dass Mark und Steffi eherechtliche und erbrechtliche Regelungen treffen? (Rn. 20ff.)

---

[1] *Mohr*, Ehevertrag, S. 3 f.; *Langenfeld/Milzer*, Handbuch der Eheverträge und Scheidungsvereinbarungen, Kap. 1, Rn. 7 ff., 122 ff.; vgl. zu den rechtsdogmatischen Grundlagen *Moes*, Vertragsgestaltung, § 26 Rn. 453 ff.
[2] *Siede*, in: Grüneberg, § 1408 Rn. 1; *Mohr*, Ehevertrag, S. 3.
[3] *Mohr*, Ehevertrag, S. 3.

3. Wie wird Frau Treu den Entwurf eines für Steffi und Mark „passenden" Ehevertrags formulieren?[4] (Rn. 30ff.) ◄

1. Einführende Hinweise

Das Verständnis von Ehe und Familie verändert sich im Wandel der Zeit. Rechtsprechung und Gesetzgebung greifen diese Veränderungen – in der Regel zeitversetzt – auf und stellen neue Anforderungen an die inhaltliche Ausgestaltung von Eheverträgen. Herrschte hier früher nahezu uneingeschränkte Vertragsfreiheit, so haben die beiden Entscheidungen des Bundesverfassungsgerichts vom 6.2.2001[5] und ihm folgend die spätere Rechtsprechung des BGH[6] eine Wende herbeigeführt. Eheverträge unterliegen heute einer **Wirksamkeitskontrolle** nach § 138 Abs. 1 BGB im Zeitpunkt des Vertragsschlusses (erster Schritt) und – falls danach gültig – einer **Ausübungskontrolle** nach § 242 BGB im Zeitpunkt der aktuellen Anwendung (zweiter Schritt). Verfassungsrechtlich geschützt ist die gleichberechtigte Partnerschaft zwischen Mann und Frau. Die Grenze der Vertragsfreiheit ist dort zu ziehen, wo die vereinbarte Lastenverteilung der individuellen Gestaltung der Lebensverhältnisse in keiner Weise mehr gerecht wird, weil sie evident einseitig ist und die Hinnahme dieses Zustandes für den belasteten Ehegatten bei verständiger Würdigung des Wesens der Ehe unzumutbar erscheint.[7]

8

2. Vorbereitende Überlegungen

Die Parteien und der Rechtsberater müssen im Gespräch klären, welche Motive für den Abschluss des vorgesehenen Ehevertrags bestehen und welche rechtlichen Regelungen in Abweichung von der Gesetzeslage sinnvollerweise in Betracht kommen.

9

a) Rechtslage vor der Heirat

Bei Gestaltungen im Familien- und Erbrecht ist es für den Berater unerlässlich, zunächst die Rechtslage nach dem Gesetz festzustellen. Wollen die Parteien ihre Rechtsverhältnisse zueinander durch Vertrag regeln, müssen sie wissen, welche gesetzlichen Regelungen für sie ohne rechtsgestaltende Vereinbarungen gelten.

10

Soweit Mark und Steffi die Anwaltssozietät in der Rechtsform einer Gesellschaft bürgerlichen Rechts betreiben, gelten der Gesellschaftsvertrag und ergänzend die §§ 705 ff. BGB. Hieran wird sich durch die vorgesehene Heirat nichts ändern.

11

Solange Mark und Steffi nicht verheiratet sind, bestehen keine familienrechtlichen und erbrechtlichen Beziehungen. Weder gibt es zivilrechtliche Unterhaltspflichten[8] noch erbrechtliche Ansprüche. Allerdings bildet die nichteheliche Lebensgemeinschaft im Sozialrecht eine Bedarfsgemeinschaft gem. § 7 Abs. 3 Nr. 3c SGB II unter den Voraus-

12

---

4 Vgl. zum Ehevertrag folgende höchstrichterliche Rechtsprechung BVerfG NJW 2001, 957 ff.; BGH NJW 2004, 930 ff.; 2005, 137 ff. und 139 ff.; 2005, 1370 ff.; 2008, 3426 ff.; 2013, 380 ff.; 2013, 457 ff. Zur Literatur vgl. im Einzelnen *Langenfeld*, Vertragsgestaltung, Kap. 7 Rn. 1 ff.; *Kornexl*, in: Münchener Vertragshandbuch, Bd. 6, Formulare IX.1 – 11; *Langenfeld* NJW 2011, 966 ff.; *Mohr*, Ehevertrag, S. 9 ff.; *Bernauer*, in: Beck'sches Formularbuch Bürgerliches, Handels- und Wirtschaftsrecht, Formulare V.6 – 19; *Bredthauer* NJW 2004, 3072 ff.; *Eckert/Everts/Wicke*, Fälle zur Vertragsgestaltung, S. 130 ff.
5 BVerfG NJW 2001, 957 ff.
6 BGH NJW 2004, 930 ff.
7 *Rakete-Dombek* NJW 2004, 1273 ff.; *Langenfeld/Milzer*, Handbuch der Eheverträge und Scheidungsvereinbarungen, Kap. 1, Rn. 68 ff.; *Looschelders/Olzen*, in: Staudinger, § 242 Rn. 964 ff.; *Münch*, in: MünchKommBGB, § 1408 Rn. 26 ff.
8 Zum zivilrechtlichen Familienbild vgl. *Schwab* FamRZ 2007, 1 (6 f.).

setzungen des § 7 Abs. 3a Nr. 1 SGB II, so dass eine faktische Unterstützungsleistung sozialrechtlich angenommen wird.

b) Rechtslage nach der Heirat

13   Anders ist die gesetzliche Lage nach der Heirat. Jetzt gilt das gesetzliche Ehegüter- und Scheidungsfolgenrecht. Sie sind durch drei Prinzipien gekennzeichnet, nämlich den Zugewinnausgleich, den Versorgungsausgleich sowie den nachehelichen Unterhalt.

14   Den gesetzlichen Vorstellungen lag zumindest bis in die jüngere Vergangenheit noch eine kindbestimmte Einzelverdienerehe zugrunde. Einer der Partner ist während der Ehe voll erwerbstätig, während der andere den Haushalt führt, die Kinder erzieht und infolgedessen nicht oder nur Teilzeit arbeitet. In der Regel war dies die Frau.[9]

aa) Das Familienrecht

15   Gesetzlicher Güterstand ist die sogenannte Zugewinngemeinschaft (§ 1363 Abs. 1 BGB). Unter Juristen sollte man präziser vom Güterstand der Gütertrennung mit Zugewinnausgleich bei Beendigung der Ehe durch Tod oder Scheidung sprechen. Bei vielen Laien herrscht nämlich die Vorstellung vor, dass ein Gatte im gesetzlichen Güterstand für die Schulden des anderen Ehegatten „haftet". Das ist unzutreffend.[10]

16   Nach §§ 1360 f. BGB schulden die Ehegatten einander Unterhalt. Bei Getrenntleben regelt § 1361 BGB die Unterhaltsverpflichtung. Nach der Scheidung finden die §§ 1569 ff. BGB Anwendung.

bb) Das Erbrecht

17   Mit Abschluss der Ehe erwirbt der Ehegatte gesetzliche Erbansprüche. Schließt ihn der andere Ehegatte von der Erbfolge aus, steht ihm ein Pflichtteilsanspruch nach § 2303 Abs. 2 BGB zu.

18   Die Höhe des gesetzlichen Erbteils richtet sich nach dem Güterstand. Bei der Zugewinngemeinschaft beträgt das gesetzliche Erbrecht neben Verwandten der 1. Ordnung (Kinder) ¼ und neben Verwandten der 2. Ordnung ½ (§ 1931 Abs. 1 BGB). Dieses gesetzliche Erbrecht erhöht sich um ¼ als pauschalen Zugewinnausgleich nach § 1371 Abs. 1 BGB.

19   Hatten die Ehegatten Gütertrennung vereinbart, richtet sich das gesetzliche Erbrecht des überlebenden Ehegatten nach der Anzahl der Kinder (§ 1931 Abs. 4 BGB). War die Ehe kinderlos, lebt aber noch ein Erbe der 2. Ordnung (§ 1925 BGB), beträgt die gesetzliche Erbquote ½.

c) Gestaltungsüberlegungen

20   Je weiter der Lebenssachverhalt von den gesetzlichen Vorstellungen einer kindbestimmten Einzelverdienerehe abweicht, umso notwendiger ist die vertragliche Anpassung durch Ehevertrag. Dies bedeutet in Anbetracht der konkreten Lebensverhältnisse von Mark und Steffi, dass die familienrechtlichen Unterhalts- und Versorgungsaus-

---

9 *Mohr*, Ehevertrag, S. 4; *Roth*, in: MünchKommBGB, § 1356 Rn. 2 ff.; *Voppel*, in: Staudinger, § 1356 Rn. 4 f.; *Langenfeld/Milzer*, Handbuch der Eheverträge und Scheidungsvereinbarungen, Kap. 1, Rn. 155 ff.
10 S. hierzu allerdings § 1357 BGB (Geschäfte zur Deckung des Lebensbedarfs).

gleichsansprüche nicht für ihre Situation „passen". Frau Treu wird ihnen deshalb den Abschluss eines Ehevertrags mit folgenden Regelungsgegenständen vorschlagen:

aa) Zum Güterstand

Unter haftungsrechtlichen Gesichtspunkten ist es nicht notwendig, den Güterstand der Gütertrennung zu vereinbaren. Zugewinngemeinschaft bedeutet ja lediglich, dass ein Zugewinnausgleich bei Beendigung der Ehe durch Tod oder Scheidung stattfindet. Eheleute haften indes nicht für die Schulden des jeweils anderen Partners.

Im konkreten Fall gilt aufgrund der gesellschaftsrechtlichen Mithaftung aller BGB-Gesellschafter für diesen Bereich etwas anderes. Mit der familienrechtlichen Beurteilung hat das aber nichts zu tun.

Der **gesetzliche Güterstand** berücksichtigt in aller Regel die gemeinsamen Interessen der Ehegatten. Der Zugewinnausgleich entspricht dem Charakter der Ehe auch als Erwerbsgemeinschaft. Hinzu kommt die günstige steuerliche Regelung in § 5 Abs. 1 ErbStG. Danach wird die Zugewinnausgleichsforderung von der Erbschaftsteuer freigestellt.

Eine vom Gesetz abweichende Gestaltung mag sich für Sonderkonstellationen und für den Fall der Scheidung empfehlen. So sehen insbesondere Gesellschaftsverträge häufig vor, dass die Beteiligung eines Ehegatten an der Gesellschaft vom Zugewinnausgleich ausgeschlossen werden soll, oft auch für den Fall des Todes. Damit soll der Druck auf die Gesellschaft und ihre Gesellschafter vermieden werden, eine komplexe Unternehmensbewertung durchzuführen und sich in einen etwaigen Streit hineinziehen zu lassen. Zu bedenken ist ferner, dass die gesellschaftsrechtliche Beteiligung häufig das wesentliche Vermögen des Betroffenen ausmacht, indes in aller Regel nicht „liquide" ist, so dass eine Ausgleichsforderung finanziert werden muss. Auch dies führt zu Problemen und Konflikten.

Es erscheint daher bedenkenswert und in vielen Fällen auch sachgerecht, gegenüber dem gesetzlichen Güterstand modifizierende Vereinbarungen zu treffen (sogenannte **modifizierte Zugewinngemeinschaft**). Der Zugewinnausgleich kann für den Fall der Beendigung der Ehe durch Scheidung oder für bestimmte Gegenstände ausgeschlossen werden wie beispielsweise die Beteiligung eines Ehepartners an einem Unternehmen. Verständige Ehepartner werden im Rahmen der Vertragskonzeption überlegen, wie sie die finanziellen Nachteile des anderen durch solche partiellen Ausschlüsse kompensieren können, beispielsweise durch Übertragung von Vermögenswerten (Immobilien, Wertpapierdepots uä) oder den Abschluss einer Lebensversicherung, deren Beiträge von dem durch den Ausschluss begünstigten Partner gezahlt werden.

bb) Zum Versorgungsausgleich

Steffi und Mark sind Gesellschafter ihrer gemeinsamen Anwaltssozietät. Wenngleich der geschilderte Sachverhalt hierzu keine Einzelheiten vorgibt, kann davon ausgegangen werden, dass der Gesellschaftsvertrag keine Regelungen für die Altersvorsorge trifft. In modernen anwaltlichen Gesellschaftsverträgen finden sich in der Regel keine Vereinbarungen mehr über Versorgungsansprüche der Altpartner, so wie es früher üblich war.

Steffi und Mark werden Mitglied im anwaltlichen Versorgungswerk sein und deshalb Versorgungsansprüche bei Erreichung der Altersgrenze erzielen. Das Versorgungswerk gewährt auch Rentenzahlungen bei vorzeitiger Erwerbsunfähigkeit, so dass über dieses berufsständische Versorgungswerk sowohl eine Absicherung für den Fall des Alters als auch der vorzeitigen Erwerbsunfähigkeit besteht. Unabhängig davon können beide Anwälte private Versorgungsverträge schließen und sich zusätzlich absichern. Vor diesem Hintergrund wird Frau Treu Mark und Steffi empfehlen, die gesetzlichen Versorgungsausgleichsansprüche des § 1587 BGB iVm den Vorschriften des Gesetzes über den Versorgungsausgleich vom 3.4.2009 auszuschließen und allenfalls eine Sonderregelung für den Fall zu treffen, dass ein Partner während der Dauer der Erziehung gemeinsamer Kinder keine Anwartschaften erwirbt.

cc) Zum nachehelichen Unterhalt

28 Auf gesetzliche Unterhaltsansprüche sind Mark und Steffi nicht angewiesen. Sie verdienen ihren Unterhalt als selbstständige Anwälte. Für den Fall von Krankheit und damit verbundener Erwerbsminderung können sie private Vorsorge treffen. Darüber hinaus werden sie Leistungen aus dem berufsständischen Versorgungswerk beziehen. Frau Treu wird ihnen also auch insoweit raten, auf die gesetzlichen Unterhaltsansprüche für den Fall der Trennung und Scheidung zu verzichten. Ausnahmeregelungen soll es allerdings für die Zeit geben, in der ein Partner wegen der Erziehung gemeinsamer Kinder kein Einkommen erzielt.[11]

dd) Zum Erbrecht

29 Frau Treu wird Mark und Steffi den Abschluss eines Erbvertrags oder die Errichtung eines gemeinschaftlichen Testaments empfehlen. Die gesetzliche Erbfolge entspricht bei kinderlosen Ehepaaren in der Regel nicht ihrer Interessenlage. Solange gesetzliche Erben 2. Ordnung vorhanden sind, also beispielsweise Elternteile oder Geschwister noch leben, sind die Ehepartner nicht alleinige gesetzliche Erben. Besteht der gesetzliche Güterstand, wäre der überlebende Ehegatte gesetzlicher Erbe zu ¾ und für den Fall der Gütertrennung gesetzlicher Erbe zu ½.

3. Erstellung des Ehevertragsentwurfs

30 Im Hinblick auf die neue Rechtsprechung des BGH zur Wirksamkeits- und Ausübungskontrolle ist die Gestaltung von Eheverträgen heute sehr schwierig geworden. Kann die konkrete Situation eines Paares bei Abschluss eines Ehevertrags noch hinreichend sicher beurteilt werden, ändert sich dies, wenn später nicht vorhergesehene Ereignisse eintreten und sich dann zu diesem Zeitpunkt die Frage stellt, ob unter Berücksichtigung von Treu und Glauben nach § 242 BGB eine Anpassung des Vertrags zu erfolgen hat (Ausübungskontrolle). Es kann deshalb nicht mit Sicherheit prognostiziert werden, ob Gerichte später die Anwendung der im Ehevertrag vorgesehenen Regelungen „korrekturlos" bejahen werden. Die Bildung von Fallgruppen (junge Eheleute ohne Kinderwunsch, mit Kinderwunsch, Ehevertrag mit einem unternehmerisch tätigen Partner, Ehevertrag zwischen älteren Eheleuten mit oder ohne Kinder) und darauf abgestimmte Formulierungsvorschläge können eine interessengerechte Vertragsgestaltung erleichtern.[12]

---

11 Nach der Kernbereichslehre des BGH – zB NJW 2006, 3142 (3144) – ist eine solche Regelung wohl zwingend notwendig, vgl. dazu *Langenfeld/Milzer*, Handbuch der Eheverträge und Scheidungsvereinbarungen, Kap. 1, Rn. 71 ff.
12 Zur vert. Auseinandersetzung vgl. *Stöhr*, JuS 2022, 805 ff.

Unter Bezugnahme auf die mit Mark und Steffi geführten Gespräche und die darin zum Ausdruck kommenden Überlegungen wird Frau Treu Mark und Steffi folgenden Entwurf für einen Ehevertrag vorlegen:

▶ **Beispiel für einen Ehevertrag**

Verhandelt zu … am …

Vor dem Notar …

erschienen

1. Frau Steffi Klug, …

2. Herr Mark Pfiffig, …

Die Erschienenen erklärten:

Wir beabsichtigen, in Kürze zu heiraten. Wir besitzen die deutsche Staatsangehörigkeit. Wir sind derzeit voll als selbstständige Anwälte berufstätig und wollen dies – jedenfalls zunächst – auch bleiben.

Für den Fall der Scheidung will jeder von uns für sich allein sorgen, so dass die gesetzlichen Regelungen zum Zugewinnausgleich, zum Versorgungsausgleich und zum nachehelichen Unterhalt nicht gelten sollen.

Für den Fall, dass aus unserer Ehe gemeinsame Kinder hervorgehen, sollen während der Erziehungszeiten die gesetzlichen Regelungen zum Unterhalt und zum Versorgungsausgleich nach Maßgabe unserer nachstehenden Vereinbarung Anwendung finden.

Dies vorausgeschickt schließen wir folgenden

Ehevertrag.

§ 1 Modifizierte Zugewinngemeinschaft

1. Für den Fall, dass unser Güterstand auf andere Weise als durch Tod beendet wird, schließen wir den Ausgleich des Zugewinns vollständig aus. Im Übrigen bleibt es beim gesetzlichen Güterstand, insbesondere auch beim Zugewinnausgleich im Todesfall.

2. Eine Aufstellung unseres beiderseitigen Vermögens wollen wir diesem Vertrag nicht beifügen.

§ 2 Ausschluss des Versorgungsausgleichs

1. Wir schließen den Versorgungsausgleich im Falle einer Scheidung unserer Ehe aus.

2. Der Notar hat uns über die Bedeutung des Ausschlusses des Versorgungsausgleich belehrt, insbesondere darüber, dass ein Ausgleich der in der Ehezeit erworbenen Anwartschaften oder Aussichten auf eine Versorgung wegen Alters- oder Berufs- oder Erwerbsunfähigkeit, gleich aus welchem Grunde, nach Scheidung unserer Ehe nicht stattfindet. Er hat uns auf die Folgen für die soziale Sicherung im Scheidungsfall hingewiesen.

3. Der Ausschluss des Versorgungsausgleichs wird nach Maßgabe folgender Regelung auflösend bedingt vereinbart. Sollte wegen der Geburt eines gemeinsamen Kindes einer von uns seine Berufstätigkeit ganz oder teilweise aufgeben, wird die Vereinbarung mit dem auf die Geburt des Kindes folgenden Monatsersten für die Dauer der Kinderbetreuung bis max. zur Vollendung des 14. Geburtstages des jüngsten Kindes unwirksam. Für die Zeit davor und die Zeit danach bleibt es beim Ausschluss des Versorgungsausgleichs.

§ 3 Verzicht auf nachehelichen Unterhalt

1. Wir verzichten wechselseitig auf nachehelichen Unterhalt in jeder Form und in allen Lebenslagen einschließlich im Falle der Not und auch für jeden Fall der Änderung der Rechtslage. Diesen Verzicht nehmen wir hiermit wechselseitig an.

2. Der Notar hat uns über die Folgen dieses Unterhaltsverzichts belehrt, insbesondere über das Risiko, dass nach der Scheidung der Ehe jeder für sich selbst für den eigenen Unterhalt Sorge zu tragen hat.

3. Der Unterhaltsverzicht wird auflösend bedingt wie folgt vereinbart. Sollte wegen der Geburt eines gemeinsamen Kindes einer von uns seine Berufstätigkeit ganz oder teilweise aufgeben, steht ihm während dieser Zeit Unterhalt nach den gesetzlichen Vorschriften zu.

§ 4 Schlussbestimmungen

1. Dieser Vertrag soll bei etwaigen Lücken, Unklarheiten oder Veränderungen in seinen Grundlagen so ausgelegt werden, wie es dem Sinn der Gesamtvereinbarung entspricht. Sollte eine Vereinbarung unwirksam sein oder werden, so ist sie durch eine wirksame Vereinbarung zu ersetzen, die dem Sinn und Zweck der weggefallenen Vereinbarung möglichst nahe kommt. Sollte eine dieser Vereinbarungen unwirksam sein oder werden, so sollen die übrigen Vereinbarungen dennoch wirksam bleiben.

2. Letztwillige Verfügungen wollen wir im Zusammenhang mit diesem Ehevertrag nicht treffen.

3. Die Notargebühren tragen wir je zur Hälfte.

Diese Niederschrift wurde den Erschienenen von dem Notar vorgelesen, von den Erschienenen genehmigt und von ihnen und dem Notar eigenhändig wie folgt unterschrieben:

Unterschriften der Erschienenen zu 1) und 2) und des Notars.[13] ◄

---

[13] Zum Vertragsmuster *Bernauer*, in: Beck'sches Formularbuch Bürgerliches Handels- und Wirtschaftsrecht, Formular V.16 Anm. 1 f.; *Kornexl*, in: Münchener Vertragshandbuch, Bd. 6 Formulare IX.1 – 3; *Mohr*, Ehevertrag, S. 9 ff. Aufgrund der Unterhaltsreform seit 2007 stellt sich heute zunehmend die Frage, ob der nunmehr eingeschränkte gesetzliche Unterhaltsanspruch des die Kinder betreuenden Ehegatten nicht vertraglich ausgeweitet, dh verstärkt werden muss. Dazu *Langenfeld* NJW 2011, 966 ff.

§ 20 Vertragsgestaltung im Erbrecht

I. Überblick

Geburt und Tod betreffen jeden von uns. Ein neu geborenes Kind tritt sofort in rechtliche Beziehungen zu seinen Eltern. Es verändert die familienrechtliche und erbrechtliche Rechtslage. Stirbt ein Mensch, löst dies zwangsläufig erbrechtliche Folgen aus. Einen gesetzlichen Erben gibt es immer. Es ist zumindest der Staat nach § 1936 BGB.

Betrifft damit das Erbrecht letztlich jeden Menschen, verwundert es, wie wenig sich die Meisten damit beschäftigen. Erst recht nehmen sie keine professionelle Hilfe bei der Gestaltung ihres letzten Willens in Anspruch. Die forensisch tätigen Anwälte können dies nur bestätigen und sich über Arbeitsmangel nicht beklagen. Die gesetzliche Erbfolge führt selten zu sachgerechten Lösungen, wenn zum Nachlass zumindest eine – vom überlebenden Ehegatten noch selbst genutzte – Immobilie gehört. Versuchen Erblasser gar selbst, ihre letztwillige Verfügung – mit oder ohne Zuhilfenahme von Ratschlägen aus Broschüren – zu formulieren, geht das überwiegend schief. Das Erbrecht ist zu schwierig, als dass die gewünschten Nachlassregelungen zutreffend von einem Laien formuliert werden könnten. Ursache hierfür ist vor allem die fehlende Kenntnis bzw. das fehlende Verständnis der Grundprinzipien des Erbrechts, insbesondere des Grundsatzes der Gesamtrechtsnachfolge. Statt eine Erbeinsetzung ganz oder in Quoten vorzusehen und die einzelnen Gestaltungen dann durch die Anordnung von Vermächtnissen oder Teilungsanordnungen zu regeln, begnügt sich der Laie sehr häufig mit der „Vermachung von Gegenständen" an bestimmte Personen. Dann ist es für die Hinterbliebenen, ihre Berater sowie die Gerichte im Erbscheinsverfahren äußerst schwierig, die Erbfolge zu bestimmen. Vor diesem Hintergrund kann nur dringend dazu geraten werden, sich bei der Abfassung letztwilliger Verfügungen professioneller Hilfe zu bedienen bzw. notarielle Testamente oder Erbverträge zu errichten. Die damit verbundenen Kosten liegen weit unter den Aufwendungen, die in einem Erbstreit entstehen und ebenso vermieden werden können wie die bei solchen Streitigkeiten üblichen emotionalen Belastungen.

II. Das erbrechtliche Beratungsgespräch

▶ Gestaltungsaufgabe: erbrechtliches Beratungsgespräch

Herr Reich ist seit vielen Jahren Mandant in der Kanzlei Pfiffig und Klug. Er sucht eines Tages Mark Pfiffig auf und bittet um eine erbrechtliche Beratung. Welche Fragen sind in dem Beratungsgespräch im Einzelnen zu behandeln? ◀

1. Einführende Hinweise

Das deutsche Erbrecht wird durch drei grundlegende rechtspolitische Wertungen geprägt und ausgestaltet. Diese Prinzipien sind die **Privaterbfolge**, die **Testierfreiheit** und die **Familienerbfolge**.[1]

---

[1] *Ebenroth*, Erbrecht, § 1 IV Rn. 44 ff.; *Lange*, Erbrecht, § 1 I S. 2; *Leipold*, in: MünchKommBGB, Einleitung vor § 1922 Rn. 8 ff.; *Weidlich*, in: Grüneberg, vor § 1922 Rn. 3.

a) Zur Privaterbfolge

5   Nach dem Grundsatz der Privaterbfolge wird das Vermögen des Erblassers aus privater Hand in private Hand weiter vererbt. Nur wenn kein privater Erbe vorhanden ist, hat der Staat zur Verhinderung personenloser Nachlässe ein gesetzliches Erbrecht (§ 1936 BGB). Der Staat beteiligt sich allerdings über die Erbschaftsteuer wertmäßig am Nachlass und beschränkt dadurch das private Erbrecht.[2]

6   Das Prinzip der Privaterbfolge ist verfassungsrechtlich garantiert. Art. 14 Abs. 1 GG gewährleistet das Erbrecht als Rechtsinstitut und als Individualrecht.[3]

7   Die Erbrechtsgarantie ergänzt insoweit die Eigentumsgarantie, mit der zusammen sie die Grundlage für die im Grundgesetz vorgegebene private Vermögensordnung bildet.[4]

b) Die Testierfreiheit

8   Der Grundsatz der Testierfreiheit berechtigt den Erblasser, durch letztwillige, rechtsgeschäftliche Verfügung über das Schicksal seines Vermögens nach dem Erbfall zu bestimmen. Diese Freiheit kann vertraglich nicht beschränkt werden (§ 2302 BGB). Sie wird nur durch das Pflichtteilsrecht sowie das Verbot sittenwidriger Verfügungen begrenzt.[5]

c) Die Familienerbfolge

9   Als dritte rechtspolitische Grundsatzentscheidung des Erbrechts ist das Prinzip der Familienerbfolge zu nennen. In Ermangelung abweichender Verfügungen des Erblassers geht sein Vermögen kraft Gesetzes auf die Familie über, nämlich auf seinen Ehegatten (oder eingetragenen Lebenspartner) und auf seine nächsten Verwandten.[6]

d) Die unabdingbaren Rechtsinstitute des Erbrechts

10 Bei der Gestaltung letztwilliger Verfügungen sind drei zwingende Rechtsinstitute zu beachten. Es handelt sich um das Prinzip der Gesamtrechtsnachfolge, den erbrechtlichen Formen- und Typenzwang sowie das unabdingbare Pflichtteilsrecht.

aa) Das Prinzip der Gesamtrechtsnachfolge (Universalsukzession)

11 Das Vermögen des Erblassers geht als Ganzes unmittelbar auf den bzw. die Erben über (§ 1922 BGB). Danach kann der Erblasser den Nachlass nur einer Person (als Alleinerben) oder mehreren Personen (als Miterben nach Quoten) vererben. Sein Vermögen fällt mit seinem Tod automatisch diesen Erben zu. Es handelt sich also um einen Vonselbsterwerb. Die Erben erwerben die Erbschaft im Moment des Todes des Erblassers ohne jegliche Mitwirkung, selbst ohne ihr Wissen und ggf. sogar gegen ihren Willen.[7]

---

2 *Weidlich*, in: Grüneberg, vor § 1922 Rn. 3; *Ebenroth*, Erbrecht, § 1 IV Rn. 45 ff.
3 BVerfG NJW 2005, 1561; *Weidlich*, in: Grüneberg, vor § 1922 Rn. 4.
4 Näher dazu *Weidlich*, in: Grüneberg, vor § 1922 Rn. 4.
5 *Weidlich*, in: Grüneberg, vor § 1922 Rn. 3; *Ebenroth*, Erbrecht, § 1 IV Rn. 48 ff.
6 *Weidlich*, in: Grüneberg, vor § 1922 Rn. 3; *Ebenroth*, Erbrecht, § 1 IV Rn. 51 ff.
7 *Weidlich*, in: Grüneberg, vor § 1922 Rn. 3; *Leipold*, in: MünchKommBGB, § 1922 Rn. 197 f.; *Lange*, Erbrecht, § 8 I S. 26 ff.

Sonderregelungen (Sondererbfolge) gibt es im Bereich der Höfeordnung und bei Personengesellschaften. Auf die einschlägige Literatur hierzu wird verwiesen.[8]

bb) Der erbrechtliche Formen- und Typenzwang

Anders als im Schuldrecht und ähnlich wie im Sachenrecht ist Rechtsschöpfung im Erbrecht nicht möglich. Bei der Gestaltung letztwilliger Verfügungen dürfen nur die im Erbrecht zugelassenen Formen und Typen verwandt werden.[9]

cc) Das Pflichtteilsrecht

Der Grundsatz der Testierfreiheit wird durch das Pflichtteilsrecht der §§ 2303 ff. BGB eingeschränkt. Es gewährt nahen Angehörigen des Erblassers (Abkömmlingen, uU den Eltern) sowie dem überlebenden Ehegatten oder eingetragenen Lebenspartnern (§ 10 Abs. 6 LPartG) eine schuldrechtliche Teilhabe am Nachlass. Die Höhe des Pflichtteils (Pflichtteilsquote) besteht in der Hälfte des Wertes des gesetzlichen Erbteils (§ 2303 Abs. 1 S. 2 BGB).

2. Vorbereitende Überlegungen

Die Beratungssituation für den potenziellen Erblasser und den juristischen Berater ist schwierig. Zunächst ist zu berücksichtigen, dass viele Laien über keine – einigermaßen soliden – Grundkenntnisse des Erbrechts verfügen. Die meisten Erblasser wünschen „das Übliche". Zunächst soll der überlebende Ehegatte alles bekommen und danach die Kinder.

Der Berater muss die persönliche Situation des Erblassers sorgfältig erfragen und insbesondere bei Eheleuten feststellen, ob tatsächlich ein übereinstimmender Testierwille vorliegt. Gelegentlich gewinnt der Berater hier den Eindruck, dass die verbal geäußerte Einigkeit nur scheinbar vorliegt.

3. Der erbrechtliche Fragenkatalog

Für den Berater ist es sinnvoll, das Gespräch auf der Grundlage eines strukturierten Fragenkatalogs mit dem potenziellen Erblasser zu führen. Nur dann kann er guten Gewissens davon ausgehen, alle wesentlichen Fragen erörtert zu haben, die für die Gestaltung der letztwilligen Verfügung von Bedeutung sind. Der Katalog sieht wie folgt aus:

a) Klärung der persönlichen Verhältnisse des potenziellen Erblassers

Auch wenn es den Anschein der Ausforschung hat, muss der Berater alle persönlichen Daten des Erblassers erfragen. Mit Charme und entsprechender Erläuterung gelingt es in der Regel, die notwendigen Informationen zu erhalten. Lediglich bei den Wertangaben lassen einige Mandanten Vorsicht walten. Sie wissen, dass zumindest bei der Errichtung einer notariellen letztwilligen Verfügung der Nachlasswert Grundlage für die Abrechnung nach dem Gerichts- und Notarkostengesetz – GNotKG – vom 23.7.2013 ist.

---

8 Vgl. *Weidlich*, in: Grüneberg, § 1922 Rn. 11 ff.; *Leipold*, in: MünchKommBGB, § 1922 Rn. 204.
9 *Ebenroth*, Erbrecht, § 3 III 2 Rn. 207.

aa) Persönliche Daten

19 Hierzu gehören Name, Vorname, Geburtsdatum, Adresse, Beruf und Geburtsort nach Möglichkeit mit Standesamtsangabe und Geburtsregisternummer. Es empfiehlt sich, eine Kopie des Personalausweises zu fertigen und sie im Einverständnis mit dem Mandanten zur Beratungsakte zu nehmen.

bb) Status des potenziellen Erblassers

20 Hier ist zu erfragen, ob der Erblasser ledig, verheiratet oder geschieden ist, ob der Ehegatte ggf. vorverstorben ist, ob Kinder vorhanden sind (eheliche, ggf. aus welcher Ehe, nichteheliche). Ferner ist es sinnvoll, auch Auskünfte über etwa noch lebende Eltern und die Geschwister einzuholen. Diese Personen gehören ja zu den gesetzlichen Erben zweiter Ordnung (§ 1925 BGB).

cc) Struktur des aktuellen und möglicherweise zu vererbenden Vermögens

21 Sinnvoll ist es zunächst zu klären, ob der Mandant über unternehmerisches Vermögen verfügt, ihm also ein Unternehmen gehört oder ob er an Gesellschaften beteiligt ist. Ist dies der Fall, sollte bei Personengesellschaften durch Einsichtnahme in die Gesellschaftsverträge geklärt werden, welche Regelungen sich dort zur Rechtsnachfolge von Todes wegen finden. Entsprechendes gilt für Beteiligungen an einer GmbH. Trotz der gesetzlichen Vererblichkeit (§ 15 Abs. 1 GmbHG) sehen viele Satzungen Einziehungstatbestände/Übertragungstatbestände für den Fall vor, dass die Beteiligung an im Gesellschaftsvertrag nicht zugelassene und damit „untaugliche Personen vererbt" wird.

22 Ist der potenzielle Erblasser Eigentümer oder Miteigentümer einer Immobilie, sollten auch hier die notwendigen Daten abgefragt werden. Die Einholung eines Grundbuchauszugs ist zweckmäßig. Geklärt werden sollte auch, ob noch Finanzierungsverbindlichkeiten aus dem Immobilienerwerb mit Eintragung entsprechender Grundpfandrechte bestehen.

dd) Liquides und sonstiges Vermögen

23 Hierunter fallen zunächst Sparguthaben, Wertpapiere und Finanzanlagen. Schließlich ist nach Kunstgegenständen, Antiquitäten und wertvollem Schmuck zu fragen.

b) Die gesetzliche Erbfolge

24 Der Berater muss sich nach Klärung der persönlichen Situation mit der Frage beschäftigen, wie die gesetzliche Erbfolge aussieht. Insbesondere wird er hierbei prüfen, welche Personen pflichtteilsberechtigt sind. Möchte der Erblasser sie von der Erbfolge ausschließen, müssen die Erben in der Lage sein, die Pflichtteilsansprüche zu erfüllen. Insbesondere zum Nachlass gehörende Immobilien und/oder unternehmerische Beteiligungen können erhebliche Pflichtteilsansprüche auslösen. Ob die Erben diese erfüllen können, ist häufig fraglich. Die seit dem 1.1.2010 geltende Stundungsvorschrift des § 2331a BGB kann dem Erben helfen, wenn die sofortige Erfüllung des gesamten Pflichtteilsanspruchs für ihn eine unbillige Härte bedeutet.

25 Für den Erblasser stellt sich deshalb vielfach die Frage, ob er mit den pflichtteilsberechtigten Personen – gegen Abfindungszahlung – einen Pflichtteilsverzichtsvertrag schließen kann (§§ 2346, 2348 BGB).

c) Bindung des Erblassers an frühere, anderweitige letztwillige Verfügungen

Gemeinschaftliche Testamente (§§ 2265 – 2272 BGB) sowie Erbverträge (§§ 2274 ff. BGB) entfalten Bindungswirkung. Nach dem Tode eines Ehegatten bzw. des Vertragspartners ist nach Annahme der Erbschaft ein „einseitiger" Widerruf bzw. Rücktritt nicht mehr möglich (§§ 2271 Abs. 2 S. 1, 2298 Abs. 2 S. 2 BGB). Aus diesem Grunde muss der Berater klären, ob solche letztwilligen Verfügungen existieren, die den jetzigen Testierwünschen des Erblassers entgegenstehen.

26

d) Gestaltungsziel des Erblassers

Hier liegt der Schwerpunkt der Beratung. In einem ausführlichen Gespräch ist herauszuarbeiten, welche konkreten Vorstellungen der Erblasser im Hinblick auf die „Vererbung" seines Vermögens hat. Diese Pläne müssen in die juristische Sprache „umgesetzt" werden, weil der Laie die Grundprinzipien des Erbrechts nicht kennt und die Begriffe „vererben" bzw. „vermachen" untechnisch versteht.

27

Schließlich hat der Berater auch zu prüfen, ob die Vorstellungen des Erblassers überhaupt sinnvoll sind. Er muss klären, ob die Versorgung des überlebenden Ehegatten sichergestellt ist, ob unterhaltsbedürftige Personen existieren und ob Pflichtteilsansprüche bzw. Pflichtteilsergänzungsansprüche bestehen. Bei einem „komplexen" Nachlass und mehreren Erben, insbesondere bei minderjährigen Erben, ist das Thema der Einsetzung eines Testamentsvollstreckers (§§ 2197 ff. BGB) unbedingt zu erörtern.

28

e) Berücksichtigung steuerlicher Faktoren

Viele Erblasser neigen dazu, steuerliche Erwägungen in den Vordergrund ihrer Überlegungen zu stellen. Hier ist Vorsicht geboten. In erster Linie geht es bei der erbrechtlichen Beratung darum zu erfahren, was der Erblasser „wirklich" will. Ist dies geklärt und umsetzbar, stellt sich dann die Frage nach der Erbschaftsteuer bzw. der steuerlichen Optimierung.

29

Vermögende Erblasser erwägen häufig, Vermögensübertragungen (Schenkungen) bereits zu Lebzeiten vorzunehmen, um die bestehenden Freibeträge in Anspruch nehmen zu können. Bei Ehegatten betragen sie immerhin 500.000 EUR und bei Kindern 400.000 EUR (§ 16 Abs. 1 Nr. 1 bzw. Nr. 2 ErbStG). Diese Freibeträge stehen im Zeitabstand von jeweils zehn Jahren zur Verfügung (§ 14 Abs. 1 ErbStG), so dass insbesondere „jüngere Erblasser" zumindest die statistische Chance haben, „mit warmer Hand" mehrfach derartige Schenkungen zu machen.

30

Die nachfolgende Tabelle gibt einen ersten Überblick über die seit dem 1.1.2009 geltende Erbschaft- und Schenkungsteuer. Ergänzend ist zu berücksichtigen, dass beim Tod eines Ehepartners oder eingetragenen Lebenspartners zusätzlich ein besonderer Versorgungsfreibetrag – neben dem persönlichen Freibetrag – in Höhe von 256.000 EUR gem. § 17 Abs. 1 ErbStG besteht.[10]

31

---

[10] Die Steuersätze der Steuerklasse II sind ab dem 1.1.2010 aufgrund des Wachstumsbeschleunigungsgesetzes vom 22.12.2009 auf 15 % bis 43 % abgesenkt worden; vgl. ferner *Najdecki*, in: Beck'sches Formularbuch Bürgerliches, Handels- und Wirtschaftsrecht, Formular VI.1 Anm. 21; *Langenfeld*, Vertragsgestaltung, Kap. 6 Rn. 29 ff.; *Leipold*, in: MünchKommBGB, Einleitung vor § 1922 Rn. 217 ff. und *Otto* in: Münchener Vertragshandbuch, Bd. 6, Formular XII.1 zur Checkliste für die Errichtung von letztwilligen Verfügungen und Formular XII.2 zu den Grundlagen einer steuerorientierten Nachlassregelung.

▶ **Erbschafts- und Schenkungssteuer**

Erbschaft- und Schenkungsteuer (ab 1.1.2009 bzw. 1.1.2010 für die Steuerklasse II)

1. *Steuerklassen* (§ 15 ErbStG)

1.1 Steuerklasse I
Ehegatten, Kinder, Stiefkinder, Abkömmlinge der Kinder und Stiefkinder, Eltern und Voreltern bei Erwerben von Todes wegen; seit dem Jahressteuergesetz 2010 auch eingetragene Lebenspartner, die vordem zur Steuerklasse III gehörten.

1.2 Steuerklasse II
Eltern und Voreltern bei Schenkungen, Geschwister, Nichten und Neffen, Stiefeltern, Schwiegerkinder, Schwiegereltern, geschiedene Ehegatten oder Lebenspartner einer aufgehobenen Lebenspartnerschaft.

1.3 Steuerklasse III
Alle übrigen Erwerber.

2. *Persönliche Freibeträge* (§ 16 ErbStG)

2.1	Ehegatten	500.000,00 EUR
2.2	Lebenspartner (eingetragene Lebenspartnerschaft)	500.000,00 EUR
2.3	Kinder/Kinder vorverstorbener Kinder (Enkel)	400.000,00 EUR
2.4	Übrige Enkel (Kinder lebender Kinder)	200.000,00 EUR
2.5	Eltern und Voreltern bei Erwerben von Todes wegen	100.000,00 EUR
2.6	Übrige Personen	20.000,00 EUR

3. *Steuersätze* (§ 19 ErbStG)

Wert bis EUR	I	II	III
75.000,00	7 %	15 %	30 %
300.000,00	11 %	20 %	30 %
600.000,00	15 %	25 %	30 %
6.000.000,00	19 %	30 %	30 %
13.000.000,00	23 %	35 %	50 %
26.000.000,00	27 %	40 %	50 %
Mehr als 26.000.000,00	30 %	43 %	50 %

III. Das gemeinschaftliche Testament

▶ **Gestaltungsaufgabe: gemeinschaftliches Testament** 32

Wenige Tage nach dem Beratungsgespräch ruft Herr Reich Mark Pfiffig an. Er teilt ihm mit, er und seine Frau hätten sich entschieden. Sie möchten gerne gemeinsam ein „normales" notarielles Testament errichten. Ihre beiden Kinder Stefan und Stefanie sind volljährig. Das Testament beurkunden soll der mit Reich befreundete Notar Dr. Freundlich.

Herr Reich bittet Mark, den Entwurf eines entsprechenden notariellen Testamentes zu fertigen und den Entwurf sowohl dem Notar als auch ihnen vorab zur Verfügung zu stellen. Wie wird Mark den Testamentsentwurf gestalten? ◀

1. Einführende Hinweise

Das Dilemma vieler von Laien errichteter Testamente besteht in der Unkenntnis der 33
zwingenden gesetzlichen Vorschriften über die Formen und Instrumente letztwilliger Verfügungen. Verwenden sie in diesem Testament ganz überwiegend nicht die erbrechtliche Terminologie, fällt es dem Rechtsanwender trotz der Auslegungsregelungen der §§ 2087 ff. BGB schwer, den wirklichen Willen des Erblassers zu ermitteln. Er selbst kann ja nicht mehr gefragt werden.

a) Gesetzliche Instrumente der Testamentsgestaltung

Die im Gesetz vorgesehenen Instrumente sind abschließend. Der Erblasser muss sich 34
ihrer bedienen. Testierfreiheit bedeutet nicht Gestaltungsfreiheit.

Das BGB kennt folgende Instrumente der Testamentsgestaltung: 35

Die Erbeinsetzung nach §§ 2087 ff. BGB bzw. den Erbausschluss, die Nacherbeneinsetzung 36
nach §§ 2100 ff. BGB, das Vermächtnis nach §§ 2147 ff. BGB, die Auflage nach §§ 2192 ff. BGB, die Teilungsanordnung nach § 2048 BGB sowie die Testamentsvollstreckung nach §§ 2197 ff. BGB. Mit diesen Mitteln muss der Erblasser „auskommen", um den Nachlass „zu verteilen".

b) Formen letztwilliger Verfügungen

Das BGB unterscheidet zwei Formen ordentlicher Testamente. Zum einen handelt 37
es sich um das öffentliche Testament zur Niederschrift eines Notars (§§ 2231 Nr. 1, 2232 BGB). Zum anderen geht es um das eigenhändige Testament (§ 2247 BGB). Danach muss der Erblasser ein Testament durch eine eigenhändig geschriebene und unterschriebene Erklärung errichten. Beim gemeinschaftlichen eigenhändigen Testament nach § 2267 BGB genügt es, wenn einer der Ehegatten das Testament in der dort vorgeschriebenen Form errichtet und der andere Ehegatte die gemeinschaftliche Erklärung eigenhändig mit unterzeichnet. Entsprechendes gilt für eingetragene Lebenspartner (§ 10 Abs. 4 LPartG).

c) Einzeltestament, Ehegattentestament, Erbvertrag

Ein Erblasser kann ein Testament für sich allein errichten (§§ 2229 ff. BGB). Ehegatten 38
können ein gemeinsames Testament errichten (§§ 2265 ff. BGB). Schließlich kann ein Erblasser mit seinem Ehegatten oder anderen Personen auch einen Erbvertrag schließen (§§ 2274 ff. BGB). Für nicht eingetragene Lebenspartner, gleich welchen

Geschlechts, kommt nur der Abschluss eines Erbvertrags als gemeinsame letztwillige Verfügung in Betracht.

d) Einheitslösung oder Trennungslösung

39 Die sog. Einheitslösung bezeichnet die Vereinigung des eigenen Vermögens mit dem Nachlass des Erstversterbenden zu einem einheitlichen Vermögen. Über dieses „einheitliche Vermögen" kann der überlebende Ehegatte unter Lebenden grundsätzlich frei verfügen. Was vom gemeinsamen Nachlass bei seinem Tod noch vorhanden ist, geht dann auf den sog. **Schlusserben** als seinen Erben über.[11]

40 Als Trennungslösung bezeichnet man die Anordnung von Vor- und Nacherbfolge. Setzen sich Ehegatten durch gemeinschaftliches Testament gegenseitig zu Vorerben ein und berufen Dritte zu Nacherben, verfügen sie damit über ihre jeweiligen Vermögen getrennt. Rechtsfolge ist, dass beim ersten Erbfall der Überlebende nur Vorerbe seines verstorbenen Ehegatten wird und es somit zum Entstehen zweier getrennter Vermögensmassen in einer Hand kommt, nämlich einerseits seinem Eigenvermögen und andererseits dem ererbten Nachlass, der rechtlich ein Sondervermögen bildet.[12]

41 Steuerrechtlich kommt es bei der Anordnung der Vor- und Nacherbfolge zu einer gewissen Doppelbesteuerung des Nachlasses. Nach § 6 Abs. 1 ErbStG gilt der Vorerbe als Erbe. Aufgrund dessen hat er auch die volle Erbschaftsteuer zu zahlen. Tritt dann später die Nacherbfolge ein, hat der Nacherbe den Nachlass insgesamt zu versteuern, und zwar als vom Vorerben stammend (§ 6 Abs. 2 S. 1 ErbStG). Es fällt also sowohl Erbschaftsteuer nach dem Tode des Erstversterbenden, bezogen auf dessen Nachlass, als auch Erbschaftsteuer nach dem Tode des Vorerben (also im Nacherbfall) an. Der Nacherbe hat jetzt den gesamten Nachlass komplett zu versteuern.[13]

2. Vorbereitende Überlegungen

42 Die Eheleute Reich möchten gemeinsam ein notarielles Testament errichten. Insoweit sind die Vorgaben klar. Entsprechendes gilt auch für den „sibyllinischen Hinweis" auf ein „normales" Testament. Damit ist nämlich das sog. **Berliner Testament** gemeint. Bei diesem Testamentstyp setzen sich die Eheleute gegenseitig zu alleinigen Erben ein. Schlusserbe nach dem Tod des Letztversterbenden sind gemeinsam bestimmte Dritte, in der Regel die gemeinsamen Abkömmlinge (vgl. § 2269 Abs. 1 BGB).[14]

43 Klärungsbedürftig ist die Frage nach der sog. **Bindungswirkung** des gemeinschaftlichen Testaments (vgl. § 2270 BGB). Dahinter verbirgt sich das Problem, ob ein überlebender Ehegatte nach Vorversterben des anderen an den Inhalt des Testamentes gebunden ist (so die Zweifelregelung in § 2270 Abs. 2 BGB) oder ob er abweichende Regelungen in einer neuen letztwilligen Verfügung nach dem Tode seines Ehepartners treffen kann. Dieses Thema muss Gegenstand des Beratungsgespräches sein. Eheleute sind hier nicht immer einer Meinung. Häufig wird die Sorge geäußert, dass der überlebende Ehepart-

---

11 *Weidlich*, in: Grüneberg, § 2269 Rn. 3.
12 *Weidlich*, in: Grüneberg, § 2269 Rn. 2.
13 *Offerhaus/May*, in: Weinmann, Erbschaft- und Schenkungssteuerrecht, Stichwort „Vor- und Nacherbschaft", Rn. 11 ff.; *R. Kössinger/Zintl*, in: Nieder/Kössinger, Testamentsgestaltung, § 6 Rn. 138 ff., insbesondere Rn. 145.
14 *Weidlich*, in: Grüneberg, § 2269 Rn. 1; *R. Kössinger*, in: Nieder/Kössinger, Testamentsgestaltung, § 14 Rn. 54 ff. und § 21 Rn. 7 f.; *Musielak*, in: MünchKommBGB, § 2269 Rn. 11 ff.

ner im Alter aufgrund fremder Einflüsse abweichend zulasten der gemeinsamen ehelichen Kinder testiert.

Haben Kinder zu Lebzeiten bereits unentgeltliche Zuwendungen erhalten, stellt sich die Frage nach ihrer **Anrechnung**. Die Erblasser sollten dies bei der jeweiligen Zuwendung immer ausdrücklich regeln und auch im Testament thematisieren.

Entsprechendes gilt für die Zahlung eines etwaigen **Wertausgleichs**. Ordnen Erblasser eine bestimmte Erbauseinandersetzung zwischen den Miterben an, sollten sie ausdrücklich erklären, ob ein etwaiger Mehrwert auszugleichen ist oder nicht.

Empfehlenswert ist es, auch beim **Vorausvermächtnis** eine solche ausdrückliche Erklärung abzugeben. Ein Vorausvermächtnis nach § 2150 BGB liegt vor, wenn dem Vermächtnisnehmer zusätzlich zu seinem Erbteil ein Vermögensvorteil zugewendet wird, den er sich – im Gegensatz zur Teilungsanordnung nach § 2048 BGB – nicht auf sein Erbteil anrechnen lassen muss. Die größte Klarheit ist wünschenswert, auch in notariellen Testamenten, wenn dort Fachtermini verwendet werden. Deshalb sollte ruhig „an sich Eindeutiges" noch einmal klarstellend festgehalten werden. Schließt der Fachterminus „Vorausvermächtnis" die Anrechnung auf das Erbe aus, kann dies im Urkundentext noch einmal ausdrücklich und damit für einen Laien verständlich – auch bei späterer Lektüre – ausgeführt werden.

Schließlich stellt sich immer die Frage nach Pflichtteilen und Pflichtteilsergänzungsansprüchen. Beim Berliner Testament werden die Kinder im ersten Erbgang (nach dem Tode des erstversterbenden Elternteils) enterbt, so dass sie Pflichtteilsansprüche haben. Wird kein Pflichtteilsverzichtsvertrag mit ihnen für den Fall des Todes des Erstversterbenden geschlossen, können sie nicht gehindert werden, diesen Pflichtteil geltend zu machen. In der Praxis ist es üblich, so handelnde Kinder „zu bestrafen". Sie werden nach dem Tode des Letztversterbenden auf den Pflichtteil verwiesen.

3. Entwicklung der Gestaltung

a) Strukturen der einzelnen Testamentselemente

Letztwillige Verfügungen haben grundsätzlich eine dreigliedrige Struktur. An der Spitze steht die Erbeinsetzung. Es folgen die Einzelzuweisungen und am Ende werden die sonstigen Anordnungen getroffen.

Für notarielle letztwillige Verfügungen ist von folgender Struktur auszugehen:

▶ **Struktur notarieller letztwilliger Verfügungen**

Urkundeneingang unterschiedlich nach Einzeltestament, gemeinschaftlichem Testament und Erbvertrag (Textbaustein 1).

Widerruf oder Bezugnahme auf vorangegangene letztwillige Verfügungen (Textbaustein 2).

Erbeinsetzung einschl. Ersatzerbeneinsetzung und Nacherbeneinsetzung (Textbaustein 3).

Vermächtnis, Teilungsanordnung, Auflage, Auseinandersetzungsausschluss (Textbaustein 4).

Testamentsvollstreckung (Textbaustein 5).

Wechselbezüglichkeit, erbvertragliche Bindung, Rücktrittsvorbehalte, Bindung des überlebenden Ehegatten (ggf. Befreiung davon ganz oder teilweise), Verzicht auf Selbstanfechtung, Wiederverheiratungsklauseln (Textbaustein 6).

Schlussvermerke mit Belehrungsvermerken (Textbaustein 7).[15] ◄

b) Der Textvorschlag

50 Ausgehend von dieser Struktur wird Mark Pfiffig folgendes gemeinschaftliche notarielle Testament für die Eheleute Reich entwerfen:

51 ▶ **Beispiel für ein gemeinschaftliches Testament der Eheleute Reich**

Verhandelt zu ...

vor dem Notar ...

erschienen ...

1. Herrn Martin Reich, ...

2. Frau Martina Reich, ...

beide ausgewiesen durch Vorlage ihrer gültigen Bundespersonalausweise.

Der beurkundende Notar überzeugte sich im Gespräch von der Geschäfts- und Testierfähigkeit der Erschienenen zu 1) und 2). Diese verneinten die Frage nach einer Vorbefassung des Notars nach § 3 Abs. 1 Nr. 7 BeurkG. Die Erschienenen erklärten, ein gemeinschaftliches Testament nach Maßgabe folgender Regelungen errichten zu wollen:

I. Vorbemerkung

Wir sind miteinander verheiratet und leben im gesetzlichen Güterstand der Zugewinngemeinschaft. Wir besitzen beide die deutsche Staatsangehörigkeit.

Aus unserer Ehe sind zwei Kinder hervorgegangen, nämlich

Stefan Reich, geb. am ..., wohnhaft ...

Stefanie Reich, geb. am ..., wohnhaft ...

Weitere erbberechtigte Abkömmlinge existieren nicht.

In der freien Verfügung über unser Vermögen sind wir beide in keiner Weise beschränkt, weder durch einen Erbvertrag noch durch ein gemeinschaftliches Testament. Vorsorglich widerrufen wir alle etwa vorhandenen früheren Verfügungen von Todes wegen.

II. Erbeinsetzung

Wir setzen uns hiermit gegenseitig zu alleinigen Erben ein.

Der Überlebende von uns wird in keiner Weise beschränkt oder beschwert. Er kann über das beiderseitige Vermögen zu seinen Lebzeiten in jeder Weise frei verfügen.

---

15 *Langenfeld*, Vertragsgestaltung, 1. Aufl. 2001, Kap. 6 Rn. 421. Es empfiehlt sich, für erbrechtliche Verfügungen nunmehr aufgrund der sog. EU-Erbrechtsverordnung (VO Nr. 650/2012 des Europäischen Parlaments und des Rates vom 4.7.2012) eine Rechtswahlvereinbarung für das anzuwendende Erbrecht zu treffen. Für Erbfälle ab 17.8.2015 knüpft das Erbstatut an das Domizilprinzip und damit nicht mehr an die Staatsangehörigkeit an. Siehe zur EU-Erbrechtsverordnung: *Thorn*, in: Grüneberg, Anhang zu Art. 25 EGBGB S. 2810 ff.

III. Schlusserbe

Erben des Längstlebenden von uns sind als unsere Schlusserben:

Unsere gemeinschaftlichen ehelichen Abkömmlinge nach den Regeln der gesetzlichen Erbfolge, zurzeit also unsere beiden Kinder Stefan und Stefanie Reich zu je ½ Anteil.

IV. Bindung

Sämtliche in diesem gemeinschaftlichen Testament niedergelegten Verfügungen sind wechselbezüglich. Sie können daher nur gemeinschaftlich geändert oder durch Widerruf beseitigt werden.

Über die Bindungswirkung des gemeinschaftlichen Testaments hat uns der Notar belehrt. Der überlebende Ehegatte soll nach dem Tode des Erstversterbenden an die gemeinsamen Verfügungen gebunden sein.

Alternative

Über die Bindungswirkung des gemeinschaftlichen Testaments hat uns der Notar belehrt. Nach dem Tode des Erstversterbenden von uns soll der überlebende Ehegatte berechtigt sein, ohne Beeinträchtigung seines Alleinerbrechts einseitig dieses Testament beliebig zu ändern.

V. Pflichtteil

Wir wurden vom Notar auf die gesetzlichen Pflichtteilsbestimmungen hingewiesen und bestimmen hierzu folgendes:

Sollte eines unserer Kinder beim Tode des erstversterbenden Elternteils gegenüber dem überlebenden Elternteil von uns seinen Pflichtteil geltend machen, so soll jede zu seinen Gunsten in diesem Testament getroffene Verfügung unwirksam sein. Das betreffende Kind ist einschließlich seiner Abkömmlinge auch beim Tode des zweitversterbenden Elternteils auf den Pflichtteil verwiesen.

VI. Sonstiges

Wir tragen die Kosten dieser Urkunde und ihrer amtlichen Verwahrung als Gesamtschuldner. Den Wert unseres für die Kostenberechnung maßgebenden Vermögens geben wir mit ... (zB 500.000 EUR) an.

Das Protokoll wurde den Erschienenen in Gegenwart des Notars vorgelesen, von ihnen genehmigt und alsdann eigenhändig wie folgt unterschrieben: ◄

4. Exkurs: Kosten eines notariellen Testaments/eines notariellen Erbvertrags

Viele Laien scheuen den Weg zum Notar auch aus Kostengründen. Die Sorge ist nicht berechtigt. Berechnungsgrundlage ist der Wert des Vermögens abzüglich der Verbindlichkeiten bis zur Höhe des hälftigen Vermögens. Das ist der Geschäftswert für erbrechtliche Angelegenheiten (§ 102 Abs. 1 GNotKG).

Die nachstehende Gebührentabelle nach § 34 Abs. 2 GNotKG gibt einen ungefähren Überblick über die Kosten (ohne Nebenkosten und Umsatzsteuer) für die Errichtung letztwilliger Verfügungen. Bei Werten bis 3 Mio. EUR lassen sich die exakten Gebühren der Anl. 2 zu § 34 Abs. 3 GNotKG ablesen (Tabelle B).

52

53

54 ▶ Beispiel für die Kosten der Errichtung einer letztwilligen Verfügung

1. Der Geschäftswert beträgt 110.000 EUR

1.1 Einfaches notarielles Testament ca.	273,00 EUR
1.2 Gemeinschaftliches notarielles Testament/Erbvertrag ca.	546,00 EUR

2. Der Geschäftswert beträgt 260.000 EUR

2.1 Einfaches notarielles Testament ca.	535,00 EUR
2.2 Gemeinschaftliches notarielles Testament/Erbvertrag ca.	1.070,00 EUR

3. Der Geschäftswert beträgt 500.000 EUR

3.1 Einfaches notarielles Testament ca.	935,00 EUR
3.2 Gemeinschaftliches notarielles Testament/Erbvertrag ca.	1.870,00 EUR

4. Der Geschäftswert beträgt 1 Mio. EUR

4.1 Einfaches notarielles Testament ca.	1.735,00 EUR
4.2 Gemeinschaftliches notarielles Testament/Erbvertrag ca.	3.470,00 EUR

5. Zu den vorstehend aufgeführten Kosten kommen noch **Gerichtskosten** für die Hinterlegung der letztwilligen Verfügung in Höhe von 75 EUR hinzu (Nr. 12100 Kostenverzeichnis – Anlage 1 zu § 3 Abs. 2 GNotKG –). ◀

IV. Das Unternehmertestament

55 ▶ Gestaltungsaufgabe: Errichtung eines Unternehmertestaments

Herr Reich ist alleiniger Gesellschafter und Geschäftsführer der Reich Vermögensanlagenberatungsgesellschaft mbH. Er möchte das Unternehmen seinem gegenwärtig 22 Jahre alten Sohn Stefan „vererben", der Betriebswirtschaft und Jura in Münster studiert. Seine Ehefrau und seine Tochter Stefanie sollen das „übrige" Vermögen zu gleichen Teilen erhalten.

Herr Reich sucht Mark Pfiffig auf und bittet um Beratung. Was wird Mark Pfiffig im Einzelnen mit Herrn Reich besprechen?[16] ◀

1. Einführende Hinweise

56
Bei einem sogenannten Unternehmertestament gelten zunächst die allgemeinen Regeln. Der erbrechtliche Fragenkatalog[17] ist sorgfältig mit dem Unternehmer zu besprechen. Darüber hinaus sind aber weitergehende Überlegungen anzustellen. Einerseits muss die letztwillige Verfügung den Erhalt des Unternehmens nach dem Tode des Unternehmers – so gut es geht – ermöglichen. Andererseits muss Vorsorge für die Existenzsicherung der Unternehmerfamilie getroffen werden.

2. Vorbereitende Überlegungen

57
Der Unternehmer und sein juristischer Berater müssen alle Möglichkeiten testamentarischer Gestaltung bei der Unternehmensnachfolge bedenken. Dabei kommt es vor allem auf folgende Gesichtspunkte an:

---

[16] Zum Unternehmertestament: *Langenfeld*, Vertragsgestaltung, Kap. 8 Rn. 41 ff.; *W. Kössinger/Najdecki*, in: Nieder/Kössinger, Testamentsgestaltung, § 22 Rn. 1 ff.; *Stenger*, in: Unternehmensnachfolge.
[17] Siehe § 20 Rn. 17 ff.

a) Notwendigkeit des Unternehmertestaments

Die gesetzliche Erbfolge ist in der Regel nicht geeignet, eine sachgerechte Überleitung des Unternehmens auf den Nachfolger zu gewährleisten. Gesetzliche Erben sind häufig mehrere Personen, also Miterben. Diese Miterbengemeinschaft ist eine Gesamthandsgemeinschaft mit der schwierigen Verwaltungsregelung des § 2038 BGB. Für eine Unternehmensführung taugt eine Gesamthandsgemeinschaft nicht. Erst recht gilt dies, wenn Miterben noch minderjährig sein sollten.

58

Dementsprechend bleibt es einem verantwortungsvoll handelnden Unternehmer nicht erspart, sich – in periodischen Abständen immer wieder – Gedanken über die geeignete Unternehmensnachfolge zu machen. Es handelt sich also um einen permanenten Prozess, der erst bei Übertragung des Unternehmens auf einen Nachfolger zu Lebzeiten des Unternehmers oder bei einem Unternehmensverkauf endet.

59

b) Begrenzter Empfehlungskatalog

Es gibt keine Musterlösungen. Vieles hängt von der Persönlichkeit des Unternehmers, den Eigenarten des Unternehmens und insbesondere von der Familienstruktur ab. Sind der Ehegatte und/oder ein Kind bereits im Unternehmen erfolgreich tätig, fällt die Nachfolgeentscheidung häufig leicht.

60

c) Zu berücksichtigende Störfaktoren

Etwaige Pflichtteilsrechte und Pflichtteilsergänzungsansprüche sind immer zu berücksichtigen. Unternehmerische Beteiligungen haben vielfach einen hohen Wert, der jedoch nicht liquide vorhanden ist. Er steckt im Unternehmen, insbesondere in den stillen Reserven wie dem Firmenwert. Die übrigen gesetzlichen oder testamentarischen Miterben können auf diese Weise nur schlecht aus unternehmerischem Vermögen abgefunden werden. All dies muss beim Unternehmertestament bedacht werden.

61

Hinzu kommt die steuerliche Belastung der Unternehmensnachfolge.

62

Die Frage der „richtigen" Besteuerung ist ein permanenter Prozess und politisch in der Regel höchst umstritten. Für Betriebsvermögen hat der Gesetzgeber in § 13a ErbStG eine Sonderregelung mit besonderen „Verschonungsbestimmungen" geschaffen. Diese rechtspolitisch heftig diskutierte Vorschrift ist außerordentlich kompliziert. Wiederholt hat sich das BVerfG mit ihr beschäftigt. Mit seiner Entscheidung vom 17.12.2014 – Az. 1 BvL 21/12 – hat es einzelne Regelungen wegen Verstoßes gegen das Gleichbehandlungsgebot für verfassungswidrig erklärt. Der Gesetzgeber hat daraufhin das Gesetz zur Anpassung des Erbschaftsteuer- und Schenkungssteuergesetzes an die Rechtsprechung des Bundesverfassungsgerichts vom 4.11.2016 (BGBl. 2016 I S. 2464) erlassen und die Bestimmungen über die Verschonung betrieblicher Vermögen erheblich geändert. Im Grundsatz werden kleinere und mittlere Unternehmen zur Sicherung ihres Bestandes und zur Erhaltung der Arbeitsplätze nach wie vor steuerlich begünstigt.[18]

63

---

[18] Vgl. *Leipold*, in: MünchKommBGB, Einleitung § 1922 Rn. 217 ff., insbesondere Rn. 225 f. und Rn. 316 ff.; *Erkis*, in: Weinmann, Erbschaft- und Schenkungssteuerrecht, Stichwort „Verschonungsregelungen für Betriebsvermögen", Rn. 1 ff.

d) Herausarbeiten von Zielen und Zielkonflikten

64 Angestrebt werden einerseits der Unternehmenserhalt und andererseits die Existenzsicherung der Familie, insbesondere des überlebenden Ehegatten.

65 Abkömmlinge müssen ggf. zu Lebzeiten bereits abgefunden werden. Sowohl zivilrechtlich als auch steuerrechtlich ist eine nachfolgegünstige Unternehmensform zu wählen, ggf. durch Umstrukturierung des bisherigen Unternehmens.

3. Umsetzungsmaßnahmen

66 Ausgehend von den vorbereitenden Überlegungen sind konkrete Umsetzungsmaßnahmen – möglichst unverzüglich – einzuleiten. Dabei sollte folgendes beachtet werden:

a) Frühzeitige begleitende Vorsorge

67 Die Nachfolgeplanung ist ein permanenter Prozess, der sachgerecht begleitet werden muss. Auch der junge Unternehmer sollte schon eine letztwillige Verfügung errichten, die er in regelmäßigen Zeitabständen zu überprüfen und ggf. anzupassen hat. Im besten Fall erübrigt sich ein spezifisches Unternehmertestament, wenn es dem Unternehmer gelingt, seine Nachfolge bereits unter Lebenden zu regeln.

b) Vorsorgemaßnahmen

68 Hier kommen eine Reihe von Maßnahmen in Betracht. Mit dem Ehepartner kann ein Ehevertrag geschlossen und mit den Kindern Abfindungsregelungen einschl. Pflichtteilsverzichte vereinbart werden. Der als geeignet erscheinende Nachfolger kann stufenweise bereits am Unternehmen beteiligt werden, vielleicht zunächst in Form einer stillen Beteiligung oder Unterbeteiligung. Ziel aller Maßnahmen ist die Sicherung des Fortbestandes des Unternehmens sowie die Versorgung der Familie.

c) Keine Selbstbindung des Unternehmers

69 Der Unternehmer selbst muss frei bleiben. Eine Bindung durch Erbvertrag oder gemeinschaftliches Testament sollte er vermeiden. Nur so ist er in der Lage, konfliktfrei später gewonnene bessere Erkenntnisse durch letztwillige Verfügung zu berücksichtigen. Dementsprechend wird der Unternehmer in der Regel ein Einzeltestament errichten.

d) Testamentsvollstreckung

70 Zu erwägen ist, ob Testamentsvollstreckung angeordnet wird. Insbesondere wenn ein oder mehrere junge Kinder Unternehmensnachfolger werden sollen, empfiehlt sich ein solches Vorgehen. Ein wirtschaftlich erfahrener und psychologisch geschickter Testamentsvollstrecker wird den Prozess der Unternehmensnachfolge begleiten, um insbesondere in der ersten Zeit nach dem Tode des Erblassers kaufmännisch richtig agieren zu können.

e) Drittbestimmung des Unternehmensnachfolgers

71 Häufig weiß ein Unternehmer nicht, ob seine noch jungen Kinder überhaupt nachfolgegeeignet sind. Für ihn wäre es also schön, wenn er den Unternehmensnachfolger

„abstrakt" nach gewissen Kriterien benennen könnte, die konkrete Auswahl dann aber einem Dritten überlässt.

Ein solches Vorgehen verbietet das Gesetz in § 2065 Abs. 2 BGB. Der Erblasser muss den Erben selbst bestimmen. Eine Ausnahmeregelung zu § 2065 Abs. 2 BGB enthält § 2151 BGB. Danach kann der Erblasser mehrere mit einem Vermächtnis in der Weise bedenken, dass der Beschwerte oder ein Dritter zu bestimmen hat, wer von den Mehreren das Vermächtnis erhalten soll.[19]

4. Entwicklung der Gestaltung

Herr Reich möchte sein Unternehmen dem Sohn Stefan „vererben". Seine Ehefrau und seine Tochter sollen das „übrige" Vermögen zu gleichen Teilen erhalten. Es stellt sich deshalb die Frage, wie diese Vorstellungen des Reich umgesetzt werden können.

a) Erbeinsetzung

Schwierig ist bereits die Entscheidung, wer überhaupt Erbe werden soll. Technisch gibt es drei Wege:

Stefan wird Alleinerbe, während seine Mutter und seine Schwester das dann im Einzelnen aufzuführende „übrige" Vermögen als Vermächtnis erhalten. Bei dieser Konstruktion erwerben sie also einen schuldrechtlichen Anspruch gegen Stefan als Alleinerben auf Übertragung der entsprechenden Nachlassgegenstände (§§ 1939, 2147 BGB).

Frau Reich und die Tochter Stefanie könnten Miterben zu je ½ werden, während Stefan das Unternehmen im Vermächtniswege erhält. Da es sich um eine GmbH handelt, ist die Erfüllung des Vermächtnisses einfach. Der auf die Erbengemeinschaft übergegangene Geschäftsanteil des Herrn Reich wird von den Miterben durch notariellen Vertrag auf Stefan nach § 15 Abs. 3 GmbHG übertragen.

Schließlich ist auch denkbar, dass Mutter und beide Kinder Miterben zu je 1/3 werden. Unter Berücksichtigung einer Teilungsanordnung des Herrn Reich nach § 2048 BGB müsste sich die Erbengemeinschaft auseinandersetzen und den Geschäftsanteil des Herrn Reich auf Stefan als Alleininhaber übertragen.

Welcher Weg zweckmäßig ist, kann nur nach näherer Kenntnis über die Struktur des „übrigen" Vermögens beantwortet werden. Der letzte Weg einer Erbauseinandersetzung scheint in jedem Fall zu kompliziert und langwierig. Ist das „übrige" Vermögen einfach zusammengesetzt, besteht es also beispielsweise aus Immobilien und liquidem Vermögen, könnte Stefan zum Alleinerben eingesetzt werden. Er hat dann die Möglichkeit, sehr schnell als Alleinerbe die Rechtsnachfolge im Unternehmen auch faktisch anzutreten. Eines weiteren Rechtsaktes zum Erwerb des Unternehmens bedarf es dann ja nicht.

Ist das „übrige" Vermögen komplex und setzt sich aus einer Vielzahl einzelner Vermögensgegenstände zusammen, bietet es sich an, Mutter und Tochter zu Miterben von je ½ einzusetzen und das Unternehmen Stefan im Vermächtniswege zuzuwenden. Gibt es keinen Familienstreit, lässt sich die Erfüllung des Vermächtnisses sehr schnell realisieren.

---

[19] Zu diesen Überlegungen im Einzelnen *Langenfeld*, Vertragsgestaltung, Kap. 8 Rn. 48 und *W. Kössinger/Najdecki*, in: Nieder/Kössinger, Testamentsgestaltung, § 22 Rn. 13 f.

b) Wertmäßiger Ausgleich

80 Für jeden Erblasser stellt sich die Frage, ob er bei der konkreten Zuwendung einzelner Nachlassgegenstände an bestimmte Personen Ausgleichspflichten anordnen soll. Im konkreten Fall wäre Frau Reich gesetzliche Erbin zu ½ und die beiden Kinder zu je ¼. Damit steht bereits fest, dass Frau Reich nach den Vorstellungen ihres Mannes weniger als ihr gesetzliches Erbe erhält. Sonst müsste sie ja – zumindest wertmäßig – zu 50 % an der Vermögensanlageberatungsgesellschaft beteiligt werden.

81 Für den Erblasser und seinen Berater ist immer wichtig zu prüfen, ob ein als Erbe berufener Pflichtteilsberechtigter wirtschaftlich weniger erhält, als es dem Pflichtteil entspricht. Dann kommt es nämlich zur Anwendung der schwierigen Vorschrift des § 2306 BGB.[20]

82 In jedem Fall sollte in der letztwilligen Verfügung vom Erblasser angeordnet werden, ob ein Wertausgleich stattzufinden hat oder nicht. Würde Reich eine solche Ausgleichspflicht für seinen Sohn vorsehen, würde dies die Unternehmensnachfolge belasten. Zum einen müsste eine Unternehmensbewertung durchgeführt werden. Zum anderen werden die notwendigen liquiden Mittel für die Ausgleichszahlungen kaum im Betriebsvermögen des Unternehmens vorhanden sein. Dementsprechend wird Mark Herrn Reich eine solche Ausgleichsverpflichtung nicht empfehlen, gleichzeitig aber darauf achten, dass jeder der drei pflichtteilsberechtigten Familienmitglieder mindestens so viel erhält, wie es seinem Pflichtteil entspricht. Würde die von Herrn Reich geplante Nachfolgegestaltung dies nicht gewährleisten, müssten entweder vertragliche Pflichtteilsverzichte vereinbart oder modifizierende Nachfolgeregelungen gewählt werden.

---

20 Durch das am 1.1.2010 in Kraft getretene Gesetz zur Änderung des Erb- und Verjährungsrechts vom 24.9.2009 ist diese Vorschrift nunmehr „entschärft worden"; *Weidlich*, in: Grüneberg, § 2306 Rn. 1.

§ 21 Vertragsgestaltung mit AGB

I. Überblick

Nach der Legaldefinition in § 305 Abs. 1 S. 1 BGB sind Allgemeine Geschäftsbedingungen (im Folgenden vereinfacht „AGB") alle für eine Vielzahl von Verträgen vorformulierten Vertragsbedingungen, die eine Vertragspartei (Verwender)[1] der anderen Vertragspartei bei Abschluss des Vertrages stellt. Durch AGB hat der Verwender die Möglichkeit, bereits im Vorfeld des Vertrages regelmäßig auftretende Regelungsgegenstände einheitlich und zeitsparend für eine Vielzahl von Vertragsbeziehungen einseitig zu regeln. Da der Verwender nicht mehr darauf angewiesen ist, die gewünschten Regelungsziele für jeden Vertrag individuell auszuhandeln, tragen AGB insbesondere bei gleichförmigen Massengeschäften zur Rationalisierung und Vereinfachung der Geschäftsabwicklung bei.[2] Vor dem Hintergrund fortwährender Beschleunigung und Vereinfachung wirtschaftlicher Transaktionen, sind AGB allein schon aus wettbewerblicher Sicht nicht mehr wegzudenken und damit ein fester Bestandteil jeglicher Handelsbeziehungen.

Die Möglichkeit, einseitig Regelungen in ein Vertragsverhältnis einzubringen, birgt allerdings eine nicht zu unterschätzende Missbrauchsgefahr in sich. Nicht selten nutzen die Verwender ihre „Machtposition" dafür aus, etwaige Haftungsrisiken und Pflichten einseitig zulasten des Vertragspartners abzuwälzen. Um diese einseitige „Machtposition" zu relativieren, enthalten die §§ 305 bis 310 BGB Vorschriften für die Anwendung, Auslegung und Inhaltskontrolle von AGB.[3] Eine besondere Bedeutung kommt dabei der in § 307 BGB geregelten Generalklausel zu. Sie stellt gegenüber den speziellen Regelungen in § 308 und § 309 BGB einen Auffangtatbestand dar, der durch die Verwendung unbestimmter Rechtsbegriffe (unangemessene Benachteiligung) gewährleistet, dass die Gerichte im Rahmen ihres daraus folgenden Beurteilungsspielraums in der Lage sind, die Klauseln unter Berücksichtigung der jeweiligen typisierten Interessen der beteiligten Verkehrskreise zu bewerten. Das Verbot der **unangemessenen Benachteiligung** des Vertragspartners, ausgestaltet in § 307 Abs. 2 BGB durch typische Kriterien, die eine unangemessene Benachteiligung vermuten lassen, ist dabei oberste Richtschnur. Der Verbraucherschutz ist daher tragendes Schutzprinzip des AGB-Rechtes. Über § 310 Abs. 3 BGB werden in Verbraucherverträgen auch Dritt- und Einzelvertragsklauseln einer **Inhaltskontrolle** unterworfen.[4] Im unternehmerischen Geschäftsverkehr sind die Klauselverbote der §§ 308, 309 BGB gem. § 310 Abs. 1 BGB nicht anwendbar; als Maßstab der Inhaltskontrolle gilt insoweit für den unternehmerischen Bereich nur § 307 BGB unter Berücksichtigung der im Handelsverkehr geltenden Gewohnheiten und Gebräuche.[5]

Durch die Berücksichtigung der jeweils aktuellen verkehrskreis- und gesetzestypischen Wertungen erfährt die Inhaltskontrolle eine gewisse Dynamik, die letztlich eine kontinuierliche Anpassung der Regelungen zur Wahrung der Wirksamkeit erfordert.[6] Daher

---

1 Vgl. die aktuelle Definition des „Verwenders" bei BGH NJW-RR 2013, 1028.
2 *Roloff/Looschelders*, in: Erman, Vor. § 305 Rn. 1.
3 *Pfeiffer*, in: Wolf/Lindacher/Pfeiffer, AGB-Recht, Einl. Rn. 15 ff.
4 *Grüneberg*, in: Grüneberg, Vor. § 305 Rn. 9.
5 *Fornasier*, in: MünchKommBGB, § 310 Rn. 17 ff.
6 Vgl. *Graf v. Westphalen*, NJW 2014, 2242 ff.

sollten AGB turnusmäßig aktualisiert und an die jeweiligen Wertungen angepasst werden, um dauerhaft ihre Wirksamkeit zu behalten.

II. Entwurf von AGB für ein Dienstleistungsunternehmen

4 ▶ **Gestaltungsaufgabe: AGB für ein Internet- Startup**

Emsig, ein Freund von Mark, hat eine innovative Geschäftsidee für ein Internet-Startup. Vereinfacht gesagt will er einen „Online Waschsalon" betreiben.

Potenzielle Kunden können über eine Internetseite oder über eine App die Reinigung ihrer Wäsche „buchen". Die Wäsche wird dann von einem Mitarbeiter direkt beim Kunden abgeholt und nach erfolgter Reinigung wieder an den Kunden ausgeliefert. Mit diesem besonderen Service sollen neben Privatpersonen, die keine Waschmaschine oder keine Zeit für die Reinigung der Wäsche haben, vor allem auch Unternehmen als Zielgruppe angesprochen werden, die die Reinigung der Berufskleidung ihrer Mitarbeiter wünschen. Die gesamte Abwicklung der Reinigung erfolgt dabei über das Internet oder die App.

Im Grunde hat Emsig bereits alle Vorkehrungen für sein Geschäftsmodell getroffen. Die letzte Kleinigkeit, die ihn an der Ausführung seiner Geschäftsidee hindert, ist der Umstand, dass er sich bisher noch nicht mit den erforderlichen AGB für sein Geschäftsmodell beschäftigt hat. Da Emsig gehört hat, dass der Entwurf von AGB sehr fehleranfällig ist und in jedem Fall die Konsultation eines Rechtsanwalts empfohlen wird, beauftragt er Mark von der Kanzlei Pfiffig und Klug mit dem Entwurf. Dabei gibt er folgende Regelungsziele vor, die er unbedingt geregelt haben möchte:

Emsig will ein Pfandrecht an der zu reinigenden Wäsche haben, bis der Kaufpreis vollständig bezahlt wurde. ◀

▶ Bereits die Einholung eines Kostenvoranschlages soll eine Vergütungspflicht auslösen, wenn der Auftrag später nicht ausgeführt wird. ◀

Weiterhin soll es einen pauschalierten Schadensersatzanspruch in Höhe von 5 € geben, wenn der Kunde bei der Abholung oder Auslieferung der Wäsche nicht angetroffen wird. Emsig trägt dazu vor, dass der Betrag von 5 € den zu erwartenden Mindestschaden darstellt, der ihm entsteht, wenn der Kunde nicht angetroffen wird. Letztlich will er durch die Regelung eine Vereinfachung der Geltendmachung seines Schadens erreichen, um nicht in jedem Einzelfall die konkrete Schadenshöhe darlegen zu müssen. ◀

▶ Im Falle der leicht fahrlässigen Beschädigung eines Kleidungsstücks soll die Haftung auf das 15-fache der Reinigungsgebühr beschränkt sein. Für die Kunden besteht jedoch die Möglichkeit, durch den Abschluss einer Versicherung den gesamten Schaden abzusichern. ◀

Emsig möchte auch nach Abschluss des Vertrages über die Reinigung die Möglichkeit haben, sich von dem Vertrag einseitig zu lösen. Er möchte sich hinsichtlich der Gründe für eine Lösung möglichst nicht binden. Jedenfalls soll aber ein Lösungsrecht für den Fall bestehen, dass ein Kunde trotz terminlicher Abstimmung zur Abholung der Wäsche dreimal nicht angetroffen wird. ◀

▶ Die Kunden sollen sich durch den Abschluss des Reinigungsvertrages damit einverstanden erklären, dass sie telefonisch zu Produkten und Dienstleistungen sowie zu weiteren Angeboten, die im Zusammenhang mit der Textilreinigung stehen, informiert und beraten werden können. Dabei kommt es Emsig darauf an, für das eigene Unternehmen und die eigenen Dienstleistungen werben zu können. ◀

Emsig bittet Mark um eine rechtliche Stellungnahme, ob er seine gewünschten Regelungsziele überhaupt durch AGB rechtssicher durchsetzen kann und ob es möglich ist, dass entsprechende AGB auch gelten, obwohl er seine Verträge im Internet abschließt.

Mark verspricht Emsig eine rechtliche Stellungnahme zu den gestellten Fragen. ◀

1. Vorbereitende Überlegungen

Die aus der Aufgabenstellung zu entnehmenden gewünschten Regelungsziele sind klar umrissen und entsprechen den typischen Anforderungen eines AGB-Verwenders. Dieser möchte regelmäßig in verschiedenster Hinsicht seine Rechtsposition im Vergleich zum dispositiven Recht günstiger ausgestalten; gleichzeitig möchte er seine gesetzlichen Pflichten möglichst begrenzen oder gar abbedingen. Es ist daher zu prüfen, ob die gewünschten Regelungsziele rechtlich wirksam durch AGB erreicht werden können und ob bzw. wie derartige AGB in die Vertragsbeziehungen des Emsig mit seinem Kunden wirksam einbezogen werden können.

Systematisch bietet es sich an, dass Mark die Erarbeitung des ersten Entwurfs unter Zugrundelegung der Vorgehensweise bei der AGB- Kontrolle gliedert.[7] Die Bearbeitungsreihenfolge sollte aber insoweit modifiziert werden, als die Frage der wirksamen Einbeziehung an das Ende der Bearbeitung verlagert wird. Mark sollte also nach Herausarbeitung der gewünschten Regelungsziele – hier sind sie bereits konkret durch Emsig vorgegeben – nicht direkt mit der Ausformulierung beginnen, sondern vor den Überlegungen zu den konkreten Formulierungen erarbeiten, ob ein Regelungsbedürfnis besteht sowie ob und inwieweit sich die gewünschten Regelungsziele realisieren lassen. Erst wenn diese Fragen geklärt sind, kann sich Mark mit der konkreten Formulierung, der drucktechnischen Ausgestaltung sowie der Einbeziehung befassen.

Unter Zugrundelegung des zuvor Genannten ergibt sich die folgende Grobgliederung für die vorzunehmenden Arbeitsschritte:

Prüfen des Regelungsbedarfs

Realisierbarkeit der Regelungsziele

Formulierung der Regelungen

Ausgestaltung der Einbeziehung der AGB in das Vertragsverhältnis

2. Entwicklung der AGB

a) Bestehen eines Regelungsbedürfnisses

Entsprechend der Vorgehensweise bei der Inhaltskontrolle, ist auch bei der Erarbeitung von AGB unter Berücksichtigung des § 307 Abs. 3 S. 1 BGB danach zu fragen, ob durch das gewünschte Regelungsziel von einer gesetzlichen Regelung abgewichen oder diese ergänzt wird. Sollte sich das gewünschte Regelungsziel bereits aus dem Gesetz ergeben, entfällt zwangsläufig ein **Regelungsbedürfnis**. Mark kann sich dann allenfalls noch fragen, ob er die Regelung aus Klarstellungsgründen in die AGB aufnimmt. Einer weitergehenden Prüfung bedarf es bei Vorliegen einer gesetzlichen Regelung nur, wenn und soweit von ihr abgewichen wird. Sofern keine Abweichung erfolgt, entfällt eine weitere Prüfung.[8] Wird andererseits mit dem gewünschten Regelungsziel von einer gesetzlichen Regelung abgewichen, ist zusätzlich zu fragen, ob diese Regelung zur Disposition der Parteien steht und die Abweichung damit allgemein zulässig ist. Ist das nicht der Fall, erübrigt sich eine weitere Prüfung, da das gewünschte Regelungsziel

---

7 Vgl. zur Prüfungsreihenfolge *Fuchs*, in: Ulmer/Brandner/Hensen, AGB-Recht, Vorb. v. § 307 Rn. 4 ff.
8 *Wurmnest*, in: MünchKommBGB, § 307 Rn. 6.

gegen zwingendes Recht verstößt und damit unzulässig ist. Für die weitere Prüfung ergibt sich demnach das folgende Prüfungsschema:

Bestimmung des konkret einschlägigen Vertragstyps

Ermittlung des Regelungsbedarfs

Prüfung der Disponibilität

aa) Bestimmung des Vertragstyps

9   Zur Ermittlung des Regelungsbedarfs muss Mark zunächst den einschlägigen Vertragstyp bzw. die anwendbaren Vorschriften für das beabsichtigte Geschäftsmodell bestimmen, da die jeweiligen Vertragstypen vielfach unterschiedliche Besonderheiten aufweisen, von denen wiederum in unterschiedlichem Maße abgewichen werden kann. Bei einem Verbrauchsgüterkauf können beispielsweise gem. § 475 BGB die Gewährleistungsrechte nicht abbedungen werden. Dagegen ist dies bei einem Kaufvertrag zwischen zwei Unternehmern oder zwei Verbrauchern unter Beachtung der Grenzen des § 444 BGB möglich.

10 Für die Beurteilung der Verträge zwischen Emsig und seinen Kunden kommt im vorliegenden Fall sowohl ein Werkvertrag (§ 631 BGB) als auch ein Dienstvertrag (§ 611 BGB) in Betracht. Die Abgrenzung der beiden Vertragstypen hängt davon ab, ob der Eintritt eines bestimmten Erfolges (Werkvertrag) oder das bloße Tätigwerden, ohne konkreten Erfolg (Dienstvertrag), geschuldet ist. Was letztlich im konkreten Fall geschuldet ist, ist durch Auslegung des Vertrages nach Maßgabe des § 157 BGB zu ermitteln.[9]

11 Ein Reinigungsunternehmen schuldet nach dem objektiven Empfängerhorizont der Kunden nicht nur allein das Tätigwerden, also den Versuch einer Reinigung, sondern den tatsächlichen Erfolg, also die Reinigung der Wäsche. Da das Geschäftsmodell von Emsig zudem die Abholung der Wäsche beim Kunden und Auslieferung der Wäsche vorsieht, ist neben der Reinigung auch der ordnungsgemäße Transport geschuldet. Die durch Emsig angebotene Leistung ist demnach als eine werkvertragliche Leistung (§ 631 BGB) einzustufen.[10]

bb) Ermittlung eines Regelungsbedarfs

12 Steht der Vertragstyp fest, ist weiter zu untersuchen, ob die gewünschten Regelungsziele bereits von gesetzlichen Regelungen umfasst werden. Dazu empfiehlt es sich, die jeweiligen Vorschriften zu dem festgestellten Vertragstyp im Hinblick auf das konkrete Regelungsziel zu prüfen.

13 Sollte sich das gewünschte Regelungsziel bereits aus einer Rechtsvorschrift ergeben, ist ein Regelungsbedürfnis zu verneinen. Weitere Überlegungen beschränken sich insoweit allein auf die Frage, ob es zweckmäßig ist, die Regelung zur Klarstellung in die AGB aufzunehmen.

14 Ist das gewünschte Regelungsziel in keiner Vorschrift zu finden oder wird durch das gewünschte Regelungsziel eine bestehende gesetzliche Regelung erweitert oder von dieser abgewichen, so ist ein Regelungsbedürfnis zu bejahen.

---

9   *Busche*, in: MünchKommBGB, § 631 Rn. 18 ff.
10 Vgl. *Retzlaff*, in: Grüneberg, Einf. v. § 631 Rn. 25.

cc) Disponibilität der gesetzlichen Regelung

In den Fällen, in denen von einer gesetzlichen Regelung abgewichen wird, ist weiter zu prüfen, ob die gesetzliche Regelung zur Disposition der Parteien steht oder sich jegliche Abweichungen aufgrund des zwingenden Charakters der Vorschrift verbieten. Die Abweichung von einer zwingenden gesetzlichen Norm führt nämlich unmittelbar zur Unwirksamkeit der Klausel.

Im Gegensatz zum öffentlichen Recht sind Regelungen im Zivilrecht aufgrund der Privatrechtsautonomie grundsätzlich dispositiv. Gleichwohl ist auch im Zivilrecht die Dispositionsbefugnis im Hinblick auf einzelne Regelungen[11] oder ganze Rechtsgebiete[12] zur Sicherung der Rechtsklarheit oder zum Schutz einer Vertragspartei, die besonders schutzwürdig ist, eingeschränkt. Ob die jeweilige Regelung zur Disposition der Parteien steht, ist – wenn es sich nicht bereits aus dem Gesetz selbst ergibt – durch Auslegung der Norm zu ermitteln.

dd) Ergebnis im Beispielsfall

Nach einem Abgleich der Regelungsziele mit den §§ 631 ff. BGB fällt auf, dass das von Emsig gewünschte Pfandrecht an der Wäsche (Regelungsziel Nr. 1) bereits aus § 647 BGB folgt. Ein Regelungsbedürfnis ist demnach abzulehnen. Da nicht ersichtlich ist, inwiefern die Aufnahme der Regelung zum Pfandrecht in die AGB zur besseren Klarstellung des Rechts beitragen könnte, ist es nicht zweckmäßig, den Gesetzeswortlaut in den Vertragstext aufzunehmen.

Weiterhin könnte das zweite Regelungsziel, wonach Emsig für etwaige Kostenvoranschläge eine Vergütung verlangen möchte, eine Abweichung von § 632 Abs. 3 BGB darstellen, so dass die Frage der Disponibilität zu klären wäre. Nach dieser Vorschrift sind Kostenanschläge im Zweifel nicht zu vergüten. Da durch das gewünschte Regelungsziel gerade die Vergütungspflicht herbeigeführt werden soll, handelt es sich insoweit um eine Abweichung von § 632 Abs. 3 BGB. Hinsichtlich der Disponibilität wird bereits aus dem Wortlaut „im Zweifel" deutlich, dass die Vorschrift nur für den Fall eine Regelung enthält, wenn die Parteien keine ausdrückliche Regelung getroffen haben. Die Vereinbarung einer Vergütung für Kostenvoranschläge steht demnach zur Disposition der Parteien, so dass § 632 Abs. 3 BGB kein zwingender Charakter zukommt.

Auch im Hinblick auf die übrigen Regelungen ist ein Regelungsbedürfnis zu bejahen. Die Regelungsziele 3 und 4 enthalten eine Abweichung bzw. Ergänzung der gesetzlichen Schadenshaftung aus §§ 280 ff. und § 823 BGB. Das Regelungsziel 5 enthält eine Ergänzung des § 346 Abs. 1 BGB und das Regelungsziel Nr. 6 eine Abweichung von § 7 Abs. 2 UWG. Die vorstehend zitierten Schuldrechtsvorschriften sind prinzipiell dispositiv, so dass ein vertraglicher Gestaltungsspielraum eröffnet ist. Die Vorschrift des § 7 UWG dagegen schützt die Interessen der Verbraucher vor unzumutbaren Belästigungen durch Direktwerbung. Wie alle Vorschriften, die bestimmte Interessen einer Partei oder Dritter schützen wollen, ist § 7 UWG zwingend. Allerdings ist es zulässig, durch vertragliche Regelungen – z. B. Regelungen über Art und Weise der Einwilligung im Sinne von § 7 Abs. 2 Nr. 2 UWG – die Tatbestandsvoraussetzungen zu konkretisieren, wenn dadurch nicht der Schutzzweck der Vorschrift ausgehöhlt wird.

---

11 ZB §§ 474, 476 BGB (Verbrauchsgüterkauf).
12 ZB der Typenzwang im Sachen- und Gesellschaftsrecht.

b) Realisierbarkeit der Regelungsziele

20 Im Anschluss an die Feststellung der Regelungsbedürftigkeit ist weiter zu untersuchen, ob die gewünschten Regelungsziele unter Einhaltung des Maßstabes der Inhaltskontrolle nach §§ 305 ff. BGB wirksam umgesetzt werden können. Wie bei der Überprüfung eines bestehenden Vertragstextes, muss auch bei einem Entwurf von AGB zunächst der Anwendungsbereich der AGB-Kontrolle beachtet werden[13], weil die Regelung nur dann den Anforderung der §§ 305 BGB standhalten muss, wenn sie später auch tatsächlich an diesen Anforderungen gemessen wird. Ist der Anwendungsbereich eröffnet, schließt sich die eigentliche inhaltliche Kontrolle an.

aa) Anwendungsbereich und Prüfungsumfang der AGB-Kontrolle

21 Der **Anwendungsbereich** und der **Prüfungsumfang** der AGB- Kontrolle ist nach Maßgabe des § 310 BGB zu bestimmen. § 310 Abs. 1 BGB sieht eine Einschränkung des Prüfungsumfanges vor, wenn die AGB gegenüber einem Unternehmer (§ 14 BGB), einer juristischen Person des öffentlichen Rechts oder einem öffentlich-rechtlichen Sondervermögen verwendet werden. § 310 Abs. 3 BGB sieht demgegenüber besondere Regelungen für Verträge gegenüber Verbrauchern vor. In § 310 Abs. 4 BGB sind wiederum einige Regelungsbereiche (Erb-, Familien-, Gesellschaftsrecht sowie Tarifverträge und Betriebs- und Dienstvereinbarungen) vollständig von der Inhaltskontrolle ausgenommen.

22 Im vorliegenden Fall handelt es sich - wie bereits oben festgestellt – um einen Werkvertrag, so dass der Anwendungsbereich der AGB- Kontrolle den Einschränkungen in § 310 Abs. 4 BGB nicht unterliegt. Ebenso scheiden auch die Einschränkungen aus § 310 Abs. 2 BGB aus, da der Reinigungsbetrieb nicht zu den aufgezählten Versorgungsunternehmen zählt. Da Emsig seine Leistungen sowohl gegenüber Unternehmern als auch gegenüber Verbrauchern anbieten möchte, sind im Hinblick auf Unternehmer die Einschränkungen des § 310 Abs. 1 BGB und im Hinblick auf Verbraucher die Besonderheiten in § 310 Abs. 3 BGB im Rahmen der Inhaltskontrolle stets zu berücksichtigen.

bb) Inhaltskontrolle

23 Nach Prüfung des Anwendungsbereichs und des Prüfungsumfanges der AGB- Kontrolle erfolgt nunmehr die eigentliche **Inhaltskontrolle** nach Maßgabe der §§ 307 bis 309 BGB. Hinsichtlich der Prüfungsreihenfolge ist zu empfehlen mit den speziellen Regelungen in §§ 309 und 308 BGB zu beginnen und zuletzt die Generalklausel (§ 307 BGB) zu prüfen. Eine Besonderheit besteht im kaufmännischen Geschäftsverkehr, da sich die Inhaltskontrolle gem. § 310 Abs. 1 BGB allein nach § 307 BGB richtet. Nach dieser Maßgabe sind nunmehr die verbliebenen Regelungsziele zu untersuchen.

(1) Regelungsziel Nr. 2

24 Als erstes Regelungsziel ist zu prüfen, ob die von Emsig gewünschte Vergütungspflicht für Kostenvoranschläge für den Fall, dass der Kunde den Auftrag letztlich nicht erteilt, wirksam durch AGB begründet werden kann.

---

13 *Fuchs*, in: Ulmer/Brandner/Hensen, AGB-Recht, Vorb. v. § 307 Rn. 42 ff.

Da weder § 309 noch § 308 BGB eine einschlägige Regelung enthält, beurteilt sich die Zulässigkeit der Klausel letztlich nach § 307 Abs. 1 BGB. Danach ist eine Klausel unwirksam, wenn sie den Vertragspartner des Verwenders entgegen den Geboten von Treu und Glauben unangemessen benachteiligt. § 307 Abs. 2 BGB enthält eine Konkretisierung, wann in der Regel eine unangemessene Benachteiligung vorliegt. Für das vorliegende Regelungsziel könnte das erste Regelbeispiel in § 307 Abs. 2 BGB einschlägig sein. Danach ist eine unangemessene Benachteiligung anzunehmen, wenn die Bestimmung mit den wesentlichen Grundgedanken der gesetzlichen Regelung, von der abgewichen wird, nicht zu vereinbaren ist.

Der wesentliche Grundgedanke, von dem durch das beabsichtigte Regelungsziel abgewichen wird, ist in § 632 Abs. 3 BGB geregelt. Danach sind Kostenvoranschläge im Zweifel nicht zu vergüten. Der Gesetzgeber hat mit § 632 Abs. 3 BGB den Regelfall definiert und klargestellt, dass Kostenvoranschläge dann, wenn keine andere ausdrückliche Vereinbarung getroffen ist, als vorvertragliche Leistung unentgeltlich zu erfolgen haben.[14] Ziel des Gesetzgebers war es, unter Bezugnahme auf eine BGH-Entscheidung, Streitigkeiten um die Entgeltlichkeit des Voranschlages zu vermeiden.[15] Dieses Ziel lässt sich aber nur dann erreichen, wenn der Unternehmer und sein Kunde die Vergütungspflicht ausdrücklich ausgehandelt haben.

Da der Verwender von AGB deren Regelungsgehalt einseitig festlegt, würde die Aufnahme einer Vergütungspflicht für Kostenvoranschläge dazu führen, dass der Verwender entgegen der Intention des Gesetzgebers die Vergütungspflicht nunmehr doch einseitig festlegen und damit eine ausdrückliche Regelung der Parteien umgehen könnte. Dies widerspricht eindeutig dem wesentlichen Grundgedanken des § 632 Abs. 3 BGB, so dass das Regelungsziel von Emsig zwingend eine unangemessene Benachteiligung darstellen würde, die zur Unwirksamkeit nach § 307 BGB führt.[16]

Die vorgenannten Ausführungen gelten grundsätzlich auch für den kaufmännischen Geschäftsverkehr, da der Gesetzgeber bei der Gesetzesbegründung nicht zwischen Unternehmern und Verbrauchern unterscheidet. Zudem ist auch nicht ersichtlich, warum Unternehmer im Gegensatz zu Verbrauchern weiterhin etwaigen Streitigkeiten um die Vergütungspflicht von Kostenvoranschlägen ausgesetzt sein sollten. Zwar kann die Angemessenheit einer Vergütungsverpflichtung iSd § 307 Abs. 1 BGB im kaufmännischen Geschäftsverkehr durchaus gegeben sein, wenn die Vergütungspflicht branchenüblich ist.[17] Dies ist bei einem Waschsalon aber nicht der Fall.

Als Zwischenergebnis bleibt festzuhalten, dass das Regelungsziel Nr. 2 nicht wirksam in AGB durchgesetzt werden kann. Der gewünschte Vergütungsanspruch ließe sich demnach alleine durch eine individuelle Vereinbarung realisieren.

(2) Regelungsziel Nr. 3

Als nächstes Regelungsziel ist zu prüfen, ob in AGB eine Pflicht zur Zahlung einer Schadenspauschale für den Fall aufgenommen werden kann, dass der Kunde trotz Ankündigung bei der Abholung oder Auslieferung der Wäsche nicht angetroffen wird.

---

14 OLG Karlsruhe, NJW-RR 2006, 419; *Retzlaff*, in: Grüneberg, § 632 BGB Rn. 5.
15 BT-Drs. 14/6040, 259 f.
16 OLG Karlsruhe, NJW-RR 2006, 419; anders *Busche*, in: MünchKommBGB, § 632 Rn. 9 „überraschende Klausel gem. § 305c BGB".
17 *Retzlaff*, in: Grüneberg, § 632 Rn. 5.

31 Eine Regelung zu Schadenspauschalen findet sich in § 309 Nr. 5 BGB. Danach ist die Vereinbarung eines pauschalierten Anspruchs des Verwenders auf Schadensersatz in AGB unwirksam, wenn die Pauschale in den geregelten Fällen nach dem gewöhnlichen Lauf der Dinge den zu erwartenden Schaden übersteigt oder dem anderen Vertragsteil nicht ausdrücklich der Nachweis gestattet wird, ein Schaden sei überhaupt nicht entstanden oder wesentlich niedriger ausgefallen als die Pauschale. Eine Schadenspauschale kann demnach nur wirksam vereinbart werden, wenn beide Voraussetzungen kumulativ vorliegen.[18]

32 Ausgehend von Emsigs Angaben stellt der veranschlagte Betrag von 5 € den gewöhnlichen Mindestschaden dar, so dass die erste Voraussetzung für die wirksame Einführung einer Schadenspauschale vorliegt. Zudem ist bei der Ausformulierung der Klausel darauf zu achten, dass in dem Vertragstext ausdrücklich die Möglichkeit eingeräumt wird, den Nachweis zu führen, dass ein Schaden überhaupt nicht entstanden oder wesentlich niedriger als die Pauschale ist.

33 Um nicht nur dem Kunden den Nachweis eines geringeren Schadens, sondern auch Emsig die Möglichkeit des Nachweises eines höheren Schadens offen zu halten, sollte die Regelung zur Schadenspauschale den Hinweis enthalten, dass der Schaden geringer oder höher ausfallen kann, wenn er von der jeweiligen Partei nachgewiesen wird.[19]

34 Fraglich ist, ob die vorgenannten Einschränkungen auch im kaufmännischen Geschäftsverkehr gelten. Grundsätzlich sind die §§ 308, 309 BGB im kaufmännischem Geschäftsverkehr gem. § 310 Abs. 1 S. 1 BGB nicht anwendbar. Allerdings sind die Wertungen der §§ 308, 309 BGB nach § 310 Abs. 1 S. 2 BGB im Rahmen des § 307 BGB zu berücksichtigen, so dass § 309 Nr. 5 BGB grundsätzlich auch im kaufmännischen Geschäftsverkehr zu beachten ist.[20] Da einem geschäftlich erfahrenen Kunden – auch ohne einen entsprechenden Hinweis – bekannt sein dürfte, dass er berechtigt ist, einen Gegenbeweis zu führen, gilt der § 309 Nr. 5 BGB im kaufmännischen Geschäftsverkehr mit der Einschränkung, dass es keines ausdrücklichen Hinweises auf die Möglichkeit des Gegenbeweises bedarf. Es reicht vielmehr aus, dass der Gegenbeweis nicht ausgeschlossen ist.[21]

35 Es bleibt somit festzuhalten, dass die gewünschte Schadenspauschale wirksam durch AGB eingeführt werden kann, soweit ein ausdrücklicher Hinweis auf die Möglichkeit des Gegenbeweises in die Klausel aufgenommen wird. Zwar kann der Hinweis im kaufmännischen Geschäftsverkehr weggelassen werden. Eine differenzierende Regelung ist jedoch nicht zweckmäßig, da qualitativ kein Regelungsunterschied besteht.

(3) Regelungsziel Nr. 4

36 Weiterhin ist zu prüfen, ob die gewünschte Haftungsbeschränkung auf die 15-fache Reinigungsgebühr wirksam in den AGB geregelt werden kann. Emsig möchte seine Haftung auf die 15-fache Reinigungsgebühr beschränken, wenn er oder ein Mitarbeiter leicht fahrlässig ein fremdes Kleidungsstück beschädigt oder verliert. Sofern der Kunde aber eine vollständige Absicherung wünscht, besteht für ihn die Möglichkeit, eine entsprechende Versicherung abzuschließen.

---

18 *Roloff/Looschelders*, in: Erman, § 309 Rn. 41.
19 BGH NJW 2010, 2122.
20 *Grüneberg*, in: Grüneberg, § 309 Rn. 32.
21 BGH NJW-RR 2003, 1056, 1059.

Grundsätzlich kann die Haftung für einfache bzw. leichte Fahrlässigkeit gem. § 309 Nr. 7b BGB wirksam in AGB abbedungen werden. Die Inhaltskontrolle beschränkt sich jedoch nicht allein auf § 309 Nr. 7b BGB. Vielmehr sind zusätzlich auch die Anforderungen des § 307 BGB einzuhalten.[22] Danach ist zu fragen, ob die Beschränkung auf das 15-fache des Bearbeitungspreises den Vertragspartner unangemessen gegen Treu und Glauben benachteiligt. Eine unangemessene Benachteiligung liegt vor, wenn der Verwender durch einseitige Vertragsgestaltung missbräuchlich eigene Interessen auf Kosten seines Vertragspartners durchzusetzen versucht, ohne von vornherein auch dessen Belange hinreichend zu berücksichtigen und ihm einen angemessenen Ausgleich zuzugestehen.[23]

37

Für die unangemessene Benachteiligung spricht vorliegend, dass der Bearbeitungspreis einen untauglichen Maßstab für die Beschränkung der Haftung darstellt, da er in keiner Relation zur möglichen Schadenshöhe steht. Zudem berücksichtigt die Begrenzung nicht in angemessener Weise Beschädigungen bei wertvollen Textilien und führt zu einer nicht gerechtfertigten Beschränkung des Schadensersatzanspruchs des Kunden.[24]

38

Fraglich ist insoweit, ob die Möglichkeit, eine zusätzliche Versicherung abzuschließen, einen angemessenen Ausgleich für den Vertragspartner darstellt und damit eine andere Beurteilung zulässt. Dafür spricht, dass es dem Verwender grundsätzlich gem. § 309 Nr. 7b BGB freisteht, seine Haftung wegen einfacher Fahrlässigkeit auszuschließen und der Kunde aufgrund der Versicherung die Möglichkeit hat, sich in vollem Umfang abzusichern. Dagegen spricht jedoch bei Verbrauchern, dass sie bei Abschluss des Reinigungsvertrages auf das entstehende Risiko durch den Haftungsausschluss und die Möglichkeit der Versicherung nicht deutlich genug hingewiesen werden. Verbraucher sind in der Regel nicht erfahren genug, im Einzelfall das Risiko zu erkennen und dementsprechend zu handeln.[25] Letztlich kommt in dem vorliegenden Fall erschwerend hinzu, dass durch die Buchung der Reinigung im Internet gerade auch kein Personal zur Verfügung steht, welches bei der Aufklärung des Risikos behilflich sein könnte. Demnach stellt die Haftungsbeschränkung trotz der möglichen Absicherung durch eine Versicherung eine unangemessene Benachteiligung des Vertragspartners dar, wenn es sich dabei um einen Verbraucher handelt.

39

Eine unangemessene Benachteiligung ist jedoch zu verneinen, soweit die Haftungsbeschränkung mit der Versicherungsoption im kaufmännischen Geschäftsverkehr erfolgt. Bei Geschäftsleuten stellt der Hinweis auf die Versicherungsmöglichkeit einen angemessenen Ausgleich für die Haftungsbeschränkung dar, weil sie als geschäftserfahrene Kunden mit dem Risiko einer Haftungsbegrenzung und der Möglichkeit einer Versicherung allgemein vertraut sind.[26] Demnach liegt in der beabsichtigten Haftungsbeschränkung keine unangemessene Benachteiligung vor, soweit die Beschränkung nur gegenüber Unternehmern gelten soll.[27]

40

Im Ergebnis ist somit festzuhalten, dass die gewünschte Haftungsbeschränkung nur im kaufmännischen Geschäftsverkehr wirksam in AGB geregelt werden kann. Soweit – wie hier – einheitliche AGB für Unternehmer und Verbraucher verwendet werden,

41

---

22 *Grüneberg*, in: Grüneberg, § 307 BGB Rn. 1.
23 St. Rspr zB BGH NJW-RR 2012, 626; *Roloff/Looschelders*, in: Erman, § 307 BGB Rn. 7 ff.
24 BGH NJW 2013, 2502, 2504; *Grüneberg*, in: Grüneberg, § 307 BGB Rn. 81.
25 BGH NJW 2013, 2502, 2504; *Graf v. Westphalen*, NJW 2014, 2242, 2247.
26 BGH NJW 2013, 2502, 2504.
27 BGHZ 77, 126, 133 f. = NJW 1980, 1953.

muss aus der Regelung selbst oder aus der Gliederung der AGB deutlich hervorgehen, dass die Haftungsbeschränkung nur für den kaufmännischen Geschäftsverkehr gilt.

(4) Regelungsziel Nr. 5

42 Als nächstes ist die gewünschte Lösungsklausel zu untersuchen. Emsig möchte sich das Recht vorbehalten, sich einseitig jederzeit vom Vertrag lösen zu können. Jedenfalls soll aber ein solches Lösungsrecht für den Fall bestehen, dass er einen Kunden bereits bei der Abholung der Wäsche mehrfach nicht antrifft. Die gewünschte Lösungsklausel ist rechtlich als Rücktrittsvorbehalt zu qualifizieren. Es handelt sich insoweit um ein vertragliches Rücktrittsrecht iSd § 346 Abs. 1 1. Alt. BGB, welches es Emsig ermöglicht, sich einseitig vom Vertrag zu lösen.

43 Fraglich ist, ob der Rücktrittsvorbehalt, wie ihn sich Emsig vorstellt, wirksam durch AGB geregelt werden kann. Einem generellen Lösungsrecht könnte die Beschränkung aus § 308 Nr. 3 BGB entgegenstehen. Danach ist in AGB insbesondere die Vereinbarung eines Rechts des Verwenders, sich ohne sachlich gerechtfertigten und im Vertrag angegebenen Grund von seiner Leistungspflicht zu lösen, unwirksam. Die Wirksamkeit eines Lösungsrechts des Verwenders ist demnach an zwei Voraussetzungen geknüpft, die kumulativ vorliegen müssen. Zum einen muss der konkrete Grund, der zum Rücktritt berechtigt, ausdrücklich in dem Vertrag angegeben sein. Zum anderen muss der vertraglich niedergelegte Rücktrittsgrund sachlich gerechtfertigt sein.

44 Das eigentliche Regelungsziel von Emsig, ein generelles Lösungsrecht in die AGB aufzunehmen, ist mit § 308 Nr. 3 BGB nicht vereinbar und damit nicht realisierbar. Das gewünschte Regelungsziel lässt sich auch nicht dadurch erreichen, dass ein allgemein formulierter Umstand, wie beispielsweise „wenn es die Umstände erfordern", aufgenommen wird.[28] Vielmehr muss der Lösungsgrund so konkret bezeichnet werden, dass ein Durchschnittskunde beurteilen kann, wann der Verwender sich vom Vertrag lösen darf.[29] Ein Lösungsrecht kann demnach nur insoweit in die AGB aufgenommen werden, als zugleich in die Klausel aufgenommen wird, dass ein Lösungsrecht nur dann besteht, wenn der Kunde trotz terminlicher Abstimmung der Abholung der Schmutzwäsche dreimal nicht angetroffen wird.

45 Zusätzlich muss der konkret benannte Lösungsgrund sachlich gerechtfertigt sein. Ob der gewünschte Lösungsgrund auch einen sachlichen Grund darstellt, ist im Wege einer Interessenabwägung festzustellen. Dabei ist den Interessen des Verwendungsgegners in gebührender Weise Rechnung zu tragen.[30] Nach der Rechtsprechung des BGH ist ein sachlich gerechtfertigter Grund nur dann anzunehmen, wenn zumindest ein anerkennenswertes Interesse des Verwenders vorliegt und der Umstand nicht bereits bei Vertragsschluss erkennbar war.[31] Diese Voraussetzungen liegen vor. Das berechtigte Interesse besteht insoweit, als Emsig durch die Lösung vom Vertrag weitere Aufwendungen für erfolglose Versuche, den Kunden zu erreichen, vermeiden kann. Zudem ist es für Emsig bei Vertragsschluss noch nicht ersichtlich, ob der Kunde nach erfolgter Bestellung tatsächlich angetroffen wird oder nicht.

---

28 *Roloff/Looschelders*, in: Erman, § 308 Rn. 26.
29 BGH NJW 1983, 1321; BAG NZA 2006, 539.
30 *Dammann*, in: Wolf/Lindacher/Pfeiffer, AGB-Recht, § 308 Nr. 3 Rn. 22 ff.
31 BGH NJW 1987, 831, 833; *Grüneberg*, in: Grüneberg, § 308 Rn. 18.

Demnach steht der gewünschten Lösungsklausel insoweit nichts entgegen, als der konkrete Lösungsgrund, hier also der erfolglose Versuch, den Kunden zu erreichen, ausdrücklich in die Klausel aufgenommen wird. 46

Die vorgenannten Einschränkungen gelten grundsätzlich auch im kaufmännischen Geschäftsverkehr. Aufgrund des Grundsatzes „pacta sunt servanda" ist die Wertung des § 308 Nr. 3 BGB gem. § 310 Abs. 1 S. 2 BGB im Rahmen des § 307 Abs. 2 Nr. 1 BGB zu beachten.³² Als Besonderheit ist im kaufmännischen Geschäftsverkehr jedoch zu beachten, dass der Begriff des „sachlich gerechtfertigten Grundes" unter Berücksichtigung der kaufmännischen Gepflogenheiten weiter auszulegen ist, als bei Verwendung gegenüber einem Verbraucher. Zudem wird auch die Angabe des konkreten Lösungsgrundes großzügiger gehandhabt.³³ 47

Da die zulässigen Gestaltungsmöglichkeiten gegenüber Unternehmern und Verbrauchern keine wesentlichen Unterschiede aufweisen, empfiehlt es sich, eine einheitliche Regelung, unter Zugrundelegung der Anforderung der Verwendung gegenüber einem Verbraucher, in den Vertragstext aufzunehmen. 48

(5) Regelungsziel Nr. 6

Als letztes Regelungsziel ist die Einwilligung der Kunden in die telefonische Werbung zu beurteilen. Dadurch möchte sich Emsig die Möglichkeit offenhalten, bestehende Kunden nach Abwicklung des Reinigungsvertrages kontaktieren zu dürfen, ohne sich der Gefahr einer Abmahnung nach § 8 UWG iVm § 7 UWG auszusetzen. 49

Der beabsichtigten Einwilligung des Vertragspartners steht bereits § 308 Nr. 5 BGB entgegen, da es sich insoweit um eine fingierte Erklärung handelt. Da der Grundsatz, dass dem Schweigen grundsätzlich kein Erklärungsgehalt zukommt, zu den wesentlichen Prinzipien des Privatrechts gehört, kann dieser nicht ohne weiteres in AGB abgeändert werden.³⁴ Schließlich wäre das gewünschte Regelungsziel selbst bei Einhaltung der Anforderungen des § 308 Nr. 5 BGB unwirksam, da es einer Inhaltskontrolle nach § 307 Abs. 2 Nr. 1 iVm Abs. 1 BGB nicht standhält.³⁵ 50

Die Erklärung der Einwilligung durch die Einbeziehung in AGB ist mit den wesentlichen Grundgedanken der Regelung in § 7 Abs. 2 Nr. 2 UWG nicht vereinbar. Obwohl es sich nicht ausdrücklich aus dem Wortlaut ergibt, folgt aus der richtlinienkonformen³⁶ Auslegung dieser Vorschrift, dass für die Erteilung der Einwilligung eine gesonderte und über die allgemeine Akzeptanz der AGB hinausgehende Erklärung erforderlich ist.³⁷ Dieses besondere Erfordernis findet seine Rechtfertigung in den vom Gesetzgeber vorgesehenen spezifischen Schutzzweckanforderungen auf dem Gebiet der elektronischen Kommunikation, welchen letztlich durch § 7 UWG Rechnung getragen wird.³⁸ 51

Die gewünschte Zustimmung für Werbung kann nur dann wirksam durch AGB eingeholt werden, wenn der Kunde sich auf der Bestellseite durch das Ankreuzen eines dafür vorgesehenen Feldes mit der Werbung einverstanden erklärt („Opt-in"-Verfah- 52

---

32 BGH NJW 2009, 575.
33 *Grüneberg*, in: Grüneberg, § 308 Rn. 23.
34 *Grüneberg*, in: Grüneberg, § 308 Rn. 28.
35 Vgl. *Gola/Klug*, NJW 2012, 2489, 2491; *Ohly*, in: Ohly/Sosnitza, UWG, § 7 Rn. 74.
36 Richtlinie 2002/58/EG des Europäischen Parlaments und des Rates vom 12.07.2002.
37 BGH NJW 2008, 3055, 3057.
38 BT-Drs. 15/1487, 21.

ren). Wichtig ist in diesem Zusammenhang aber, dass für den Kunden unter Berücksichtigung des Transparenzgebots (§ 307 Abs. 1 S. 2 BGB) hinreichend klar wird, für welche Angebote die Werbeanrufe erfolgen dürfen. Es muss aus der Regelung klar hervorgehen, welches Unternehmen, zu welchem Zweck und durch welches Medium den Kunden kontaktieren darf.[39] Um den Anforderungen an das Transparenzgebot zu genügen, muss sich aus der Regelung hinreichend konkret ergeben, dass Emsig ausschließlich für sein Unternehmen und für die Durchführung von Reinigungen am Telefon werben darf.

53   Soweit es um die Verwendung dieses Regelungsziels gegenüber Unternehmern geht, ergibt sich kein Unterschied zur Konstellation der Verwendung gegenüber Verbrauchern. Auch wenn für die Telefonwerbung gegenüber Unternehmern bzw. sonstigen Marktteilnehmern schon eine mutmaßliche Einwilligung ausreichend ist, führt dies für die Einbeziehung durch AGB zu keiner anderen Beurteilung. Denn die fingierte Einwilligungserklärung in AGB wirkt deutlich darauf hin, eine ausdrückliche Einwilligung in schriftlicher Form zu erhalten. Eine solche ausdrückliche Einwilligung ist aber eben nur in Form einer „Opt-in"-Erklärung wirksam möglich.[40] Inwieweit auch die gegenüber Verbrauchern notwendigen inhaltlichen Anforderungen zur Wahrung des Transparenzgebotes eingehalten werden müssen, ist gerichtlich bisher nicht abschließend geklärt. Die Wahl des sichersten und gefahrlosesten Weges (vgl. oben § 3 Rn. 10) gebietet es daher, die gegenüber Verbrauchern geltenden Anforderungen entsprechend auf den kaufmännischen Geschäftsverkehr anzuwenden.

54   Als Zwischenergebnis ist festzuhalten, dass die Einverständniserklärung der Kunden – unabhängig ob Unternehmer oder Verbraucher – nur unter Anwendung des „Opt-in"-Verfahrens mit Sicherheit wirksam durch AGB eingeführt werden kann.[41] Dafür ist erforderlich, dass Emsig auf seiner Internetseite das Bestellformular mit einem gut sichtbaren Kästchen versehen muss, welches der Kunde anklicken kann, um damit sein Einverständnis in die klar und unzweideutig beschriebene Telefonwerbung zu erklären. Wichtig ist in diesem Zusammenhang aber, dass das Kästchen nicht bereits markiert ist und der Kunde damit gezwungen ist, das Häkchen zu entfernen, wenn er die Werbung nicht wünscht.[42] Da die Unwirksamkeit der Regelung nicht allein zur Unwirksamkeit der Einwilligung, sondern auch zu Unterlassungsansprüchen, durch die zusätzliche Kosten entstehen, führen kann, kann dem Verwender nur empfohlen werden, sich strikt an die oben dargestellten Anforderung unter Berücksichtigung des sichersten und gefahrlosesten Weges zu halten.

(6) Gesamtergebnis der Inhaltskontrolle

55   Als Gesamtergebnis der bisherigen Prüfung ist festzuhalten, dass für das Regelungsziel Nr. 1 kein Regelungsbedürfnis besteht, da sich das Pfandrecht bereits aus dem Gesetz ergibt. Das Regelungsziel in Nr. 2 kann nicht wirksam durch AGB vereinbart werden, so dass dieses entfällt. Demgegenüber kann das Regelungsziel Nr. 3 wirksam durch AGB geregelt werden, soweit zumindest für die Verwendung gegenüber Verbrauchern ausdrücklich auf die Möglichkeit des Gegenbeweises hingewiesen wird. Das Regelungsziel Nr. 4 kann nur für den kaufmännischen Geschäftsverkehr wirksam

---

39   BGH NJW 2013, 291, 297.
40   OLG Hamm, MMR 2011, 539.
41   *Ohly*, in: Ohly/Sosnitza, UWG, § 7 Rn. 74.
42   BGH NJW 2008, 3055.

vereinbart werden, so dass sich aus der Regelung selbst oder aus der Anordnung der jeweiligen Regelungen eindeutig ergeben muss, dass die Begrenzung der Haftung nur im kaufmännischem Geschäftsverkehr gilt. Das Regelungsziel Nr. 5 lässt sich ebenfalls durch AGB realisieren, soweit der konkrete Lösungsgrund in der Regelung benannt ist. Schließlich kann auch das Regelungsziel Nr. 6 umgesetzt werden, wenn das sog. „Opt-in"-Verfahren eingehalten wird und aus der Regelung eindeutig hervorgeht, wer, zu welchem Zweck und durch welches Kommunikationsmittel werben darf.

c) Formulierung der Regelungsziele

Nachdem in den vorgenannten Schritten herausgearbeitet wurde, welche Regelungsziele wirksam realisiert werden können, folgt nunmehr die **Formulierung** der realisierbaren Regelungsziele. Erst jetzt muss sich Mark mit der Gliederung sowie der konkreten Formulierung der einzelnen Regelungsziele befassen. Dabei bietet es sich zur Vereinfachung an, Vertragsmuster von vergleichbaren Geschäftsmodellen heranzuziehen, um so zumindest ein Grundgerüst zu haben, welches dann individualisiert werden kann.[43]

56

Allgemein müssen die Regelungen lesbar und drucktechnisch strukturiert angeordnet sein.[44] Es ist auf eine klare, für den Durchschnittskunden verständliche Ausdrucksweise zu achten. Der Verfasser muss vor allem im Hinblick auf § 305c Abs. 2 BGB auf eine präzise und eindeutige Formulierung achten, da unklare und missverständliche Regelungen stets zulasten des Verwenders gehen. In diesem Zusammenhang ist auch das grundsätzliche Verbot der geltungserhaltenden Reduktion zu beachten, welches verbietet, dass eine im Wortlaut zu weit gehende Regelung auf das zulässige Maß reduziert wird.[45] Der Verfasser sollte daher bei der Formulierung stets hinterfragen, ob die Regelung auch anders als eigentlich gewollt verstanden werden kann.

57

d) Ausgestaltung der Einbeziehung

Im Anschluss an die Formulierung der AGB muss als letzter Schritt geklärt werden, wie die AGB in die jeweiligen Vertragsverhältnisse **einbezogen** bzw. zum **Vertragsbestandteil** werden. Dieser letzte Schritt ist von besonderer Bedeutung, da die AGB nur bei wirksamer Einbeziehung eine Regelungswirkung entfalten. Gerade in den Fällen, in denen die AGB nicht in der eigentlichen Vertragsurkunde, sondern in einem gesonderten Schriftstück abgedruckt sind, stellt sich oft die Frage, ob die AGB tatsächlich zum Gegenstand des Vertrages geworden sind. Die grundsätzlichen Voraussetzungen für die Einbeziehung von AGB sind in § 305 Abs. 2 und 3, 305a BGB geregelt. Zu beachten ist jedoch, dass die Anwendbarkeit des § 305 Abs. 2 und 3 BGB in bestimmten Fällen gem. § 310 BGB ausgeschlossen ist. So beispielsweise im kaufmännischen Geschäftsverkehr, § 310 Abs. 1 S. 1 BGB.

58

Da Emsig die Verwendung der AGB auch gegenüber Verbrauchern beabsichtigt, sind im Folgenden zunächst die Anforderungen des § 305 Abs. 2 und 3 BGB zu betrachten. Nach § 305 Abs. 2 werden AGB nur dann Bestandteil des Vertrages, wenn der Verwender bei Vertragsschluss die andere Vertragspartei ausdrücklich auf sie hinweist und der anderen Vertragspartei die Möglichkeit verschafft, in zumutbarer Weise von ihrem Inhalt Kenntnis zu nehmen.

59

---

43 Zum Umgang mit Vertragsmustern siehe oben § 4 Rn 99.
44 *Grüneberg*, in: Grüneberg, § 305 Rn. 39.
45 *Roloff/Looschelders*, in: Erman, § 305c Rn. 24.

60 Im vorliegenden Fall ist zu beachten, dass der Vertrag zwischen Emsig und dem Kunden ausschließlich über das Internet zustande kommt. Dies vorangestellt ist zu fragen, wie die Voraussetzungen des § 305 Abs. 2 BGB in diesem Fall gewahrt werden können.

aa) Hinweis auf die AGB

61 Grundsätzlich ist es zulässig, dass der Hinweis auf die AGB auf der Internetseite oder der App selbst erfolgt.[46] Der Hinweis muss aber so angeordnet sein, dass er auch bei flüchtiger Betrachtung nicht übersehen werden kann.[47] Emsig muss seine Internetseite und die App demnach so gestalten, dass der Kunde spätestens kurz vor der Buchung der Reinigung sein Einverständnis zu den AGB erklärt. Dies könnte beispielsweise in der Weise ausgestaltet sein, dass der Kunde die Buchung nur dann vollständig abschließen kann, wenn er sich mit den AGB einverstanden erklärt.

bb) Möglichkeit der Kenntnisnahme

62 Neben der Hinweispflicht muss Emsig auch gewährleisten, dass seine Kunden in zumutbarer Weise Kenntnis von den AGB nehmen können. Insoweit ist es ausreichend, wenn die AGB auf der Bestellseite durch einen Link abgerufen werden können. Wichtig ist nur, dass der Link möglichst direkt zu den AGB führt, die auf den Vertrag Anwendung finden, so dass für den Kunden unmissverständlich erkennbar ist, welche Regelungen für ihn gelten.[48]

cc) Einbeziehung im kaufmännischen Geschäftsverkehr

63 Wie bereits eingangs erwähnt, gelten die Anforderungen des § 305 Abs. 2 und 3 BGB gem. § 310 Abs. 1 S. 1 BGB im kaufmännischen Geschäftsverkehr nicht. Damit werden AGB im kaufmännischen Geschäftsverkehr durch rechtsgeschäftliche Einbeziehung zum Vertragsinhalt. In Abweichung zu den Anforderungen in § 305 Abs. 2 BGB können AGB damit auch konkludent zwischen den Parteien vereinbart werden. In der Regel ist zu fragen, ob sich die vertragliche Einigung der Parteien auch auf die Einbeziehung der AGB erstreckt.[49] Dies ist im Zweifel durch Auslegung gem. §§ 133, 157 BGB, § 346 HGB zu ermitteln.[50]

64 Soweit es sich – wie vorliegend – um einen Vertragsschluss im Internet handelt, sind im Wesentlichen die entsprechenden Anforderungen einzuhalten wie gegenüber den Verbrauchern. Grundsätzlich ist es im kaufmännischen Geschäftsverkehr bei fehlendem Widerspruch des Vertragspartners ausreichend, wenn erst in der Auftragsbestätigung auf die AGB Bezug genommen wird.[51] Da Emsig seine Leistung auch gegenüber Privatpersonen anbietet und damit die höheren Anforderungen des § 305 Abs. 2 und 3 BGB einhalten muss, sind dadurch gleichzeitig auch die Anforderungen für die wirksame Einbeziehung der AGB im kaufmännischen Geschäftsverkehr gewahrt.

---

46 *Grüneberg*, in: Grüneberg, § 305 Rn. 36.
47 LG Essen, NJW-RR 2003, 1207.
48 *Grüneberg*, in: Grüneberg, § 305 Rn. 36.
49 *Pfeiffer*, in: Wolf/Lindacher/Pfeiffer, AGB-Recht, § 305 Rn. 124 ff.; *Grüneberg*, in: Grüneberg, § 305 Rn. 49.
50 Vgl. im Einzelnen *Roloff/Looschelders*, in: Erman, § 305 BGB Rn. 46 ff; *Schmidt*, NJW 2011, 3329 ff.
51 *Pfeiffer*, in: Wolf/Lindacher/Pfeiffer, AGB-Recht, § 305 Rn. 125 ff.; *Grüneberg*, in: Grüneberg, § 305 Rn. 52.

dd) Ergebnis

Zur Gewährleistung einer sicheren Einbeziehung der AGB sollte Emsig zunächst dafür Sorge tragen, dass die AGB auf der Internetseite oder der App eingesehen und zudem auch heruntergeladen und ausgedruckt werden können. Weiterhin sollte er die Bestellseite mit einem deutlich sichtbaren Hinweis sowie einem Link auf die AGB versehen. Im Optimalfall sollte der Bestellvorgang so ausgestaltet werden, dass der Kunde den Bestellvorgang nur dann abschließen kann, wenn er durch das Setzen eines Häkchens sein Einverständnis mit der Geltung der AGB erklärt. In diesem Zusammenhang kann dann auch das Feld für die ggf. zu erteilende Einwilligung in die Telefonwerbung mit aufgenommen werden.

Schrifttum (Stand August 2023)

Abeln, Christoph: Anstellungsvertrag GmbH-Geschäftsführer, 2009
(zit.: *Abeln*, Anstellungsvertrag GmbH-Geschäftsführer, S.).
Abramenko, Andrik u. a.: Handbuch WEG, 6. Aufl. 2018
(zit.: *Abramenko* u. a., Handbuch WEG, Rn).
Altmeppen, Holger: Gesetz betreffend die Gesellschaften mit beschränkter Haftung, 11. Aufl. 2023
(zit.: *Altmeppen*, GmbHG, § Rn).
Arnold, Arnd: Rücktritt und Schadensersatz, in: ZGS 2003, S. 427–434.
Auer-Reinsdorff, Astrid/Conrad, Isabell: Handbuch IT- und Datenschutzrecht, 3. Aufl. 2019
(zit.: *Bearbeiter*, in: *Auer-Reinsdorff/Conrad*, Handbuch IT- und Datenschutzrecht, § Rn).
Bachmann, Gregor: Das Gesetz zur Modernisierung des Personengesellschaftsrechts im Überblick, in: NJW 2021, S. 3073-3078.
Basty, Gregor: Der Bauträgervertrag, 10. Aufl. 2021 (zit.: *Basty*, Bauträgervertrag, Rn).
Bauer, Jobst-Hubertus/Diller, Martin: Wettbewerbsverbote, 8. Aufl. 2018
(zit.: *Bauer/Diller*, Wettbewerbsverbote, § Rn).
Baumann, Frank/Doukoff, Norman: Beck'sche Online-Formulare Prozess, 41. Edition 2019
(zit.: *Baumann/Doukoff*, Beck'sche Online-Formulare Prozess, Ordnungsnummer).
Baur, Jürgen F./Stürner, Rolf: Sachenrecht, 18. Aufl. 2009 (zit.: *Baur/Stürner*, Sachenrecht, § Rn).
Beck, Ralf/Klar, Michael: Asset Deal versus Share Deal – Eine Gesamtbetrachtung unter expliziter Berücksichtigung des Risikoaspekts, in: DB 2007, S. 2819–2826.
Beisel, Wilhelm/Andreas, Friedhold E.: Beck'sches Mandatshandbuch Due Diligence, 3. Aufl. 2017
(zit.: *Bearbeiter*, in: Beck'sches Mandatshandbuch Due Diligence, § Rn).
Beisel, Wilhelm/Klumpp, Hans-Herrmann: Der Unternehmenskauf: Gesamtdarstellung der zivil- und steuerrechtlichen Vorgänge einschließlich gesellschafts-, arbeits- und kartellrechtlicher Fragen bei der Übertragung eines Unternehmens, 7. Aufl. 2016
(zit.: *Bearbeiter*, in: Beisel/Klumpp, Unternehmenskauf, Kap. Rn).
Bender, Rolf/Nack, Armin/Treuer, Wolf-Dieter: Tatsachenfeststellung vor Gericht, 5. Aufl. 2021
(zit.: *Bender/Nack/Treuer*, Tatsachenfeststellung, Rn).
Berger, Christian: Zum wissenschaftlichen Anspruch anwaltsorientierter Lehrinhalte, in: BRAK-Mitt. 2005, S. 169–173.
Blank, Hubert/Börstinghaus, Ulf: Miete, 6. Aufl. 2020
(zit.: *Bearbeiter*, in: Blank/Börstinghaus, § Rn).
Blank, Manfred: Bauträgervertrag, 5. Aufl. 2015
(zit.: *Blank*, Bauträgervertrag, Rn).
Bloching, Micha/Ortolf, Daniel: Ist die Schriftformklausel ergänzungsbedürftig?, in: BB 2011, S. 2571–2573.
Bockemühl, Justus: Die Kautelarjurisprudenz des Notars im Spannungsfeld geschichtlicher Kräfte, in: DNotZ 1967, S. 532–542.
Borgmann, Brigitte/Jungk, Antje/Schwaiger, Michael: Anwaltshaftung, 6. Aufl. 2020
(zit.: *Bearbeiter*, in: Borgmann/Jungk/Schwaiger, Anwaltshaftung, Kap. Rn).
Brambring, Günter: Einführung in die Vertragsgestaltung, in: JuS 1985, S. 380–385.
Bredthauer, Jürgen: Der Ehevertrag in der Praxis, in: NJW 2004, S. 3072–3076.
Cialdini, Robert B./Vincent, Joyce E./Lewis, Stephen K./Catalan, José/Wheeler, Diane/Darby, Betty Lee: Reciprocal Concessions Procedure for Inducing Compliance: The Door-in-the-Face Technique, in: 31 Journal of Personality and Social Psychology (1975), S. 206–215.
Cialdini, Robert B.: Die Psychologie des Überzeugens, 8. Aufl. (2. Nachdruck) 2021
(zit.: *Cialdini*, Überzeugen, S.).
Clausen, Tilman/Krafczyk, Wolfgang: Beck'sche Online-Formulare Medizinrecht, 34. Edition 2023
(zit.: *Bearbeiter*, in: Beck'sche Online-Formulare Medizinrecht, Formular Anm.).
Clemente, Clemens: Recht der Sicherungsgrundschuld, 4. Aufl. 2008
(zit.: *Clemente*, Sicherungsgrundschuld, Rn).
Coester-Waltjen, Dagmar: Rechtsgestaltung durch AGB, Jura 1999, S. 104–107.

Däubler, Wolfgang: Verhandeln und Gestalten, 2003 (zit.: *Däubler*, Verhandeln, Rn).
Dauner-Lieb, Barbara/Axer, Constantin: Quo vadis AGB-Kontrolle im unternehmerischen Rechtsverkehr?, in: ZIP 2010, S. 309–314.
Dauner-Lieb, Barbara/Langen, Werner: Bürgerliches Gesetzbuch, Nomos-Kommentar, Bd. 2/1: Schuldrecht, §§ 241–610, 4. Aufl. 2021 (zit.: *Bearbeiter*, in: NK-BGB, § Rn).
Dauner-Lieb, Barbara: Abfindungsklauseln bei Personengesellschaften, in: ZHR 158 (1994), S. 271–291.
Dombek, Bernhard/Kroiß, Ludwig: Formularbibliothek Vertragsgestaltung, 3. Aufl. 2018, (zit.: *Dombek/Kroiß*: Formularbibliothek Vertragsgestaltung, Bd., § Rn).
Drasdo, Michael: Die Makler- und Bauträgerverordnung: Das unbekannte (öffentlich-rechtliche) Wesen, NZM 2009, S. 601–605.
Duve, Christian/Eidenmüller, Horst/Hacke, Andreas: Mediation in der Wirtschaft, 3. Aufl. 2019 (zit.: *Duve/Eidenmüller/Hacke*, Mediation, S.).
Duve, Hans Ernst: Juristisch eindeutig und trotzdem allgemeinverständlich – ein unlösbares Problem?, in: DNotZ 1981, Sonderheft zum 21. Deutschen Notartag, S. 26–53.
Ebenroth, Carsten T.: Erbrecht, 1992 (zit.: *Ebenroth*, Erbrecht, § Rn).
Eckert, Frank/Everts, Arne/Wicke, Hartmut: Fälle zur Vertragsgestaltung, 4. Aufl. 2021 (zit.: *Eckert/Everts/Wicke*, Vertragsgestaltung, S.).
Ehlers, Harald: Die höchstrichterliche Rechtsprechung zur Rechtsanwaltshaftung, in: DB 2009, S. 2475–2479.
Eickhoff, Andreas: GbR-Verträge, 2. Aufl. 2002 (zit.: *Eickhoff*, GbR-Verträge, Rn).
Eiden, Joachim: Vertragsgestaltung in Klausur und Praxis, in: JuS 2014, S. 496–499.
Elser, Thomas: Asset deal versus share deal – Steuerlicher Vorteilhaftigkeitsvergleich und Preiswirkungen, in: DStR 2002, S. 1827–1832.
Emmerich, Volker/Habersack, Mathias: Aktien- und GmbH-Konzernrecht, 10. Aufl. 2022 (zit.: *Bearbeiter*, in: Emmerich/Habersack, § Rn).
Erman, Walter: Bürgerliches Gesetzbuch, Handkommentar, 16. Aufl. 2020 (zit.: *Bearbeiter*, in: Erman, § Rn).
Eschenbruch, Klaus/Gerstberger, Robert: Smart Contracts – Planungs-, Bau- und Immobilienverträge als Programm?, NZBau 2018, S. 3–8.
Fahrendorf, Klaus: Vertragliche Anwaltspflichten – überspanntes Haftungsrisiko?, in: NJW 2006, S. 1911–1915.
Fahrendorf, Klaus/Mennemeyer, Siegfried: Die Haftung des Rechtsanwalts, 10. Aufl. 2021 (zit.: *Bearbeiter*, in: Fahrendorf/Mennemeyer, Haftung des Rechtsanwalts, Kap Rn).
Fischer, Gero/Vill, Gerhard/Fischer, Detlev/Chab, Bertin/Pape, Gerhardt: Handbuch der Anwaltshaftung, 5. Aufl. 2019 (zit.: *Bearbeiter*, in: Fischer/Vill/Fischer/Chab/Pape, Anwaltshaftung, Rn).
Fischer, Reinfrid/Schulte-Mattler, Hermann: KWG, CRR-VO, 6. Auflage 2023 (zit.: *Bearbeiter*, in: Fischer/Schulte-Mattler, KWG, CRR-VO, Kap. Rn).
Fisher, Roger/Ury, William/Patton, Bruce: Das Harvard-Konzept, 5. Aufl. 2021 (zit.: *Fisher/Ury/Patton*, Das Harvard-Konzept, S.).
Flume, Werner: Die Vertragsfreiheit – Möglichkeiten und Grenzen – aus der Sicht der Kautelarjurisprudenz, in: DNotZ 1969, Sonderheft zum 18. Deutschen Notartag, S. 30–50.
Formularbuch Recht und Steuern, 10. Aufl. 2021 (zit.: *Bearbeiter*, in: Formularbuch Recht und Steuern, Kap. Rn).
Franzen, Hans: Anwaltskunst, 3. Aufl. 2001 (zit.: *Franzen*, Anwaltskunst, S.).
Freedman, Jonathan L./Fraser, Scott C.: Compliance without Pressure: The foot-in-the-door technique, in: 4 Journal of Personality and Social Psychology (1966), S. 195–202.
Friedrich, Alfred: Erfolgreicher Unternehmensverkauf: Vorbereitung, Kaufpreisfindung, Verhandlungsführung, 1998 (zit.: *Friedrich*, Unternehmensverkauf, Rn).
Fries, Martin: PayPal Law und Legal Tech – Was macht die Digitalisierung mit dem Privatrecht?, NJW 2016, S. 2860–2865.

Gebele, Alexander/Scholz, Kai-Steffen: Beck'sches Formularbuch Bürgerliches, Handels- und Wirtschaftsrecht, 14. Aufl. 2022 (zit.: *Bearbeiter*, in: Beck'sches Formularbuch Bürgerliches, Handels- und Wirtschaftsrecht, Formular Anm.).
Gies, Richard: Beck'sches Formularbuch Mietrecht, 6. Aufl. 2020
(zit.: *Bearbeiter*, in: Beck'sches Formularbuch Mietrecht, Formular Anm.).
Gola, Peter/Klug, Christoph: Die Entwicklung des Datenschutzrechts in den Jahren 2011/2012, NJW 2012, S. 2489-2493.
Gottwald, Walther/Haft, Fritjof: Verhandeln und Vergleichen als juristische Fertigkeiten, 2. Aufl. 1993 (zit.: *Bearbeiter*, in: Gottwald/Haft, Verhandeln, S.).
Graf von Westphalen, Friedrich: AGB-Recht im Jahr 2013, NJW 2014, S. 2242-2250.
Gran, Andreas: Abläufe bei Mergers & Acquisitions, NJW 2008, S. 1409–1415.
Großfeld, Bernhard: Examensvorbereitung und Jurisprudenz, in: JZ 1992, S. 22–27.
Großfeld, Bernhard/Egger, Ulrich/Tönnes, Wolf Achim: Recht der Unternehmensbewertung, 9. Aufl. 2020
(zit.: *Großfeld/Egger/Tönnes*, Unternehmensbewertung, Rn).
Grüneberg, Christian: Bürgerliches Gesetzbuch, 82. Aufl. 2023
(zit.: *Bearbeiter*, in: Grüneberg, § Rn).
Grziwotz, Herbert/Koeble, Wolfgang: Handbuch Bauträgerrecht, 2004
(zit.: *Grziwotz/Koeble*, Handbuch Bauträgerrecht, Rn).
Habersack, Mathias/Casper, Matthias/Löbbe, Marc: GmbHG, Bd. II, 3. Aufl. 2020; Bd. III, 3. Aufl. 2021 (zit.: *Bearbeiter*, in: Habersack/Casper/Löbbe, § Rn).
Haft, Fritjof: Juristische Rhetorik, 8. Aufl. 2009 (zit.: *Haft*, Rhetorik, S.).
Haft, Fritjof: Verhandlung und Mediation, 2. Aufl. 2000 (zit.: *Haft*, Verhandlung, S.).
Hamm, Christoph/Schwerdtner, Peter: Maklerrecht, 7. Aufl. 2016 (zit.: *Hamm/Schwerdtner*, Maklerrecht, Rn).
Hau, Wolfgang/Poseck, Roman: BeckOK BGB, 65. Edition, Stand 01.02.2023
(zit.: *Bearbeiter*, in: BeckOK BGB, §, Rn).
Häublein, Martin: Der Pferdeeinstellvertrag zwischen Miet- und Verwahrungsrecht – Rechtliche Grundlagen und formularvertragliche Ausgestaltung eines typischen Typenkombinationsvertrags, NJW 2009, S. 2982-2987.
Haverkate, Görg: Forum: Anwaltsorientierte Juristenausbildung, in: JuS 1996, S. 478–482.
Heckschen, Heribert/Herrler, Sebastian/Münch, Christof: Beck'sches Notarhandbuch, 7. Aufl. 2019 (zit.: *Bearbeiter*, in: Beck'sches Notarhandbuch, § Rn)
Hellbardt, Christian/Prengel, Cyril: Die Bewertung einer Steuerberatungspraxis, in: PFB 2005, S. 199-206.
Henssler, Martin/Deckenbrock, Christian: Das neue Mediationsgesetz: Mediation ist und bleibt Anwaltssache, in: DB 2012, S. 159–167.
Henssler, Martin: Haftungsrisiken anwaltlicher Tätigkeit, in: JZ 1994, S. 178–188.
Herrler, Sebastian: Schuldrechtsreform 2.0, in: DNotZ 2022, S. 491-525.
Hettler, Stephan/Stratz, Rolf-Christian/Hörtnagl, Robert: Beck'sches Mandatshandbuch Unternehmenskauf, 2. Aufl. 2013
(zit.: *Bearbeiter*, in: Beck'sches Mandatshandbuch Unternehmenskauf, § Rn).
Heussen, Benno: Anwalt und Mandant, 1999 (zit.: *Heussen*, Anwalt und Mandant, S.).
Heussen, Benno/Pischel, Gerhard: Handbuch Vertragsverhandlung und Vertragsmanagement, 5. Aufl. 2021 (zit.: *Bearbeiter*, in: Heussen/Pischel, Handbuch Vertragsverhandlung, Teil Kap Rn).
Heussen, Benno: Weisungen von Mandanten gegenüber ihren Rechtsanwälten – Berufsethische Überlegungen, NJW 2014, S. 1786–1790.
Hilber, Marc: Preisanpassungsklauseln im unternehmerischen Verkehr – Rechtliche Grenzen und Möglichkeiten, BB 2011, S. 2691-2699.
Hoeren, Thomas/Pinelli, Stefan: Der Softwareerstellungsvertrag – Unverbindliches Muster zum Einstieg in die Vertragsgestaltung, MMR 2022, S. 511-516.
Hölters, Wolfgang: Handbuch Unternehmenskauf, 10. Aufl. 2022

(zit.: *Bearbeiter*, in: Hölters, Handbuch Unternehmenskauf, Kap Rn).
Holzapfel, Hans-Joachim/Pöllath, Reinhard/Bergjan, Ralf/Engelhardt, Timo: Unternehmenskauf in Recht und Praxis, 16. Aufl. 2021 (zit.: *Holzapfel/Pöllath/Bergjan/Engelhardt*, Unternehmenskauf in Recht und Praxis, Rn).
Hommelhoff, Peter/Hillers, Klaus: Zur Methodik kautelarjuristischer Arbeitsweise, in: Jura 1983, S. 592–604.
Hommelhoff, Peter/Müller-Graff, Peter-Christian/Ulmer, Peter: Die Praxis der rechtsberatenden Berufe, München 1999 (zit.: *Bearbeiter*, in: Hommelhoff/Müller-Graff/Ulmer, Die Praxis der rechtsberatenden Berufe, S.).
Hopt, Klaus J.: Handelsgesetzbuch, 42. Aufl. 2023
(zit.: *Bearbeiter*, in: Hopt, § Rn).
Hopt, Klaus J.: M&A, Due Diligence und Kautelarpraxis, in: ZHR 2007, S. 10-37.
Horstmeier, Gerrit: Das neue Mediationsgesetz, 2013 (zit.: *Horstmeier*, Mediationsgesetz, S.).
Horváth, Péter/Gleich, Ronald/Seiter, Mischa: Controlling, 14. Aufl. 2020
(zit.: *Horváth/Gleich/Seiter*, Controlling, S.).
Hromadka, Wolfgang: Arbeitnehmer oder freier Mitarbeiter?, in: NJW 2003, S. 1847–1849.
Huber, Michael: Anfechtungsgesetz, 12. Aufl. 2021 (zit.: *Huber*, § Rn).
Jaeger, Georg: Der Anstellungsvertrag des GmbH-Geschäftsführers, 6. Aufl. 2016
(zit.: *Jaeger*, Anstellungsvertrag des GmbH-Geschäftsführers, Rn).
Jandt, Fred/Gilette, Paul: Konfliktmanagement – Wie beide Seiten gewinnen können, 1994
(zit.: *Jandt/Gilette*, Konfliktmanagement, S.).
Jauernig, Othmar: Kommentar zum Bürgerlichen Gesetzbuch, 18. Aufl. 2021
(zit.: *Bearbeiter*, in: Jauernig, § Rn).
Jennißen, Georg: Wohnungseigentumsgesetz, 7. Aufl. 2022 (*Bearbeiter*, in: Jennißen, Wohnungseigentumsgesetz, § Rn).
Jerschke, Hans-Ulrich: Die Wirklichkeit als Muster – Der richtige Weg zum gerechten Vertrag, in: DNotZ 1989, Sonderheft zum 23. Deutschen Notartag, S. 21–43.
Jung, Stefanie/Krebs, Peter: Die Vertragsverhandlung. Taktische, strategische und rechtliche Elemente, 2016 (zit.: *Jung/Krebs*, Vertragsverhandlung, S.).
Kamanabrou, Sudabeh/Wietfeld, Anne Christin: Vertragsgestaltung, 6. Aufl. 2023
(zit.: *Kamanabrou/Wietfeld*, Vertragsgestaltung, § Rn).
Kamanabrou, Sudabeh: Vertragliche Anpassungsklauseln, 2004
(zit.: *Kamanabrou*, Anpassungsklauseln, S.).
Kamp, Hans: Der Verkauf der Patientenkartei und die ärztliche Schweigepflicht, in: NJW 1992, S. 1545-1547.
Kanzleiter, Rainer: Der Blick in die Zukunft als Voraussetzung der Vertragsgestaltung, in: NJW 1995, S. 905–910.
Karczewski, Thomas: Der neue alte Bauträgervertrag, in: NZBau 2018, S. 328-338.
Keim, Benno: Das notarielle Beurkundungsverfahren. Methodik und Praxis, 1990
(zit.: *Keim*, Beurkundungsverfahren, Teil Rn).
Kersten, Fritz/Bühling, Selmar: Formularbuch und Praxis der Freiwilligen Gerichtsbarkeit, 26. Aufl. 2019 (zit.: *Bearbeiter*, in: Kersten/Bühling, Formularbuch, § Rn).
Kirchhof, Hans-Peter: Münchener Kommentar Anfechtungsgesetz, 2. Aufl. 2022
(zit.: *Kirchhof*, AnfG, § Rn).
Klapp, Eckhard: Abgabe und Übergabe einer Arztpraxis, 3. Aufl. 2006
(zit.: *Klapp*, Abgabe und Übergabe einer Arztpraxis, Kap.).
Klein, Franz: Kommentar zur Abgabenordnung, 16. Aufl. 2022 (zit.: *Bearbeiter*, in: Klein, § Rn).
Kleine-Cosack, Michael: Öffnung des Rechtsberatungsmarkts – Rechtsdienstleistungsgesetz verabschiedet, in: BB 2007, S. 2637–2642.
Klerx, Oliver: Der Praxiskaufvertrag: Mustervertrag mit Anmerkungen und Hinweisen für die Praxis, 2005 (zit.: *Klerx*, Praxiskaufvertrag, Rn).
Kniffka, Rolf/Koeble, Wolfgang/Jurgeleit, Andreas/Sacher, Dagmar: Kompendium des Baurechts, 5. Aufl. 2020 (zit.: *Kniffka/Koeble/Jurgeleit*, Teil Rn).

Knott, Herrmann: Unternehmenskauf, 6. Aufl. 2019 (zit.: *Bearbeiter*, in: Knott, Unternehmenskauf, Rn).
Koch, Jens: Aktiengesetz, 17. Aufl. 2023 (zit.: *Koch*, § Rn).
Koch, Raphael: Der Schutz des Eigenheims vor den Finanzinvestoren – Die Neuregelungen zur Verbesserung des Schuldner- und Verbraucherschutzes bei der Abtretung und beim Verkauf von Krediten auf dem Prüfstand, ZBB 2008, S. 232-237.
Krauß, Hans-Frieder: Immobilienkaufverträge in der Praxis, 9. Aufl. 2020 (zit.: *Krauß*, Immobilienkaufverträge, Rn).
Krauß, Hans-Frieder/Weise, Stefan: Beck'sche Online-Formulare Vertrag, 64. Edit. 2023 (zit.: *Bearbeiter*, in: Beck'sche Online-Formulare Vertrag, 9.1.1 Rn).
Krumm, Marcel: Gesellschaftsvertragliche Abfindungsklauseln und erbschaftsteuerliche Schenkungsfiktion – Veränderte steuerliche Rahmenbedingungen nach der Erbschaftsteuerreform, in: NJW 2010, S. 187–192.
Lambrich, Thomas/Reinhard, Thorsten: Schwellenwerte bei der Unternehmensmitbestimmung – Wann beginnt die Mitbestimmung, in: NJW 2014, S. 2229-2234.
Lange, Knut Werner: Erbrecht, 3. Aufl. 2022 (zit.: *Lange*, Erbrecht, § Rn).
Langenfeld, Gerrit: Einführung in die Vertragsgestaltung, in: JuS 1998, S. 33–37.
Langenfeld, Gerrit: Wandlung des Ehevertrags, in: NJW 2011, S. 966–970.
Langenfeld, Gerrit: Grundlagen der Vertragsgestaltung, 2. Aufl. 2010 (zit.: *Langenfeld*, Vertragsgestaltung, Kap. Rn).
Langenfeld, Gerrit/Milzer, Lutz: Handbuch der Eheverträge und Scheidungsvereinbarungen, 8. Aufl. 2019 (zit.: *Langenfeld/Milzer*, Handbuch der Eheverträge und Scheidungsvereinbarungen, Kap. Rn).
Larenz, Karl/Canaris, Klaus-Wilhelm: Methodenlehre der Rechtswissenschaft, 3. Aufl. 1995 (zit.: *Larenz/Canaris*, Methodenlehre, S.).
Lau, Franka: Sozialversicherungspflicht von GmbH-Geschäftsführern, in: NZS 2019, S. 452-456.
Laufs, Adolf/Kern, Bernd-Rüdiger/Rehborn, Martin: Handbuch des Arztrechts, 5. Aufl. 2019 (zit.: *Laufs/Kern/Rehborn*, Handbuch des Arztrechts, § Rn).
Lenkaitis, Karlheinz/Löwisch, Stephan: Zur Inhaltskontrolle von AGB im unternehmerischen Geschäftsverkehr – Ein Plädoyer für eine dogmatische Korrektur, in: ZIP 2009, S. 441–450.
Lenzen, Bernd/Ettmann, Carsten: Ertragswert- und Umsatzmethode zur Bewertung von Rechtsanwaltskanzleien, in: BRAK-Mitt. 2005, S. 13–17.
Limmer, Peter/Hertel, Christian/Frenz, Norbert/Mayer, Jörg: Würzburger Notarhandbuch, 6. Aufl. 2021 (zit.: *Bearbeiter*, in: Würzburger Notarhandbuch, Teil Kap. Rn).
Lingemann, Stefan/Winkel, Henrike: Der Rechtsanwalt als freier Mitarbeiter (Teil 1), in: NJW 2010, S. 38–39 und (Teil 2), in: NJW 2010, 208–209.
Loewenheim, Ulrich: Handbuch des Urheberrechts, 3. Aufl. 2021 (zit.: *Bearbeiter*, in: Loewenheim, Handbuch des Urheberrechts, § Rn).
Luhmann, Niklas: Rechtssystem und Rechtsdogmatik, 1974 (zit.: *Luhmann*, Rechtssystem, S.).
Luppert, Paul/Finck, Klaus: Handbuch Arztberatung: Recht, Steuern, BWL, 2008 (zit.: *Luppert/Finck*, Handbuch Arztberatung, Rn).
Lützenkirchen, Klaus: Anwalts-Handbuch Mietrecht, 6. Aufl. 2018 (zit.: *Bearbeiter*, in: Anwalts-Handbuch Mietrecht, Rn).
Macneil, Ian R.: A Primer of Contract Planning, in: 48 Southern California Law Review (1975), S. 627–704.
Maier-Reimer, Georg: Vertragssprache und Sprache des anwendbaren Rechts, in: NJW 2010, S. 2545–2550.
Marcks, Peter: Makler- und Bauträgerverordnung, 10. Aufl. 2019 (zit.: *Marcks*, MaBV, § Rn).
Martinek, Michael: Moderne Vertragstypen, Bd. I, 1991; Bd. II, 1992 (zit.: *Martinek*, Moderne Vertragstypen, S.).
Mecklenbrauck, Dirk: Abfindungsbeschränkungen in Gesellschaftsverträgen, in: BB 2000, S. 2001–2006.
Medicus, Dieter/Lorenz, Stephan: Schuldrecht I, Allgemeiner Teil, 22. Aufl. 2021

(zit.: *Medicus/Lorenz*, Schuldrecht AT, § Rn).
Medicus, Dieter/Lorenz, Stephan: Schuldrecht II, Besonderer Teil, 18. Aufl. 2018
(zit.: *Medicus/Lorenz*, Schuldrecht BT, § Rn).
Medicus, Dieter/Petersen, Jens: Bürgerliches Recht, 28. Aufl. 2021
(zit.: *Medicus/Petersen*, BR, Rn).
Medicus, Dieter/Petersen, Jens: Allgemeiner Teil des BGB, 11. Aufl. 2016
(zit.: *Medicus/Petersen*, BGB AT, Rn).
Moes, Christoph: Vertragsgestaltung, München 2020 (zit.: *Moes*, Vertragsgestaltung, Rn).
Mohr, Joachim: Ehevertrag, 2009 (zit.: *Mohr*, Ehevertrag, S.).
Münchener Anwaltshandbuch Aktienrecht, hrsg. von Matthias Schüppen/Bernhard Schaub, 3. Aufl. 2018 (zit.: *Bearbeiter*, in: Münchener Anwaltshandbuch Aktienrecht, § Rn).
Münchener Anwaltshandbuch Mietrecht, hrsg. von Thomas Hannemann/Michael Wiegner, 5. Aufl. 2019 (zit.: *Bearbeiter*, in: Münchener Anwaltshandbuch Mietrecht, § Rn).
Münchener Handbuch des Gesellschaftsrechts, hrsg. von Lutz Weipert/Hans Gummert, Bd. 1 und 2, 5. Aufl. 2019; hrsg. von Volker Beuthien/Hans Gummert/Martin Schöpflin, Bd. 5, 5. Aufl. 2021 (zit.: *Bearbeiter*, in: Münchener Handbuch des Gesellschaftsrechts, Bd § Rn).
Münchener Kommentar zum Bürgerlichen Gesetzbuch, hrsg. von Franz-Jürgen Säcker/Roland Rixecker/Hartmut Oetker/Bettina Limperg, Bd. 1, 9. Aufl. 2021; Bd. 2, 9. Aufl. 2022; Bd. 3, 9. Aufl. 2022; Bd. 4, 8. Aufl. 2019; Bd. 5, 9. Aufl. 2023; Bd. 6, 9. Aufl. 2023; Bd. 7, 8. Aufl. 2020; Bd. 8, 9. Aufl. 2023; Bd. 9, 9. Aufl. 2022; Bd. 10, 8. Aufl. 2020; Bd. 11, 9. Aufl. 2022 (zit.: *Bearbeiter*, in: MünchKommBGB, § Rn).
Münchener Kommentar zum Handelsgesetzbuch, hrsg. von Ingo Drescher/Holger Fleischer/Karsten Schmidt, Bd. 2, 5. Aufl. 2022 (zit.: *Bearbeiter*, in: MünchKommHGB, § Rn).
Münchener Kommentar zur Zivilprozessordnung, hrsg. von Wolfgang Krüger/Thomas Rauscher, Bd. 1, 6. Aufl. 2020 (zit.: *Bearbeiter*, in: MünchKommZPO, § Rn).
Münchener Vertragshandbuch, hrsg. von Martin Heidenhain/Burkhardt W. Meister, Bd. 1, Gesellschaftsrecht, 8. Aufl. 2018; hrsg. von Markus Rieder/Rolf Schütze/Lutz Weipert, Bd. 2, Wirtschaftsrecht I, 8. Aufl. 2020; hrsg. von Malte Grützmacher/Markus Rieder/Rolf Schütze/Lutz Weipert, Bd. 3, Wirtschaftsrecht II, 8. Aufl. 2021; hrsg. von Sebastian Herrler, Bd. 5, Bürgerliches Recht I, 8. Aufl. 2020; Bd. 6, Bürgerliches Recht II, 8. Aufl. 2020 (zit.: *Bearbeiter*, in: Münchener Vertragshandbuch, Bd., Formular Anm.).
Muscheler, Karlheinz: Erbrecht, 2010 (zit.: *Muscheler*, Erbrecht, Bd. Rn).
Musielak, Hans-Joachim/Voit, Wolfgang: Zivilprozessordnung, 19. Aufl. 2022
(zit.: *Bearbeiter*, in: Musielak/Voit, § Rn).
Nägele, Thomas/Apel, Simon: Beck'sche Online-Formulare IT- und Datenrecht, 14. Edit. 2023
(zit.: *Bearbeiter*, in: Beck'sche Online-Formulare IT- und Datenrecht, 1.1 Anm).
Neuner, Jörg: Allgemeiner Teil des Bürgerlichen Rechts, 13. Aufl. 2023
(zit.: *Neuner*, BGB AT, § Rn).
Nieder, Heinrich/Kössinger, Reinhard/Kössinger, Winfried: Handbuch der Testamentsgestaltung, 6. Aufl. 2020 (zit.: *Nieder/Kössinger*, Testamentsgestaltung, § Rn).
Noack, Max: Von Maurach in die Welt – Der Gesetzentwurf der Expertenkommission zur Modernisierung des Personengesellschaftsrechts im Überblick, in: NZG 2020, S. 581-585.
Noack, Ulrich/Servatius, Wolfgang/Haas, Ulrich: GmbHG, 23. Aufl. 2022
(zit.: *Bearbeiter*, in: Noack/Servatius/Haas, § Rn).
Odersky, Walter: Statement, in: DNotZ 1989, Sonderheft zum 23. Deutschen Notartag, S. 45–51.
Ohly, Ansgar/Sosnitza, Olaf: Gesetz gegen den unlauteren Wettbewerb Kommentar, 8. Aufl. 2023
(zit.: *Bearbeiter*, in: Ohly/Sosnitza, UWG, § Rn).
Paulus, Christoph G./Zenker, Wolfgang: Grenzen der Privatautonomie, in: JuS 2001, S. 1–9.
Pause, Hans-Egon: Bauträgerkauf und Baumodelle, 6. Aufl. 2018
(zit.: *Pause*, Bauträgerkauf und Baumodelle, Rn).
Pielow, Johann-Christian: BeckOK GewO, 58. Edition, Stand 01.12.2022 (zit.: *Bearbeiter*, in: BeckOK GewO, § Rn).

Pilger, Gerhard: Präambel im Unternehmenskaufvertrag – ein unterschätztes Gestaltungsmittel, in: BB 2000, S. 368–370.

Podmogilnij, Valeria/Timmermann, Daniel: Legal Tech – eine Schärfung der Konturen, AnwBl 2019, S. 436–443.

Ponschab, Reiner/Schweizer, Adrian/Genius-Devime, Barbara: Kooperation statt Konfrontation, 2. Aufl. 2010 (zit.: *Ponschab/Schweizer/Genies-Devime*, Kooperation, S.).

Rakete-Dombek, Ingeborg: Das Ehevertragsurteil des BGH – Oder: Nach dem Urteil ist vor dem Urteil, in: NJW 2004, S. 1273–1277.

Raue, Benjamin: Reichweite der vertraglichen Pflicht zur Aktualisierung von IT-Lösungen aufgrund von Gesetzesänderungen, CR 2018, S. 277–285.

Rawert, Peter: Buchbesprechung (von Gerrit Langenfeld, Vertragsgestaltung, 2. Aufl. 1997), in: NJW 1998, S. 2125.

Redeker, Helmut: IT-Recht, 7. Aufl. 2020 (zit.: *Redeker*, IT-Recht, Kapitel Rn).

Rehbinder, Eckard: Die Rolle der Vertragsgestaltung im zivilrechtlichen Lehrsystem, in: AcP 174 (1974), S. 265–312.

Rehbinder, Eckard: Vertragsgestaltung, 2. Aufl. 1993 (zit.: *Rehbinder*, Vertragsgestaltung, S.).

Reichert, Bernhard: Handbuch Vereins- und Verbandsrecht, 14. Aufl. 2018.

Reinersdorff, Wolfgang von: Die Gestaltung von Gesellschaftsverträgen: GmbH – OHG – KG – GmbH & Co, 1993.

Reithmann, Christoph/Albrecht, Andreas: Handbuch der notariellen Vertragsgestaltung, 8. Aufl. 2001, Nachtrag 2002 (zit.: *Reithmann/Albrecht*, Handbuch, Rn).

Rieger, Hans-Jürgen: Rechtsfragen beim Verkauf und Erwerb einer ärztlichen Praxis, 5. Aufl. 2004 (zit.: *Rieger*, Rechtsfragen Arztpraxis, Rn).

Ring, Gerhard/Grziwotz, Herbert/Keukenschrijver, Alfred: Bürgerliches Gesetzbuch, Nomos-Kommentar, Bd. 3, Sachenrecht, §§ 854–1296, 4. Aufl. 2016 (zit.: *Bearbeiter*, in: NK-BGB, § Rn).

Risse, Jörg/Kästle, Florian: M&A und Corporate Finance von A–Z, 3. Aufl. 2018 (zit.: *Bearbeiter*, in: M&A und Corporate Finance).

Rittershaus, Gerald: Anwaltsorientierte Juristenausbildung, in: JuS 1998, S. 302–305.

Rittershaus, Gerald/Teichmann, Christoph: Anwaltliche und notarielle Vertragsgestaltung – Gemeinsamkeiten und Unterschiede, in: Festschrift für Sebastian Spiegelberger zum 70. Geburtstag, hrsg. von Thomas Wachter, 2009, S. 1457–1469 (zit.: *Rittershaus/Teichmann*, in: FS Spiegelberger, S.).

Rittershaus, Gerald/Teichmann, Christoph: Anwaltliche Vertragsgestaltung: Methodische Anleitung zur Fallbearbeitung im Studium, 2. Aufl. 2003 (zit.: *Rittershaus/Teichmann*, Vertragsgestaltung, Rn).

Rödder, Thomas/Hötzel, Oliver/Mueller-Thuns, Thomas: Unternehmenskauf, Unternehmensverkauf: Zivil- und steuerrechtliche Gestaltungspraxis, 2003 (zit.: *Rödder/Hötzel/Mueller-Thuns*, Unternehmenskauf, § Rn).

Römermann, Volker/Schröder, Henning: Die Bewertung von Anwaltskanzleien, in: NJW 2003, S. 2709–2711.

Saenger, Ingo/Aderhold, Lutz/Lenkaitis, Karlheinz/Speckmann, Gerhard: Handels- und Gesellschaftsrecht, 2. Aufl. 2011 (zit.: *Bearbeiter*, in: Saenger/Aderhold/Lenkaitis/Speckmann, Handels- und Gesellschaftsrecht, Kap. Rn).

Saenger, Ingo: Gesellschaftsrecht, 5. Aufl. 2020 (zit.: *Saenger*, Gesellschaftsrecht, Rn).

Saenger, Ingo: Zivilprozessordnung, Handkommentar, 9. Aufl. 2021 (zit.: *Bearbeiter*, in: Hk-ZPO, § Rn).

Saenger, Ingo/Inhester, Michael: GmbHG, 4. Aufl. 2020 (zit.: *Bearbeiter*, in: Saenger/Inhester, § Rn).

Sauter, Eugen/Schweyer, Gerhard/Waldner, Wolfram: Der eingetragene Verein, 21. Aufl. 2021 (zit.: *Sauter/Schweyer/Waldner*, Rn).

Scherer, Stephan: Unternehmensnachfolge, 6. Aufl. 2020 (zit.: *Bearbeiter*, in: Unternehmensnachfolge, § Rn).

Schmidt, Hubert: Einbeziehung von AGB im unternehmerischen Geschäftsverkehr, NJW 2011, S. 3329-3334.
Schmidt, Joachim: Maklerlohn nach der Reform 2020: Wer verteilt? Wer zahlt? Und was? Vor allem: Wann? in: NZM 2021, S. 289-296.
Schmidt, Ludwig: EStG, 39. Aufl. 2020 (zit.: *Bearbeiter*, in: Schmidt, EStG, § Rn).
Schmittat, Karl-Oskar: Einführung in die Vertragsgestaltung, 4. Aufl. 2015 (zit.: *Schmittat*, Vertragsgestaltung, Rn).
Schmittat, Karl-Oskar: Das Vorsorgeprinzip in der Vertragsgestaltung – Zu Grundlagen und Grenzen, RNotZ 2012, 85–93.
Schollen, Werner: Die Mitwirkung des Notars bei der Bildung des rechtsgeschäftlichen Willens, in: DNotZ 1969, Sonderheft zum 18. Deutschen Notartag, S. 51–71.
Schollen, Werner: Kautelarjurisprudenz und Juristenausbildung, in: DNotZ 1977, Sonderheft zum 20. Deutschen Notartag, S. 28–42.
Schrader, Paul T.: Fortgeschrittenenklausur – Zivilrecht: Schuldrecht und Vertragsgestaltung – Verbindlichkeit des Arzttermins, JuS 2010, S. 326–332.
Schröder, Hans-Peter: Der sichere Weg bei der Vertragsgestaltung, 1990 (zit.: *Schröder*, Der sichere Weg bei der Vertragsgestaltung, S.).
Schulze, Reiner/Dörner, Heinrich/Ebert, Ina u. a.: Handkommentar zum Bürgerlichen Gesetzbuch, 11. Aufl. 2022 (zit.: *Bearbeiter*, in: Hk-BGB, § Rn).
Schulze, Rainer/Grziwotz, Herbert/Lauda, Rolf: Gesetzesformulare Bürgerliches Gesetzbuch Kommentiertes Vertrags- und Prozessformularbuch, 4. Aufl. 2020 (zit.: *Bearbeiter*, in: Schulze/Grziwotz/Lauda, BGB: Kommentiertes Vertrags- und Prozessformularbuch, § Rn).
Schünemann, Wolfgang B.: Vertragstypen im Sicherheitsgewerbe, NJW 2003, 1689–1691.
Schwab, Dieter: Familie und Staat, in: FamRZ 2007, S. 1–7.
Schwarzmann, Hans-Ulrich: Gesetz- und Vertragsentwürfe in juristischen Übungsarbeiten, in: JuS 1972, S. 79–83.
Singbartl, Jan/Zintl, Josef: Falllösungstechnik Kautelarrecht, in: JuS 2015, S. 15–18.
Smullyan, Raymond M.: Wie heißt dieses Buch?, 1981 (zit.: *Smullyan*, Wie heißt dieses Buch?, S.).
Staudinger, Julius. von: Kommentar zum Bürgerlichen Gesetzbuch, Buch 2: Recht der Schuldverhältnisse: §§ 241-243 (Treu und Glauben), Neubearbeitung 2019; §§ 328-345 (Vertrag zugunsten Dritter, Draufgabe, Vertragsstrafe), Neubearbeitung 2020; §§ 433-480 (Kaufrecht), Neubearbeitung 2013; §§ 705-740 (Gesellschaftsrecht), Bearbeitung 2003; Buch 4: Familienrecht: §§ 1353-1362 (Wirkung der Ehe im Allgemeinen), Neubearbeitung 2018 (zit.: *Bearbeiter*, in: Staudinger, § Rn).
Sternel, Friedemann: Mietrecht aktuell, 4. Aufl. 2009 (zit.: *Sternel*, Mietrecht aktuell, Rn).
Stöhr, Alexander: Die Inhaltskontrolle von Eheverträgen, in: JuS 2022, S. 805-809.
Taeger, Jürgen/Pohle, Jan: Computerrechts-Handbuch, 37. EL 2022 (zit.: *Bearbeiter*, in: Taeger/Pohle, Computerrechts-Handbuch, 32.4 Rn).
Teichmann, Christoph: Vertragsgestaltung durch den Rechtsanwalt – Grundzüge einer Methodik der zivilrechtlichen Fallbearbeitung, in: JuS 2001, S. 870–874, S. 973–980, S. 1078–1082, S. 1181–1186; JuS 2002, S. 40–44.
Tiedtke, Klaus/Schmitt, Marco: Die Zuwendung eines Familienheims nach der Erbschaftssteuerreform 2008/2009, in: NJW 2009, S. 2632–2640.
Triebel, Volker: Anglo-amerikanischer Einfluß auf Unternehmenskaufverträge in Deutschland – eine Gefahr für die Rechtsklarheit?, in: RIW 1998, S. 1–7.
Ulmer, Peter/Brandner, Hans Erich/Hensen, Horst-Dieter: AGB-Recht Kommentar zu den §§ 305–310 und zum UklaG, 13. Aufl. 2020 (zit.: *Bearbeiter*, in: Ulmer/Brandner/Hensen, AGB-Recht, § Rn).
Ulmer, Peter/Habersack, Mathias/Löbbe, Marc: GmbHG, Bd. III, 2. Aufl. 2016 (zit.: *Bearbeiter*, in: Ulmer/Habersack/Löbbe, § Rn).
Ulmer, Peter/Schäfer, Carsten: Die rechtliche Beurteilung vertraglicher Abfindungsbeschränkungen bei nachträglich eintretendem grobem Missverhältnis, in: ZGR 1995, S. 134–155.

Vollkommer, Max/Greger, Reinhard/Heinemann, Jörn: Anwaltshaftungsrecht, 5. Aufl. 2021 (zit.: *Vollkommer/Greger/Heinemann*, Anwaltshaftungsrecht, § Rn).
von Schenck, Sophie: Gestaltung agiler Softwareverträge – Kommentierter Vertragsentwurf nach Scrum, MMR 2019, S. 139–142.
Vorbrugg, G.: Anwaltliche Vertragsgestaltung, in: AnwBl. 1996, S. 251–257.
Walz, Robert: Beck'sches Formularbuch Zivil-, Wirtschafts- und Unternehmensrecht Deutsch – Englisch, 5. Aufl. 2022 (zit.: *Bearbeiter*, in: Beck'sches Formularbuch Zivil-, Wirtschafts- und Unternehmensrecht, Q.3. Anm).
Weber, Harald: Methodenlehre der Rechtsgestaltung, in: JuS 1989, S. 636–643, S. 818–823.
Weber, Harald: Vertragsgestaltung: Anstellungsvertrag mit einem Geschäftsführer einer GmbH, in: JuS 1987, S. 559–567.
Weber, Klaus: Rechtswörterbuch, 24. Aufl. 2022 (zit.: *Bearbeiter*, in: Weber, Rechtswörterbuch, Stichwort).
Weinmann, Norbert/Revenstorff, Heiko/Offerhaus, Tom/Erkis, Gülsen: Erbschaft- und Schenkungsteuerrecht, 4. Aufl. 2017 (zit.: *Bearbeiter*, in: Weinmann, Erbschaft- und Schenkungsteuerrecht, Stichwort oder §, S. und Rn).
Werner, Ulrich/Pastor, Walter: Der Bauprozess, 18. Aufl. 2023 (zit.: *Werner/Pastor*, Der Bauprozess, Rn).
Wertenbruch, Johannes: Zur Haftung aus culpa in contrahendo bei Abbruch von Vertragsverhandlungen, in: ZIP 2004, S. 1525–1526.
Westermann, Harm Peter: Kautelarjurisprudenz, Rechtsprechung und Gesetzgebung im Spannungsfeld zwischen Gesellschafts- und Wirtschaftsrecht, in: AcP 175 (1975), S. 375–425.
Westphalen, Graf von, Friedrich: AGB-Recht im Jahre 2013, NJW 2014, 2242–2250.
Wicke, Hartmut: GmbHG, 4. Aufl. 2020 (zit.: *Wicke*, § Rn).
Williams, Gerald R.: Legal Negotiation and Settlement, 1983 (zit.: *Williams*, Legal Negotiation, S.).
Winkler, Karl/Schlögel, Jürgen: Handbuch Erbbaurecht, 7. Aufl. 2021 (zit.: *Winkler/Schlögel*, in: Handbuch Erbbaurecht, Kap. Rn).
Wolf, Eckhard/Eckert, Hans-Georg/Günter, Peter: Handbuch des gewerblichen Miet-, Pacht- und Leasingrechts, 11. Aufl. 2017 (zit.: *Wolf/Eckert/Günter*, Handbuch des Miet-, Pacht- und Leasingrechts, Rn).
Wolf, Manfred/Lindacher, Walter F./Pfeiffer, Thomas: AGB-Recht Kommentar, 7. Aufl. 2020 (zit.: *Bearbeiter*, in: Wolf/Lindbacher/Pfeiffer, AGB-Recht, § Rn).
Wollny, Paul/Hallerbach, Dorothee/Dönmez, Hülya/Liebert, Melanie/Wepler, Axel: Unternehmens- und Praxisübertragungen, 9. Aufl. 2018 (zit.: *Bearbeiter*, in: Wollny/Hallerbach/Dönmez/Liebert/Wepler, Unternehmens- und Praxisübertragungen, Rn).
Wurm, Carl/Wagner, Herrmann/Zartmann, Hugo: Das Rechtsformularbuch, 17. Aufl. 2015 (zit.: *Bearbeiter*, in: Wurm/Wagner/Zartmann, S.).
Zankl, Peter: Die anwaltliche Praxis in Vertragssachen, 1990 (zit.: *Zankl*, Vertragssachen, Rn).
Zawar, Rolf: Forum: Gedanken zum Praxisbezug in der juristischen Ausbildung, in: JuS 1994, S. 545–550.
Zawar, Rolf: Neuere Entwicklungen zu einer Methodenlehre der Vertragsgestaltung, in: JuS 1992, S. 134–139.
Zimmermann, Christian/Hartung, Markus: Zulassungs- und Versicherungspflichten für Anwaltsgesellschaften nach der BRAO-Reform, in: NJW 2022, S. 1792-1795.
Zimmermann, Walter: Erbschein, Erbscheinsverfahren, Europäisches Nachlasszeugnis, 4. Aufl. 2022 (zit.: *Zimmermann*, Erbschein, Rn).

Stichwortverzeichnis

Die Angaben verweisen auf die Paragrafen des Buches (**fette Zahlen**) sowie die Randnummern innerhalb der einzelnen Paragrafen (magere Zahlen).
Beispiel: § 9 Rn. 10 = **9** 10

Abfindungsregelungen **18** 71 ff.
- Buchwert **18** 72
- discounted cash flow **18** 74
- Ertragswert **18** 74
- Stuttgarter Verfahren **18** 73
- Verkehrswert **18** 74
- Zwischenwert **18** 73

Abgeschlossenheitsbescheinigung **7** 117

Abwicklung Grundstückskaufvertrag **16** 35 f.

AGB-Recht **21** 1 ff.

Alleinauftrag **13** 10

Anfechtungsrecht **8** 12 ff.

Anglo-amerikanischer Rechtskreis **7** 22 ff.

Ankermieter **9** 4

Anlagevermögen **7** 133

Annexkompetenz **10** 7

Anrechnung **20** 44

Anstellungsvertrag **10** 33 ff.
- Gliederung **10** 49

Anwalt in eigener Sache **9** 14 ff.
- Dilemma **9** 15 ff.
- Tätigkeitsverbot **9** 14
- Transparenz **9** 18

Anwalts-GbR **18** 19 ff.

Anwalts-GmbH **18** 25 ff.
- Berufshaftpflichtversicherung **18** 28
- Bundesrechtsanwaltsordnung **18** 26 ff.
- Formbedürftigkeit **18** 32
- Merkmale **18** 29 ff.
- Zulässigkeitsvoraussetzungen **18** 26 ff.

Anwaltssozietät **18** 19 ff.
- Gesellschaft bürgerlichen Rechts **18** 19 ff.
- Gesellschaft mit beschränkter Haftung **18** 25 ff.
- Partnerschaftsgesellschaft **18** 34
- Vergütungssysteme **18** 20 ff.

Arbeitsschritte **7** 33

Arbeitsverträge **10** 1 ff.

Asset deal **7** 151 ff.

Assets **7** 134

Auflage **20** 36

Auflassungsvormerkung **7** 82

Austauschverträge **7** 7

Basel II **15** 22

Basel III **15** 25

Basel IV **15** 25

Baubeschreibung **7** 109 f.

Baupläne **7** 109 ff.

Bauträgervertrag **7** 105 ff.
- Gestaltung **7** 124 f.
- typengemischter Vertrag **7** 106
- Werkvertrag **7** 106 f.

Belehrung **3** 21 ff.

Benchmark **10** 17

Beratung **3** 21 ff.

Beratungssituation **18** 38 f.
- Anfangsverluste **18** 45
- Bedenkenträger **18** 38
- Break-even-Point **18** 45
- Fördermittel **18** 44
- komplexe Probleme **18** 39
- Vermögenstrennung **18** 40

Berliner Testament **20** 42
- Anrechnung **20** 44
- Bindungswirkung **20** 43
- Muster **20** 50 f.
- Schlusserbe **20** 39
- Textvorschlag **20** 50 f.
- Wertausgleich **20** 45 f.

Berufsbilder **2** 16 ff.
- Anwalt **2** 17
- Notar **2** 19
- Unternehmensjurist **2** 20

Beschlussmehrheiten **18** 65 f.

Beteiligung
- Kinder **18** 90 ff.
- Schenkung **18** 91
- stille Gesellschafter **18** 92
- Unterbeteiligung **18** 92

Betriebsübergang **7** 141

Beurkundung
- Kaufvertrag Immobilie **7** 66
- Werkvertrag Neubau **7** 66

Bieterverfahren **7** 167

Bindungswirkung **20** 26, 43

279

Bonität 7 76, 15 26
Break-even-Point 18 45
Bruchteilsgemeinschaft 16 15
- Aufhebung der Gemeinschaft 16 20 ff.
- gemeinschaftliche Verwaltung 16 16
- Lasten- und Kostentragung 16 19
- Miteigentümervereinbarung 16 23
- Vorkaufsrecht 16 17 f.
Buchwert 7 143, 18 72
Businessplan 18 42, 60
Cashflow 10 19
Change of Control-Klausel 10 32
Checkliste
- Arbeitsschritte 7 33
- Vertragsthemen 7 34
Closing 7 167
Covenants 15 14
cross selling 18 23
D & O Versicherung 10 20
Datenraum 7 163, 167
Definitionen 7 22
Dienstvertrag
- Arbeitnehmer 10 35
- freie Mitarbeit 10 34 ff.
- Gliederung 10 44, 47
- Scheinselbstständigkeit 10 38
- Schweigepflicht 10 45
- Sozialversicherungsfreiheit 10 36
- Steuern 10 41
- Weisungsfreiheit 10 36
- Wettbewerbsverbot 10 45
Dienstverträge 10 1 ff., 33 ff.
Doppeltätigkeit, Halbteilungsgrundsatz 13 11
Doppelvertretung 18 57
Due diligence 7 159 ff.
EBITDA 10 19
Ehe 19 8
- gesetzliches Erbrecht 19 17 ff.
- gleichberechtigte Partnerschaft 19 8
- Lastenverteilung 19 8
- Pflichtteil 19 17 ff.
Ehebedingte Zuwendung 8 4, 8
- Anfechtung 8 12
- Familienwohnheim 8 17
- Güterstandsklausel 8 17
- Motive 8 10 f.
- Steuerrecht 8 16 ff.

- Zugewinnausgleich 8 17
- Zweck 8 10 f.
Ehegattentestament 20 38
Ehevertrag 19 1 ff.
- Ausübungskontrolle 19 8
- Definition 19 1
- Fallgruppen 19 30
- Form 19 4
- Gestaltungsüberlegungen 19 20 ff.
- güterrechtliche Verhältnisse 19 1
- junge Eheleute ohne Kind 19 30 f.
- Muster 19 31
- Regelungsgegenstände 19 3
- Unterhalt 19 28
- Versorgungsausgleich 19 2
- Vertragsfreiheit 19 8
- Wirksamkeitskontrolle 19 8
Einheitsgesellschaft 18 87
Einheitslösung 20 39
Einkunftsarten 7 94 ff.
- Gewinneinkunftsarten 7 95
- Überschuss 7 96
- Vermögensvergleich 7 97
Einzeltestament 20 38
Entnahmen 18 61 ff.
Erbbaurecht 16 96 ff.
- Erbbaurechtsvertrag 16 105
Erbrecht 20 1 ff.
- Beratungsgespräch 20 3 ff.
- Familienerbfolge 20 9
- Formen- und Typenzwang 20 13 ff.
- Fragenkatalog 20 18 ff.
- Gesamtrechtsnachfolge 20 11 f.
- gesetzliche Erbfolge 20 24 f.
- Grundprinzipien 20 1
- Pflichtteilsrecht 20 14
- Privaterbfolge 20 5 ff.
- Steuerrecht 20 29 ff.
- Testierfreiheit 20 8
- Überblick 20 1
- zwingende Rechtsinstitute 20 10 ff.
Erbschaftsteuer 20 29 ff.
- Freibeträge 20 31
- Steuerklassen 20 31
- Steuersätze 20 31
- Unternehmen 20 62 f.
Erbschaftsteuerrecht 8 23 ff.
Erbschein 7 131
Erbvertrag 20 38
Ergebnisabführungsvertrag 18 51 f.

Stichwortverzeichnis

Ertragswert 7 146 f.
Exklusivitätsvereinbarung 7 166
Fachsprache 7 31
Familienerbfolge 20 9
Familienvermögen 8 10
Firmenwert 7 135
Fördermittel 18 44
Formenzwang 20 13 ff.
Formularmietvertrag 9 3
Formulierung der Rechtsziele 4 31 ff.
Franchisevertrag 15 2
- Gliederung 15 34
Franchising 15 1 ff.
- Definition 15 4
- Filialisierung 15 29
- Franchisepaket 15 4
- Franchisesystem 15 32
- Merkmalskatalog 15 33
- Unternehmer vor Ort 15 7
GbR
- Gesellschaftsregister 18 95 f.
Gebot des sichersten Wegs 3 10 ff.
Gegenstand der Vertragsgestaltung 2 1
Geheimhaltungsvereinbarung 7 162
Gesamtrechtsnachfolge 20 11 f.
Geschäftsführer 10 4 ff.
- Alleinvertretung 10 11
- Aufgaben 10 12
- D & O Versicherung 10 20
- Dienstwagen 10 20
- Doppelvertretung 10 11
- Festvergütung 10 17
- Fremdgeschäftsführer 10 4
- Gesamtvertretung 10 11
- Geschäftsordnung 10 12
- Gesellschafter-Geschäftsführer 10 4
- Insichgeschäft 10 11
- Organ 10 6
- Sozialversicherungspflicht 10 8
- Treuepflicht 10 23
- variable Vergütung 10 18
- Vergütung 10 16 ff.
- Vertretung 10 11
- Weisungsgebundenheit 10 14
- Zielvereinbarung 10 19
- zustimmungsbedürftige Geschäfte 10 14
Geschäftsführer-Anstellungsvertrag 10 4 ff.
- Abfindung 10 21
- Aufhebungsvertrag 10 21

- Befristung 10 21
- Gliederung 10 28
- Karenzentschädigung 10 25 f.
- Laufzeit 10 21
- Sonderkündigungsrecht 10 32
- Wettbewerbsverbot 10 23 ff.
Gesellschaft bürgerlichen Rechts 16 13 f., 18 19 ff.
- Gliederung 18 24
Gesellschafter
- Kinder 18 90 ff.
- stille Gesellschafter 18 92
- Unterbeteiligung 18 92
- Unternehmensnachfolge 18 93
Gesellschafterbeschlüsse 18 67 ff.
- anfechtbare 18 68 ff.
- Anfechtungsfrist 18 68 ff.
- Ausschlussfrist 18 70
- fehlerhafte 18 67 ff.
- Mehrheiten 18 65
- nichtige 18 67 ff.
Gesellschaftsrecht 18 1 ff.
Gesellschaftsregister 18 95 f.
Gesellschaftsvertrag 18 1 ff., 7 ff., 59 ff.
- Abfindungsregelungen 18 71 ff.
- allgemeine Bestimmungen 18 14
- Beschlussmehrheiten 18 65 f.
- Entnahmen 18 63 f.
- Gesellschaft bürgerlichen Rechts 18 19 ff.
- Gewinnverteilung 18 61 ff.
- Gliederung 18 15, 88 f.
- Grundfragen 18 55 ff.
- Grundlagengeschäfte 18 60
- Grundstruktur 18 8
- Innere Ordnung 18 10
- Katalog zustimmungsbedürftiger Geschäfte 18 10, 49 f.
- Kompetenzabgrenzung 18 59 ff.
- Partnerschaftsgesellschaft 18 34 ff.
- Rechtsformunabhängigkeit 18 7 ff.
- Schiedsgerichtsvereinbarung 18 77
- Schwerpunkte 18 55 ff.
- Strukturänderungen 18 13
- Themenliste 18 7 ff.
- Vertragliche Grundlagen 18 9
- Vertragsfreiheit 18 17
- Vertretung 18 12
- Vertretungsbefugnis 18 56 ff.
- Wettbewerbsvereinbarungen 18 75 ff.
- zwingendes Recht 18 17
Gesellschaftsverträge 7 7

281

Stichwortverzeichnis

Gestaltungoptionen 4 41 ff.
- Erarbeitung 4 42 f.
- Erfüllungsplanung 4 47 ff.
- Risikoplanung 4 54 ff.
- Unsicherheitenvorsorge 4 64 f.
- Unterscheidung Erfüllungs- und Risikoplanung 4 44 ff.
- Vertragskonzipierung 4 43
- Vertragstypen und -muster 4 66 ff.

Gestaltungsaufgabe 7 6

Gestaltungsauswahl 4 78 ff.
- Primär- und Sekundärziele 4 79
- Rechtssicherheit 4 80 ff.

Gestaltungsbedarf 4 33 ff.
- Ist- und Soll-Zustand 4 35 ff.
- Prüfung der Rechtslage 4 36 ff.
- Zweckmäßigkeit 4 38 ff.

Gewinnrealisierung 7 98

Gewinnverteilung 18 61 ff.

Gliederung 7 30

GmbH & Co. KG 18 81 ff.

Good will 7 135

Gremienvorbehalt 10 31

Grenzen schuldrechtlicher Bindung 16 41

Grundbuch 7 69 ff.
- Abteilungen 7 71
- Bestandsverzeichnis 7 71
- Grundbuchblatt 7 70 ff.
- Grundbuchblatt Muster 7 71

Grunddienstbarkeit 16 42 ff.
- beschränkt persönliche Dienstbarkeit 16 44 ff.

Grundlagengeschäfte 18 60

Grundpfandrecht 7 76, 16 27 f.
- Grundbuchkosten 16 29
- Vollzugsrisiken 16 30

Grundschuld 7 75 f.

Grundstückskaufvertrag 7 68 ff.
- Beurkundung 7 66
- Formularbücher 7 85
- Gliederung 7 89
- Struktur 7 86 ff.

Gutachterausschuss 7 46, 81

Güterstand 19 21 ff.
- gesetzlicher 19 21 ff.
- Gütertrennung 19 21
- modifizierte Zugewinngemeinschaft 19 25
- Zugewinngemeinschaft 19 23

Haftungsausschluss 7 49

Handelsregister 18 94
- Einsichtnahme 18 94
- Publizität 18 94

Handelsregisterauszug 7 12

Hypothek 16 58 ff.

Immobilienkauf 7 65 ff.
- Finanzierung 7 73 ff.
- Grundpfandrechte 7 74 ff.
- Haftung für Sach- und Rechtsmängel 7 83
- Notaraufgabe 7 79
- Sicherheiten 7 74 ff.

Informationsermittlung 4 3 ff.
- Art und Weise 4 18 ff.
- Sachverhalt 4 4 ff.
- Sachziele 4 11 ff.

Informationspflicht 3 3 ff.

Insichgeschäft 18 57

Interessenlage 7 7

Interessenwahrnehmung 3 2

Kapital 15 8 ff.
- Eigenkapital 15 9 ff.
- Fremdkapital 15 15
- Mezzaninkapital 15 13 f.

Kapitalbeteiligungsgesellschaft 15 11

Kaufmodell share deal – asset deal 7 151 ff.

Kaufpreisfindung 7 42 ff.
- Angebot und Nachfrage 7 43
- Wertgutachten 7 46 ff.

Kaufvertrag
- bewegliche Sache 7 3 ff.
- Eigentumswohnung 7 65 ff.
- gebrauchter Pkw 7 3 ff.
- Immobilie 7 65 ff.
- Musterlösung Pkw 7 55 f.

Kaufvertragsrecht 7 1 ff.

Kautelarjurisprudenz 1 2

Klauselverbote 7 53 f.

Komplementär-GmbH 18 85 ff.

Kosten 20 52 ff.

Kreditvergabe 15 16 ff.
- Basel II 15 22 f.
- Basel III 15 25
- Basel IV 15 25
- Bonität 15 26
- Patronatserklärung 15 20
- Personalsicherheiten 15 19 f.

Stichwortverzeichnis

- Rating **15** 26 ff.
- Realsicherheiten **15** 21
- Sicherheiten **15** 18 ff.

Leasing **14** 1 ff.
- bilanzielle Behandlung **14** 8 ff.
- Definition **14** 2
- Finanzierungsfunktion **14** 17
- Händler **14** 2
- Hersteller **14** 2
- Kauf als Alternative **14** 7 f.
- Kreditfunktion **14** 9
- Leasingerlass **14** 12 f.
- Leasinggeber **14** 3
- Leasingnehmer **14** 3
- pay as you earn **14** 1
- sale and lease-back **14** 15
- steuerliche Bewertung **14** 12
- wirtschaftliches Eigentum **14** 11

Leasingvertrag **14** 2 ff.
- atypischer Mietvertrag **14** 2
- Gliederung **14** 20

letter of intent **7** 6, 166

Liegenschaftskataster **7** 70

Lizenzvertrag **18** 101 ff.

Lockstep-System **18** 21

Löschungsvormerkung **16** 53 ff.

M & A **7** 134

Makler **7** 81, **13** 4
- Doppeltätigkeit **13** 11
- Nachweismakler **13** 4
- Preisvorstellungen **13** 8 f.
- schnelles Geld **13** 8
- Vermittlungsmakler **13** 4

Makler- und Bauträgerverordnung **7** 120 ff.

Maklervertrag **13** 1 ff.
- Alleinauftrag **13** 10
- Aufwendungsersatz **13** 6
- Dienstvertrag **13** 10
- Interessenlage **13** 8 ff.
- Muster **13** 12

Mandantenstamm **7** 136 f.

Merit-Based-System **18** 22

Methodische Vorgehensweise **4** 1 ff.

Mietanpassungsklausel **9** 10 f.

Mietgegenstand **9** 20 ff.
- Baubeschreibung **9** 23
- Baupläne **9** 23
- Fertigstellungsrisiko **9** 28
- Kaufoption **9** 22

- Mietoption **9** 21
- Vertragserfüllungsbürgschaft **9** 29

Mietsicherheit **9** 9

Mietvertrag **9** 1 ff., 8, **16** 88 ff.
- Büroraum **9** 13 ff.
- Formularmietvertrag **9** 3
- Gliederung **9** 12
- Interessenlage **9** 7
- Kauf bricht nicht Miete **16** 92
- Laufzeit **9** 26 f.
- Miete und Zwangsversteigerung **16** 93
- Wohnraum **9** 6 ff.

Mietzins **9** 24 f.
- Betriebskosten **9** 30
- Nebenkosten **9** 30
- Umsatzsteuerbefreiung **9** 25
- Umsatzsteueroption **9** 25
- Vorsteuererstattung **9** 25

Mitbestimmung **10** 5

Miteigentum **16** 11 f.

MoPeG **18** 95 f.

Nacherbe **20** 40

NewCo **18** 43

Notar, Neutralität **7** 26

Nutzungsrecht **18** 101 ff.
- ausschließliches **18** 102
- einfaches **18** 102

Partnerschaftsgesellschaft **18** 34 ff.
- Haftungsbeschränkung **18** 36
- Partnerschaftsregister **18** 34

Patent **18** 97 ff.
- Lizenzgebühr **18** 104 ff.
- Lizenzvertrag **18** 101 ff.
- Nutzungsrecht **18** 102 f.

Patronatserklärung **15** 19 f.
- harte **15** 20
- weiche **15** 20

Personalsicherheiten **7** 74

Pfandrecht **16** 71

Pflichtteilsrecht **20** 14

Präambel **7** 19 f.

Praxiskaufvertrag **7** 130 ff.

Privatautonomie **7** 49

Private-Equity-Gesellschaft **15** 11

Privaterbfolge **20** 5 f.

Prüfung der Rechtslage **2** 5 f.

Rangrücktritt **7** 75

283

Rating 15 26 ff.
- externes 15 28
- internes 15 28
- Ratingagenturen 15 28
- Ratingkriterien 15 27

Realsicherheiten 7 74

Rechtsanwaltsgesellschaft
- Gesellschafter 18 27

Rechtsanwendung 3 6 ff.

Rechtsformwahl 18 46 ff.
- Haftung 18 47
- Kapitalgesellschaft 18 79 ff.
- Mitbestimmung 18 49 f.
- Personengesellschaft 18 79 ff.
- Sozialversicherungspflicht 18 49
- Steuern 18 51 ff.

Rechtsgeschäftsgestaltung 2 6 f.

Rechtskenntnis 3 6 ff.

Rechtskenntnis und -anwendung 2 9 f.

Risiken durch Vorbelastungen 16 26

Sachenrecht 16 1 f.

Sach- und Rechtsmängelhaftung 7 36 ff.

Sachverhalt 7 5

Sachverhalts- und Sachzielermittlung 2 14 f.

Sale and lease-back 14 15

Scheidungsfolgenvereinbarung 19 3

Scheinselbstständigkeit 10 38

Schenkung 8 4 ff.
- Nießbrauchsvorbehalt 8 4
- Wohnrecht 8 4

Schenkungssteuerrecht 8 23 ff.
- Freibeträge 8 25
- Gestaltungsmissbrauch 8 22
- Steuerklassen 8 24
- Steuersätze 8 24

Schenkungsvertrag 8 1 ff.
- Ehegatten 8 4 ff.
- Eltern-Kind 8 4
- Form 8 2

Schiedsgerichtsvereinbarung 18 77

Schiedsgutachter 7 46

Schlusserbe 20 39, 42

Share deal 7 151 ff.

Sicherheitsbetrag 7 171

Sicherungsgrundschuld 16 56 ff.

Sicherungsübereignung 16 69 ff.

Sicherungsvertrag 16 63, 68, 76

Signing 7 167

soft skills 18 20

Sondereigentum 7 115

Start-up-Unternehmen 18 43

Steuerrecht 7 92 ff.
- Grundkenntnisse 7 92 ff.
- Steuervorteile 7 99
- Vertragsgestaltung 7 92 ff.

Stille Gesellschaft 18 92

Stoffsammlung 7 10

Studium der Vertragsgestaltung 1 5 ff.

Stuttgarter Verfahren 7 148, 18 73

Substanzwert 7 146

Target 7 159

Teileigentum 7 113

Teilungsanordnung 20 36

Teilungserklärung 7 119
- Form 7 119

Testament 20 32 ff.
- Bestrafungsklausel 20 47
- Bindungswirkung 20 26
- Doppelbesteuerung 20 41
- eigenhändiges 20 37
- Einheitslösung 20 39
- Formen 20 37
- gemeinschaftliches 20 32 ff.
- gesetzliche Instrumente 20 34 ff.
- Gestaltungsziel 20 27
- Kosten 20 52 ff.
- Nacherbe 20 40
- öffentliches 20 37
- steuerliche Faktoren 20 29 ff.
- Struktur 20 48
- Trennungslösung 20 40
- Unternehmer 20 55 ff.
- Vorerbe 20 40

Testamentsvollstreckung 20 36, 70

Testierfreiheit 20 8

Transaktionsverfahren 7 165 ff.
- Closing 7 167
- Datenraum 7 163
- due diligence 7 159 ff.
- Signing 7 167

Trennungslösung 20 40

Treuepflicht 10 23

Typenzwang 20 13 ff.

Umlaufvermögen 7 133

Unbenannte Zuwendung 8 4, 8 ff.

Stichwortverzeichnis

Unterbeteiligung **18** 92
Unterhalt **19** 3, 28
Unternehmensbewertung **7** 143 ff.
– due diligence **7** 159 f.
– Ertragswert **7** 146
– Kapitalisierungszinssatz **7** 148
– Stuttgarter Verfahren **7** 148
– Substanzwert **7** 146
– Überschussorientierung **7** 146 f.
Unternehmenskauf **7** 167
– Datenraum **7** 163
– Steuerrecht **7** 155 ff.
Unternehmenskaufvertrag **7** 130 ff.
– Anstellungsverhältnisse **7** 141
– Bestimmtheitsgrundsatz **7** 142
– Dauerschuldverhältnisse **7** 140
Unternehmensvertrag **18** 51 f.
Unternehmenswert **7** 143 ff.
Unternehmertestament **20** 55 ff.
– Drittbestimmung **20** 71 f.
– Empfehlungskatalog **20** 60
– Gestaltungsüberlegungen **20** 57 ff.
– Nachfolgeplanung **20** 67
– Notwendigkeit **20** 58 f.
– Selbstbindung **20** 69
– Störfaktoren **20** 61 ff.
– Umsetzungsmaßnahmen **20** 66 ff.
– Vorsorgemaßnahmen **20** 68
– Ziele **20** 64 f.
– Zielkonflikte **20** 64 f.

Venture-Capital-Gesellschaft **15** 11
Verbrauchsgüterkauf **7** 58 f., 60 ff.
– Beweislastumkehr **7** 59
– Negative Beschaffenheitsvereinbarung **7** 60 ff.
Vereinsrecht **17** 1 ff.
– Finanzierung **17** 18
– Gemeinnützigkeit **17** 19 ff.
– Gründungsprotokoll **17** 40 f.
– Gründungsversammlung **17** 37 ff.
– Gründungsvorbereitungen **17** 31 ff.
– Handelndenhaftung **17** 10 f.
– Ideal-/wirtschaftlicher Verein **17** 8 f.
– Mitgliederwechsel **17** 15 ff.
– rechtsfähiger Verein **17** 3
– Satzung Idealverein **17** 43
– Satzungsänderungen **17** 24 f.
– Vereinsname **17** 14
– Vereinsregister **17** 13
– Vereinssatzung **17** 42 f.
– Vorstand **17** 22 f.

Vergleich Vertragsgestaltung und richterliche Tätigkeit **2** 8
Verkehrswert **18** 74
Verknüpfen von Verträgen **16** 79 ff.
Vermächtnis **20** 36
Vermietung und Verpachtung **7** 100
– AfA **7** 101
– Liebhaberei **7** 102
Versorgungsausgleich **19** 26 ff.
– anwaltliches Versorgungswerk **19** 27
– private Vorsorge **19** 27
Vertragsabschluss **6** 16
Vertragsaufbau **6** 12 ff.
Vertragscontrolling **2** 7
Vertragsentwurf **5** 2 ff.
Vertragsentwurf und -umsetzung **2** 2
Vertragsformulierung **7** 31 f.
Vertragsgegenstand **7** 14
Vertragsgestalter
– Interessenvertreter **7** 35 ff.
– Person **7** 35
Vertragsgestaltung
– Allgemeine Geschäftsbedingungen **7** 53 f.
– gesetzliche Verbote **7** 50 f.
– Grenzen **7** 49 ff.
– Klauselverbote **7** 53 f.
– sicherer Weg **8** 7
– Sittenwidrigkeit **7** 50 f.
– Treu und Glauben **7** 52
Vertragsgliederung **7** 30
Vertragsinhalt **6** 3 ff., **7** 11 ff.
– empfehlenswerter **7** 16 f.
– zwingender **7** 11 ff.
Vertragsklauseln, allgemeine **7** 18
Vertragspartei **7** 12 f.
Vertragsprüfung **2** 4
Vertragsregelungen
– gesetzliche **7** 28
– materiellrechtliche **7** 26 ff.
– problematische **7** 29
– unproblematische **7** 27
– Vollständigkeit **7** 22 ff.
Vertragssprache **6** 1 f.
Vertragsstruktur **6** 9 ff.
Vertragsthemen **7** 34
Vertragstypen **7** 9
Vertragsübernahme **7** 140

Stichwortverzeichnis

Vertragsverhandlungen 5 5
- „Fuß-in-die-Tür"-Technik 5 30 ff.
- Grundkonzepte 5 19 ff.
- Harvard-Konzept 5 23 ff.
- Rolle des Vertragsgestalters 5 8
- Verhandlungsatmosphäre 5 11 f.
- Verhandlungsmacht 5 14 f.
- Verhandlungsplanung 5 10
- Verhandlungsspielraum 5 16
- Verhandlungsstil 5 11 f.
- Verhandlungsstrategien 5 17 f.
- Verhandlungsstruktur 5 10
- Verhandlungstypen 5 13

Vertraulichkeitserklärung 7 166

Vertretung 18 56 ff.
- Alleinvertretung 18 56 f.
- Doppelvertretung 18 57
- Gesamtvertretung 18 57
- Insichgeschäft 18 57

Vollständigkeit 7 22 ff.

Vorausvermächtnis 20 46

Vorbemerkung 7 19 f.

Vorbereitende Überlegungen 7 4 ff.

Vorerbe 20 40

Vormerkung 16 31 ff.

WEG 7 112 ff.
- Abgeschlossenheitsbescheinigung 7 117
- Sondereigentum 7 115 f.
- Teileigentum 7 113

- Teilungserklärung 7 119
- Wohnungseigentum 7 113

Wertausgleich 20 45 f.

Wertermittlung 7 42 ff.

Wertsicherungsklausel 7 17

Wettbewerbsverbot 10 23 ff.
- Karenzentschädigung 10 25 f.
- nachvertragliches 10 24 f.
- vertragliches 10 23 ff.

Wirtschaftliches Verständnis 3 17 ff.

Wirtschaftsgüter 7 98, 133 ff.
- Betriebsvermögen 7 98
- immaterielle 7 135
- materielle 7 133
- Steuerverstrickung 7 98

Wohnungseigentum 7 113 ff.

Zielvereinbarung 10 19

Zugewinnausgleich 19 23
- Gesellschaftsvertrag 19 24
- pauschalierter 19 18
- Steuerrecht 19 23

Zukunftgerichtete Perspektive 2 10 ff.

Zukunftstauglichkeit 3 15 ff.

Zustimmungsbedürftige Geschäfte 10 14, 18 59

Zweckorientierung 3 2

Zweckprogramm des Vertragsgestalters 2 12 f.